中華古籍保護計劃

ZHONG HUA GU JI BAO HU JI HUA CHENG GUO

·成 果·

浙江省中醫藥研究院等四家收藏單位

古籍普查登記目錄

全國古籍普查登記目錄·浙江

國家圖書館出版社
National Library of China Publishing House

圖書在版編目（CIP）數據

浙江省中醫藥研究院等四家收藏單位古籍普查登記目録/《浙江省中醫藥研究院等四家收藏單位古籍普查登記目録》編委會編. —北京：國家圖書館出版社，2019.6
（全國古籍普查登記目録）
ISBN 978 - 7 - 5013 - 6729 - 0

Ⅰ.①浙…　Ⅱ.①浙…　Ⅲ.①古籍—圖書館目録—浙江　Ⅳ.①Z838

中國版本圖書館 CIP 數據核字（2019）第 051935 號

書　　名　浙江省中醫藥研究院等四家收藏單位古籍普查登記目録
著　　者　《浙江省中醫藥研究院等四家收藏單位古籍普查登記目録》編委會　編
責任編輯　黄　鑫

出版發行　國家圖書館出版社（北京市西城區文津街 7 號　　100034）
　　　　　（原書目文獻出版社 北京圖書館出版社）
　　　　　010 - 66114536　63802249　nlcpress@ nlc. cn（郵購）
網　　址　http://www.nlcpress.com
排　　版　凡華（北京）文化傳播有限公司
印　　裝　河北三河弘翰印務有限公司
版次印次　2019 年 6 月第 1 版　2019 年 6 月第 1 次印刷

開　　本　787 × 1092（毫米）　1/16
印　　張　22.5
字　　數　450 千字
書　　號　ISBN 978 - 7 - 5013 - 6729 - 0
定　　價　220.00 圓

《全國古籍普查登記目錄》

工作委員會

《全國古籍普查登記録》

序　言

　　全國古籍普查登記工作是"中華古籍保護計劃"的首要任務,是全面開展古籍搶救、保護和利用工作的基礎,也是有史以來第一次由政府組織、參加收藏單位最多的全國性古籍普查登記工作。

　　2007 年國務院辦公廳發布《關於進一步加强古籍保護工作的意見》(國辦發[2007]6 號),明確了古籍保護工作的首要任務是對全國公共圖書館、博物館和教育、宗教、民族、文物等系統的古籍收藏和保護狀況進行全面普查,建立中華古籍聯合目録和古籍數字資源庫。2011 年 12 月,文化部下發《文化部辦公廳關於加快推進全國古籍普查登記工作的通知》(文辦發[2011]518 號),進一步落實了全國古籍普查登記工作。根據文化部 2011 年 518 號文件精神,國家古籍保護中心擬訂了《全國古籍普查登記工作方案》,進一步規範了古籍普查登記工作的範圍、内容、原則、步驟、辦法、成果和經費。目前進行的全國古籍普查登記工作的中心任務是通過每部古籍的身份證——"古籍普查登記編號"和相關信息,建立古籍總臺賬,全面瞭解全國古籍存藏情況,開展全國古籍保護的基礎性工作,加强各級政府對古籍的管理、保護和利用。

　　《全國古籍普查登記工作方案》規定了全國古籍普查登記工作的三個主要步驟:一、開展古籍普查登記工作;二、在古籍普查登記基礎上,編纂出版館藏古籍普查登記目録,形成《全國古籍普查登記目録》;三、在古籍普查登記工作基本完成的前提下,由省級古籍保護中心負責編纂出版本省古籍分類聯合目録《中華古籍總目》分省卷,由國家古籍保護中心負責編纂出版《中華古籍總目》統編卷。

　　在黨和政府領導下,在各地區、各有關部門和全社會共同努力下,古籍普查登記工作得以扎實推進。古籍普查已在除臺、港、澳之外的全國各省級行政區域開展,普查内容除漢文古籍外,還包括各少數民族文字古籍,特別是於 2010 年分別啓動了新疆古籍保護和西藏古籍保護專項,因地制宜,開展古籍普查登記工作;國家古籍保護中心研製的"全國古籍普查登記平臺"已覆蓋到全國各省級古籍保護中心,并進一步研發了"中華古籍索引庫",爲及時展現古籍普查成果提供有力支持;截至目前,已有11375 部古籍進入《國家珍貴古籍名録》,浙江、江蘇、山東、河北等省公布了省級《珍貴古籍名録》，古籍分級保護機制初步形成。

　　《全國古籍普查登記目録》是古籍普查工作的階段性成果，旨在摸清家底，揭示館藏，反映古籍的基本信息。原則上每申報單位獨立成册，館藏量少不能獨立成册者，則在本省範圍内幾個館目合并成册。無論獨立成册還是合并成册，均編製獨立的書名筆畫索引附於書後。著録的必填基本項目有：古籍普查登記編號、索書號、題名卷數、著者（含著作方式）、版本、册數及存缺卷數。其他擴展項目有：分類、批校題跋、版式、裝幀形式、叢書子目、書影、破損狀況等。有條件的收藏單位多著録的一些擴展項目，也反映在《全國古籍普查登記目録》上。目録編排按古籍普查登記編號排序，内在順序給予各古籍收藏單位較大自由度，可按分類排列古籍普查登記編號，也可按排架號、按同書名等排列古籍普查登記編號，以反映各館特色。

　　此次全國古籍普查登記工作，克服了古籍數量多、普查人員少、普查難度大等各種困難，也得到了全國古籍保護工作者的極大支持。在古籍普查登記過程中，國家古籍保護中心、各省古籍保護中心爲此舉辦了多期古籍普查、古籍鑒定、古籍普查目録審校等培訓班，全國共 1600 餘家單位參加了培訓，爲古籍普查登記工作培養了大量人才。同時在古籍普查登記工作中，也鍛煉了普查員的實踐能力，爲將來古籍保護事業發展奠定了良好的基礎。

　　《全國古籍普查登記目録》的出版，將摸清我國古籍家底，爲古籍保護和利用工作提供依據，也將是古籍保護長期工作的一個里程碑。

國家古籍保護中心

2013 年 10 月

《全國古籍普查登記目録》

編纂凡例

一、收録範圍爲我國境内各收藏機構或個人所藏,産生於 1912 年以前,具有文物價值、學術價值和藝術價值的文獻典籍,包括漢文古籍和少數民族文字古籍以及甲骨、簡帛、敦煌遺書、碑帖拓本、古地圖等文獻。其中,部分文獻的收録年限適當延伸。

二、以各收藏機構爲分册依據,篇幅較小者,適當合并出版。

三、一部古籍一條款目,複本亦單獨著録。

四、著録基本要求爲客觀登記、規範描述。

五、著録款目包括古籍普查登記編號、索書號、題名卷數、著者、版本、册數、存缺卷等。古籍普查登記編號的組成方式是:省級行政區劃代碼—單位代碼—古籍普查登記順序號。

六、以古籍普查登記編號順序排序。

《浙江省古籍普查登記目錄》

工作委員會

主　任：金興盛

副主任：葉　菁

委　員：倪　巍　　徐曉軍　　賈曉東　　雷祥雄　　劉曉清

　　　　徐　潔　　李儉英　　孫雍容　　張愛琴　　張純芳

　　　　樓　婷　　金琴龍　　陳泉標　　鍾世杰　　應　雄

　　　　陸深海　　呂振興　　徐兼明

《浙江省古籍普查登記目錄》

編纂委員會

主　編：徐曉軍

副主編：童聖江　　曹海花　　褚樹青　　莊立臻　　徐益波

　　　　胡海榮　　劉　偉　　沈紅梅　　王以儉　　孫旭霞

　　　　占　劍　　孫國茂　　毛　旭　　季彤曦

統校和編纂工作小組組長：曹海花（浙江圖書館）

統校和編纂工作小組成員：秦華英（浙江圖書館）

　　　　　　　　　　　　　呂　芳（浙江圖書館）

　　　　　　　　　　　　　干亦鈴（寧波市圖書館）

　　　　　　　　　　　　　劉　雲（寧波市天一閣博物館）

　　　　　　　　　　　　　周慧惠（寧波市天一閣博物館）

　　　　　　　　　　　　　馬曉紅（餘姚市文物保護管理所）

　　　　　　　　　　　　　陳瑾淵（溫州市圖書館）

　　　　　　　　　　　　　王　昉（溫州市圖書館）

　　　　　　　　　　　　　沈秋燕（嘉興市圖書館）

　　　　　　　　　　　　　丁嫻明（嘉興市圖書館）

　　　　　　　　　　　　　唐　微（紹興圖書館）

　　　　　　　　　　　　　丁　瑛（紹興圖書館）

　　　　　　　　　　　　　毛　慧（衢州市博物館）

《浙江省古籍普查登記目録》

序 言

　　浙江文化底藴深厚,書籍刻印歷史悠久,前賢留下的著述浩如烟海,藏書雅閣及私人藏書爲數衆多,古籍資源十分豐富,幾乎縣縣有古籍,是全國古籍藏量較多的省份之一,是中華文化中具有獨特地域特色的重要一脉。保護好這些珍貴的古籍,對促進文化傳承、弘揚民族精神、維護國家統一及社會穩定具有重要作用。同時,加强古籍保護工作,也是加快建設文化大省、文化强省,努力推動文化浙江建設和社會主義文化大發展大繁榮的必然要求。

（一）

　　爲搶救、保護我國的珍貴古籍,繼承和弘揚優秀傳統文化,國務院辦公廳印發了《關於進一步加强古籍保護工作的意見》(國辦發〔2007〕6 號),全國古籍普查登記工作是瞭解全國古籍存藏情况、建立古籍總臺賬、開展全國古籍保護的基礎性工作。爲認真貫徹落實"國辦發〔2007〕6 號"文件精神,切實加强全省古籍的搶救、保護,浙江省人民政府辦公廳印發《關於進一步加强古籍保護工作的意見》(浙政辦發〔2009〕54 號),提出 2009 年起要在全省範圍内開展古籍普查登記工作。2012 年,浙江省古籍保護工作聯席會議下發《關於印發〈浙江省"中華古籍保護計劃"實施方案〉的通知》(浙文社〔2012〕30 號),提出在"十二五"末基本完成全省古籍普查工作的目標。

　　試點先行、摸底調查、制定方案,建立制度、統籌指揮,引進人員、有效培訓、壯大隊伍,配置設備、補助經費、保障到位,編製手册、明確款目、統一規則,著録完整、審核到位、保證質量,設立項目、表揚先進,在省委省政府的高度重視及其各部門的大力支持下,在國家古籍保護中心的積極指導和省文化廳的正確領導下,通過以上種種措施,"秉持浙江精神,幹在實處、走在前列、勇立潮頭",全省公共圖書館、文物、教育、檔案、衛生五大系統共計 95 家公藏單位通力合作,到 2017 年 4 月底基本完成了全省的古籍普查登記工作。

　　通過普查,摸清了全省古籍文化遺產家底,揭示了全省各地區文化脉絡,形成了統一的古籍信息數據庫,建立了一支遍布全省的古籍保護隊伍,爲下一步有針對性地開展古籍保護工作奠定堅實的基礎。鑒於全省在古籍普查和其他古籍保護工作中的突出表現,2014 年,浙江圖書館、嘉興市圖書館、雲和縣圖書館獲得"全國古籍保護工作先進單位"稱號,浙江圖書館徐曉軍和曹海花、溫州市圖書館王妍、紹興圖書館唐微、平湖市圖書館馬慧、衢州市博物館程勤等6人獲得"全國古籍保護工作先進個人"稱號。

（二）

全國古籍普查登記範圍爲1912年以前産生的文獻典籍。由於近代以來浙江私人藏書相當發達，民國期間也刻印了大量典籍，民國文獻在各藏書單位（尤其是基層單位）所藏歷史文獻中占據了相當大的比重。這些文獻形成了浙江文獻典藏的重要特色，是浙江傳統文化的重要組成部分。爲更加全面地掌握本省歷史文獻文化遺産現狀，浙江省將民國時期傳統裝幀書籍也納入普查範圍。

按照《全國古籍普查登記手册》要求，登記每部古籍的基本項目，必登項目有索書號、題名卷數、著者、版本、册數、存缺卷數，選登項目有分類、批校題跋、版式、裝幀形式、叢書子目、書影、破損狀況等内容。浙江省的古籍普查工作一直高標準、嚴要求，自始至終堅持全國古籍普查登記平臺（以下簡稱"古籍普查平臺"）項目全著録，堅持文字信息和書影信息雙著録，登記每部書的索書號、分類、題名卷數、著者、卷數統計、版本、版式、裝幀、裝具、序跋、刻工、批校題跋、鈐印、叢書子目、定級及書影、定損及書影等16大項74小項的信息。

普查統計顯示，截至2017年4月30日，全省95家單位共藏有傳統裝幀書籍337405部2506633册，其中不分卷者計31737部96822册，分卷者計305668部2409811册11433371卷（實存8223803卷）：古籍（含域外本）219862部1754943册，不分卷者15777部54901册，分卷者204085部1700042册7934703卷；民國時期傳統裝幀書籍117543部751690册，不分卷者15960部41921册，分卷者101583部709769册3498668卷。

從版本定級來看，全省四級文獻最多，部數、册數數量占比分别爲84.75%、78.69%。三級次之，部數、册數數量占比13.12%、15.96%。一級、二級文獻共計5689部111722册，量雖不多，極爲珍貴，其破損程度較輕，基本都配置了裝具且裝具狀況良好，這是古籍分級保護體系的有力體現。

從文獻類型來看，古籍普查平臺采用六部分類，在傳統的經、史、子、集四部外加上類叢部、新學。從册數來看，全省文獻類叢部數量最多，占比29.40%，這其中很大一部分原因在於民國時期刊印了不少大型叢書。史部、集部、子部、經部分居第二至五位，數量占比分别爲28.98%、18.00%、13.49%、9.24%。新學數量最少，還不到1%。

從版本類型來看，全省古籍版本類型豐富，數量最多的是刻本，部數占比51.01%、册數占比55.03%。部數排在第二至四位的是鉛印本、石印本、抄本，分别占比17.71%、16.58%、5.19%。册數排在第二至四位的是鉛印本、石印本、影印本，分别占比14.27%、12.40%、11.38%，這與將民國時期傳統裝幀書籍納入古籍普查範圍有極大關係。稿、抄本部數占比6.9%、册數占比4.04%，總體占比不是很高，但在一、二級文獻中稿、抄本的比例比較高，一級中部數占比20.49%、册數占比

70.25%,二級中部數占比 13.16%、冊數占比 6.57%。

從版本年代來看,全省藏書從南北朝以迄民國,并有部分日本、朝鮮、越南本。其中,元及元以前共計 244 部 3357 冊。明、清、民國共計 2486788 冊,數量占比 99.21%:明代占比 5.95%、清代占比 63.27%、民國占比 29.99%。日本、朝鮮、越南三國本共計 1877 部 14522 冊,部數、冊數占比分别爲 0.56%、0.58%。

從批校題跋來看,337405 部文獻中有姓名可考的批校題跋共計 15374 部,其中集部批校題跋最多,占全部批校題跋的 38.73%、占集部文獻的 6.16%。稿本的批校題跋在相對應的版本類型中比例最高,爲 16.18%。且稿本中有多人批校題跋的量最多,多者一部稿本中的批校題跋者達 25 人,如浙江圖書館藏沈蕉青稿本《燈青茶嫩草》三卷中有孫麟趾等 25 人的批校題跋。從各館藏書的批校題跋者來看,有鮮明的館域特色,從一個側面體現了各館的文獻來源。

從鈐印來看,337405 部文獻中有 51509 部有收藏鈐印,各級文獻鈐印比例隨級別的增高而加大,一至四級文獻的鈐印占比分别爲 50.67%、49.38%、26.00%、12.90%。收藏鈐印從一個方面體現了某書的遞藏源流,鈐印多於 1 方者有 24840 部,鈐印多者達 54 方,如寧波市天一閣博物館藏清初毛氏汲古閣影宋抄本《集韻》十卷上鈐毛晋、毛扆、段玉裁、朱鼎煦四人共計 54 方印。

在普查的過程中,我們還利用普查成果積極申報《國家珍貴古籍名録》、評選《浙江省珍貴古籍名録》,建立珍貴古籍分級保護體系。截至目前,全省共有 871 部珍貴古籍入選第一至五批《國家珍貴古籍名録》,有 609 部古籍入選第一至三批《浙江省珍貴古籍名録》。

(三)

普查登記著録工作結束後,省古籍保護中心於 2016 年 6 月成立由浙江圖書館、寧波市圖書館、寧波市天一閣博物館、餘姚市文物保護管理所、溫州市圖書館、嘉興市圖書館、紹興圖書館、衢州市博物館 8 家單位的 14 名普查業務骨幹組成的浙江省古籍普查登記目録統校和編纂工作小組,開始全省普查數據的統校和古籍普查登記目録的編纂工作。

浙江省的普查登記目録是將古籍和民國書籍分開的,全省統一規劃,分别出版《浙江省古籍普查登記目録》和《浙江省民國時期傳統裝幀書籍普查登記目録》。根據《全國古籍普查登記目録審校要求》《古籍普查登記表格整理規範》的要求,省古籍保護中心制定《浙江省古籍普查登記目録編纂工作方案》《浙江省古籍普查數據統校細則》,用於指導全省的數據統校和登記目録的編纂。統校和編纂工作程序如下:導出古籍普查平臺上的數據,切分爲古籍、民國兩張表,按照設定的普查編號、索書號、分類、題名卷數、著者、版本、批校題跋、冊數、存缺卷這幾項登記目録的出版款目對表格進行整理,整理後按照題名進行排列分給各統校員進行統校,統校結束後的數據按行政區域進行彙總交由分區負責人進行覆核,覆核結束後由省古籍保護中心一一寄給各館進行修改確認,經各館確認後由分區負責人進行最後審定。

在統校的過程中,爲了保證全省數據著錄的一致,我們積極利用我國古籍整理研究的重大成果《中國古籍總目》(以下簡稱《總目》),每條書目一一對核《總目》,《總目》收者即標注《總目》頁碼,《總目》未收某版本者標注"無此版本",《總目》未收者標注"無",《總目》所收即浙江某館所藏者特殊標注,《總目》著錄與普查信息有差异或一時無法判斷者標注"存疑"。拿浙江圖書館的近7萬條古籍數據來看,據不完全統計,除去複本,《總目》所收即浙江圖書館所藏者有1100多種,《總目》未收某一明確版本者有3200多種,《總目》未收者有8300多種。

全省95家單位中有93家單位有古籍數據,總條數計22萬條左右。根據分區域出版和達到一定條數可以單獨成書的原則,全省的古籍普查登記目錄大致分爲以下26種:浙江圖書館,浙江大學圖書館,浙江省博物館,浙江省中醫藥研究院等四家收藏單位,杭州圖書館,西泠印社社務委員會等十家收藏單位、浙江省瑞安中學等八家收藏單位,寧波市圖書館,寧波市天一閣博物館,寧波市奉化區文物保護管理所等六家收藏單位、舟山市圖書館等二家收藏單位,溫州市圖書館,瑞安市博物館(玉海樓),嘉興市圖書館,平湖市圖書館,嘉善縣圖書館,海寧市圖書館等六家收藏單位,湖州市圖書館等七家收藏單位,常山縣圖書館等二家收藏單位,紹興圖書館,嵊州市圖書館,紹興市上虞區圖書館等八家收藏單位,東陽市博物館,金華市博物館等九家收藏單位,衢州市博物館,台州市黃岩區圖書館,臨海市圖書館,臨海市博物館等六家收藏單位,麗水市圖書館等八家收藏單位。目前全省的古籍普查登記目錄有多種已進入出版流程(爲保障普查編號的唯一性、終身有效性,各館數據以原普查編號從低到高的順序進行排列,由於浙江省古籍普查範圍包括古籍、民國時期傳統裝幀書籍、域外漢文古籍,著錄時幾種文獻交替進行,而出版時是分開的,加之古籍普查平臺系統出現的跳號情況,所以會出現普查編號不連貫的情況,特此説明),民國時期傳統裝幀書籍普查登記目錄的編纂亦接近尾聲。普查登記工作和普查登記目錄的編纂爲接下來《中華古籍總目·浙江卷》的編纂打下了良好的基礎。

浙江省古籍普查工作得到了各方的關心和支持。感謝各兄弟省份古籍同行的熱情幫助,感謝李致忠、張志清、吳格、陳先行、陳紅彥、陳荔京、羅琳、王清原、唱春蓮、李德生、石洪運、賈秀麗、范邦瑾等專家學者的悉心指導,藉力於此,普查工作纔得以順利完成。

條數多,分布廣,又出於衆手,儘管工作中我們一直爭取做到最好,但無論是已經著錄的古籍普查平臺數據還是即將付梓的登記目錄,都難免存在紕漏,希望業界同仁不吝賜教,俾臻完善。

浙江省古籍保護中心

2018 年 4 月

目　録

中國美术學院圖書館古籍普查登記目録

全國古籍普查登記目録·浙江

國家圖書館出版社
National Library of China Publishing House

《中國美術學院圖書館古籍普查登記目録》

編委會

主　　編：劉漣漣

副主編：牛筱桔

編　　委：　張　真　　王匯青　　宋華南　　劉　越　　楊姝媛

　　　　　　季　方　　陳麗莎　　厲　伊　　劉志方　　郭浩南

　　　　　　鄧園皎　　楊志剛　　陸天嘉　　寇洪聞　　范浩遠

　　　　　　李　拓　　唐順瑶　　蔡春盈　　郝秋凱　　潘春艷

《中國美术學院圖書館古籍普查登記目録》

前 言

　　中國美術學院建校已89周年,圖書館自建校伊始就重視藝術與藝術史理論的館藏建設。圖書館自1928年設立至1935年,歷時7年,藏書逐漸豐富,當時館藏圖書共2113部,計14456冊。1937年抗日戰争爆發,學校内遷,轉徙頻繁,致使抗日戰争前所儲圖書日遭損毁,實堪痛惜。1945年抗日戰争勝利,1946年秋復員返杭,學校全部圖書、教具和財産,祇能雇用船舶運輸,期間風雨侵襲,本已殘缺有限的圖書再一次遭受浩劫。到杭州後,經清點全部藏書僅存7394冊,其中美術類圖書祇剩757冊。1949年5月杭州解放,當時學校圖書館全部藏書僅1萬冊,其中《萬有文庫》《叢書集成》二套殘缺的叢書,已占4000餘冊。1949年至1959年,在黨對文教事業的關懷重視下,經館藏積纍和多方搜集,藏書發展到4萬餘冊,其中不少是稀有的珍本。1953年至1955年間,我館又接收浙江圖書館、前上海市私立新華藝術專科學校古籍綫裝書3000餘冊。1962年,我院陸維釗、劉江兩位老師到上海、蘇州、揚州、杭州、紹興等古舊書店、碑帖店選購了近萬冊碑帖、印譜等。1969年夏,因"戰備疏散",館藏珍貴畫册被疏運至紹興漓渚。1972年,"教學隊"撤銷,圖書館遷回杭州,發現留在杭州的大量圖書資料,因無人照管,遭雨水浸淋黴爛,且書庫被盜多次,損失達數千册。儘管歷經滄桑變遷,但保存至今的各類古籍仍有約15000册。

　　1991年,圖書館對館藏古籍進行了編目,完成了一套古籍目録及一部善本書目録。目録按經、史、子、集、叢分類編製,包含每部古籍的題名、著者、版本、册數共4個信息項,但版本信息登記較簡單,也有一些錯誤。該目録收録了7950册古籍,餘下未列入目録的7050册散存在閲覽室、外借室、後備書庫等處。

　　2013年4月起我館參加了浙江省古籍保護中心組織的古籍普查項目。項目在館領導的高度重視部署下,由項目責任人劉漣漣帶隊,協同團隊成員,并培養了一支熱愛古籍工作的學生隊伍共同進行普查工作。由於正值高校精簡人員編制之際,圖書館的人員崗位工作量滿額,項目組成員在做好日常事務的同時兼古籍普查工作,可謂任務重、時間緊。古籍普查工作是一項全國範圍内的古籍文獻整理大工程,除了我館老師的不懈努力之外,我院史論系畢斐教授也做了大量的前期整理工作,以楊姝媛、陳麗莎、季方、張怡忱、厲伊、吕夢静、朱徐超等爲代表的研究生、本科生工作團隊爲古籍普查工作貢獻了各自的力量。經過四年的持續進行，工作團隊完成了浙江省古籍普查"中國美術學院分項目"，將館藏古籍的基本信息全部録入至全國古籍普查平臺。

通過此次古籍普查工作，厘清了古籍文獻家底。古籍普查共完成 2433 部 14666 册綫裝書（另外碑帖拓本 885 册及拓片 700 餘件不在此次古籍普查範圍），其中明代、清代古籍 585 部 6154 册。館藏古籍特色是：印譜類古籍數量多、品質高，書畫類古籍尤爲齊全。館藏明清古籍按四部分類統計，經部 59 部 906 册、史部 150 部 1827 册、子部 267 部 1392 册、集部 39 部 938 册、叢書部 70 部 1091 册，其中館藏珍貴印譜與書畫類古籍有：明萬曆項氏宛委堂刻鈐印本《古今印則》、明萬曆四十六年（1618）刻鈐印本《曉采居印印》、清康熙二十八年（1689）半漚堂刻鈐印本《韞光樓印譜》、清康熙十八年（1679）刻彩色套印本《芥子園畫傳》、清康熙三十二年（1693）刻本《江邨銷夏録》、清康熙四十七年（1708）静永堂刻本《佩文齋書畫譜》、清乾隆五年（1740）刻本《書畫跋跋》等。按版本年代統計，明代至清乾隆善本古籍爲 99 部 870 册，有顧從義編《歷代帝王法帖釋文考異》爲明初刻本，海内鮮覯，明崇禎刻本《左傳詞壇》當爲孤本，世人罕知見，堪爲鎮館之寶。

我館將在理清館藏古籍家底基礎上，進一步開展一系列文獻保護和利用工作，包括改善庫房條件、古籍修復、古籍研究、特色古籍出版、文獻展覽以及建立特色數據庫等工作，使得學院歷代先輩遺存下來的這批珍貴財富能够轉化爲教學研究、藝術創作和學術研究的現實力量。

在此感謝浙江圖書館在古籍普查工作中的指導！以及感謝在我館參加古籍普查工作的各位普查工作人員！

中國美術學院圖書館
2017 年 12 月

330000－1744－0000001　025753－025754　子部/藝術類/書畫之屬

書畫跋跋三卷續三卷　（明）孫鑛撰　清乾隆五年(1740)刻本　二冊

330000－1744－0000003　14672－14678　經部/小學類/文字之屬/字書/字典

康熙字典十二集三十六卷總目一卷檢字一卷辨似一卷等韻一卷備考一卷補遺一卷　（清）張玉書等纂修　字典考證十二集三十六卷（清）奕繪等輯　清光緒十三年(1887)上海積山書局石印本　七冊

330000－1744－0000006　549－554　經部/小學類/文字之屬/字書/字典

字林考逸八卷附錄一卷　（晉）呂忱撰　（清）任大椿輯　字林考逸補本一卷　（清）陶方琦撰　字林考逸補附錄一卷　（清）諸可寶撰　倉頡篇三卷　（清）孫星衍撰　倉頡篇續本一卷　（清）任大椿撰　（清）諸可寶編錄　倉頡篇補本二卷　（清）陶方琦撰　（清）諸可寶編錄　清光緒十六年(1890)江蘇書局刻本六冊

330000－1744－0000009　500－502　經部/小學類/文字之屬/說文/傳說

說文古籀疏證六卷　（清）莊述祖撰　清光緒刻本　三冊

330000－1744－0000010　11575　子部/藝術類/篆刻之屬/印論

學印聯珠四卷　（清）許文興編　清道光八年(1828)刻本　一冊　存二卷(一、三)

330000－1744－0000011　10505－10508　史部/傳記類/總傳之屬

飛鴻堂印人傳八卷　（清）汪啓淑撰　清抄本四冊

330000－1744－0000018　11168－11175　子部/藝術類/篆刻之屬/印譜

讀畫軒印存四卷序四卷　（清）王俊藏　（清）朱容編　（清）朱俶釋　清光緒七年(1881)如皋王俊刻鈐印本　八冊

330000－1744－0000020　6479－6488　集部/總集類/選集之屬/通代

森寶閣詳訂古文評註全集十卷　（清）過珙（清）黃越選評　清羊城森寶閣書局刻本十冊

330000－1744－0000023　503－504/J252　經部/小學類/文字之屬/說文/專著

段氏說文注訂八卷　（清）鈕樹玉撰　清同治十三年(1874)湖北崇文書局刻本　二冊

330000－1744－0000026　8841－8848　子部/藝術類/篆刻之屬/印譜

龍泓山人印譜不分卷　（清）丁敬篆刻　清末西泠印社鈐拓本　八冊

330000－1744－0000027　425－456　經部/小學類/文字之屬/說文/傳說

說文解字注箋十四卷　（清）段玉裁注　（清）徐灝箋　說文檢字篇三卷說文重文檢字篇一卷說文疑難檢字篇一卷今文檢字篇一卷（清）徐樾編　清光緒二十年(1894)桂林刻民國三年(1914)京師補刻本　三十二冊

330000－1744－0000030　490－491　經部/小學類/文字之屬/說文/專著

說文古籀補十四卷附錄一卷　（清）吳大澂撰　清光緒二十四年(1898)刻本　二冊

330000－1744－0000031　015456－015503　子部/藝術類/書畫之屬/總論

佩文齋書畫譜一百卷　（清）孫岳頒等輯　清康熙四十七年(1708)靜永堂刻本　四十八冊

330000－1744－0000032　282－285　經部/小學類/文字之屬/說文/專著

說文辨字正俗八卷　（清）李富孫撰　清嘉慶二十一年(1816)刻本　四冊

330000－1744－0000034　6374　子部/藝術類/遊藝之屬/聯語

西湖楹聯四卷　清光緒二十二年(1896)暨陽周慶祺知正軒刻本　一冊

330000－1744－0000035　555－556　經部/小學類/文字之屬/字書/古文

倉頡篇校證三卷補遺一卷　（清）梁章鉅撰
清光緒五年（1879）梁恭辰刻本　二冊

330000－1744－0000037　　562　　經部/小學
類/文字之屬/字書/字體

名原二卷　（清）孫詒讓撰　清光緒刻本
一冊

330000－1744－0000038　13789－13790　　子
部/農家農學類

御題棉花圖一卷　（清）方觀承編　清乾隆刻
本　二冊

330000－1744－0000040　492－495　　經部/
小學類/文字之屬/說文/專著

說文古籀補十四卷補遺一卷附錄一卷　（清）
吳大澂撰　清光緒七年（1881）刻本　四冊

330000－1744－0000042　0168－0179　　經
部/小學類/文字之屬/說文

說文解字三十卷附說文通檢一卷　（漢）許慎
撰　（宋）徐鉉等校定　清光緒九年（1883）山
西書局刻本　十二冊

330000－1744－0000049　10929－10934　　史
部/金石類/金之屬/圖像

兩罍軒彝器圖釋十二卷　（清）吳雲撰　清同
治刻本　六冊

330000－1744－0000050　8377－8388　　史
部/金石類/金之屬

長安獲古編二卷補一卷　（清）劉喜海撰　清
同治東武劉氏刻光緒三十一年（1905）丹徒劉
鶚補刻本　二冊

330000－1744－0000051　10942－10951　　史
部/金石類/總志之屬/文字

金石文鈔八卷續鈔二卷　（清）趙紹祖撰　清
光緒十二年（1886）刻本　十冊

330000－1744－0000055　11699－11702　　類
叢部/叢書類/彙編之屬

聚學軒叢書六十種　劉世珩編　清光緒貴池
劉氏刻本　四冊

330000－1744－0000057　11364－11369　　史

部/金石類/總志之屬/文字

觀妙齋藏金石文攷略十六卷　（清）李光暎撰
　清道光十七年（1837）盛氏拜石山房刻本
六冊

330000－1744－0000059　13814－13816　　經
部/小學類/文字之屬/字書

復古編二卷附校正一卷附錄一卷　（宋）張有
撰　曾樂軒稿一卷　（宋）張維撰　安陸集一
卷　（清）張先撰　清光緒八年（1882）淮南書
局刻本　三冊

330000－1744－0000067　2650－2665　　子
部/藝術類/書畫之屬/總論

佩文齋書畫譜一百卷　（清）孫岳頒等輯　清
光緒九年（1883）上海同文書局石印本　十
六冊

330000－1744－0000069　12003　　子/藝術
類/書畫之屬/畫譜

太平歡樂圖不分卷　（清）方薰繪　清光緒十
四年（1888）積山書局石印本　一冊

330000－1744－0000071　11774－11778　　子
部/藝術類/書畫之屬/總論

辛丑銷夏記五卷　（清）吳榮光撰　清光緒三
十一年（1905）長沙葉氏郎園刻本　五冊

330000－1744－0000072　27109－27118　　子
部/藝術類/書畫之屬/總論

鐵網珊瑚書品十卷畫品六卷　（明）朱存理輯
　清雍正六年（1728）刻本　十冊

330000－1744－0000074　16050－16057　　子
部/藝術類/書畫之屬/畫錄

國朝畫識十七卷　（清）馮金伯撰　清道光十
一年（1831）雲間文萃堂刻本　八冊

330000－1744－0000076　25540－25555　　子
部/藝術類/書畫之屬/畫錄

虛齋名畫錄十六卷　龐元濟輯　清宣統元年
（1909）烏程龐氏申江刻本　十六冊

330000－1744－0000082　11961－11976　　類
叢部/叢書類/自著之屬

潛園總集十七種　（清）陸心源撰　清同治至

光緒刻本　十六冊　存一種

330000－1744－0000088　78421－78422　子部/農家農學類/總論之屬

御製耕織圖二卷　（清）焦秉貞繪　（清）聖祖玄燁題詩　清光緒五年(1879)點石齋石印本　二冊

330000－1744－0000095　6937－6938　子部/藝術類/書畫之屬/題跋

清儀閣題跋不分卷　（清）張廷濟撰　清光緒刻本　二冊

330000－1744－0000096　11742－11745　子部/藝術類/書畫之屬/題跋

清儀閣題跋不分卷　（清）張廷濟撰　清光緒十七年(1891)丁立誠刻本　四冊

330000－1744－0000098　9416　子部/藝術類/書畫之屬

佛說造像量度經一卷解一卷附續補一卷（清）工布查布譯　清同治十三年(1874)金陵刻經處刻本　一冊

330000－1744－0000099　8066　類叢部/叢書類/彙編之屬

榆園叢刻十五種附一種　（清）許增編　清同治至光緒刻本　一冊　存一種

330000－1744－0000103　27140－27141　類叢部/叢書類/彙編之屬

邵武徐氏叢書初刻十四種　（清）徐幹編　清光緒邵武徐氏刻本　二冊　存一種

330000－1744－0000104　10970　類叢部/叢書類/彙編之屬

槐廬叢書四十六種　（清）朱記榮編　清光緒三年至十五年(1877－1889)吳縣朱氏槐廬家塾刻本　八十冊

330000－1744－0000105　4196　類叢部/叢書類/彙編之屬

風雨樓叢書二十三種　鄧實編　清宣統順德鄧氏鉛印本　一冊　存一種

330000－1744－0000106　8079－8080　子

部/叢編

清瘦閣讀畫十八種　（清）徐文清輯　清光緒二十六年(1900)虞山徐文清西江刻本　二冊

330000－1744－0000110　12051　子部/藝術類/書畫之屬/題跋

小鷗波館畫識三卷畫寄一卷　（清）潘曾瑩撰　清光緒十四年(1888)悅止齋木活字印本　一冊

330000－1744－0000112　10739－10744　史部/傳記類/總傳之屬/列女

歷代名媛圖說二卷　清光緒五年(1879)上海點石齋石印本　六冊

330000－1744－0000113　20223－20229　子部/藝術類/書畫之屬

四銅鼓齋論畫集刻　（清）張祥河輯　清道光二十六年(1846)華亭張氏刻本　七冊　存十一種

330000－1744－0000116　78420　史部/傳記類/總傳之屬/列女

歷代名媛圖說二卷　清光緒五年(1879)上海點石齋石印本　一冊　缺一卷(二)

330000－1744－0000117　025532－025535　史部/地理類/雜志之屬

揚州畫舫錄十八卷　（清）李斗撰　清乾隆六十年(1795)自然盦刻同治十一年(1872)重修本　四冊

330000－1744－0000118　8081　類叢部/叢書類/彙編之屬

元和江氏靈鶼閣叢書五十六種　（清）江標編　清光緒元和江氏湖南使院刻蘇州振新書社印本　一冊　存一種

330000－1744－0000119　82155－82174　史部/傳記類/總傳之屬/技藝

宋元以來畫人姓氏錄三十六卷　（清）魯峻輯　清道光刻本　二十冊

330000－1744－0000121　11861－11864　史部/地理類/雜志之屬

揚州畫舫錄十八卷　（清）李斗撰　清乾隆六

十年(1795)自然盦刻同治十一年(1872)重修本　四冊　缺二卷(十一、十八)

330000－1744－0000124　25559－25560　子部/儒家類/儒學之屬/禮教/女範

閨訓圖說二卷　(清)俞增光繪　清光緒四年(1878)錢塘俞氏敬義堂刻本　二冊

330000－1744－0000126　82746－82749　子部/藝術類/書畫之屬/畫譜

毓秀堂畫傳四卷　(清)王墀繪　清光緒九年(1883)上海點石齋石印本　四冊

330000－1744－0000127　82740－82741　史部/傳記類/總傳之屬/通代

百將圖傳二卷　(清)丁日昌編　清同治八年(1869)江蘇書局刻本　二冊

330000－1744－0000130　25565－25576　子部/藝術類/書畫之屬/總論

清河書畫舫十二卷鑒古百一詩一卷　(明)張丑輯　清乾隆二十七年至二十八年(1762－1763)仁和吳長元池北草堂刻本　十二冊

330000－1744－0000131　8089　史部/傳記類/總傳之屬/技藝

國朝畫徵錄三卷續錄二卷　(清)張庚撰　清光緒二十一年(1895)江都劉氏刻本　一冊　存二卷(續錄一至二)

330000－1744－0000132　5920－5923　子部/藝術類/書畫之屬/題跋

清儀閣題跋不分卷　(清)張廷濟撰　清光緒十七年(1891)丁立誠刻本　清黃雲跋　四冊

330000－1744－0000133　11515－11521　史部/傳記類/總傳之屬/技藝

國朝書人輯略十一卷首一卷　震鈞輯　清光緒刻本　七冊

330000－1744－0000134　12004－12007　類叢部/叢書類/郡邑之屬

武林掌故叢編一百八十七種　(清)丁丙編　清光緒三年至二十六年(1877－1900)錢塘丁氏嘉惠堂刻本　四冊　存一種

330000－1744－0000135　8048－8055　史部/傳記類/總傳之屬/技藝

國朝書畫家筆錄四卷　竇鎮輯　清宣統三年(1911)蘇州文學山房木活字印本　八冊

330000－1744－0000137　11761　子部/藝術類/書畫之屬/法帖

歷代帝王法帖釋文考異十卷　(明)顧從義編並書　明刻本　二冊

330000－1744－0000138　651－662　史部/編年類/通代之屬

左傳詞壇六卷　(明)張溥點定　明崇禎刻本　十二冊

330000－1744－0000139　006495－006498　史部/金石類/璽印之屬

齊魯古印攈四卷　(清)高慶齡　(清)高嘉鈺輯　清光緒七年至九年(1881－1883)濰縣高氏古雪書莊鈐印本　四冊

330000－1744－0000140　13693－13697　史部/傳記類/別傳之屬/事狀

關聖帝君聖蹟圖誌全集五卷　(清)盧湛輯　清康熙三十二年(1693)刻本　五冊

330000－1744－0000142　006515－006522　子部/儒家類/儒學之屬/經濟

新纂門目五臣音註揚子法言十卷　(漢)揚雄撰　(晉)李軌等注　明刻本　八冊

330000－1744－0000143　025522－025525　集部/別集類/清別集

百美新詠一卷集詠一卷圖傳一卷　(清)顧希源撰　清嘉慶十年(1805)集腋軒刻本　四冊

330000－1744－0000144　11354－11357　史部/金石類/石之屬/通考

語石十卷　葉昌熾撰　清宣統元年(1909)蘇州文學山房刻本　四冊

330000－1744－0000145　4284－4287　子部/工藝類/文房四寶之屬/叢錄

文房肆攷圖說八卷　(清)唐秉鈞撰　(清)康愷繪　清乾隆嘉定唐秉鈞竹映山莊刻本　四冊

330000－1744－0000146　10854　史部/金石類/石之屬/文字

瘞鶴銘攷補一卷校勘記一卷　（清）翁方綱撰　山樵書外紀一卷　（清）張開福撰　清光緒三十四年(1908)端方刻本　一冊

330000－1744－0000150　025606－025611/L321　子部/藝術類/書畫之屬/總論

澄蘭室古緣萃錄十八卷　邵松年輯　清光緒三十年(1904)上海鴻文書局石印本　六冊

330000－1744－0000152　27142－27145　史部/傳記類/總傳之屬/釋道

繪像列仙傳四卷　（清）還初道人輯　清光緒十三年(1887)掃葉山房刻本　四冊

330000－1744－0000154　025722－025729　史部/傳記類/總傳之屬/郡邑

吳郡名賢圖傳贊二十卷　（清）顧沅輯　（清）孔繼垚繪　清道光九年(1829)長洲顧氏刻本　八冊

330000－1744－0000155　006499－006514　史部/金石類/璽印之屬

續齊魯古印攈十六卷　（清）郭裕之輯　清光緒十八年(1892)濰縣郭氏鈐印本　十六冊

330000－1744－0000156　012206－012325　類叢部/叢書類/彙編之屬

海山仙館叢書五十六種　（清）潘仕成編　清道光二十五年至咸豐元年(1845－1851)番禺潘氏刻光緒十一年(1885)增刻彙印本　一百二十冊　缺五卷(十五至十八、二十)

330000－1744－0000157　006936　集部/總集類/選集之屬/斷代

欽定全唐文一千卷目錄三卷　（清）董誥等輯　清嘉慶十九年(1814)內府刻本　三百二十冊

330000－1744－0000163　011716－012025　經部/叢編

皇清經解續編一千四百三十卷　王先謙編　清光緒十四年(1888)江陰南菁書院刻本(卷三十原缺)　三百十冊　存二百三種

330000－1744－0000165　12025－12028　子部/藝術類/書畫之屬/題跋

習苦齋畫絮十卷　（清）戴熙記　（清）惠年編輯　清光緒十九年(1893)刻本　四冊

330000－1744－0000166　17111－17116　子部/藝術類/書畫之屬/總論

澄蘭室古緣萃錄十八卷　邵松年輯　清光緒三十年(1904)上海鴻文書局石印本　六冊

330000－1744－0000167　023935－023940　子部/藝術類/書畫之屬/總論

澄蘭室古緣萃錄十八卷　邵松年輯　清光緒三十年(1904)上海鴻文書局石印本　六冊

330000－1744－0000172　484－485　經部/小學類/文字之屬/說文/專著

說文古籀補十四卷附錄一卷　（清）吳大澂撰　清光緒二十四年(1898)刻本　二冊

330000－1744－0000173　025714－025716　子部/藝術類/書畫之屬/題跋

習苦齋畫絮十卷　（清）戴熙記　（清）惠年編輯　清光緒十九年(1893)刻本　三冊　缺二卷(一至二)

330000－1744－0000177　27146－27149　子部/藝術類/書畫之屬/題跋

習苦齋畫絮十卷　（清）戴熙記　（清）惠年編輯　清光緒十九年(1893)刻本　四冊

330000－1744－0000178　25521　子部/工藝類/文房四寶之屬/硯

端溪硯史三卷　（清）吳蘭修撰　清道光十七年(1837)嘉善周氏刻光緒補刻本　一冊

330000－1744－0000179　82751－82752　子部/藝術類/書畫之屬/畫譜

芥子園畫傳四集五卷　（清）丁皋撰輯　清嘉慶二十三年(1818)刻本　二冊　存一卷(二)

330000－1744－0000180　82762－82763　子部/藝術類/書畫之屬/畫譜

任渭長先生畫傳四種　（清）任熊繪　清光緒十二年(1886)上海同文書局石印本　二冊　存一種

330000－1744－0000182　025804　子部/藝術類/書畫之屬/畫譜

列仙酒牌一卷　(清)任熊繪　清光緒十二年(1886)上海同文書局石印本　一冊

330000－1744－0000183　020185－020201　子部/藝術類/書畫之屬/總論

佩文齋書畫譜一百卷　(清)孫岳頒等輯　清光緒九年(1883)上海同文書局石印本　十六冊

330000－1744－0000186　25231－25232　子部/藝術類/書畫之屬/畫譜

紉齋畫賸四卷　(清)陳允升繪　清光緒七年(1881)上海點石齋石印本　二冊

330000－1744－0000187　025755－025762/L322　子部/藝術類/書畫之屬

桐陰論畫二卷首一卷附錄一卷畫訣一卷續桐陰論畫一卷二編二卷三編二卷　(清)秦祖永撰　清同治三年至光緒八年(1864－1882)刻朱墨套印本　七冊

330000－1744－0000188　10496、10709－10711　子部/工藝類/日用器物之屬/器具

遠西奇器圖說錄最三卷　(瑞士)鄧玉函口授(明)王徵譯繪　**新製諸器圖說一卷**　(明)王徵撰　清道光十年(1830)張鵬翂來鹿堂刻本　四冊

330000－1744－0000189　11779－11782　子部/藝術類/書畫之屬/總論

甌鉢羅室書畫過目攷四卷首一卷附一卷　(清)李玉棻輯　清光緒二十三年(1897)興盛齋刻本　四冊

330000－1744－0000192　25528－25531　子部/藝術類/書畫之屬/總論

甌鉢羅室書畫過目攷四卷首一卷附一卷　(清)李玉棻輯　清光緒二十三年(1897)興盛齋刻本　四冊

330000－1744－0000193　11052－11055　子部/藝術類/篆刻之屬/印譜

紅廔花影印譜四卷　(清)蔣鶴隣篆　清光緒

二十六年(1900)鈐印本　四冊

330000－1744－0000203　11590　子部/藝術類/篆刻之屬/印譜

古梅閣仿完白山人印賸一卷　(清)王爾度摹刻　清同治十一年(1872)刻鈐印本　一冊

330000－1744－0000206　012901－012911　集部/別集類/唐五代別集

昌黎先生集四十卷外集十卷遺文一卷首一卷　(唐)韓愈撰　(宋)朱熹校正　王伯大音釋　清光緒十八年(1892)吳恭亨刻本　十一冊　缺五卷(外集一至五)

330000－1744－0000207　025585－025596　類叢部/叢書類/自著之屬

石泉書屋全集　(清)李佐賢撰　清咸豐至光緒利津李氏刻本　十二冊　存一種

330000－1744－0000208　17083－17110　類叢部/叢書類/自著之屬

潛園總集十七種　(清)陸心源撰　清同治至光緒刻本　二十八冊　存一種

330000－1744－0000209　82754－82757　子部/藝術類/書畫之屬/畫譜

紉齋畫賸四卷　(清)陳允升繪　清光緒二年(1876)陳氏得古歡室刻本　四冊

330000－1744－0000210　023919－023934　類叢部/叢書類/自著之屬

潛園總集十七種　(清)陸心源撰　清同治至光緒刻本　十六冊　存一種

330000－1744－0000213　27093－27100　子部/藝術類/書畫之屬/總論

佩文齋書畫譜一百卷　(清)孫岳頒等輯　清光緒九年(1883)上海同文書局石印本　十六冊

330000－1744－0000214　025717－025721　子部/藝術類/書畫之屬

聽颿樓書畫記五卷　(清)潘正煒撰　清道光二十三年(1843)刻本　五冊

330000－1744－0000215　13590－13591　類

叢部/叢書類/彙編之屬

元和江氏靈鶼閣叢書五十六種　（清）江標編
清光緒元和江氏湖南使院刻蘇州振新書社
印本　二冊　存一種

330000－1744－0000216　27180－27185　子
部/藝術類/書畫之屬/總論

墨緣彙觀四卷　（清）安岐輯　清光緒二十六
年(1900)石印本　六冊

330000－1744－0000220　2180－2183　子
部/藝術類/書畫之屬/總論

庚子銷夏記八卷閒者軒帖考一卷　（清）孫承
澤撰　清乾隆二十五年至二十六年(1760－
1761)鮑廷博、鄭竺刻本　四冊

330000－1744－0000221　6921－6924　史
部/金石類/郡邑之屬

東甌金石志十二卷　（清）戴咸弼撰　（清）孫
詒讓校補　清光緒九年(1883)刻本　四冊

330000－1744－0000222　13579－13582　史
部/傳記類/總傳之屬/隱逸

高士傳三卷圖一卷　（晉）皇甫謐撰　（清）王
錫齡校　（清）任熊繪　清咸豐七年(1857)王
氏養和堂刻本　四冊

330000－1744－0000223　11775－11778　史
部/金石類/石之屬/通考

語石十卷　葉昌熾撰　清宣統元年(1909)刻
本　四冊

330000－1744－0000225　11328－11339　史
部/金石類

望堂金石文字初集三十一種二集十八種　楊
守敬輯　清同治至宣統宜都楊氏飛青閣刻本
十二冊　存四十三種

330000－1744－0000227　7577　子部/藝術
類/篆刻之屬

西泠印社印學叢書　清宣統至民國刻本暨木
活字印本　一冊　存一種

330000－1744－0000229　11670－11673　史
部/金石類/總志之屬

金石存十五卷　（清）吳玉搢撰　清末石印本

四冊

330000－1744－0000231　11434－11435　類
叢部/叢書類/彙編之屬

武英殿聚珍版書　清刻本　二冊　存一種

330000－1744－0000232　11552－11557　史
部/金石類/總志之屬

金石續編二十一卷首一卷　（清）陸耀遹撰
清光緒十九年(1893)上海醉六堂石印本
六冊

330000－1744－0000236　13577　類叢部/叢
書類/彙編之屬

武英殿聚珍版書一百四十八種　清乾隆四十
二年(1777)福建刻道光至同治遞修光緒二十
一年(1895)增刻本　一冊　存一種

330000－1744－0000240　11746－11753　史
部/金石類/石之屬/目錄

十二硯齋金石過眼錄十八卷續錄四卷　（清）
汪鋆撰　清光緒元年(1875)刻民國二十年
(1931)揚州陳恒和書林印本　八冊

330000－1744－0000241　11819－11826　類
叢部/叢書類/彙編之屬

三長物齋叢書二十五種　（清）黃本驥編　清
道光二十二年至二十八年(1842－1848)湘陰
蔣瓚刻本　八冊　存一種

330000－1744－0000243　5914－5917　子
部/藝術類/書畫之屬/總論

庚子銷夏記八卷閒者軒帖考一卷　（清）孫承
澤撰　清乾隆二十五年至二十六年(1760－
1761)鮑廷博、鄭竺刻本　四冊

330000－1744－0000244　11783－11784　史
部/金石類/石之屬/目錄

輿地碑記目四卷　（宋）王象之撰　清同治九
年(1870)吳縣潘祖蔭滂喜齋刻本　二冊

330000－1744－0000245　11358－11363　史
部/金石類

授堂金石文字續跋十四卷　（清）武億撰　清
嘉慶元年(1796)武穆淳刻授堂遺書本　黃裳
跋　六冊

330000－1744－0000246　11754－11756　類叢部/叢書類/彙編之屬

春暉堂叢書十二種　（清）徐渭仁編　清道光至咸豐上海徐渭仁刻同治九年至十年(1870－1871)徐允臨補刻彙印本　三冊　存一種

330000－1744－0000247　11436－11437　史部/金石類/總志之屬

金石萃編補略二卷　（清）王言撰　清光緒八年(1882)刻本　二冊

330000－1744－0000250　82742－82743　子部/藝術類/書畫之屬/畫譜

冶梅石譜二卷　（清）王寅繪　清光緒八年(1882)吳縣榮氏東瀛刻本　二冊

330000－1744－0000251　1539－1544　史部/史抄類

史記菁華錄六卷　（清）姚祖恩輯　清道光四年(1824)吳興姚氏扶荔山房刻朱墨套印本六冊

330000－1744－0000255　025709－025712/L321　子部/藝術類/書畫之屬/總論

庚子銷夏記八卷　（清）孫承澤撰　清刻本四冊

330000－1744－0000257　20236－20239/L322　子部/藝術類/書畫之屬

桐陰論畫二卷首一卷附錄一卷畫訣一卷續桐陰論畫一卷二編二卷三編二卷　（清）秦祖永著　清同治三年至光緒八年(1864－1882)刻朱墨套印本　四冊

330000－1744－0000259　13775　經部/小學類/音韻之屬/韻書

說文韻譜校五卷　（清）王筠撰　清光緒九年(1883)歸安姚氏咫進齋刻本　四冊

330000－1744－0000260　0196－0197　類叢部/叢書類/彙編之屬

後知不足齋叢書四十七種　（清）鮑廷爵編　清同治至光緒常熟鮑氏刻本　二冊　存一種

330000－1744－0000261　286－291　經部/小學類

雷刻四種二十一卷　（清）雷浚輯　清同治至光緒吳縣雷氏刻光緒十年(1884)彙印本六冊

330000－1744－0000263　0188－0191　經部/小學類/文字之屬/字書/字典

續復古編四卷　（元）曹本撰　清光緒十二年(1886)歸安姚氏咫進齋據舊宋廡景元鈔本刻朱印本　四冊

330000－1744－0000264　11526－11529　史部/金石類/石之屬/目錄

寶刻類編八卷　（宋）□□撰　清道光十八年(1838)劉氏十七樹梅華山館臨汀郡齋刻本四冊

330000－1744－0000265　10733－10738　史部/地理類/遊記之屬/紀行

鴻雪因緣圖記三集六卷　（清）麟慶撰　清光緒十二年(1886)石印本　六冊

330000－1744－0000269　11807－11809　類叢部/叢書類/彙編之屬

知不足齋叢書一百九十五種　（清）鮑廷博編　（清）鮑士恭續編　清乾隆三十七年至道光三年(1772－1823)長塘鮑氏刻彙印本　三冊　存一種

330000－1744－0000270　011434－011449　史部/傳記類/總傳之屬/列女

列女傳十六卷　（漢）劉向撰　（明）汪道昆輯　（明）仇英繪圖　明萬曆刻清乾隆四十四年(1779)鮑氏知不足齋印本　十六冊

330000－1744－0000271　35710－35721　經部/詩類/傳說之屬

御纂詩義折中二十卷　（清）傅恒　（清）陳兆崙等纂　清乾隆刻本　十二冊

330000－1744－0000276　016161　類叢部/叢書類/郡邑之屬

嶺南遺書五十九種　（清）伍元薇（崇曜）編　清道光十一年至同治二年(1831－1863)南海伍氏粵雅堂文字歡娛室刻光緒三十三年(1907)彙印本　一冊　存二種

330000－1744－0000277　663－670　經部/
春秋總義類/傳說之屬

春秋集古傳注二十六卷首一卷　（清）郜坦撰
清光緒二年(1876)淮南書局刻本　八冊

330000－1744－0000278　510　經部/小學
類/文字之屬/字書

字學七種二卷　（清）李祕園撰　清光緒十二
年(1886)京師松竹齋刻本　一冊

330000－1744－0000280　11771　類叢部/叢
書類/彙編之屬

咫進齋叢書三十七種　（清）姚覲元編　清光
緒九年(1883)歸安姚氏刻本　一冊　存一種

330000－1744－0000282　11473－11476　子
部/藝術類/書畫之屬/法帖

御刻三希堂石渠寶笈法帖釋文十六卷　（清）
梁詩正等輯　清乾隆六十年（1795）刻本
四冊

330000－1744－0000283　11738－11741　類
叢部/叢書類/彙編之屬

觀自得齋叢書二十三種別集六種　（清）徐士
愷編　清光緒十三年至二十年(1887－1894)
石埭徐氏刻本　四冊　存一種

330000－1744－0000285　12036　史部/傳記
類/總傳之屬/列女

列女傳十六卷　（漢）劉向撰　（明）汪道昆輯
（明）仇英繪圖　明萬曆刻清乾隆四十四年
(1779)鮑氏知不足齋印本　一冊　存二卷
(十五至十六)

330000－1744－0000286　3884－3890　類叢
部/叢書類/郡邑之屬

金華叢書六十八種　（清）胡鳳丹編　清同治
七年至光緒八年(1868－1882)永康胡氏退補
齋刻民國補刻本　十冊　存一種

330000－1744－0000288　10988－10997　類
叢部/叢書類/自著之屬

潛園總集十七種　（清）陸心源撰　清同治至
光緒刻本　十冊　存一種

330000－1744－0000289　8361－8362　類叢

部/叢書類/自著之屬

觀古堂所著書二十種　葉德輝撰　清光緒長
沙葉氏刻本　二冊　存一種

330000－1744－0000294　11467　史部/金石
類/總志之屬

金石萃編校字記不分卷　羅振玉撰　清光緒
十一年(1885)刻本　一冊

330000－1744－0000296　8379－8380　史
部/金石類/金之屬/圖像

恒軒所見所藏吉金錄不分卷　（清）吳大澂輯
清光緒十一年(1885)吳縣吳大澂刻本
二冊

330000－1744－0000297　11469－11472　史
部/金石類/錢幣之屬/雜著

吉金所見錄十六卷首一卷末一卷　（清）初尚
齡撰　清嘉慶二十四年(1819)萊陽初氏古香
書屋刻道光七年(1827)補刻本　四冊

330000－1744－0000300　11438－11439　史
部/金石類/石之屬/文字

碑別字五卷　（清）羅振鋆輯　清光緒二十年
(1894)刻本　二冊

330000－1744－0000301　11440　史部/金石
類/石之屬

十二硯齋補瘞鶴銘考二卷　（清）汪鋆編　清
光緒九年(1883)儀徵汪氏刻本　一冊

330000－1744－0000303　29658－29673　子
部/藝術類/書畫之屬/總論

佩文齋書畫譜一百卷　（清）孫岳頒等輯　清
光緒九年(1883)上海同文書局石印本　十
六冊

330000－1744－0000305　14655－14669　子
部/藝術類/書畫之屬/總論

佩文齋書畫譜一百卷　（清）孫岳頒等輯　清
光緒九年(1883)上海同文書局石印本　十五
冊　缺九卷(七至十五)

330000－1744－0000306　561　經部/小學
類/訓詁之屬/字詁

字說一卷　（清）吳大澂撰　清光緒七年

(1881)刻本　一冊

330000－1744－0000307　3005－3024　集部/小說類/長篇之屬

增訂精忠演義說本全傳二十卷八十回　（清）錢彩編　（清）金豐增訂　清光緒六年（1880）奎照樓刻本　二十冊

330000－1744－0000309　20230－20233　類叢部/叢書類/郡邑之屬

武林掌故叢編一百八十七種　（清）丁丙編　清光緒三年至二十六年（1877－1900）錢塘丁氏嘉惠堂刻本　四冊　存一種

330000－1744－0000310　20234－20335　類叢部/叢書類/郡邑之屬

武林掌故叢編一百八十七種　（清）丁丙編　清光緒三年至二十六年（1877－1900）錢塘丁氏嘉惠堂刻本　二冊　存一種

330000－1744－0000311　6931－6932　史部/金石類

行素草堂金石叢書（孫谿朱氏金石叢書）十六種　（清）朱記榮輯　清光緒吳縣朱氏刻十四年（1888）彙印本　二冊　存一種

330000－1744－0000312　6933－6936　史部/金石類

行素草堂金石叢書（孫谿朱氏金石叢書）十六種　（清）朱記榮輯　清光緒吳縣朱氏刻十四年（1888）彙印本　四冊　存一種

330000－1744－0000313　11852－11857　類叢部/叢書類/自著之屬

亭林遺書十種　（清）顧炎武撰　清刻本　六冊　存二種

330000－1744－0000318　014861－014864　集部/曲類/曲韻曲譜曲律之屬

六也曲譜初集不分卷　張芬編　清光緒三十四年（1908）蘇州振新書社石印本　四冊

330000－1744－0000319　013991－013994　集部/戲劇類/傳奇之屬

桃花扇傳奇四卷四十齣　（清）孔尚任撰　清乾隆七年（1742）西園刻本　四冊

330000－1744－0000322　3794　集部/詩文評類/文評之屬

文心雕龍十卷　（南朝梁）劉勰撰　（明）楊慎批　（明）張松孫輯注　清乾隆五十六年（1791）長洲張氏刻本　二冊

330000－1744－0000323　632－851　史部/地理類/山川之屬/水志

西湖志四十八卷　（清）李衛　（清）程元章修　（清）傅王露纂　清光緒四年（1878）浙江書局刻本　二十冊

330000－1744－0000325　X01252－X01255　子部/藝術類/篆刻之屬/印譜

遊戲三昧四卷　（清）釋竹禪篆刻　清光緒元年（1875）西蜀竹禪刻鈐印本　四冊

330000－1744－0000326　11092－11095　子部/藝術類/篆刻之屬/印譜

平心靜氣齋印譜不分卷　（清）董元儐輯　清咸豐鈐印本　四冊

330000－1744－0000329　2712－2713　集部/別集類/宋別集

月洞詩集二卷　（宋）王鎡撰　**附二十一世祖皞如公詩一十四首一卷**　（明）王皞如撰　清光緒十三年（1887）王人泰刻本　二冊

330000－1744－0000330　8866　子部/藝術類/篆刻之屬/印譜

杜氏世略印宗二卷　（清）杜世柏篆刻　清乾隆三十二年（1767）杜世柏刻鈐印本　一冊　存一卷（上）

330000－1744－0000337　012998－013001　史部/編年類/通代之屬

司馬溫公稽古錄二十卷　（宋）司馬光撰　清同治十一年（1872）湖北崇文書局刻本　四冊

330000－1744－0000339　11703－11706　類叢部/叢書類/彙編之屬

結一廬朱氏賸餘叢書四種　（清）朱澂編　清光緒三十年至三十一年（1904－1905）仁和朱氏刻三十二年（1906）印本　四冊　存一種

330000－1744－0000341　10753－10760　集

部/小說類/長篇之屬

東周列國志二十七卷首一卷一百八回 （清）蔡奡評點　清光緒十四年(1888)上海點石齋石印本　八冊

330000 – 1744 – 0000342　X01256 – X01279　史部/地理類/總志之屬/通代

讀史方輿紀要一百三十卷方輿全圖總說四卷 （清）顧祖禹撰　清光緒二十九年(1903)上海益吾齋石印本　二十四冊

330000 – 1744 – 0000345　015823　子部/藝術類/書畫之屬

聖蹟圖一卷　清刻本　一冊

330000 – 1744 – 0000346　8363 – 8370　史部/金石類/金之屬/文字

從古堂款識學十六卷 （清）徐同柏釋文（清）徐士燕樵錄　清光緒三十二年(1906)蒙學報館石印本　八冊

330000 – 1744 – 0000347　012912 – 012926　集部/總集類/選集之屬/通代

文選補遺四十卷首一卷 （元）陳仁子輯（元）譚紹烈纂類　清道光二十五年(1845)琅嬛館刻本　十五冊

330000 – 1744 – 0000349　012982 – 012987　經部/四書類/總義之屬/傳說

四書集註十九卷 （宋）朱熹撰　（清）儲欣批　清臨桂謝氏毓蘭書屋刻本　六冊

330000 – 1744 – 0000350　013033 – 013036　集部/詩文評類/文評之屬

文心雕龍十卷 （南朝梁）劉勰撰　（清）黃叔琳輯注　（清）紀昀評　清道光十三年(1833)盧坤兩廣節署刻朱墨套印本　四冊

330000 – 1744 – 0000352　10723 – 10726　史部/政書類/儀制之屬/典禮

直省釋奠禮樂記六卷首一卷末一卷 （清）應寶時等輯　清同治十二年(1873)仁和吳恒、長洲顧澐刻本　四冊

330000 – 1744 – 0000353　10902 – 10903　史部/金石類/總志之屬/通考

二百蘭亭齋收藏金石記不分卷 （清）吳雲撰　清咸豐六年(1856)歸安吳氏刻本　二冊

330000 – 1744 – 0000356　X00176 – X00179　史部/傳記類/總傳之屬/技藝

墨林今話十八卷 （清）蔣寶齡撰　**墨林今話續編一卷** （清）蔣茝生撰　清同治十一年(1872)映雪草廬刻本　四冊

330000 – 1744 – 0000357　013844 – 013845　史部/目錄類/總錄之屬/私撰

宋元舊本書經眼錄三卷坿錄二卷 （清）莫友芝撰　清同治十二年(1873)獨山莫繩孫刻本　二冊

330000 – 1744 – 0000358　013009 – 013016　子部/小說家類/雜事之屬

世說新語補二十卷附釋名一卷 （南朝宋）劉義慶撰　（南朝梁）劉孝標注　（明）何良俊增補　（明）王世貞刪定　（明）王世懋批釋　（明）張文柱校注　清乾隆二十七年(1762)黃汝琳茂清書屋刻本　八冊

330000 – 1744 – 0000361　016344　集部/別集類/宋別集

白石詩集一卷詞集一卷 （宋）姜夔著　清乾隆三十六年(1771)刻本　一冊

330000 – 1744 – 0000364　027080 – 027083　集部/別集類/唐五代別集

王摩詰集六卷 （唐）王維撰　清光緒十年(1884)上海文瑞樓石印本　四冊

330000 – 1744 – 0000366　027068 – 027079　集部/別集類/明別集

甫田集三十六卷 （明）文徵明撰　清宣統三年(1911)上海千頃堂書莊鉛印本　十二冊

330000 – 1744 – 0000368　577 – 592　經部/春秋左傳類/傳說之屬

左繡三十卷首一卷 （清）馮李驊　（清）陸浩評輯　清末石印本　十六冊

330000 – 1744 – 0000376　5653 – 5676　史部/金石類/總志之屬

金石萃編一百六十卷 （清）王昶撰　**金石續**

編二十一卷首一卷　（清）陸耀遹撰　清光緒十九年（1893）上海醉六堂石印本　二十四冊

330000－1744－0000378　11880－11881　子部/藝術類/書畫之屬/畫譜

水滸畫譜二卷　（清）嵩齡（顛道人）繪　清光緒十四年（1888）寶貞堂石印本　二冊

330000－1744－0000379　013017－013020　子部/儒家類/儒學之屬/性理

漢學商兌三卷　（清）方東樹撰　清光緒二十年（1894）傳經堂刻本　四冊

330000－1744－0000381　3795　經部/春秋左傳類/傳說之屬

春秋左傳五十卷　（晉）杜預　（宋）林堯叟註釋　（唐）陸德明音義　（明）鍾惺　（明）孫鑛　（明）韓范評點　清光緒十一年（1885）江蘇埽葉山房刻本　十二冊　存十二卷（一、四、九、十四、十九、二十三、二十七、三十一、三十五、三十九、四十二、四十六）

330000－1744－0000382　X01084－X01087　史部/金石類/璽印之屬

師讓庵漢銅印存不分卷　（清）丁丙輯　清光緒二十七年（1901）鈐印本　四冊

330000－1744－0000383　012927－012933　經部/叢編

璜川吳氏經學叢書十五種　（清）吳志忠等輯　清道光十年（1830）寶仁堂刻本　七冊　存一種

330000－1744－0000385　014699－014707　經部/春秋左傳類/傳說之屬

春秋左傳杜注三十卷首一卷　（清）姚培謙撰　清光緒九年（1883）江南書局刻本　十冊

330000－1744－0000391　X01088－X01089　經部/小學類/訓詁之屬/爾雅

爾雅音圖三卷　（晉）郭璞注　（清）姚之麟摹圖　清光緒十年（1884）上海同文書局石印本　二冊

330000－1744－0000394　11468　史部/金石類/總志之屬

金石萃編校字記一卷　羅振玉撰　清光緒十一年（1885）刻本　一冊

330000－1744－0000396　10885－10893　史部/金石類/金之屬/文字

攈古錄金文三卷　（清）吳式芬撰　清光緒二十一年（1895）吳重憙刻本　九冊

330000－1744－0000397　11834　史部/金石類/總志之屬

金石萃編校字記一卷　羅振玉撰　清光緒十一年（1885）刻本　一冊

330000－1744－0000398　0198－0201　經部/小學類/文字之屬/字書/通論

六書正譌五卷　（元）周伯琦撰　清光緒十二年（1886）恭壽堂刻本　四冊

330000－1744－0000400　022216－022263　類叢部/類書類/通類之屬

淵鑑類函四百五十卷目錄四卷　（清）張英　（清）王士禎等纂　清光緒十三年（1887）上海同文書局石印本　四十八冊

330000－1744－0000402　731－734　史部/地理類/山川之屬/水志

湖山便覽十二卷　（清）翟灝等撰　清光緒元年（1875）杭州王維翰槐蔭堂刻本　四冊　存八卷（五至十二）

330000－1744－0000403　11858－11859　史部/金石類/總志之屬

金石萃編補略二卷　（清）王言撰　清光緒八年（1882）刻本　二冊

330000－1744－0000412　025802　子部/藝術類/書畫之屬/畫譜

任渭長先生畫傳四種　（清）任熊繪　清光緒十二年（1886）上海同文書局石印本　一冊　存一種

330000－1744－0000418　021847　子部/農家農學類/總論之屬

御製耕織圖二卷　（清）焦秉貞繪　（清）聖祖玄燁題詩　清康熙三十五年（1696）內府刻本　一冊

330000－1744－0000419　006828－006853
經部/周禮類/傳說之屬

欽定周官義疏四十八卷首一卷　（清）鄂爾泰
等撰　清乾隆十九年（1754）刻本　二十八冊

330000－1744－0000423　027134－027139
類叢部/叢書類/彙編之屬

風雨樓叢書二十三種　鄧實編　清宣統順德
鄧氏鉛印本　六冊　存一種

330000－1744－0000429　011486－011517
經部/群經總義類/傳說之屬

皇朝五經彙解二百七十卷　（清）朱鏡清輯
清光緒十四年（1888）鴻文書局石印本　三十
二冊

330000－1744－0000436　618－620　經部/
小學類/音韻之屬/韻書

佩文詩韻釋要五卷　（清）周兆基輯　（清）朱
重輯　清光緒十五年（1889）刻本　三冊

330000－1744－0000441　006788－006799
經部/書類/傳說之屬

欽定書經傳說彙纂二十一卷首二卷書序一卷
·（清）王頊齡等纂　清道光十八年（1838）刻
本　十二冊

330000－1744－0000448　11441　類叢部/叢
書類/彙編之屬

蟫隱廬叢書十八種　羅振常編　清宣統二年
至民國二十五年（1910－1936）上虞羅氏謄寫
及鉛印本民國三十三年（1944）吳興周延年彙
印本　一冊　存一種

330000－1744－0000450　014784－014815
經部/叢編

**重刊宋本十三經注疏四百十六卷　附十三經
注疏校勘記四百十六卷**　（清）阮元撰　（清）
盧宣旬摘錄　**校勘記識語四卷**　（清）汪文臺
撰　清光緒十三年（1887）上海脈望仙館石印
本　三十二冊

330000－1744－0000457　006896－006935
經部/儀禮類/傳說之屬

欽定儀禮義疏四十八卷首二卷　（清）朱軾等

撰　清道光十八年（1838）刻本　四十冊

330000－1744－0000459　011410－011433
集部/總集類/選集之屬/斷代

皇朝經世文編一百二十卷姓名總目二卷
（清）賀長齡輯　清光緒十三年（1887）上海廣
百宋齋鉛印本　二十四冊

330000－1744－0000462　014506－014529
史部/地理類/總志之屬/通代

天下郡國利病書一百二十卷　（清）顧炎武輯
清光緒二十九年（1903）上海益吾齋石印本
二十四冊

330000－1744－0000464　014558－014657/
k21　集部/總集類/選集之屬/通代

涵芬樓古今文鈔一百卷　吳曾祺纂錄　清宣
統二年（1910）上海商務印書館鉛印本　一
百冊

330000－1744－0000465　8280－8285　史
部/金石類/總志之屬

金薤琳琅二十卷補遺一卷　（明）都穆撰
（清）宋振譽補遺　清乾隆四十三年（1778）汪
荻洲刻本　六冊

330000－1744－0000467　11685－11690　史
部/金石類/總志之屬/文字

藝風堂金石文字目十八卷　繆荃孫撰　清光
緒三十二年（1906）王先謙湖南刻本　六冊

330000－1744－0000473　09979－09998　類
叢部/叢書類/彙編之屬

武英殿聚珍版書一百三十八種　清乾隆三十
八年至嘉慶八年（1773－1803）武英殿木活字
印本　二十冊　存一種

330000－1744－0000474　8301－8340　史
部/金石類

**行素草堂金石叢書（孫谿朱氏金石叢書）十六
種**　（清）朱記榮輯　清光緒吳縣朱氏刻十四
年（1888）彙印本　四十冊

330000－1744－0000475　011178－011221
史部/政書類

九通　（清）□□輯　清光緒二十七年（1901）

上海圖書集成局鉛印本　四十四冊　存一種

330000－1744－0000478　11827－11832　史部/金石類/總志之屬/文字

觀妙齋藏金石文攷略十六卷　（清）李光暎撰　清道光十七年(1837)盛氏拜石山房刻本　六冊

330000－1744－0000479　8371－8374　類叢部/叢書類/自著之屬

傳經堂叢書十二種　（清）洪頤煊撰　清嘉慶至道光臨海洪氏刻本　四冊　存一種

330000－1744－0000480　11787－11790　類叢部/叢書類/彙編之屬

槐廬叢書四十六種　（清）朱記榮編　清光緒三年至十五年(1877－1889)吳縣朱氏槐廬家塾刻本　四冊　存一種

330000－1744－0000482　012680－012726　史部/傳記類/總傳之屬/儒林

宋元學案一百卷首一卷攷畧一卷　（清）黃宗義撰　（清）黃百家纂輯　（清）全祖望修定　清光緒五年(1879)長沙寄廬刻本　四十七冊　缺一卷(四十八)

330000－1744－0000483　X00058－X00081　集部/別集類/宋別集

歐陽文忠公全集一百五十三卷　（宋）歐陽修撰　**廬陵歐陽文忠公年譜一卷**　（宋）胡柯編　清乾隆十一年(1746)歐陽安世孝思堂刻本　二十四冊

330000－1744－0000486　014888－014909　集部/曲類/曲韻曲譜曲律之屬

納書楹曲譜全集二十二卷　（清）葉堂撰　清乾隆五十七年至五十九年(1792－1794)葉氏納書楹刻本　程曼叔題記　二十二冊

330000－1744－0000489　12992－12993　史部/地理類/雜志之屬

增訂南詔野史二卷　（明）楊慎輯　（清）胡蔚訂正　清乾隆四十年(1775)刻本　二冊

330000－1744－0000492　10815－10820　史部/金石類/郡邑之屬/圖像

寰宇貞石圖六卷　楊守敬輯　清宣統元年(1909)宜都楊守敬飛青閣影印剪貼本　六冊

330000－1744－0000494　557－560　經部/小學類/文字之屬/字書/字體

汗簡七卷目錄一卷書目箋正一卷　（宋）郭忠恕撰　（清）鄭珍箋正　清光緒十五年(1889)廣雅書局刻廣雅書局叢書本　許季批校並過錄名人攷四篇　四冊

330000－1744－0000496　11707－11712　類叢部/叢書類/自著之屬

魏稼孫先生全集三種　（清）魏錫曾撰　清光緒九年(1883)羊城刻本　六冊

330000－1744－0000499　11789－11800　史部/金石類/郡邑之屬/文字

兩浙金石志十八卷補遺一卷　（清）阮元撰　清光緒十六年(1890)浙江書局刻本　十二冊

330000－1744－0000500　006856－006895　經部/禮記類/傳說之屬

欽定禮記義疏八十二卷首一卷　（清）允祿等撰　清道光十八年(1838)刻本　四十冊

330000－1744－0000505　014886　集部/戲劇類/總集之屬

奢摩他室曲叢第一集　吳梅撰　清宣統二年(1910)長洲吳氏靈鶼刻本　一冊　存一種

330000－1744－0000507　013362－013367　集部/詩文評類/詩評之屬

全唐詩話六卷　題(宋)尤袤撰　（明）毛晉訂　清宣統三年(1911)上海三樂堂石印本　六冊

330000－1744－0000512　X01090－X01107　史部/金石類/總志之屬

金石萃編一百六十卷　（清）王昶撰　清光緒十九年(1893)上海寶善石印本　十八冊

330000－1744－0000513　X00133－X00138　史部/雜史類/斷代之屬

明季稗史彙編二十七卷　（清）留雲居士輯　清光緒二十二年(1896)上海圖書集成印書局鉛印本　六冊

330000 - 1744 - 0000516　11597　　子部/藝術
類/篆刻之屬

嘉顯堂圖書會要一卷印一卷續纂印論一卷附
錄理塗八法一卷　（清）何劍湖鐫並篆　清乾
隆四十二年(1777)刻鈐印本　一冊

330000 - 1744 - 0000517　5562 - 5563　　子
部/農家農學類/鳥獸蟲之屬

百獸圖說一卷論一卷百鳥圖說一卷　（清）韋
門道氏撰　清光緒八年(1882)上海益智書會
刻本　二冊

330000 - 1744 - 0000518　11806　類叢部/叢
書類/彙編之屬

知不足齋叢書一百九十五種　（清）鮑廷博編
　（清）鮑士恭續編　清乾隆三十七年至道光
三年(1772 - 1823)長塘鮑氏刻彙印本　一冊
　存一種

330000 - 1744 - 0000519　025612 - 025615
子部/藝術類/書畫之屬

桐陰論畫二卷首一卷附錄一卷畫訣一卷續桐
陰論畫一卷二編二卷三編二卷　（清）秦祖永
著　清同治三年至光緒八年(1864 - 1882)刻
朱墨套印本　四冊

330000 - 1744 - 0000522　006800 - 006807
經部/詩類/傳說之屬

御纂詩義折中二十卷　（清）傅恒　（清）陳兆
崙等纂　清道光十八年(1838)刻本　八冊

330000 - 1744 - 0000524　014396 - 014455
經部/群經總義類/文字音義之屬

經籍籑詁一百六卷補遺一百六卷首一卷
(清)阮元撰　清嘉慶十七年(1812)揚州阮元
琅嬛仙館刻同治十二年(1873)淮南書局補刻
本　六十冊

330000 - 1744 - 0000525　11070 - 11177　　史
部/目錄類/總錄之屬/官修

欽定四庫全書總目二百卷首一卷　（清）紀昀
等撰　清同治七年(1868)廣東書局刻本　一
百八冊

330000 - 1744 - 0000526　012026 - 012125

類叢部/叢書類/自著之屬

船山遺書五十八種　（清）王夫之撰　清同治
四年(1865)湘鄉曾國荃金陵節署刻本　一百
冊　存五十七種

330000 - 1744 - 0000527　012965 - 012972
類叢部/叢書類/自著之屬

二曲先生全集二種　（清）李顒撰　清咸豐江
陰蔣氏小嬛嬛山館刻本　八冊　存二十二卷
(二曲全集十四至二十六,四書反身錄首、一
至八)

330000 - 1744 - 0000528　012426 - 012523
史部/紀事本末類/通代之屬

通鑑紀事本末二百三十九卷　（宋）袁樞撰
（明）張溥論正　清同治刻本　九十八冊　缺
三卷(一、二百二至二百三)

330000 - 1744 - 0000529　013037 - 013145
史部/編年類/通代之屬

資治通鑑綱目五十九卷　（宋）朱熹撰　（明）
陳仁錫評　**資治通鑑綱目續編一卷**　（明）陳
桱撰　（明）陳仁錫評　**資治通鑑綱目前編二**
十五卷　（明）南軒撰　（明）陳仁錫評　**續資**
治通鑑綱目二十七卷　（明）商輅等撰　（明）
陳仁錫評　清嘉慶八年(1803)敬書堂刻本
一百九冊　存五十九卷(資治通鑑綱目一至
五十九)

330000 - 1744 - 0000530　0210 - 0217　　經
部/小學類/文字之屬/字書/字體

隸辨八卷　（清）顧藹吉撰　清康熙刻本
八冊

330000 - 1744 - 0000531　11186　子部/藝術
類/篆刻之屬/印譜

未虛室印賞不分卷　（清）錢松篆刻　（清）高
邕輯　清光緒石印本　四冊

330000 - 1744 - 0000532　8864　史部/金石
類/璽印之屬

秦漢三十體印證二卷　（清）李陽輯　清道光
二十年(1840)刻鈐印本　一冊　存一卷(一)

330000 - 1744 - 0000533　569　類叢部/叢書

類/彙編之屬

蟫隱廬叢書十八種 羅振常編 清宣統二年至民國二十五年(1910-1936)上虞羅氏謄寫及鉛印本民國三十三年(1944)吳興周延年彙印本 一冊 存一種

330000-1744-0000535 012978-012981 經部/詩類/傳說之屬

詩經集傳八卷 (宋)朱熹撰 清萬氏蓮峰書屋刻朱墨套印本 四冊

330000-1744-0000537 11454-11458 史部/金石類/石之屬/文字

小蓬萊閣金石文字十卷 (清)黃易輯 清刻本 五冊

330000-1744-0000538 025616-025623 子部/藝術類/書畫之屬/畫法畫品

畫學心印八卷 (清)秦祖永評輯 清光緒四年(1878)梁溪秦氏刻朱墨套印本 孫永成題記 八冊

330000-1744-0000542 012791 子部/叢編

子書百家 (清)崇文書局編 清光緒元年(1875)湖北崇文書局刻民國元年(1912)鄂官書處重印本 一百九冊 存九十九種

330000-1744-0000543 010488-010627 史部/政書類

三通 清刻本 一百四十冊 存一種

330000-1744-0000544 025630-025633 子部/藝術類/書畫之屬/總論

胡氏書畫攷三種 (清)胡敬撰 清嘉慶二十一年(1816)刻本 四冊

330000-1744-0000546 6916-6920 史部/金石類/石之屬/文字

小蓬萊閣金石文字十卷 (清)黃易輯 清刻本 五冊 存八卷(三至十)

330000-1744-0000547 11770 史部/金石類

平安館金石文字 (清)葉志詵輯 清道光刻本 一冊 存一種

330000-1744-0000552 013007-013008 經部/小學類/文字之屬/字書/字體

汗簡七卷 (宋)郭宗恕撰 清康熙四十二年(1703)錢唐汪立名一隅艸堂刻本 二冊

330000-1744-0000553 12494-12497 集部/別集類/清別集

百美新詠一卷集詠一卷圖傳一卷 (清)顧希源撰 清嘉慶十年(1805)刻本 四冊

330000-1744-0000554 11465 類叢部/叢書類/彙編之屬

蟫隱廬叢書十八種 羅振常編 清宣統二年至民國二十五年(1910-1936)上虞羅氏謄寫及鉛印本民國三十三年(1944)吳興周延年彙印本 一冊 存一種

330000-1744-0000555 8286-8291 子部/藝術類/書畫之屬/法帖

草字彙十二卷 (清)石梁輯 清乾隆五十三年(1788)敬義齋刻本 六冊

330000-1744-0000557 603-605 史部/金石類/陶之屬/文字

秦漢瓦當文字二卷續一卷 (清)程敦撰 清光緒據乾隆五十二年(1787)橫渠書院刻五十九年(1794)續刻本影印本 三冊

330000-1744-0000559 576-577 經部/小學類/文字之屬/字書/古文

古籀拾遺三卷附宋政咊禮器文字攷一卷 (清)孫詒讓撰 清光緒十四年至十六年(1888-1890)刻本 二冊

330000-1744-0000560 012994-012997 類叢部/叢書類/彙編之屬

文選樓叢書三十三種 (清)阮亨編 清嘉慶至道光阮元刻道光二十二年(1842)阮亨彙印本 四冊 存一種

330000-1744-0000563 13574-13575 子部/藝術類/書畫之屬/畫譜

榮寶齋製詩箋譜不分卷 (清)榮寶齋主人繪 清光緒二十三年(1897)榮寶齋刻朱印本 二冊

330000－1744－0000564　X00150－X00162
史部/雜史類/斷代之屬

十國春秋一百十四卷　（清）吳任臣撰　**十國春秋拾遺一卷備考一卷**　（清）周昂輯　清乾隆五十八年(1793)昭文周氏刻光緒海虞顧氏小石山房印本　十三冊　存六十五卷(一至十三、四十九至九十九,拾遺)

330000－1744－0000565　35863　經部/小學類/文字之屬/字書/字典

康熙字典十二集三十六卷總目一卷檢字一卷辨似一卷等韻一卷補遺一卷備考一卷　（清）張玉書等纂修　清光緒十一年(1885)上海同文書局石印本　五冊　缺六卷(巳集上、中、下,午集上、中、下)

330000－1744－0000569　10498　子部/藝術類/書畫之屬/畫譜

列仙酒牌一卷　（清）任熊繪　清咸豐四年(1854)蔡照初刻本　一冊

330000－1744－0000571　11422－11423　類叢部/叢書類/彙編之屬

蟬隱盧叢書十八種　羅振常編　清宣統二年至民國二十五年(1910－1936)上虞羅氏謄寫及鉛印本民國三十三年(1944)吳興周延年彙印本　二冊　存一種

330000－1744－0000574　016195－016196
類叢部/叢書類/自著之屬

種樹軒遺集三種　（清）郭長清撰　清光緒二十三年(1897)刻本　二冊

330000－1744－0000577　5468－5477　經部/叢編

欽定篆文六經四書十種　（清）李光地等輯　清光緒九年(1883)上海同文書局石印本　十冊

330000－1744－0000578　82760　子部/藝術類/書畫之屬/畫譜

任渭長先生畫傳四種　（清）任熊繪　清光緒十二年(1886)上海同文書局石印本　一冊　存一種

330000－1744－0000579　025803　子部/藝術類/書畫之屬/畫譜

任渭長先生畫傳四種　（清）任熊繪　清光緒十二年(1886)上海同文書局石印本　一冊　存一種

330000－1744－0000580　025805　子部/藝術類/書畫之屬/畫譜

任渭長先生畫傳四種　（清）任熊繪　清光緒十二年(1886)上海同文書局石印本　一冊　存一種

330000－1744－0000584　11548－11551　史部/金石類/總志之屬

金石萃編補正四卷　（清）方履籛撰　清光緒二十年(1894)上海醉六堂石印本　四冊

330000－1744－0000585　11530－11547　史部/金石類/總志之屬

金石萃編一百六十卷　（清）王昶撰　**金石續編二十一卷首一卷**　（清）陸耀遹撰　清光緒十九年(1893)上海醉六堂石印本　十八冊　存一百六十卷(金石萃編一至一百六十)

330000－1744－0000586　6912　類叢部/叢書類/自著之屬

潛研堂全書十六種　（清）錢大昕撰　清乾隆至嘉慶刻本　一冊　存一種

330000－1744－0000588　013002－013005
子部/藝術類/書畫之屬/畫譜

晚笑堂畫傳不分卷明太祖功臣圖不分卷　（清）上官周繪　清光緒據乾隆刻本影印本　四冊

330000－1744－0000589　11145－11146　子部/藝術類/篆刻之屬/印譜

蒼筤獨立廎印選不分卷　（清）孫思敬輯　清光緒二十四年(1898)蒼筤廎刻鈐拓本　二冊

330000－1744－0000590　10513－10516　史部/傳記類/總傳之屬/技藝

廣印人傳十六卷補遺一卷　葉銘　葉舟輯　清宣統三年(1911)西泠印社刻本　四冊

330000－1744－0000592　11783－11788　子

部/藝術類/書畫之屬/總論

江邨銷夏錄三卷 （清）高士奇撰　清康熙三
十二年（1693）刻本　六冊

330000－1744－0000596　7572　史部/金石
類/金之屬/文字

毛公鼎釋文不分卷 （清）吳大澂撰　清光緒
十三年（1887）上海同文書局石印本　一冊

330000－1744－0000597　11614　子部/藝術
類/篆刻之屬

西泠印社印學叢書 清宣統至民國刻本暨木
活字印本　一冊　存一種

330000－1744－0000602　023745－023854
類叢部/類書類/通類之屬

太平御覽一千卷目錄十五卷 （宋）李昉等輯
　清光緒十八年（1892）南海李氏刻本　一百
二十冊

330000－1744－0000604　11795　史部/金石
類/總志之屬/題跋

九鐘精舍金石跋尾甲編一卷 吳士鑑撰　清
宣統二年（1910）刻本　一冊

330000－1744－0000605　0225－0228　經
部/小學類

雷刻四種二十一卷 （清）雷浚輯　清光緒十
年（1884）吳縣雷氏刻本　四冊

330000－1744－0000606　78419/L351　子
部/藝術類/書畫之屬/畫譜

紉齋畫賸四卷 （清）陳允升繪　清光緒二年
至七年（1876－1881）陳氏得古歡室刻本　一
冊　存一卷（木刻山水）

330000－1744－0000607　5680－5743　史
部/金石類/總志之屬

金石萃編一百六十卷 （清）王昶撰　清嘉慶
十年（1805）青浦王氏經訓堂刻同治十年
（1871）嘉善錢寶傳補刻印本　六十四冊

330000－1744－0000608　006808－006827
經部/春秋總義類/傳說之屬

欽定春秋傳說彙纂三十八卷首二卷 （清）王
掞撰　清道光十八年（1838）刻本　二十冊

330000－1744－0000610　010628－010747
史部/政書類

三通 清刻本　一百二十冊　存一種

330000－1744－0000611　11713－11724　史
部/金石類/石之屬/通考

匋齋臧石記四十四卷首一卷臧甎記二卷
（清）端方輯　清宣統二年（1910）上海商務印
書館石印本　十二冊

330000－1744－0000612　0202－0209/J252
經部/小學類/文字之屬/說文/傳說

說文段注訂補十四卷 （清）王紹蘭撰　清光
緒十四年（1888）刻本　八冊

330000－1744－0000613　8234－8235　史
部/金石類/金之屬/圖像

陶齋吉金續錄二卷 （清）端方撰　清宣統元
年（1909）石印本　二冊

330000－1744－0000618　013006　子部/藝
術類/書畫之屬/畫譜

晚笑堂畫傳不分卷明太祖功臣圖不分卷
（清）上官周繪　清乾隆刻本　一冊

330000－1744－0000619　020220－020222
子部/藝術類/書畫之屬/畫譜

晚笑堂畫傳不分卷明太祖功臣圖不分卷
（清）上官周繪　清乾隆刻本　三冊

330000－1744－0000620　10712－10714　子
部/藝術類/書畫之屬/畫譜

晚笑堂畫傳不分卷明太祖功臣圖不分卷
（清）上官周繪　清乾隆刻本　三冊

330000－1744－0000625　10474－10485　集
部/總集類/選集之屬/通代

樂府詩集一百卷目錄二卷 （宋）郭茂倩輯
清光緒元年（1875）湖北崇文書局刻本　十二
冊　存八十卷（一、二十二至一百）

330000－1744－0000626　0180－0187　經
部/小學類/音韻之屬/古今韻說

**漢學諧聲二十四卷說文補考一卷說文又考一
卷** （清）戚學標撰　清嘉慶九年（1804）涉縣
官署刻本　八冊

330000 – 1744 – 0000628　8226 – 8233　史部/金石類/金之屬/圖像

陶齋吉金錄八卷　（清）端方撰　清光緒三十四年(1908)上海有正書局石印本　八冊

330000 – 1744 – 0000629　011518 – 011547　史部/傳記類/總傳之屬/儒林

明儒學案六十二卷師說一卷　（清）黃宗羲撰　清道光元年(1821)會稽莫晉、莫階刻光緒二十一年(1895)保山劉景韓中州明道書院補刻本　三十冊

330000 – 1744 – 0000630　11228 – 11235　子部/藝術類/篆刻之屬/印譜

友石山房印存不分卷　（清）張燦　（清）何沅篆刻　（清）崔英文輯　清光緒八年(1882)鈐印本　八冊

330000 – 1744 – 0000631　11162　子部/藝術類/篆刻之屬/印譜

抱經樓日課編四卷　（清）盧登焯篆并輯　清乾隆四十五年(1780)抱經樓刻鈐印本　一冊存一卷(一)

330000 – 1744 – 0000632　11326 – 11327　子部/藝術類/篆刻之屬/印譜

二弩精舍印賞不分卷　趙時棡輯　清光緒刻鈐印本　二冊

330000 – 1744 – 0000635　10731 – 10794　史部/金石類/總志之屬

金石萃編一百六十卷　（清）王昶撰　清嘉慶十年(1805)刻本　六十四冊

330000 – 1744 – 0000639　014658 – 014677　史部/紀傳類/正史之屬

史記一百三十卷　（漢）司馬遷撰　（南朝宋）裴駰集解　（唐）司馬貞索隱　（唐）張守節正義　清同治五年至九年(1866 – 1870)金陵書局刻本　二十冊

330000 – 1744 – 0000641　10815 – 10820　史部/金石類/郡邑之屬/圖像

寰宇貞石圖六卷　楊守敬輯　清宣統元年(1909)宜都楊守敬飛青閣影印剪貼本　六冊

330000 – 1744 – 0000642　8853 – 8854　子部/藝術類/篆刻之屬/印譜

秋蘋印草二卷　（清）華文彬篆　清嘉慶二十一年(1816)刻鈐印本　二冊

330000 – 1744 – 0000648　10378 – 10409　集部/總集類/選集之屬/斷代

全唐詩三十二卷　（清）曹寅　（清）彭定求等輯　清光緒十三年(1887)上海同文書局石印本　三十二冊

330000 – 1744 – 0000652　X01108 – X01119　史部/金石類/郡邑之屬/文字

金石苑六卷　（清）劉喜海輯　清光緒端方影印本　十二冊

330000 – 1744 – 0000653　011050 – 011069　史部/紀傳類/正史之屬

史記一百三十卷　（漢）司馬遷撰　（南朝宋）裴駰集解　（唐）司馬貞索隱　（唐）張守節正義　清同治五年至九年(1866 – 1870)金陵書局刻本　方山批　二十冊

330000 – 1744 – 0000654　10049　子部/藝術類/書畫之屬

王氏書畫苑四十四種　（明）王世貞輯　（明）詹景鳳補　清刻本　二十四冊

330000 – 1744 – 0000655　025743 – 48　史部/地理類/遊記之屬/紀行

凝香室鴻雪因緣圖記三集六卷　（清）麟慶撰　清道光二十七年(1847)揚州刻本　六冊

330000 – 1744 – 0000667　10761 – 68　集部/小說類/短篇之屬

詳註聊齋志異圖詠十六卷首一卷　（清）蒲松齡撰　（清）呂湛恩注　（清）徐潤編　清光緒十二年(1886)上海同文書局石印本　八冊

330000 – 1744 – 0000672　517 – 524　經部/小學類/文字之屬/字書/訓蒙

澄衷蒙學堂字課圖說四卷檢字一卷類字一卷　劉樹屏撰　吳子城繪圖　清光緒三十年(1904)澄衷蒙學堂石印本　八冊

330000 – 1744 – 0000674　10448 – 10471　集

部/總集類/選集之屬/斷代

欽定國朝詩別裁集三十二卷 （清）沈德潛纂評 清乾隆二十六年（1761）刻本 二十四冊

330000－1744－0000679 5557－5561 子部/藝術類/書畫之屬/畫譜

芥子園畫傳五卷 （清）王槩輯 清康熙刻彩色套印本 顏孟濱題記 五冊

330000－1744－0000686 X01120－X01123 類叢部/叢書類/自著之屬

陽明先生集要三編十六卷 （明）王守仁撰 （明）施邦曜輯 清宣統三年（1911）明明學社鉛印本 四冊

330000－1744－0000688 010868－010969 類叢部/類書類/通類之屬

太平御覽一千卷目錄十五卷 （宋）李昉等輯 清嘉慶十二年至十七年（1807－1812）鮑崇城刻二十三年（1818）印本 一百二冊

330000－1744－0000693 10745－10746、10748－10752 集部/小說類/長篇之屬

繪圖增像後列國志十卷六十回 清光緒十九年（1893）上海寶文書局石印本 七冊

330000－1744－0000720 012934－64 經部/叢編

璜川吳氏經學叢書十五種 （清）吳志忠等輯 清嘉慶十七年（1812）璜川吳氏刻本 三十一冊 存十四種

330000－1744－0000722 012580－012615 子部/農家農學類/園藝之屬/總志

佩文齋廣羣芳譜一百卷目錄二卷 （清）汪灝等撰 清江左書林刻本 三十六冊

330000－1744－0000724 5172 子部/藝術類/書畫之屬

神州國光集外增刊 鄧實輯 清宣統元年（1909）神州國光社影印本 一冊 存一種

330000－1744－0000725 012326－012424 集部/總集類/彙編之屬

漢魏六朝一百三家集（漢魏六朝百三名家集） （明）張溥編 清光緒十八年（1892）南雅書

局刻本 九十九冊 存一百一種

330000－1744－0000733 011548－011687 類叢部/類書類/專類之屬

佩文韻府一百六卷 （清）張玉書 （清）蔡升元等輯 **韻府拾遺一百六卷** （清）汪灝（清）何焯等輯 清刻本 一百四十冊 存七十卷（佩文韻府一至七十）

330000－1744－0000734 006523－006526 子部/儒家類/儒學之屬/性理

近思錄十四卷 （宋）朱熹 （宋）呂祖謙輯 清康熙呂氏家塾刻本 四冊

330000－1744－0000737 21177－21179 子部/藝術類/書畫之屬/畫譜

毓秀堂畫傳四卷 （清）王墀繪 清光緒九年（1883）上海點石齋石印本 三冊 存三卷（一至三）

330000－1744－0000745 11163 子部/藝術類/篆刻之屬/印譜

謝坡山印譜不分卷 （清）謝昌大篆 清咸豐七年（1857）鈐印本 一冊

330000－1744－0000748 11285 子部/藝術類/篆刻之屬/印譜

楚橋印橐一卷 （清）黃學圯篆 清道光六年（1826）雪聲堂刻鈐印本 二冊

330000－1744－0000749 8987 子部/藝術類/篆刻之屬/印譜

古高士傳印譜不分卷 （清）趙仲穆篆 清光緒二十年（1894）鈐印本 四冊

330000－1744－0000753 8991－8998 子部/藝術類/篆刻之屬/印譜

百將百美合璧印譜不分卷 （清）趙仲穆篆 清光緒二十年（1894）鈐印本 八冊

330000－1744－0000779 10017－10020 子部/藝術類/篆刻之屬/印譜

紅樓夢人名西廂記詞句印玩不分卷 （清）趙穆篆 葉爲銘續 （清）季悲盦輯 清光緒三十年（1904）鈐印本 四冊

330000 – 1744 – 0000780　11089　子部/藝術類/篆刻之屬/印譜

種榆仙館印譜不分卷　(清)陳鴻壽篆刻　清道光元年(1821)刻鈐印本　二冊

330000 – 1744 – 0000781　11028 – 11029　子部/藝術類/篆刻之屬/印譜

延綠簃藏明人百壽印不分卷　(清)倭什洪額輯　清光緒二十一年(1895)鐵嶺倭什洪額刻鈐印本　二冊

330000 – 1744 – 0000782　11066　史部/金石類/璽印之屬

古銅印彙不分卷　(清)潘仕成輯　清寶琴齋鈐印本　果元瑞題記　四冊

330000 – 1744 – 0000787　11297　史部/金石類/璽印之屬

攟叔考藏秦漢印存不分卷　(清)趙之謙輯　清光緒十五年(1889)鈐印本　一冊

330000 – 1744 – 0000788　11647 – 11648　史部/金石類/璽印之屬

周秦古鉨不分卷　西泠印社輯　清光緒二十一年(1895)鈐印本　二冊

330000 – 1744 – 0000822　11126　子部/藝術類/篆刻之屬/印譜

小石山房印譜四卷別集一卷附集一卷　(清)顧湘　(清)顧浩藏並輯　清道光海虞顧氏小石山房刻鈐印本　一冊　存一卷(附集)

330000 – 1744 – 0000824　11074　子部/藝術類/篆刻之屬/印譜

補羅迦室印譜不分卷　(清)趙之琛篆　清光緒鈐印本　三冊

330000 – 1744 – 0000825　11070　子部/藝術類/篆刻之屬/印譜

卷石阿印草不分卷　(清)張定篆　清光緒鈐印本　二冊

330000 – 1744 – 0000830　11507　類叢部/叢書類/彙編之屬

咫進齋叢書三十七種　(清)姚覲元編　清光緒九年(1883)歸安姚氏刻本　一冊　存二種

330000 – 1744 – 0000831　10495　類叢部/叢書類/彙編之屬

咫進齋叢書三十七種　(清)姚覲元編　清光緒九年(1883)歸安姚氏刻本　一冊　存一種

330000 – 1744 – 0000844　025171　史部/傳記類/總傳之屬/技藝

歷代畫史彙傳七十二卷首一卷　(清)彭蘊璨編　清光緒五年(1879)京都善成堂書鋪刻本　二十四冊

330000 – 1744 – 0000858　11625 – 11628　子部/藝術類/篆刻之屬/印譜

詩品印譜四卷　翁壽虞篆　清宣統元年(1909)石印本　四冊

330000 – 1744 – 0000860　11243 – 11245　子部/藝術類/篆刻之屬/印譜

雪廬百印不分卷　(清)王琛輯　清光緒二十八年(1902)刻鈐印本　三冊

330000 – 1744 – 0000872　11324 – 11325　子部/藝術類/篆刻之屬/印譜

墨花禪印稿二卷　(清)釋續行篆　清乾隆三十年(1765)墨花禪刻鈐印本　二冊

330000 – 1744 – 0000874　11081　子部/藝術類/篆刻之屬/印譜

適園印印不分卷　(清)吳咨篆　清宣統三年(1911)石印本　一冊

330000 – 1744 – 0000882　6960 – 6961　史部/金石類/璽印之屬

周秦古鉨不分卷　吳隱輯　清光緒二十一年(1895)西泠印社鈐印本　二冊

330000 – 1744 – 0000914　11139　史部/金石類/璽印之屬

兩罍軒印考漫存九卷　(清)吳雲藏並輯　清光緒七年(1881)刻鈐印本　四冊

330000 – 1744 – 0000931　4498 – 4503　集部/總集類/選集之屬/通代

古唐詩合解十二卷古詩四卷　(清)王堯衢注　清光緒南京李光明莊刻本　六冊

330000－1744－0000932　025790－025793
子部/藝術類/書畫之屬

四銅鼓齋論畫集刻　（清）張祥河輯　清道光
二十六年（1846）華亭張氏刻本　四冊

330000－1744－0000933　10952－10954　類
叢部/叢書類/彙編之屬

蟫隱廬叢書十八種　羅振常編　清宣統二年
至民國二十五年（1910－1936）上虞羅氏謄寫
及鉛印本民國三十三年（1944）吳興周延年彙
印本　三冊　存一種

330000－1744－0000934　583－585　經部/
小學類/文字之屬/字書

鐘鼎字源五卷附錄一卷　（清）汪立名輯　清
光緒二年至五年（1876－1879）洞庭秦氏麟慶
堂刻本　三冊

330000－1744－0000938　013462－013485
集部/別集類/唐五代別集

杜工部集二十卷　（唐）杜甫撰　（清）錢謙益
箋注　（清）何焯評點　**諸家詩話一卷唱酬題
詠附錄一卷附錄一卷**　清康熙刻本　二十
四冊

330000－1744－0000963　11677－11684　子
部/藝術類/書畫之屬/法帖

淳化秘閣法帖考正十卷附二卷　（清）王澍撰
　淳化閣帖釋文二卷　（清）沈宗騫校定　清
乾隆三十三年（1768）刻本　八冊

330000－1744－0000966　1511－1530　史
部/地理類/山川之屬/水志

西湖志四十八卷　（清）李衛　（清）程元章修
　（清）傅王露纂　清光緒四年（1878）浙江書
局刻本　二十冊

330000－1744－0000975　011222　類叢部/
叢書類/自著之屬

嘉定錢氏潛研堂全書二十一種　（清）錢大昕
撰　清光緒十年（1884）長沙龍氏家塾刻本
五十冊

330000－1744－0000978　33939　子部/藝術
類/書畫之屬/畫譜

羅兩峯九秋圖冊不分卷　（清）羅聘繪　清宣
統元年（1909）上海神州國光社影印本　一冊

330000－1744－0000987　5573－5578　史
部/地理類/遊記之屬/紀行

凝香室鴻雪因緣圖記三集六卷　（清）麟慶撰
　清光緒五年（1879）上海點石齋石印本
五冊

330000－1744－0000988　599－602　經部/
春秋左傳類/傳說之屬

讀左補義五十卷首二卷　（清）姜炳璋輯　清
乾隆三十八年（1773）三多堂刻本　四冊

330000－1744－0000990　615－617　類叢
部/類書類/通類之屬

**玉海二百卷辭學指南四卷詩攷一卷詩地理攷
六卷漢藝文志攷證十卷通鑑地理通釋十四卷
周書王會補注一卷漢制攷四卷踐阼篇集解一
卷急就篇補注四卷姓氏急就篇二卷小學紺珠
十卷六經天文編二卷周易鄭康成注一卷通鑑
答問五卷**　（宋）王應麟撰　**校補玉海瑣記二
卷王深寧先生年譜一卷**　（清）張大昌撰　清
光緒九年至十六年（1883－1890）浙江書局刻
本　三冊　存六卷（急就篇補注一至四、姓氏
急就篇一至二）

330000－1744－0000991　006778－006787
經部/易類/傳說之屬

御纂周易折中二十二卷首一卷　（清）李光地
等纂　清刻本　十冊

330000－1744－0000992　2118－2125　子
部/藝術類/書畫之屬

**桐陰論畫二卷首一卷附錄一卷畫訣一卷續桐
陰論畫一卷二編二卷三編二卷**　（清）秦祖永
著　清同治三年至光緒八年（1864－1882）刻
朱墨套印本　八冊

330000－1744－0000995　11344－11353　史
部/金石類/總志之屬

金石續編二十一卷首一卷　（清）陸耀遹撰
清同治十三年（1874）雙白燕堂刻本　十冊

330000－1744－0000997　8271－8279　史

部/金石類/金之屬/文字

攗古錄金文三卷 （清）吳式芬撰　清光緒二十一年(1895)吳重憙刻朱印本　九冊

330000－1744－0000998　893－902　史部/地理類/山川之屬/合志

山水二經合刻　清乾隆天都黃晟槐蔭草堂刻本　十冊　存一種

330000－1744－0001018　00083－00086　子部/藝術類/書畫之屬/畫譜

芥子園畫傳四集五卷 （清）丁皋撰輯　清嘉慶二十三年(1818)刻本　四冊

330000－1744－0001032　13753－13768　史部/金石類/玉之屬/圖像

宋淳熙敕編古玉圖譜一百卷 （宋）龍大淵等編　清乾隆四十四年(1779)歙縣江春康山草堂刻本　十六冊

330000－1744－0001033　6904－6907　史部/金石類/總志之屬/通考

重定金石契不分卷 （清）張燕昌撰　清乾隆三十六年(1771)刻四十三年(1778)重定本　四冊

330000－1744－0001034　10956－10960　史部/金石類/總志之屬/通考

重定金石契不分卷石鼓文釋存一卷補注一卷 （清）張燕昌撰　清光緒二十二年(1896)、二十八年(1902)貴池劉氏刻本　五冊

330000－1744－0001037　11774　史部/金石類/石之屬/題跋

石刻鋪敘二卷 （宋）曾宏父撰　清乾隆刻本　一冊

330000－1744－0001039　6868－6883　史部/金石類/總志之屬

二銘艸堂金石聚十六卷 （清）張德容輯　清同治十一年(1872)衢州張氏二銘艸堂刻本　十六冊

330000－1744－0001048　X00182　子部/藝術類/書畫之屬

佛說造像量度經一卷解一卷附續補一卷

（清）工布查布譯　清同治十三年(1874)金陵刻經處刻本　一冊

330000－1744－0001054　6958　子部/藝術類/篆刻之屬/印譜

海錄書堂印存不分卷 （清）潘海鶗藏　清宣統鈐拓本　一冊

330000－1744－0001066　10411－10426　子部/藝術類/篆刻之屬/印譜

福盦藏印十六卷　王禔輯　清光緒西泠印社刻鈐拓本　十六冊

330000－1744－0001110　8299－8300　類叢部/叢書類/自著之屬

存齋雜纂 （清）陸心源撰　清光緒十二年(1886)刻本　二冊　存一種

330000－1744－0001182　34076　子部/藝術類/書畫之屬/畫譜

吳漁山雪圖不分卷 （清）吳歷繪　清宣統三年(1911)上海神州國光社影印本　一冊

330000－1744－0001187　006568　子部/藝術類/篆刻之屬/印譜

養雲山莊藏印不分卷　劉世珩輯　清光緒二十七年(1901)鈐拓本　一冊

330000－1744－0001194　11015－11018　子部/藝術類/篆刻之屬/印譜

清儀閣印存不分卷 （清）張廷濟輯　清光緒二十年(1894)昌羊室鈐印本　四冊

330000－1744－0001195　7407　子部/藝術類/篆刻之屬/印譜

梅石庵印鑑不分卷 （清）謝庸篆　清光緒十五年(1889)鈐印本　一冊

330000－1744－0001196　11014　史部/金石類/璽印之屬

靈芬館印存二卷 （清）郭麐篆刻　清光緒二十年(1894)昌羊室刻鈐拓本　一冊　存一卷（一）

330000－1744－0001197　7421　子部/藝術類/篆刻之屬/印譜

西泠四家印譜附存三家　（清）丁丙輯　清光緒十一年(1885)鈐印本　一冊　存一種

330000－1744－0001198　11201　子部/藝術類/篆刻之屬/印譜

歸邨印譜一卷　歸曾祁篆　清光緒二十四年(1898)鈐印本　一冊

330000－1744－0001202　3185　子部/藝術類/書畫之屬/畫譜

精選畫譜采新初集不分卷附西湖十八景不分卷　（清）張熊等繪　（清）畲經堂選　清光緒十九年(1893)畲經堂石印本　一冊

330000－1744－0001205　10715－10718　史部/傳記類/總傳之屬/仕宦

碧血錄五卷　（清）莊仲方撰　（清）夏鸞翔繪　清咸豐六年(1856)刻本　四冊　存四卷（二至五）

330000－1744－0001211　11656－11657　子部/藝術類/篆刻之屬/印譜

碧梧山館印存不分卷　孫小霞等篆　清光緒二十六年(1900)鈐拓本　二冊

330000－1744－0001230　10003－10004　子部/藝術類/篆刻之屬/印譜

楊龍石印存不分卷　（清）楊澥篆　清道光鈐印本　二冊

330000－1744－0001231　8870　子部/藝術類/篆刻之屬/印譜

龍泓山人印譜不分卷　（清）丁敬篆刻　清末西泠印社鈐拓本　一冊

330000－1744－0001233　10005－10006　子部/藝術類/篆刻之屬/印譜

守如印存不分卷　（清）吳傑篆　清光緒十五年(1889)刻鈐印本　二冊

330000－1744－0001235　10007－10008　子部/藝術類/篆刻之屬/印譜

七十二候印譜不分卷　（清）童晏篆刻　清光緒十二年(1886)刻鈐印本　二冊

330000－1744－0001239　11503－11504　子

部/藝術類/篆刻之屬/印論

印典八卷　（清）朱象賢輯　清康熙六十一年(1722)吳縣朱氏就閒堂刻乾隆重修本　二冊

330000－1744－0001240　8867　子部/藝術類/篆刻之屬/印譜

秋景盦主印譜不分卷　（清）黃易篆　清末西泠印社鈐拓本　一冊

330000－1744－0001241　014946－014949　子部/藝術類/篆刻之屬/印譜

金罍山民印存不分卷　（清）徐三庚篆　清末有正書局鈐印本　四冊

330000－1744－0001242　11569－11574　子部/藝術類/篆刻之屬/印譜

小石山房名印傳真六卷　（清）顧湘編輯　清道光三十年(1850)小石山房鈐拓本　六冊

330000－1744－0001243　027056－67　史部/金石類/石之屬/通考

匋齋臧石記四十四卷首一卷臧甎記二卷　（清）端方輯　清宣統二年(1910)上海商務印書館石印本　十二冊

330000－1744－0001249　6978　子部/藝術類/篆刻之屬

西泠印社印學叢書　清宣統至民國刻本暨木活字印本　一冊　存一種

330000－1744－0001252　5581－5584　子部/藝術類/篆刻之屬

篆學瑣著二十八種　（清）顧湘輯　清道光二十年(1840)海虞顧氏刻本　四冊

330000－1744－0001256　11277　子部/藝術類/篆刻之屬/印譜

印史不分卷　（清）陳鹿峰摹刻　清光緒二十年(1894)藤溪山房鈐印本　一冊

330000－1744－0001261　10489－10491　子部/藝術類/篆刻之屬/印譜

黃秋盦印存不分卷　（清）黃易篆　西泠印社輯　清末西泠印社鈐拓本　三冊

330000－1744－0001264　11185　史部/金

石類

陸厴卣古錄 羅振玉輯　清光緒二十九年
(1903)上虞羅氏影印本　一冊　存一種

330000－1744－0001265　10492－10496　子
部/藝術類/篆刻之屬/印譜

丁龍泓印存不分卷 （清）丁敬篆刻　清末西
泠印社鈐拓本　五冊

330000－1744－0001267　11224　子部/藝術
類/篆刻之屬/印譜

斐然齋印存不分卷 （清）徐中立篆　清光緒
十三年(1887)白下徐氏刻鈐印本　一冊

330000－1744－0001272　11607　子部/藝術
類/篆刻之屬

西泠印社印學叢書　清宣統至民國刻本暨木
活字印本　一冊　存一種

330000－1744－0001273　11158　子部/藝術
類/篆刻之屬/印譜

澄懷堂印譜四卷 （清）王玉如篆　（清）葉錦
輯　清乾隆十一年(1746)刻鈐印本　許襄題
記　一冊

330000－1744－0001275　11096－11101　史
部/金石類/璽印之屬

吉金齋古銅印譜六卷 （清）何昆玉輯　清鈐
印本　六冊

330000－1744－0001276　6975　子部/藝術
類/篆刻之屬

西泠印社印學叢書　清宣統至民國刻本暨木
活字印本　一冊　存一種

330000－1744－0001287　11603　子部/藝術
類/篆刻之屬

西泠印社印學叢書　清宣統至民國刻本暨木
活字印本　一冊　存一種

330000－1744－0001289　11645　史部/金石
類/璽印之屬/通考

印文考畧一卷補一卷附漢隸辨異歌一卷
（清）鞠履厚輯　清乾隆二十一年(1756)留耕
堂刻本　一冊

330000－1744－0001297　11269－11272　子
部/藝術類/篆刻之屬/印譜

松園印譜不分卷 （清）賈永篆刻　清乾隆四
十八年(1783)福壽堂刻鈐印本　四冊

330000－1744－0001298　11610－11　子部/
藝術類/篆刻之屬

西泠印社印學叢書　清宣統至民國刻本暨木
活字印本　二冊　存一種

330000－1744－0001299　10401－10404　子
部/藝術類/篆刻之屬/印譜

問奇亭印譜四卷 （清）陸廷槐輯　清嘉慶十
七年(1812)刻鈐印本　四冊

330000－1744－0001302　6974　子部/藝術
類/篆刻之屬

西泠印社印學叢書　清宣統至民國刻本暨木
活字印本　一冊　存一種

330000－1744－0001304　11203－11205　史
部/金石類/璽印之屬

古銅印彙三卷 （清）潘正煒輯　清道光潘氏
聽颿樓刻鈐印本　三冊

330000－1744－0001306　11608　子部/藝術
類/篆刻之屬

西泠印社印學叢書　清宣統至民國刻本暨木
活字印本　一冊　存一種

330000－1744－0001307　7578－7579　子
部/藝術類/篆刻之屬

西泠印社印學叢書　清宣統至民國刻本暨木
活字印本　二冊　存一種

330000－1744－0001308　11255　子部/藝術
類/篆刻之屬/印譜

珍珠船印譜二集一卷 （清）金一疇輯　清乾
隆四年(1739)鈐印本　徐衛周題記　一冊

330000－1744－0001309　11079　子部/藝術
類/篆刻之屬/印譜

斐然齋印存不分卷 （清）徐中立篆　清宣統
三年(1911)鈐拓本　一冊

330000－1744－0001313　8861－8862　子

部/藝術類/篆刻之屬

西泠印社印學叢書　清宣統至民國刻本暨木活字印本　二冊　存一種

330000－1744－0001319　11085－11086　子部/藝術類/篆刻之屬/印譜

遠村印譜不分卷　（清）施象埜篆　清乾隆刻鈐印本　蔡碩夫題記　二冊

330000－1744－0001323　11122　子部/藝術類/篆刻之屬/印譜

敦讓生印存不分卷　（清）方鎬篆　清末鈐拓本　一冊

330000－1744－0001324　11216－11217　子部/藝術類/篆刻之屬/印譜

次閑印譜不分卷　（清）趙之琛篆　清光緒百石齋刻鈐印本　二冊

330000－1744－0001325　11282　子部/藝術類/篆刻之屬/印譜

蒙泉外史印譜一卷　（清）奚岡篆　清光緒百石齋鈐印本　一冊

330000－1744－0001327　11280　子部/藝術類/篆刻之屬/印譜

吉羅居士印譜一卷　（清）蔣仁篆刻　清光緒百石齋鈐印本　一冊

330000－1744－0001331　11612－11613　子部/藝術類/篆刻之屬

西泠印社印學叢書　清宣統至民國刻本暨木活字印本　二冊　存一種

330000－1744－0001332　025526－025527　子部/藝術類/書畫之屬/總論

畫禪室隨筆四卷　（明）董其昌撰　（清）楊無補編　清光緒十四年(1888)刻本　二冊

330000－1744－0001333　14476　子部/藝術類/篆刻之屬/印譜

棣華軒印存不分卷　（清）單為濂篆　清鈐印本　一冊

330000－1744－0001335　11604　子部/藝術類/篆刻之屬

西泠印社印學叢書　清宣統至民國刻本暨木活字印本　一冊　存一種

330000－1744－0001338　6976－6977　子部/藝術類/篆刻之屬

西泠印社印學叢書　清宣統至民國刻本暨木活字印本　二冊　存一種

330000－1744－0001339　11315－11320　子部/藝術類/篆刻之屬

求是於古齋印存六卷　（清）祝堯齡編輯　清光緒二十五年(1899)求是於古齋刻鈐印本　六冊

330000－1744－0001340　007490　子部/藝術類/篆刻之屬

西泠印社印學叢書　清宣統至民國刻本暨木活字印本　一冊　存一種

330000－1744－0001343　11602　子部/藝術類/篆刻之屬

西泠印社印學叢書　清宣統至民國刻本暨木活字印本　一冊　存一種

330000－1744－0001347　11273－11276　子部/藝術類/篆刻之屬/印譜

學山堂印存四卷　（清）顧湘編　清道光二十九年(1849)刻鈐印本　四冊

330000－1744－0001348　8855－8860　子部/藝術類/篆刻之屬/印譜

聊自娛齋印存不分卷　（清）趙之謙篆　清光緒鈐印本　六冊

330000－1744－0001349　11237－11238　子部/藝術類/篆刻之屬/印譜

饋石齋印譜不分卷　（清）丁可鈞篆刻　清光緒二十七年(1901)長沙周氏匜園鈐印本　二冊

330000－1744－0001351　11629－11630　子部/藝術類/篆刻之屬/印譜

秋景盦主印譜不分卷　（清）黃易篆　清末西泠印社鈐拓本　二冊

330000－1744－0001353　11102－11109　子

部/藝術類/篆刻之屬/印譜

琴鶴堂印譜不分卷　（清）繼良輯　清光緒二十七年（1901）刻鈐印本　八冊

330000－1744－0001355　11598　子部/藝術類/篆刻之屬/印譜

滄如居印譜不分卷　（清）吳金標輯　清乾隆三十六年（1771）刻鈐印本　一冊

330000－1744－0001357　10517－10518　子部/藝術類/篆刻之屬/印譜

榴蔭山房印譜不分卷　葉鴻翰篆　清光緒鈐印本　二冊

330000－1744－0001358　11159　子部/藝術類/篆刻之屬/印譜

周小亭印錄不分卷　（清）周世紹篆　清鈐印本　泖東壺史跋　一冊

330000－1744－0001365　11582　子部/藝術類/篆刻之屬/印論

鐫書八要一卷　（清）梁登庸著　清乾隆二十七年（1762）刻朱墨套印本　馮瑜題簽　一冊

330000－1744－0001366　11583　子部/藝術類/篆刻之屬/印譜

天保九如不分卷　（清）梁登庸篆　清乾隆二十七年（1762）刻三色套印鈐印本　馮瑜題簽　一冊

330000－1744－0001367　11212－11215　史部/金石類/璽印之屬

雲峰書屋集印譜不分卷　（清）趙錫綬輯　清嘉慶九年（1804）德潤堂刻鈐印本　四冊

330000－1744－0001368　11584　子部/藝術類/篆刻之屬/印譜

陋室銘印譜不分卷　（清）梁登庸篆　清乾隆二十七年（1762）刻三色套印鈐印本　馮瑜題簽　一冊

330000－1744－0001374　11323　子部/藝術類/篆刻之屬/印譜

帶星堂印譜不分卷　（清）姜燮亭篆　清嘉慶元年（1796）鈐印本　一冊

330000－1744－0001378　11259－11260　子部/藝術類/篆刻之屬/印譜

求是齋印譜不分卷　（清）陳豫鍾篆　清光緒三十四年（1908）西泠印社鈐拓潛泉印叢本　黃懋謙題簽　二冊

330000－1744－0001381　11605　子部/藝術類/篆刻之屬

西泠印社印學叢書　清宣統至民國刻本暨木活字印本　一冊　存一種

330000－1744－0001383　11125　子部/藝術類/篆刻之屬/印譜

金罍山民印存不分卷　（清）徐三庚篆　清末鈐印本　一冊

330000－1744－0001384　4587－4590　子部/藝術類/書畫之屬

書畫所見錄三卷　（清）謝堃撰　清光緒六年（1880）刻春草堂三種本　戈寶棟題記　四冊

330000－1744－0001389　11195－11198　史部/金石類/璽印之屬

漱芳書屋集古四卷　（清）孫思敬輯　清光緒十九年（1893）刻鈐印本　四冊

330000－1744－0001390　11606　子部/藝術類/篆刻之屬

西泠印社印學叢書　清宣統至民國刻本暨木活字印本　一冊　存一種

330000－1744－0001401　8082－8083　史部/傳記類/總傳之屬/技藝

國朝畫徵錄三卷續錄二卷　（清）張庚撰　**明人附錄一卷**　清乾隆四年（1739）蔣泰、湯之昱刻本　棠村題簽　二冊

330000－1744－0001402　X01124－X01127　子部/藝術類/書畫之屬/總論

墨緣彙觀四卷　（清）安岐輯　清抄本　四冊

330000－1744－0001404　11156　子部/藝術類/篆刻之屬/印譜

寶樹堂印鑑一卷　（清）謝恒篆　清乾隆十六年（1751）刻鈐印本　舜臣題記　一冊

330000 – 1744 – 0001405　4335 – 4337　類叢部/叢書類/彙編之屬

風雨樓叢書二十三種　鄧實編　清宣統順德鄧氏鉛印本　三冊　存一種

330000 – 1744 – 0001408　11335 – 11338　子部/藝術類/書畫之屬

墨香居畫識十卷　（清）馮金伯撰　清刻本　四冊

330000 – 1744 – 0001409　8014 – 8037　集部/總集類/選集之屬/通代

御定歷代題畫詩類一百二十卷　（清）陳邦彥輯　清嘉慶二十二年（1817）裕文堂刻本　二十四冊

330000 – 1744 – 0001412　056170 – 056179　子部/藝術類/書畫之屬/總論

清河書畫舫十二卷鑒古百一詩一卷　（明）張丑輯　清乾隆二十七年至二十八年（1762 – 1763）仁和吳長元池北草堂刻本　十冊　缺二卷（子集、申集）

330000 – 1744 – 0001416　013027 – 013028　集部/詩文評類/詩評之屬

漁洋詩話三卷　（清）王士禎撰　清雍正三年（1725）刻本　二冊　存二卷（上、下）

330000 – 1744 – 0001417　11429 – 11430　史部/金石類/總志之屬/目錄

集古錄目十卷原目一卷　（宋）歐陽棐撰（清）繆荃孫校輯　清光緒江陰繆氏刻雲自在龕叢書本　繆荃孫題簽並記　二冊

330000 – 1744 – 0001419　009776 – 009779　史部/傳記類/總傳之屬

昭代名人尺牘續集小傳二十四卷　陶湘撰　清宣統三年（1911）天寶石印局石印本　四冊　存八卷（七至八、十一至十二、十七至二十）

330000 – 1744 – 0001421　11848 – 11851　史部/金石類/總志之屬

集古錄跋尾十卷　（宋）歐陽修著　**集古錄目五卷**　（宋）歐陽棐撰　（清）黃本驥編　清道光刻三長物齋叢書本　沈夈、周大輔題記

四冊

330000 – 1744 – 0001422　X01128 – X01129　集部/詩文評類/類編之屬

彙纂詩法度鍼三十三卷首一卷　（清）徐文弼輯　清乾隆刻本　二冊　存十九卷（首、一至十八）

330000 – 1744 – 0001425　14574 – 14577　子部/藝術類/書畫之屬/畫譜

芥子園畫傳二集八卷首一卷　（清）王槩（清）王蓍　（清）王臬輯　清金陵文光堂刻彩色套印本　四冊

330000 – 1744 – 0001426　82724 – 82728　子部/藝術類/書畫之屬/畫譜

芥子園畫傳五卷　（清）王槩輯　清康熙十八年（1679）刻彩色套印本　五冊

330000 – 1744 – 0001427　020218　子部/藝術類/書畫之屬/畫譜

芥子園畫傳五卷　（清）王槩輯　清康熙十八年（1679）刻本　一冊　存一卷（一）

330000 – 1744 – 0001428　36390　子部/藝術類/書畫之屬/畫譜

芥子園畫傳五卷　（清）王槩輯　清刻本　一冊　存一卷（四）

330000 – 1744 – 0001429　020615、020613、020616　子部/藝術類/書畫之屬/畫譜

芥子園畫傳二集八卷首一卷　（清）王槩（清）王蓍　（清）王臬輯　清刻彩色套印本　三冊　存七卷（首，青在堂竹譜一至二、梅譜一至二、菊譜一至二）

330000 – 1744 – 0001430　11190　子部/藝術類/篆刻之屬/印譜

坤臯鐵筆一卷　（清）鞠履厚篆刻　清乾隆刻民國杜氏彙輯鈐印本　一冊

330000 – 1744 – 0001432　010448 – 010487　史部/政書類

三通　清刻本　四十冊　存一種

330000 – 1744 – 0001433　11261 – 11264　子

部/藝術類/篆刻之屬/印譜

鴻雪山房印譜不分卷 （清）姚肇昌篆　清光緒二十八年(1902)鈐印本　四冊

330000 – 1744 – 0001435　11265 – 11268　子部/藝術類/篆刻之屬/印譜

對山印稿不分卷 （清）楊燮篆　清道光嗜鈔書齋刻鈐印本　四冊

330000 – 1744 – 0001436　09319 – 09342　史部/金石類/金之屬

西清古鑑四十卷錢錄十六卷 （清）梁詩正（清）蔣溥等纂修　清光緒十四年(1888)邁宋書館日本銅版印本　二十四冊

330000 – 1744 – 0001437　11576 – 11579　史部/金石類/璽印之屬

兩罍軒印考漫存九卷 （清）吳雲藏並輯　清光緒七年(1881)刻鈐印本　四冊

330000 – 1744 – 0001438　10011 – 10012　子部/藝術類/篆刻之屬/印譜

襃鄭堂古今名家印彙不分卷 李去疾輯　清鈐印本　李去疾、景維題記　二冊

330000 – 1744 – 0001439　11281　子部/藝術類/篆刻之屬/印譜

次閑印譜不分卷 （清）趙之琛篆　清光緒十一年(1885)百石齋刻鈐印本　一冊

330000 – 1744 – 0001440　11411　子部/藝術類/書畫之屬/書法書品

石印孫本黃本漢石經不分卷 （清）萬中立藏　清光緒二十九年(1903)石印剪貼本　清萬中立題記　一冊

330000 – 1744 – 0001442　10497 – 10504　子部/藝術類/篆刻之屬/印譜

缶廬印存初集不分卷二集不分卷 吳俊卿篆刻　清末西泠印社鈐拓本　八冊

330000 – 1744 – 0001443　11589　類叢部/叢書類/彙編之屬

咫進齋叢書三十七種 （清）姚覲元編　清光緒九年(1883)歸安姚氏刻蘇州振新書社印本　一冊　存一種

330000 – 1744 – 0001445　892　史部/地理類/輿圖之屬

歷代輿地沿革險要圖一卷 楊守敬　饒敦秩撰　清光緒五年(1879)東湖饒氏刻朱墨套印本　一冊

330000 – 1744 – 0001446　11585　子部/藝術類/篆刻之屬/印譜

百美詩印譜不分卷 （清）梁登庸纂　清乾隆十八年(1753)刻三色套印鈐印本　馮瑜題簽　一冊

330000 – 1744 – 0001447　11595 – 11596　史部/金石類/璽印之屬/通考

二百蘭亭齋古印攷藏六卷 （清）吳雲輯　清同治三年(1864)刻鈐印本　二冊

330000 – 1744 – 0001448　11181 – 11182　子部/藝術類/篆刻之屬/印譜

覺世寶訓印譜不分卷 （清）程得壽纂　（清）戴文燦釋　清道光二十六年(1846)刻鈐印本　二冊

330000 – 1744 – 0001453　11178 – 11179　子部/藝術類/篆刻之屬/印譜

趙之謙印譜不分卷 （清）趙之謙篆刻　清同治鈐拓本　二冊

330000 – 1744 – 0001454　8979 – 8980　史部/金石類/璽印之屬/通考

二百蘭亭齋古印攷藏六卷 （清）吳雲輯　清同治三年(1864)刻鈐印本　二冊

330000 – 1744 – 0001455　1531 – 1538　史部/地理類/山川之屬/山志

廣雁蕩山誌二十八卷首一卷末一卷 （清）曾唯輯　清乾隆五十五年(1790)曾唯依綠園刻嘉慶十三年(1808)增刻同治重修本　八冊

330000 – 1744 – 0001457　012524 – 012579　類叢部/類書類/通類之屬

古香齋新刻袖珍淵鑑類函四百五十卷目錄四卷 （清）張英　（清）王士禎等纂　清刻本　五十六冊

330000 – 1744 – 0001458　011320 – 011409

集部/總集類/選集之屬/通代

御選宋金元明四朝詩三百二卷首二卷姓名爵里十三卷 （清）聖祖玄燁選 （清）張豫章等編 清康熙四十八年（1709）內府刻本 九十冊 存三種

330000－1744－0001459 294－309 經部/小學類/文字之屬/說文/傳說

說文解字注十五卷附六書音均表五卷汲古閣說文訂一卷 （清）段玉裁撰 **說文部目分韵一卷** （清）陳煥編 清乾隆至嘉慶段氏經韻樓刻同治六年至十一年（1867－1872）蘇州保息局修補本 十六冊 缺二卷（汲古閣說文訂、說文部目分韵）

330000－1744－0001460 11638 子部/藝術類/篆刻之屬/印譜

悠然堂印稿不分卷 （清）姚濟篆 清咸豐四年（1854）鈐印本 一冊

330000－1744－0001461 6979 子部/藝術類/篆刻之屬

西泠印社印學叢書 清宣統至民國刻本暨木活字印本 一冊 存一種

330000－1744－0001462 11609 子部/藝術類/篆刻之屬

西泠印社印學叢書 清宣統至民國刻本暨木活字印本 一冊 存一種

330000－1744－0001465 11147、11150 子部/藝術類/篆刻之屬/印譜

谷園印存（谷園印譜）二卷 （清）許容篆 清康熙五十年（1711）刻鈐印本 清馮秀森題簽 二冊

330000－1744－0001467 11143－11444 子部/藝術類/篆刻之屬/印譜

谷園印譜四卷 （清）許容篆刻 （清）胡介祉輯 清康熙二十五年（1686）刻鈐印本 二冊

330000－1744－0001468 578－581 類叢部/叢書類/彙編之屬

函海一百五十二種 （清）李調元編 清乾隆綿州李氏萬卷樓刻嘉慶十四年（1809）李鼎

元、道光五年（1825）李朝夔重校補刻本 四冊 存一種

330000－1744－0001469 11691－11698 類叢部/叢書類/自著之屬

蘇齋叢書十八種 （清）翁方綱撰 清乾隆至嘉慶刻彙印本 八冊 存一種

330000－1744－0001470 8236－8243 類叢部/叢書類/自著之屬

蘇齋叢書十八種 （清）翁方綱撰 清乾隆至嘉慶刻彙印本 八冊 存一種

330000－1744－0001471 11148－11149、11151－11152 子部/藝術類/篆刻之屬/印譜

蒨園摸印存稿四卷 （清）范文成篆 清康熙至雍正刻鈐印本 馮召棠題簽 四冊

330000－1744－0001472 11127－11128 子部/藝術類/篆刻之屬/印譜

延壽堂印譜不分卷 （清）春彤斌篆 清光緒十六年（1890）刻鈐印本 二冊

330000－1744－0001473 11641－11644 史部/金石類

抱殘守缺齋所藏三代文字 （清）劉鶚輯 清光緒三十年（1904）劉氏抱殘守缺齋石印本 四冊 存一種

330000－1744－0001474 11586－11587 子部/藝術類/篆刻之屬/印譜

韞光樓印譜二卷 （清）許容篆刻 清康熙二十八年（1689）半漚堂刻鈐印本 二冊

330000－1744－0001475 11180 子部/藝術類/篆刻之屬/印譜

古今印則十一卷 （明）程遠輯 明萬曆項氏宛委堂刻鈐印本 清子建題記 張石園題簽並題記 一冊 存二卷（玉印一、官印一）

330000－1744－0001476 11131－11132 子部/藝術類/篆刻之屬/印譜

靜觀樓印言二卷 （清）王睿章篆 （清）周魯藏 清乾隆十一年（1746）刻鈐印本 二冊

330000－1744－0001477 11153－11155 子

部/藝術類/篆刻之屬/印譜

醉愛居印賞三卷 （清）王睿章篆 清乾隆刻
鈐印本 三冊

330000－1744－0001478 11278 子部/藝術
類/篆刻之屬/印譜

朱子家訓印譜不分卷 （清）邢德厚篆 清末
鈐印本 一冊

330000－1744－0001479 11161 子部/藝術
類/篆刻之屬/印譜

曉采居印印二卷 （明）吳迥篆 明萬曆四十
六年(1618)刻鈐印本 一冊

330000－1744－0001480 8863 子部/工藝
類/日用器物之屬

印香圖譜不分卷 （清）丁月湖刻 清光緒四
年(1878)拓本 一冊

330000－1744－0001481 11615 子部/藝術
類/篆刻之屬

西泠印社印學叢書 清宣統至民國刻本暨木
活字印本 一冊 存一種

330000－1744－0001482 12626 子部/農家
農學類/總論之屬

御製耕織圖二卷 （清）焦秉貞繪 （清）聖祖
玄燁題詩 清康熙三十五年(1696)內府刻本
漁隱題簽 一冊

330000－1744－0001484 8875 子部/藝術
類/篆刻之屬/印譜

文三橋先生印譜不分卷 （明）文彭篆 清得
月簃鈐印本 程秀虎題簽並記 張健庵題記
一冊

330000－1744－0001486 025211－025212
子部/藝術類/書畫之屬/畫譜

墨蘭譜不分卷 （清）陳逵繪 清嘉慶三年
(1798)刻本 二冊

330000－1744－0001488 571－576 經部/
春秋總義類/傳說之屬

**春秋四傳三十八卷綱領一卷提要一卷列國東
坡圖說一卷春秋二十國年表一卷諸國興廢說
一卷** （宋）胡安國撰 明象山杜尊刻本

六冊

330000－1744－0001490 35670－35671 類
叢部/叢書類/彙編之屬

懷嚻雜俎十二種 徐乃昌編 清光緒至宣統
南陵徐氏刻本 二冊 存一種

330000－1744－0001492 11779－11782 類
叢部/叢書類/彙編之屬

聚學軒叢書六十種 劉世珩編 清光緒貴池
劉氏刻本 四冊 存一種

330000－1744－0001493 10193－10197 集
部/總集類/選集之屬/通代

唐宋四家詩鈔十八卷 （清）張懷溥輯 清道
光十一年(1831)張懷泗刻本 五冊 存十四
卷(一至十四)

330000－1744－0001494 6908－6911 類叢
部/叢書類/自著之屬

魏稼孫先生全集三種 （清）魏錫曾撰 清光
緒九年(1883)羊城刻本 四冊 存二種

330000－1744－0001496 7470 子部/藝術
類/篆刻之屬/印譜

斐然齋印存不分卷 （清）徐中立篆 清宣統
三年(1911)鈐拓本 趙琴南題記 一冊

330000－1744－0001501 10009 子部/藝術
類/篆刻之屬/印譜

胡澍印譜不分卷 （清）胡澍篆 清鈐印本
清蔚園題記 清蘭伯題簽 一冊

330000－1744－0001507 10435－10436 史
部/金石類/璽印之屬

集古印譜六卷 （明）王常輯 明末刻朱印本
二冊 存四卷(三至六)

330000－1744－0001513 006635－006644 等
子部/宗教類/佛教之屬/大藏

永樂北藏 明萬曆三十七年(1609)刻本 二
百九冊 存七十種

330000－1744－0001526 014939－014941
子部/藝術類/篆刻之屬/印譜

金石珍存不分卷 （清）何昆玉 （清）何伯瑜

篆刻　清末鈐拓本　劉士炳題記　三冊

330000 - 1744 - 0001532　11671 - 11694　子部/藝術類/書畫之屬/畫譜

吳友如畫寶十二集　（清）吳嘉猷繪　清宣統元年（1909）上海璧園會社石印本　二十四冊

330000 - 1744 - 0001697　018830　子部/藝術類/書畫之屬/畫譜

惲南田花卉冊不分卷　（清）惲格繪　清宣統元年（1909）上海文明書局影印本　一冊

330000 - 1744 - 0001700　09214　子部/藝術類/書畫之屬

神州國光集外增刊　鄧實輯　清末上海神州國光社影印本　一冊　存一種

330000 - 1744 - 0001711　33941（M04090）子部/藝術類/書畫之屬

神州國光集增刊　鄧實輯　清光緒三十四年（1908）上海神州國光社影印本　一冊　存一種

330000 - 1744 - 0001761　5170（M04096）子部/藝術類/書畫之屬/畫譜

古今名人畫稿二集不分卷　（清）陳伯子輯　清光緒十七年（1891）上海鴻寶齋石印本　一冊

330000 - 1744 - 0001782　X01130 - X01145　史部/編年類/通代之屬

尺木堂綱鑑易知錄九十二卷明鑑易知錄十五卷　（清）吳乘權　（清）周之炯　（清）周之燦輯　清光緒二十九年（1903）上海商務印書館鉛印本　十六冊

330000 - 1744 - 0001795　025537 - 025539　類叢部/叢書類/彙編之屬

風雨樓叢書二十三種　鄧實編　清宣統順德鄧氏鉛印本　三冊　存一種

330000 - 1744 - 0001798　6927 - 6930　類叢部/叢書類/彙編之屬

槐廬叢書四十六種　（清）朱記榮編　清光緒三年至十五年（1877 - 1889）吳縣朱氏槐廬家塾刻本　四冊　存一種

330000 - 1744 - 0001801　X01146 - X01151　集部/別集類/清別集

噉蔗全集文八卷詩八卷附喪禮詳考一卷周官隨筆一卷　（清）張羲年撰　（清）錢大昕（清）陳以綱評輯　清光緒十九年（1893）上海著易堂鉛印本　六冊

330000 - 1744 - 0001813　X01152　類叢部/叢書類/自著之屬

洪北江全集二十一種　（清）洪亮吉撰　清光緒三年至五年（1877 - 1879）陽湖洪用懃授經堂刻本　一冊　存三種

330000 - 1744 - 0001817　025195 - 025200　子部/藝術類/書畫之屬/法帖

草字彙十二卷　（清）石梁輯　清宣統三年（1911）同文書局石印本　六冊

330000 - 1744 - 0001821　025641 - 025644　類叢部/叢書類/自著之屬

崇雅堂集五種　（清）胡敬撰　清道光二十四年（1844）仁和胡氏刻本　四冊　存二種

330000 - 1744 - 0001822　025233 - 025236　子部/藝術類/書畫之屬/畫譜

泛槎圖六集六卷　（清）張寶繪　清光緒六年（1880）上海點石齋石印本　四冊

330000 - 1744 - 0001824　09807　子部/藝術類/書畫之屬/法帖

張廉卿書李剛介碑一卷　（清）張裕釗撰并書　清宣統三年（1911）上海文明書局石印本　一冊

330000 - 1744 - 0001832　10190 - 10192　類叢部/類書類/通類之屬

欽定古今圖書集成一萬卷目錄三十二卷（清）蔣廷錫　（清）陳夢雷等輯　清光緒十年（1884）上海圖書集成書局鉛印本　三冊　存十九卷（藝術典七百七十三至七百九十一）

330000 - 1744 - 0001839　025288　子部/藝術類/書畫之屬/畫譜

吳墨井山水石印本不分卷　（清）吳歷繪　清光緒二十五年（1899）石印本　一冊

330000 – 1744 – 0001844　X01153　子部/藝術類/書畫之屬/法帖

王文成公書矯亭說真蹟一卷　（明）王守仁書　清光緒三十四年(1908)颿山草堂石印本　一冊

330000 – 1744 – 0001848　X01154 – X01155　史部/政書類/考工之屬/營造

新鐫工師雕斲正式魯班木經匠家鏡三卷附秘訣仙機一卷　（明）午榮　（明）章嚴撰　清尚古堂刻本　二冊

330000 – 1744 – 0001849　10501 – 10502　集部/戲劇類/傳奇之屬

長生殿傳奇四卷　（清）洪昇填詞　（清）吳舒鳧論文　清光緒十六年(1890)上海文瑞樓鉛印本　二冊

330000 – 1744 – 0001850　78477 – 78478　子部/藝術類/書畫之屬/畫法畫品

淞濱花影二卷　（清）徐月樵繪　（清）花影樓主人輯　清光緒十三年(1887)石印本　二冊

330000 – 1744 – 0001852　10769 – 10778　集部/小說類/長篇之屬

繡像封神演義一百回　（明）許仲琳撰　（明）鍾惺評　清光緒十六年(1890)珍藝書局鉛印本　十冊

330000 – 1744 – 0001853　X01156　類叢部/叢書類/自著之屬

箋園叢書　（清）張慎儀撰　清光緒至民國刻本　一冊　存一種

330000 – 1744 – 0001861　X01157 – X01158　經部/小學類/文字之屬/字書/古文

倉頡篇三卷續本一卷　（清）孫星衍撰　**倉頡篇補本二卷**　（清）陶方琦撰　清光緒十六年(1890)江蘇書局刻本　二冊

330000 – 1744 – 0001869　X01159 – X01164　史部/金石類/總志之屬

金石續編二十一卷首一卷　（清）陸耀遹撰　清光緒十九年(1893)上海寶善書局石印本　六冊

330000 – 1744 – 0001873　X01165 – X01176　子部/藝術類/書畫之屬/總論

清河書畫舫十二卷鑒古百一詩一卷　（明）張丑輯　清乾隆二十七年至二十八年(1762 – 1763)池北草堂刻本　十二冊

330000 – 1744 – 0001878　X01177　子部/雜著類/雜考之屬

中華古今注三卷　（五代）馬縞集　清刻本　一冊

330000 – 1744 – 0001881　X01178　史部/地理類/雜志之屬

湖墅小志四卷　（清）高鵬年輯　清光緒二十二年(1896)石印本　一冊

330000 – 1744 – 0001882　X01179 – X01224　史部/地理類

皇朝藩屬輿地叢書六集二十八種　（清）浦□編　清光緒二十九年(1903)金匱浦氏靜寄東軒石印本　四十六冊　存二十七種

330000 – 1744 – 0001883　10727 – 10729、10732　集部/小說類/短篇之屬

今古奇觀四十卷　清光緒三十年(1904)上海書局石印本　四冊　缺十三卷(二十二至三十四)

330000 – 1744 – 0001884　10706 – 10708　集部/戲劇類/傳奇之屬

牡丹亭還魂記二卷五十五齣　（明）湯顯祖撰　清光緒石印本　三冊

330000 – 1744 – 0001887　X01225 – X01230　經部/小學類/音韻之屬/韻書

詩韻合璧五卷　（清）湯祥瑟輯　**初學檢韻袖珍一卷**　（清）姚文登輯　**虛字韻藪一卷**　（清）潘維城輯　**月令粹編二十四卷**　**詩腋不分卷詞林典腋不分卷賦彙錄要不分卷分韻文選題解擇要不分卷**　清光緒二十一年(1895)上海蜚英館石印本　六冊

330000 – 1744 – 0001888　85863　經部/小學類/文字之屬/字書/字典

康熙字典十二集三十六卷總目一卷檢字一卷

辨似一卷等韻一卷補遺一卷備考一卷　（清）張玉書等纂修　清末石印本　一冊　存六卷（巳集上、中、下，午集上、中、下）

330000－1744－0001896　X01231　子部/藝術類/書畫之屬/畫譜

芥子園畫傳二集八卷首一卷　（清）王槩（清）王蓍　（清）王臬輯　清末石印本　一冊　存二卷（青在堂竹譜一至二）

330000－1744－0001898　X01232－X01233　子部/藝術類/書畫之屬/畫譜

芥子園畫傳初集六卷二集九卷三集六卷　（清）王槩　（清）王蓍　（清）王臬輯　清末石印本　二冊　存三卷（初集四至六）

330000－1744－0001915　11283－11284　子部/藝術類/篆刻之屬/印譜

懷米山房印譜不分卷　（清）曹載奎輯　清光緒鈐印本　二冊

330000－1744－0001919　11631　子部/藝術類/篆刻之屬/印譜

古官印攷不分卷　（清）吳雲撰　清末刻本　一冊

330000－1744－0001920　190236　史部/紀事本末類/通代之屬

通鑑紀事本末二百三十九卷　（宋）袁樞撰（明）張溥論正　清同治十二年（1873）江西書局刻紀事本末五種本　章嶔題記　一冊　存一卷（一）

330000－1744－0001925　017001、017003、017004　史部/政書類/邦計之屬/鹽法

兩淮鹽法志一百六十卷首一卷　（清）王定安等纂修　清光緒三十一年（1905）金陵刻朱印本　三冊　存三卷（十四、十六、二十五）

330000－1744－0001928　025208－025210　子部/藝術類/書畫之屬/畫法畫品

冶梅梅譜不分卷　（清）王寅繪　清末上海朝記書莊石印本　三冊

330000－1744－0001935　13780－13783　子部/藝術類/書畫之屬/畫譜

蘭石畫譜不分卷　（清）吳煥采繪　清光緒二十年（1894）保定古蓮池華南硯北艸堂刻本四冊

330000－1744－0001943　010097－010112　子部/藝術類/書畫之屬/法帖

戲鴻堂法書十六卷　（明）董其昌輯　清宣統二年（1910）上海新學會社影印本　十六冊

330000－1744－0001945　05536－05537　子部/藝術類/篆刻之屬

漢畫第一輯二卷　狄葆賢輯　清光緒上海有正書局影印本　二冊

330000－1744－0001946　X01234－X01239　經部/小學類/文字之屬/字書/字典

康熙字典十二集三十六卷總目一卷檢字一卷辨似一卷等韻一卷備考一卷補遺一卷　（清）張玉書等纂修　清光緒十九年（1893）上海寶文書局石印本　六冊

330000－1744－0001948　X01240－X01245　子部/小說家類/異聞之屬

山海經箋疏十八卷圖讚一卷訂譌一卷敘錄一卷　（清）郝懿行撰　清光緒二十一年（1895）上海書局石印本（圖讚、訂譌配清光緒十七年上海仿古齋石印本）　六冊

330000－1744－0001949　40631　史部/金石類/石之屬/文字

思古齋雙句漢碑篆額不分卷　（清）何澂輯　清光緒九年（1883）刻本　一冊

330000－1744－0001968　878－891　史部/紀傳類/正史之屬

四史　清同治十一年（1872）成都書局刻本　十四冊　存一種

330000－1744－0002002　8938－8942　子部/藝術類/書畫之屬/法帖

墨池堂選帖五卷　（明）章藻輯　清末上海中國圖書公司影印本　五冊

330000－1744－0002004　11509－11513　子部/藝術類/書畫之屬/法帖

墨池堂選帖五卷　（明）章藻輯　清末影印本

五冊

330000－1744－0002010　2461、2383　子部/藝術類/書畫之屬/畫法畫品

張季直殿撰臨伊闕佛龕碑不分卷　張謇書　清末上海通運公司石印本　二冊

330000－1744－0002028　8535　子部/藝術類/書畫之屬/法帖

鄧石如隸書張子西銘一卷　（清）鄧石如書　清宣統元年（1909）上海文明書局石印本　一冊

330000－1744－0002032　10631－10642　史部/傳記類/總傳之屬

昭代名人尺牘續集二十四卷　陶湘撰　清宣統三年（1911）天寶石印局石印本　十二冊

330000－1744－0002038　8950　史部/金石類/石之屬/文字

宋拓化度寺碑一卷　（唐）歐陽詢書　（清）吳雲影摹　清同治十一年（1872）兩罍軒刻本　一冊

330000－1744－0002042　8558　子部/藝術類/書畫之屬/法帖

國朝名人手蹟八集　有正書局輯　清光緒至宣統上海有正書局影印本　一冊　存一集（二）

330000－1744－0002054　11431　史部/金石類/石之屬/文字

宋拓漢夏承碑一卷釋文一卷　（清）許槤輯　清光緒二十年（1894）秀水王氏刻本　一冊

330000－1744－0002087　5565－5568　子部/藝術類/書畫之屬/畫譜

芥子園畫傳二集八卷首一卷　（清）王槩（清）王蓍　（清）王臬輯　清金陵文光堂刻彩色套印本　四冊

330000－1744－0002090　8910－8919　子部/藝術類/書畫之屬/法帖

宋搨淳化閣帖十卷　清宣統元年（1909）石印本　十冊

330000－1744－0002093　6884－6895　史部/金石類/總志之屬

金石索十二卷首一卷　（清）馮雲鵬　（清）馮雲鵷輯　清道光元年（1821）紫琅馮氏邃古齋滋陽刻雙桐書屋印本　十二冊

330000－1744－0002327　10704－10705　史部/地理類/方志之屬/通志

[道光]雲南通志稿二百十六卷首三卷　（清）阮元等修　（清）王崧　（清）李誠纂　清道光十五年（1835）刻本　二冊　存二卷（一百八十三至一百八十四）

330000－1744－0002329　X01246　子部/藝術類/書畫之屬/畫譜

芥子園畫傳初集六卷二集九卷三集六卷　（清）王槩　（清）王蓍　（清）王臬輯　清末石印本　一冊　存一卷（初集三）

330000－1744－0002331　5564　子部/藝術類/書畫之屬/畫譜

芥子園畫傳五卷　（清）王槩輯　清康熙刻本　一冊　存一卷（一）

330000－1744－0002349　11522　子部/宗教類/佛教之屬/經疏

觀無量壽佛經圖頌一卷附錄一卷　（南朝宋）釋畺良耶舍譯　（明）釋傳燈圖並頌　清刻本　一冊

330000－1744－0002431　8952　子部/藝術類/書畫之屬/法帖

宋搨王右軍十七帖一卷　（晉）王羲之書　清宣統元年（1909）南洋印刷官廠石印本　一冊

330000－1744－0002473　020286－020287　子部/藝術類/書畫之屬/畫譜

飛影閣叢畫二集八卷　（清）吳嘉猷繪　清光緒石印本　二冊　存四卷（五至八）

330000－1744－0002474　X01247－X01251　子部/藝術類/書畫之屬

桐陰論畫二卷首一卷附錄一卷畫訣一卷續桐陰論畫一卷二編二卷三編二卷　（清）秦祖永著　清宣統二年（1910）上海中國書畫會石印

本　五冊　缺二卷（桐陰論畫首、上）

330000－1744－0002477　10427－10430　子部/藝術類/篆刻之屬/印譜

松雪堂印萃四卷　（清）郭啓翼篆　清乾隆五十年（1785）鈐印本　四冊

330000－1744－0002478　11287　子部/藝術類/篆刻之屬/印譜

斯要堂印譜不分卷　（清）許悼篆　清雍正三年（1725）刻鈐印本　一冊

330000－1744－0002480　025625－025629　子部/藝術類/書畫之屬/畫録

嶽雪樓書畫録五卷　（清）孔廣陶編　清光緒十五年（1889）三十三萬卷堂刻本　五冊

330000－1744－0002490　025269　子部/藝術類/書畫之屬/畫譜

清湘老人山水冊不分卷　（清）釋道濟書並繪　清宣統元年（1909）上海神州國光社影印本　一冊

330000－1744－0002501　06808－06897　子部/藝術類/書畫之屬/畫譜

點石齋畫報大全四十四卷點石齋畫冊不分卷　（清）尊聞閣主人輯　清宣統二年（1910）上海集成圖書公司石印本　九十冊

浙江師範大學圖書館古籍普查登記目錄

全國古籍普查登記目錄·浙江

國家圖書館出版社
National Library of China Publishing House

《浙江師範大學圖書館古籍普查登記目録》
編委會

主　編：陳玉蘭

副主編：吳洪濤　王雲娣

編　委：孫巧雲　劉應芳　馮春生

《浙江師範大學圖書館古籍普查登記目錄》

前　言

　　浙江師範大學圖書館的前身是杭州師範專科學校圖書館,創建於 1956 年 8 月,地址在杭州市南山路。1958 年 9 月學校升格杭州師範學院,圖書館隨之更名,校址搬遷至杭州市體育場路。1962 年 8 月,浙江教育學院、浙江體育學院與杭州師範學院合并,改名爲浙江師範學院,三校的圖書館也合并爲浙江師範學院圖書館,設一總館,下轄兩個分館。總館設在體育場路校本部;一分館設在文三街,爲中文系師生服務;另一分館設在文一街,爲數學系師生服務。1965 年 8 月,浙江師範學院自杭州遷往金華,圖書館亦隨校南移。1970 年 7 月,浙江師範學院建制撤銷,一分爲三:台州師專、麗水師專、金華師專,圖書館工作人員和圖書資料亦隨之三分。1974 年,經國務院批准,浙江師範學院在金華重建,三校又重合一體,同時重建浙江師範學院圖書館。1982 年 6 月,浙師院金華分校圖書館并入該館。1985 年 2 月,浙江師範學院更名爲浙江師範大學,圖書館亦隨之易名爲浙江師範大學圖書館。2004 年 10 月金華鐵路司機學校并入浙江師範大學,圖書館也隨之并入。

　　浙江師範大學圖書館現有古籍來源於原杭州師範專科學校、浙江師範學院、金華師專、浙江師範學院金華分校、金華鐵路司機學校各圖書館所藏,加上本館工作人員的各方搜求,另有學人捐贈,迄今館藏綫裝古籍近 5 萬册。

　　圖書館經歷數次分合、遷址,館藏古籍的實際情況亟須全面厘清、逐一核對和校定。爲了充分利用好這部分古籍,使之更好地爲教學科研服務,浙江師範大學圖書館很早就組織有關工作人員進行清理、編目,并製成檢索卡片,書目數據也可以網上檢索,但由於各方面條件所限,未能對古籍的版本、破損程度、鈐印等情況進行全面登記與核對。爲了方便讀者檢索查閱這些古籍,更是爲了摸清家底,2013 年在浙江圖書館的大力支持下,浙江師範大學圖書館積極開展了本館古籍普查工作。

　　此次普查工作涉及的古籍是 1912 年以前在中國境内寫刻印的漢文書籍,以及 1912 年至 1949 年間形成的有關傳統學術并具有傳統裝幀形式的書籍,分類依據是《中國古籍總目》,共分經、史、子、集、類叢、新學六大類。本次古籍普查數據直接上傳至全國古籍普查平臺,我館著録於此平臺上的數據共 2000 餘條,其中 1912 年以前的古籍有 1038 部

12581 册。其中，清康熙五十七年（1718）項氏玉淵堂刻本《隸辨》八卷、清抄本《新編九章金鑑》十三卷首一卷兩部古籍，入選浙江省珍貴古籍名録。

經過此次普查，本館古籍的館藏情况更加清晰，館藏特色與價值更加明確。爲了更好地保護與利用這些古籍，本館對古籍庫房進行了較大規模的改造。目前，古籍庫房已達到恒温恒濕標準，防蟲、除濕、防紫外綫、消防等設施、設備齊全。除此之外，爲了進一步保護珍貴古籍，减少珍貴古籍的使用損耗，本館將對部分古籍進行數字化處理，一定程度上解決了用與藏的矛盾。

歷幾寒暑，反復核查，本館古籍藏書目録終於編輯成書，即將付梓面世。此次普查得到了浙江圖書館古籍部各位同仁的大力協助與悉心指導，尤爲辛苦的是負責審核工作的童聖江、曹海花等幾位老師，在此一并感謝！

版本目録鑒定是一項學術性極强的工作，短時間内對幾萬册古籍進行版本鑒定與清查，殊非易事。在普查過程中難免有紕漏失誤之處，也留存諸多遺憾，今後還須不斷修訂、完善。企望方家指正。

浙江師範大學圖書館

2019 年 5 月

330000 – 1749 – 0000004　X010104　類叢部/叢書類/自著之屬

水田居全集七種附一種　（清）賀貽孫撰　清道光至同治敕書樓刻本　五冊　存一種

330000 – 1749 – 0000005　X010105　經部/易類/傳說之屬

周易集解纂疏三十六卷首一卷　（清）李道平撰　清光緒十七年(1891)長沙思賢書局刻本　六冊

330000 – 1749 – 0000009　X010201　經部/書類/傳說之屬

書經集傳六卷首一卷末一卷　（宋）蔡沈撰　清光緒七年(1881)金陵書局刻本　四冊

330000 – 1749 – 0000010　X010202　經部/書類/傳說之屬

書經集傳六卷首一卷末一卷　（宋）蔡沈撰　清南京李光明莊刻本　二冊　缺二卷(首、一)

330000 – 1749 – 0000011　X010203　經部/書類/傳說之屬

欽定書經圖說五十卷繪圖五百七十幅　（清）孫家鼐等撰　（清）詹秀林　（清）詹步魁繪圖　清光緒三十一年(1905)石印本　十六冊

330000 – 1749 – 0000012　X030603　子部/天文曆算類/天文之屬

欽定儀象考成續編三十二卷　（清）敬徵等撰　清道光二十五年(1845)欽天監刻本　十冊

330000 – 1749 – 0000013　X010302　經部/叢編

十三經古注　（明）金蟠　（明）葛鼒校　明崇禎十二年(1639)序永懷堂刻清同治八年(1869)浙江書局重修本　四冊　存一種

330000 – 1749 – 0000015　X011111　經部/小學類/音韻之屬/古今韻說

音學五書五種　（清）顧炎武撰　清光緒十六年(1890)長沙思賢講舍刻本　十四冊

330000 – 1749 – 0000016　X010305　經部/叢編

御纂七經　（清）李光地等撰　清同治六年至九年(1867 – 1870)浙江書局刻本　十六冊　存一種

330000 – 1749 – 0000017　X010306　經部/詩類/傳說之屬

詩經體注圖考大全八卷　（清）高朝瓔撰　（清）沈世楷輯　清光緒二十五年(1899)北京文成堂刻本　四冊

330000 – 1749 – 0000018　X010307　經部/詩類/傳說之屬

詩經精華十卷　（清）薛嘉穎輯　清道光五年(1825)光韠堂刻本　四冊

330000 – 1749 – 0000021　X010402　經部/禮記類/傳說之屬

禮記集說十卷　（元）陳澔撰　清敬書堂刻本　十冊

330000 – 1749 – 0000022　X010403　經部/禮記類/傳說之屬

禮記集解六十一卷尚書顧命解一卷　（清）孫希旦撰　清咸豐十年至同治七年(1860 – 1868)瑞安孫氏盤谷草堂刻本　二十四冊

330000 – 1749 – 0000024　X010405　經部/禮記類/傳說之屬

禮經校釋二十二卷　曹元弼撰　清光緒十八年(1892)刻本　十二冊

330000 – 1749 – 0000025　X010502　經部/春秋左傳類/傳說之屬

春秋左傳(春秋左傳杜林合注)五十卷　（晉）杜預　（宋）林堯叟註釋　（唐）陸德明音義　（明）鍾惺　（明）孫曠　（明）韓范評點　**春秋列國圖說一卷**　（宋）蘇軾撰　清康熙刻本　十二冊

330000 – 1749 – 0000026　X010503　經部/春秋左傳類/傳說之屬

春秋左氏傳賈服註輯述二十卷　（清）李貽德撰　清同治五年(1866)餘姚朱蘭金陵書局刻本　六冊

330000 – 1749 – 0000031　X010508　子部/

叢編

二十二子　（清）浙江書局編　清光緒元年至三年(1875－1877)浙江書局刻本　二冊　存一種

330000－1749－0000032　X010509　經部/叢編

蜚雲閣淩氏叢書六種四十卷　（清）淩曙撰　清嘉慶至道光江都淩氏蜚雲閣刻本　四冊存一種

330000－1749－0000034　X20557　集部/總集類/郡邑之屬

西泠三閨秀詩　（清）西泠印社主人輯　清光緒二十三年(1897)錢塘丁氏嘉惠堂刻本　一冊　存二種

330000－1749－0000035　X20558　集部/別集類/清別集

玉芝堂文集六卷　（清）邰齋壽撰　清光緒八年(1882)寧波羣玉山房刻本　二冊

330000－1749－0000036　X010513　經部/春秋總義類/傳說之屬

春秋家說三卷　（清）王夫之撰　清末簡青齋書局石印本　二冊

330000－1749－0000041　X010701　經部/四書類/總義之屬/傳說

四書集註十九卷　（宋）朱熹撰　清光緒三十二年(1906)上海商務印書館鉛印本　二冊存一種

330000－1749－0000043　X010708　經部/四書類/總義之屬/傳說

四書集註十九卷　（宋）朱熹撰　清光緒三十二年(1906)上海商務印書館鉛印本　一冊存一卷(中庸)

330000－1749－0000048　X010711　經部/四書類/總義之屬/傳說

四書朱子本義匯參四十三卷首四卷　（清）王步青輯　清光緒十五年(1889)上海廣百宋齋鉛印本　十二冊

330000－1749－0000049　X010712　經部/四

書類/總義之屬/傳說

四書圖考十三卷　（清）杜炳撰　清光緒十三年(1887)鴻文書局石印本　四冊

330000－1749－0000050　X010713　經部/四書類/總義之屬/文字音義

四書正體校定字音一卷　（清）呂世鏞校定　清道光二年(1822)榕蔭堂刻本　一冊

330000－1749－0000055　X0710101　經部/易類/傳說之屬

御纂周易折中二十二卷首一卷　（清）李光地等撰　清康熙五十四年(1715)刻本　五冊存十卷(一至十)

330000－1749－0000057　X060101　經部/書類/傳說之屬

尚書孔傳參正三十六卷　王先謙撰　清光緒三十年(1904)長沙王氏虛受堂刻本　六冊

330000－1749－0000060　X060103　類叢部/叢書類/自著之屬

師伏堂叢書十五種　（清）皮錫瑞撰　清光緒十九年至三十三年(1893－1907)善化皮氏刻本　六冊　存一種

330000－1749－0000061　X0710202　經部/書類/傳說之屬

書經體注大全合參六卷　（宋）蔡沈集傳（清）錢希祥輯注　清雍正三年(1725)刻本四冊

330000－1749－0000062　X0710203　經部/書類/分篇之屬

禹貢圖說一卷　（清）張美章輯　清抄本一冊

330000－1749－0000064　X20667　集部/總集類/選集之屬/通代

歷朝詩約選九十二卷　（清）劉大櫆輯　清光緒二十一年至二十三年(1895－1897)文徵閣刻本　二十二冊

330000－1749－0000065　X060105　經部/禮記類/傳說之屬

姚際恒禮記通論各篇總論一卷　（清）姚際恒

撰　清抄本　一冊

330000 - 1749 - 0000066　X060106　經部/禮
記類/傳說之屬

禮記集解六十一卷尚書顧命解一卷　（清）孫
希旦撰　清咸豐十年至同治七年（1860 -
1868）瑞安孫氏盤谷草堂刻本　二十冊

330000 - 1749 - 0000067　X060107　經部/大
戴禮記類/傳說之屬

大戴禮記補注十三卷序錄一卷　（清）孔廣森
撰　清嘉慶二十二年（1817）曲阜孔氏儀鄭堂
刻本　三冊

330000 - 1749 - 0000068　X0710402、
X0710201、X0710401、X0710601、X0710403、
X0711001、X0710502　經部/叢編

十三經注疏　（明）□□輯　明崇禎元年至十
二年（1628 - 1639）毛氏汲古閣刻本　六十二
冊　存七種

330000 - 1749 - 0000070　X060109　經部/三
禮總義類/名物制度之屬

九旗古義述一卷　（清）孫詒讓撰　清光緒二
十八年（1902）刻本　一冊

330000 - 1749 - 0000072　X20576　類叢部/
叢書類/自著之屬

寒松閣集五種　（清）張鳴珂撰　清光緒十年
至二十四年（1884 - 1898）嘉興張氏刻本　三
冊　存二種

330000 - 1749 - 0000073　X20665　經部/小
學類/音韻之屬/古今韻說

古今韻略五卷　（清）邵長蘅撰　清康熙三十
五年（1696）商丘宋犖刻本　五冊

330000 - 1749 - 0000074　X060112　類叢部/
叢書類/自著之屬

師伏堂叢書十五種　（清）皮錫瑞撰　清光緒
十九年至三十三年（1893 - 1907）善化皮氏刻
本　一冊　存一種

330000 - 1749 - 0000075　X0710404　經部/
禮記類/傳說之屬

漱芳軒合纂禮記體註四卷　（清）范翔撰　清

康熙五十二年（1713）刻本　四冊

330000 - 1749 - 0000077　X040101　集部/楚
辭類

楚辭章句十七卷　（漢）王逸撰　（宋）洪興祖
補注　清同治十一年（1872）金陵書局刻本
四冊

330000 - 1749 - 0000078　X060114　類叢部/
叢書類/彙編之屬

木犀軒叢書二十七種續刻六種　李盛鐸編
清光緒德化李氏木犀軒刻本　一冊　存一種

330000 - 1749 - 0000079　X20664　經部/小
學類/文字之屬/說文/專著

**說文分韻易知錄五卷部首重文五卷說文分畫
易知錄一卷**　（清）許巽行撰　清光緒五年
（1879）華亭許嘉德刻松江葆素堂許氏印本
十冊

330000 - 1749 - 0000081　X060116　經部/小
學類/文字之屬/說文/傳說

說文解字句讀三十卷　（清）王筠撰　清光緒
八年（1882）四川尊經書局刻本　十六冊

330000 - 1749 - 0000083　X060118　經部/小
學類/文字之屬/說文

說文通檢十四卷首一卷末一卷　（清）黎永椿
撰　清光緒刻本　二冊

330000 - 1749 - 0000086　X20662　經部/小
學類/文字之屬/說文

苗氏說文四種　（清）苗夔撰　清道光至咸豐
壽陽祁氏漢專亭刻本　四冊　存一種

330000 - 1749 - 0000088　X030601　子部/天
文曆算類/天文之屬

御製曆象考成上編十六卷下編十卷　（清）允
祿撰　清光緒二十一年（1895）湖北官書處刻
本　十五冊

330000 - 1749 - 0000089　X0710801　經部/
四書類/總義之屬/傳說

呂晚邨先生四書講義四十三卷　（清）呂留良
撰　（清）陳鏦編次　清康熙二十五年（1686）
天蓋樓刻本　六冊

330000 – 1749 – 0000092　X060201、X020118、
X120101、X20735、X20734、X02732、X020147
史部/紀傳類/正史之屬

二十四史　清同治至光緒五省官書局據汲古
閣本等合刻光緒五年(1879)湖北書局彙印本
一百六十四冊　存七種

330000 – 1749 – 0000093　X0711002　經部/
小學類/訓詁之屬/爾雅

爾雅正義二十卷　(清)邵晉涵撰　**爾雅釋文
三卷**　(唐)陸德明撰　清乾隆五十三年
(1788)餘姚邵氏面水層軒刻本　八冊

330000 – 1749 – 0000095　X0711003　經部/
小學類/訓詁之屬/爾雅

爾雅正義二十卷　(清)邵晉涵撰　**爾雅釋文
三卷**　(唐)陸德明撰　清乾隆五十三年
(1788)餘姚邵氏面水層軒刻本　六冊

330000 – 1749 – 0000097　X0711004　經部/
小學類/訓詁之屬/爾雅

爾雅正義二十卷　(清)邵晉涵撰　**爾雅釋文
三卷**　(唐)陸德明撰　清乾隆五十三年
(1788)餘姚邵氏面水層軒刻本　十冊

330000 – 1749 – 0000098　X20778　類叢部/
叢書類/彙編之屬

經策通纂二種　吳穎炎　陳通聲等纂　清光
緒十九年(1893)上海點石齋石印本　八十冊

330000 – 1749 – 0000100　X0711005　經部/
小學類/訓詁之屬/群雅

埤雅二十卷　(宋)陸佃撰　清康熙刻本
四冊

330000 – 1749 – 0000102　X0711006　類叢
部/叢書類/彙編之屬

武英殿聚珍版書　清木活字印本　三冊　存
一種

330000 – 1749 – 0000104　X060207　史部/史
抄類

新舊唐書合鈔二百六十卷首一卷　(清)沈炳
震輯　**唐書宰相世系表訂譌十二卷**　(清)沈
炳震撰　**唐書合鈔補正六卷**　(清)丁子復撰

清嘉慶海昌查氏刻同治十年(1871)武林吳
氏清來堂補刻本　一百冊

330000 – 1749 – 0000105　X0711007　經部/
小學類/訓詁之屬

金壺字考二集二十一卷補錄一卷補注一卷
(宋)釋適之撰　(清)田朝恒增訂　清乾隆二
十七年(1762)貽安堂刻本　四冊

330000 – 1749 – 0000106　X060208　史部/紀
傳類/正史之屬

東都事略一百三十卷　(宋)王偁撰　清光緒
九年(1883)淮南書局刻本　八冊

330000 – 1749 – 0000107　X0711008　經部/
小學類/文字之屬/說文

說文解字十五卷標目一卷　(漢)許慎撰
(宋)徐鉉等校定　清乾隆三十八年(1773)大
興朱筠椒華吟舫刻本　八冊

330000 – 1749 – 0000108　X060209　史部/紀
事本末類/通代之屬

紀事本末彙刻八種　(清)廣雅書局輯　清光
緒廣雅書局刻本　十六冊　存一種

330000 – 1749 – 0000109　X060210　史部/紀
事本末類/通代之屬

紀事本末彙刻八種　(清)廣雅書局輯　清光
緒廣雅書局刻本　四冊　存一種

330000 – 1749 – 0000110　X060211　史部/紀
事本末類/通代之屬

紀事本末彙刻八種　(清)廣雅書局輯　清光
緒廣雅書局刻本　六冊　存一種

330000 – 1749 – 0000111　X0711009　經部/
小學類/文字之屬/字書/字典

大廣益會玉篇三十卷　(南朝梁)顧野王撰
(唐)孫強增字　(宋)陳彭年等重修　清康熙
四十三年(1704)刻本　三冊

330000 – 1749 – 0000112　X060212　史部/紀
事本末類/斷代

元史紀事本末二十七卷　(明)陳邦瞻編輯
(明)張溥論正　清光緒十三年(1887)廣雅書
局刻本　三冊

330000－1749－0000113　X060213　史部/紀事本末類/通代之屬

紀事本末彙刻八種　（清）廣雅書局輯　清光緒廣雅書局刻本　十六冊　存一種

330000－1749－0000114　X0711010　經部/小學類/文字之屬/字書/字體

漢隸字源五卷碑目一卷　（宋）婁機撰　清光緒十八年（1892）嘉定張氏抄本　六冊

330000－1749－0000115　X060214　史部/雜史類/斷代之屬

戰國策補註三十三卷　吳曾祺撰　清宣統元年（1909）上海商務印書館鉛印本　四冊

330000－1749－0000116　X0711011　經部/小學類/文字之屬/字書/字體

篆字彙十二卷　（清）佟世男編　清康熙三十年（1691）多山堂刻本　十二冊

330000－1749－0000117　X060215　史部/雜史類/斷代之屬

國語韋解補正二十一卷　吳曾祺撰　朱元善校訂　清宣統元年（1909）上海商務印書館鉛印本　四冊

330000－1749－0000118　X060216　史部/雜史類/斷代之屬

周書斠補四卷　（清）孫詒讓撰　清光緒二十六年（1900）刻本　二冊

330000－1749－0000119　X060217　類叢部/叢書類/彙編之屬

崇文書局彙刻書三十一種　（清）崇文書局編　清光緒元年至三年（1875－1877）湖北崇文書局刻本　二冊　存一種

330000－1749－0000120　X0711012　經部/小學類/文字之屬/字書/字體

隸辨八卷　（清）顧藹吉撰　清康熙五十七年（1718）項氏玉淵堂刻本　韓國鈞題記　十六冊

330000－1749－0000121　X060206　類叢部/叢書類/彙編之屬

正覺樓叢刻（正覺樓叢書）二十九種　（清）崇文書局編　清光緒崇文書局刻本　二冊　存一種

330000－1749－0000122　X0711013　經部/小學類

澤存堂五種　（清）張士俊輯　清康熙張士俊澤存堂刻本　五冊　存一種

330000－1749－0000123　X040363　集部/總集類/選集之屬/斷代

初唐四傑文集二十一卷　（清）□□編　清光緒五年（1879）淮南書局刻本　四冊

330000－1749－0000128　X040365　集部/總集類/選集之屬/斷代

南宋禖事詩七卷　（清）沈嘉轍等撰　清武林芹香齋刻本　八冊

330000－1749－0000130　X040401　類叢部/叢書類/彙編之屬

藏修堂叢書三十六種　（清）劉晚榮編　清光緒十六年（1890）新會劉氏藏修書屋刻本　二冊　存一種

330000－1749－0000131　X060254　類叢部/叢書類/彙編之屬

聚學軒叢書六十種　劉世珩編　清光緒貴池劉世珩刻本　一冊　存一種

330000－1749－0000133　X031106　類叢部/叢書類/郡邑之屬

金華叢書六十八種　（清）胡鳳丹編　清同治七年至光緒八年（1868－1882）永康胡氏退補齋刻民國補刻本　四冊　存一種

330000－1749－0000135　X060225　類叢部/叢書類/彙編之屬

讀畫齋叢書四十六種　（清）顧修編　清嘉慶四年至十六年（1799－1811）桐川顧氏刻本　一冊　存一種

330000－1749－0000137　X060226　類叢部/叢書類/彙編之屬

武英殿聚珍版書一百四十八種　清乾隆四十二年（1777）福建刻道光至同治遞修光緒二十一年（1895）增刻本　四冊　存一種

330000－1749－0000138　X040369　集部/總集類/選集之屬/斷代

元文類七十卷目錄三卷　（元）蘇天爵編　清光緒十五年(1889)江蘇書局刻本　十冊

330000－1749－0000139　X060227　類叢部/叢書類/彙編之屬

隨盫徐氏叢書十種續編十種　徐乃昌編　清光緒至民國南陵徐氏刻本　一冊　存一種

330000－1749－0000140　X0720201、X0720202　史部/紀傳類/正史之屬

十七史　（明）毛晉編　明崇禎元年至十七年(1628－1644)毛氏汲古閣刻清順治重修本　三十二冊　存二種

330000－1749－0000142　X050125　類叢部/叢書類/彙編之屬

小石山房叢書三十八種　（清）顧湘編　清道光刻同治十三年(1874)虞山顧氏補刻本　十六冊

330000－1749－0000144　X031511　子部/天文曆算類/算書之屬

衡齋算學遺書合刻　（清）汪萊撰　清咸豐四年(1854)夏燮鄱陽縣署刻本　四冊

330000－1749－0000145　X060344、X060342、X060340、X060332、X06033　類叢部/叢書類/彙編之屬

武英殿聚珍版書一百三十八種　清乾隆武英殿木活字印本　四冊　存五種

330000－1749－0000148　X20660　史部/傳記類/總傳之屬/儒林

宋元學案一百卷首一卷攷畧一卷　（清）黃宗羲撰　（清）全祖望修定　（清）王梓材（清）馮雲濠校並考　清光緒五年(1879)長沙寄廬刻本　四十冊

330000－1749－0000149　X031513　子部/天文曆算類/算書之屬

金匱華氏行素軒算學全書十六種　（清）華蘅芳撰　清光緒袖海山房石印本　十二冊

330000－1749－0000150　X040373　集部/總

集類/選集之屬/斷代

明三十家詩選初集八卷二集八卷　（清）汪端輯　清道光二年(1822)汪端自然好學齋刻本　十二冊　存八卷(二集一至八)

330000－1749－0000151　X0720203　史部/紀傳類/正史之屬

明史稿三百十卷目錄三卷　（清）王鴻緒撰　清雍正敬慎堂刻本　八十冊

330000－1749－0000152　X050115　類叢部/叢書類/彙編之屬

經訓堂叢書二十一種　（清）畢沅編　清光緒十三年(1887)上海大同書局影印本　十六冊　存二十種

330000－1749－0000153　X040374　集部/總集類/選集之屬/斷代

明文在一百卷　（清）薛熙輯　清光緒十五年(1889)江蘇書局刻本　十冊

330000－1749－0000156　X0720501　史部/載記類

十六國春秋一百卷　（北魏）崔鴻撰　清乾隆三十九年(1774)汪氏欣託山房刻四十六年(1781)印本　二十四冊

330000－1749－0000158　X040376　集部/總集類/選集之屬/斷代

國朝文匯甲前集二十卷甲集六十卷乙集七十卷丙集三十卷丁集二十卷　國學扶輪社輯　清宣統元年(1909)上海國學扶輪社石印本　一百一冊

330000－1749－0000160　X0720502　史部/載記類

十六國春秋一百卷　（北魏）崔鴻撰　清乾隆三十九年(1774)汪氏欣託山房刻四十六年(1781)印本　二十冊

330000－1749－0000161　X040377　集部/總集類/選集之屬/斷代

國朝文匯甲前集二十卷甲集六十卷乙集七十卷丙集三十卷丁集二十卷　國學扶輪社輯　清宣統元年(1909)上海國學扶輪社石印本

六十冊　缺八十卷(甲集二十一至四十、乙集一至四十、丁集一至二十)

330000－1749－0000162　X040378　集部/總集類/選集之屬/斷代

皇朝經世文編一百二十卷　(清)賀長齡輯清光緒十二年(1886)思補樓石印本　十二冊

330000－1749－0000164　X040379　集部/總集類/選集之屬/斷代

皇朝經世文編一百二十卷姓名總目二卷(清)賀長齡輯　清光緒二十一年(1895)積山書局石印本　十二冊

330000－1749－0000165　X040380　集部/總集類/選集之屬/斷代

皇朝經世文編一百二十卷姓名總目二卷(清)賀長齡輯　清光緒二十五年(1899)上海中西書局石印本　十二冊

330000－1749－0000166　X0720503　史部/雜史類/斷代之屬

十國春秋一百十四卷　(清)吳任臣撰　**拾遺一卷備考一卷**　(清)周昂輯　清乾隆五十八年(1793)此宜閣刻本　二十四冊

330000－1749－0000167　X040381　集部/總集類/選集之屬/斷代

皇朝經世文續編一百二十卷　(清)葛士濬輯清光緒二十二年(1896)上海寶善書局石印本　二十冊

330000－1749－0000168　X040382　集部/總集類/選集之屬/斷代

皇朝經世文續編一百二十卷　(清)葛士濬輯清光緒二十四年(1898)上海宏文閣石印本二十四冊

330000－1749－0000169　X040383　集部/總集類/選集之屬/斷代

皇朝經世文三編八十卷　(清)陳忠倚輯　清光緒二十三年(1897)上海寶善書局石印本十六冊

330000－1749－0000171　X040384　集部/總集類/選集之屬/斷代

皇朝經世文三編八十卷　(清)陳忠倚輯　清光緒二十四年(1898)寶文書局石印本　十六冊

330000－1749－0000172　X0720901　史部/傳記類/總傳之屬/通代

學統五十六卷　(清)熊賜履編　清康熙二十七年(1688)經義齋刻本　十二冊

330000－1749－0000174　X040385　集部/總集類/選集之屬/斷代

皇朝經世文四編五十二卷　(清)何良棟輯清光緒二十八年(1902)上海鴻寶書局石印本十二冊

330000－1749－0000175　X040386　集部/總集類/選集之屬/斷代

皇朝經世文新編二十一卷首一卷　麥仲華輯清光緒二十七年(1901)上海書局石印本十二冊

330000－1749－0000177　X040387　集部/總集類/選集之屬/斷代

皇朝經世文統編一百七卷　(清)邵之棠輯清光緒二十七年(1901)上海寶善齋石印本五十二冊

330000－1749－0000178　X0720902　史部/傳記類/總傳之屬/通代

尚友錄二十二卷補遺一卷　(明)廖用賢輯(清)張伯琮補輯　清康熙浙蘭林天祿齋刻本二十冊

330000－1749－0000179　X040388　集部/總集類/選集之屬/斷代

國朝駢體正宗評本十二卷補編一卷　(清)曾燠輯　(清)姚燮評　(清)張壽榮參　清光緒十一年(1885)鎮海張氏花雨樓刻朱墨套印本六冊　缺一卷(補編)

330000－1749－0000182　X040206　集部/別集類/漢魏六朝別集

陶淵明詩一卷雜文一卷　(晉)陶潛撰　清光緒元年(1875)上海有正書局影印本　一冊

330000－1749－0000183　X0721001　史部/

政書類/公牘檔冊之屬

于清端公政書八卷首編一卷外集一卷續集一卷 （清）于成龍撰 （清）蔡方炳輯 清康熙四十六年(1707)于準刻乾隆二十六年(1761)于大椳增刻本 八冊

330000 – 1749 – 0000186 X0721201 史部/時令類

月令廣義二十四卷首一卷統紀一卷附錄一卷 （明）馮應京輯 （明）戴任增釋 明萬曆刻本 十九冊 缺一卷(二十四)

330000 – 1749 – 0000187 X040392 集部/總集類/選集之屬/斷代

切問齋文鈔三十卷首一卷 （清）陸燿輯 清道光五年(1825)刻本 十冊

330000 – 1749 – 0000191 X040207 集部/別集類/漢魏六朝別集

靖節先生集十卷 （晉）陶潛撰 （清）陶澍注
　靖節先生集諸本序錄一卷 （清）陶澍編輯
　靖節先生年譜攷異二卷 （清）陶澍撰 清光緒九年(1883)江蘇書局刻本 四冊

330000 – 1749 – 0000195 X0721202 史部/時令類

月令廣義二十四卷首一卷統紀一卷附錄一卷 （明）馮應京輯 （明）戴任增釋 明萬曆刻本 十二冊

330000 – 1749 – 0000198 X040397 集部/總集類/選集之屬/通代

桐城吳氏古文讀本十三卷 （清）吳汝綸評選 清光緒三十年(1904)上海文明書局鉛印本 四冊

330000 – 1749 – 0000199 X040398 集部/總集類/郡邑之屬

浙西六家詩鈔六卷 （清）吳應和 （清）馬洵選 清道光七年(1827)紫微山館刻本 二冊

330000 – 1749 – 0000200 X0721301 史部/地理類/方志之屬/郡縣志

[雍正]寧波府志三十六卷首一卷 （清）曹秉仁等修 （清）萬經等纂 清雍正十一年

(1733)刻乾隆六年(1741)補刻本 十六冊

330000 – 1749 – 0000201 X0721302 史部/地理類/山川之屬/水志

水道提綱二十八卷 （清）齊召南撰 清乾隆四十一年(1776)傳經書屋刻本 八冊

330000 – 1749 – 0000205 X060231 史部/史抄類

史記菁華錄六卷 （清）姚祖恩輯 清光緒十三年(1887)上海蜚英館石印本 六冊

330000 – 1749 – 0000210 X060236 史部/傳記類/總傳之屬/姓名

史姓韻編六十四卷 （清）汪輝祖輯 清光緒十年(1884)上海中西書局石印本 一冊

330000 – 1749 – 0000212 X060238 類叢部/叢書類/彙編之屬

半厂叢書初編十種 （清）譚獻編 清同治至光緒仁和譚氏刻本 二冊 存一種

330000 – 1749 – 0000215 X060242 史部/詔令奏議類/奏議之屬

註陸宣公奏議十五卷 （唐）陸贄撰 （宋）郎曄注 清光緒四年(1878)刻本 三冊

330000 – 1749 – 0000216 X060243 史部/地理類/輿圖之屬

歷代輿地沿革險要圖一卷 楊守敬 饒敦秩撰 清光緒五年(1879)東湖饒氏刻朱墨套印本 一冊

330000 – 1749 – 0000217 X060244 史部/地理類/雜志之屬

藤陰雜記十二卷 （清）戴璐撰 清光緒三年(1877)浙江吳興會館刻本 二冊

330000 – 1749 – 0000218 X060245 史部/地理類/雜志之屬

廣陵通典十卷 （清）汪中撰 清同治八年(1869)揚州書局刻本 二冊

330000 – 1749 – 0000219 X060246 類叢部/叢書類/彙編之屬

武英殿聚珍版書 清刻本 一冊 存一種

330000－1749－0000220　X060247　類叢部/叢書類/彙編之屬

武英殿聚珍版書　清刻本　一冊　存一種

330000－1749－0000221　X060248　史部/地理類/雜志之屬

南海百咏一卷　（宋）方信孺撰　清刻本　一冊

330000－1749－0000222　X060249　類叢部/叢書類/彙編之屬

琳琅秘室叢書三十種　（清）胡珽編　清光緒十四年(1888)會稽董氏取斯堂木活字印本　一冊　存一種

330000－1749－0000225　X060252　類叢部/叢書類/彙編之屬

半巖廬所箸書九種　（清）邵懿辰撰　清宣統三年至民國二十年(1911－1931)仁和邵氏刻本　四冊　存一種

330000－1749－0000231　X060447　集部/別集類/清別集

柏梘山房文集十六卷文續集一卷詩集十卷詩續集二卷駢體文二卷　（清）梅曾亮撰　清宣統三年(1911)上海國學扶輪社石印本　八冊

330000－1749－0000234　X0721303　史部/地理類/山川之屬/水志

西湖志纂十五卷首一卷末一卷　（清）沈德潛（清）傅王露等撰　清乾隆二十七年(1762)刻本　五冊

330000－1749－0000238　X0721304　史部/地理類/山川之屬/水志

西湖志四十八卷　（清）李衛（清）程元章修（清）傅王露撰　清雍正十三年(1735)兩浙鹽驛道庫刻本　二十冊

330000－1749－0000240　X0213264　史部/地理類/外紀之屬

海國圖志六十卷　（清）魏源撰　清道光二十九年(1849)邵陽魏氏古微堂刻本　二十四冊

330000－1749－0000245　X0721501　類叢部/叢書類/彙編之屬

文選樓叢書三十三種　（清）阮亨編　清嘉慶至道光阮元刻道光二十二年(1842)阮亨彙印本　四冊　存一種

330000－1749－0000246　X040231　集部/別集類/唐五代別集

韋蘇州集十卷　（唐）韋應物撰　清宣統三年(1911)石印本　六冊

330000－1749－0000248　X040399　集部/總集類/酬唱之屬

西泠酬倡二集五卷　（清）錢國珍等撰　清光緒五年(1879)刻本　二冊

330000－1749－0000251　X0403100　集部/總集類

續橋李詩繫四十卷　（清）胡昌基輯　清宣統三年(1911)刻本　二十冊

330000－1749－0000257　X0721502　史部/金石類/陶之屬/文字

秦漢瓦當文字二卷續一卷　（清）程敦撰　清光緒據乾隆五十二年(1787)橫渠書院刻五十九年(1794)續刻本影印本　三冊

330000－1749－0000264　X0730101　子部/儒家類/儒家之屬

荀子二十卷附校勘補遺一卷　（唐）楊倞注（清）盧文弨（清）謝墉輯校並補遺　清乾隆五十一年(1786)嘉善謝氏安雅堂刻本　三冊

330000－1749－0000266　X0403106　集部/總集類/選集之屬/斷代

全唐詩九百卷目錄十二卷　（清）曹寅等輯　清光緒元年(1875)撫州饒玉成雙峰書屋刻本　一百二十冊

330000－1749－0000268　X0730102　類叢部/叢書類/彙編之屬

經訓堂叢書二十一種　（清）畢沅編　清乾隆至嘉慶鎮洋畢氏刻本　二冊　存一種

330000－1749－0000272　X060269　類叢部/叢書類/彙編之屬

武英殿聚珍版書　清木活字印本　四冊　存一種

330000 – 1749 – 0000273　X0730103　子部/
儒家類/儒學之屬/經濟

中說十卷　（隋）王通撰　清初刻本　二冊

330000 – 1749 – 0000275　X060270　類叢部/
叢書類/彙編之屬

龍威祕書十集一百六十九種　（清）馬俊良編
清乾隆五十九年至嘉慶元年(1794 – 1796)
石門馬氏大酉山房刻本　四冊　存一種

330000 – 1749 – 0000276　X0730104　子部/
儒家類/儒學之屬/蒙學

課子隨筆十卷　（清）張師載輯　清乾隆十年
(1745)刻本　五冊

330000 – 1749 – 0000279　X060271　類叢部/
叢書類/自著之屬

甌北全集八種　（清）趙翼撰　清光緒三年
(1877)滇南唐氏刻本　十五冊　存一種

330000 – 1749 – 0000284　X060272　史部/史
表類/通代之屬

歷代甲子紀元表一卷　（清）董醇撰　清咸豐
五年(1855)東阜書堂刻本　一冊

330000 – 1749 – 0000286　X060273　史部/地
理類/雜志之屬

揚州畫舫錄十八卷　（清）李斗撰　清乾隆六
十年(1795)自然盦刻本　八冊

330000 – 1749 – 0000289　X0730901　子部/
工藝類/文房四寶之屬/叢錄

文房肆攷圖說八卷　（清）唐秉鈞撰　（清）康
愷繪　清乾隆四十三年(1778)竹暎山莊刻本
四冊

330000 – 1749 – 0000293　X0731001、
X0730102　類叢部/叢書類/彙編之屬

經訓堂叢書二十一種　（清）畢沅編　清乾隆
至嘉慶鎮洋畢氏刻本　四冊　存一種

330000 – 1749 – 0000294　X040404　集部/詩
文評類/詩評之屬

隨園詩話十六卷補遺十卷　（清）袁枚撰　清
道光二十四年(1844)刻本　八冊　存十卷
(隨園詩話一至十)

330000 – 1749 – 0000297　X0731002　子部/
雜家類

鬼谷子三卷　（南朝梁）陶弘景注　（清）秦恩
復校　**篇目考一卷附錄一卷**　（清）秦恩復撰
輯　清乾隆五十四年(1789)江都秦氏石研齋
刻本　周祖琛校　一冊

330000 – 1749 – 0000302　X0731003　類叢
部/叢書類/彙編之屬

經訓堂叢書二十一種　（清）畢沅編　清乾隆
至嘉慶鎮洋畢氏刻本　四冊　存一種

330000 – 1749 – 0000305　X040227　集部/別
集類/唐五代別集

杜詩鏡銓二十卷諸家論杜一卷　（清）楊倫撰
讀書堂杜工部文集註解二卷　（清）張溍撰
杜工部年譜一卷　（清）楊倫輯　清同治十
一年(1872)望三益齋刻本　八冊

330000 – 1749 – 0000306　X040409　集部/詩
文評類/詩評之屬

重訂全唐詩話八卷　（宋）尤袤輯　（清）孫濤
訂　清宣統三年(1911)上海三樂堂石印本
四冊

330000 – 1749 – 0000308　X0731004　子部/
雜著類/雜說之屬

七修類藁五十一卷續藁七卷　（明）郎瑛撰
清乾隆四十年(1775)周榮耕煙草堂刻本　十
二冊

330000 – 1749 – 0000309　X060218　史部/雜
史類

武林失守雜感詩百首一卷　（清）綠石山樵撰
清師石山房抄本　一冊

330000 – 1749 – 0000311　X0731005　子部/
雜著類/雜說之屬

池北偶談二十六卷　（清）王士禎撰　清康熙
四十年(1701)王廷掄刻本　十二冊

330000 – 1749 – 0000314　X060307　集部/總
集類/尺牘之屬

名賢手札八種　（清）郭慶藩輯　清光緒二十
四年(1898)上海石印本　一冊　存一種

330000－1749－0000315　X0731006　子部/雜著類/雜考之屬

日知錄三十二卷　（清）顧炎武撰　清康熙三十四年（1695）遂初堂刻本　十二冊

330000－1749－0000316　X060308　子部/藝術類/遊藝之屬/聯語

儷白妃黃冊八卷　（清）董恂輯　清同治十二年（1873）甘泉董氏刻本　一冊

330000－1749－0000317　X040228　集部/別集類/唐五代別集

杜詩鏡銓二十卷諸家論杜一卷　（清）楊倫撰　讀書堂杜工部文集註解二卷　（清）張溍撰　杜工部年譜一卷　（清）楊倫輯　清同治十一年（1872）望三益齋刻本　十二冊

330000－1749－0000318　X0731007　子部/雜著類/雜考之屬

日知錄三十二卷　（清）顧炎武撰　清康熙刻懷德堂印本　十二冊

330000－1749－0000320　X060309　子部/藝術類/遊藝之屬/聯語

古今集聯不分卷　清同治十三年（1874）刻本　三冊

330000－1749－0000321　X040230　集部/別集類/唐五代別集

韋蘇州集十卷　（唐）韋應物撰　清宣統三年（1911）石印本　六冊

330000－1749－0000322　X060310　子部/藝術類/遊藝之屬/聯語

楹聯集錦八卷　（清）胡鳳丹輯　清光緒五年（1879）刻本　一冊

330000－1749－0000325　X040232　集部/別集類/唐五代別集

孟東野集十卷附一卷　（唐）孟郊撰　又附刻追昔游集三卷　（唐）李紳撰　清宣統二年（1910）上海著易堂石印本　四冊

330000－1749－0000326　X0731101　類叢部/類書類/通類之屬

小學紺珠十卷　（宋）王應麟輯　清乾隆五十六年（1791）刻本　二冊

330000－1749－0000327　X040233　集部/別集類/唐五代別集

唐陸宣公翰苑集二十二卷　（唐）陸贄撰　清咸豐十一年（1861）崇仁謝氏刻本　十二冊

330000－1749－0000330　X040234　集部/別集類/唐五代別集

昌黎先生詩增注証訛十一卷　（唐）韓愈撰　（清）黃鉞增注証訛　昌黎先生年譜一卷　（清）黃鉞編　清道光二十八年（1848）黃中民刻咸豐七年（1857）四明鮑氏二客軒印本　四冊

330000－1749－0000335　X040235　集部/別集類/唐五代別集

昌黎先生集四十卷外集十卷遺文一卷　（唐）韓愈撰　（宋）廖瑩中校正　韓集點勘四卷　（清）陳景雲撰　清宣統二年（1910）掃葉山房石印本　十二冊

330000－1749－0000349　X040240　集部/別集類/唐五代別集

溫飛卿詩集七卷別集一卷集外詩一卷附錄諸家詩評一卷　（唐）溫庭筠撰　（明）曾益注　（清）顧予咸補注　（清）顧嗣立續注　清宣統二年（1910）上海國學扶輪社石印本　四冊　缺一卷（諸家詩評）

330000－1749－0000359　X0731103　集部/總集類/選集之屬/斷代

唐詩類苑二百卷　（明）張之象輯　明萬曆二十九年（1601）梁谿曹仁孫刻本　六十四冊

330000－1749－0000363　X0731104　類叢部/類書類/通類之屬

唐類函二百卷目錄二卷　（明）俞安期輯　明萬曆三十一年（1603）東吳俞安期刻本　五十二冊　存五十二卷（一至五十、目錄一至二）

330000－1749－0000365　X040242　集部/別集類/唐五代別集

玉谿生詩詳註三卷首一卷樊南文集詳註八卷首一卷附年譜一卷　（唐）李商隱撰　（清）馮

浩箋注　清乾隆四十五年（1780）桐鄉馮氏德聚堂刻本　四冊　存四卷（玉谿生詩詳註首、一至三）

330000－1749－0000366　X0731401　子部/道家類

四子全書九卷　（明）董逢元編　明萬曆二十三年（1595）董氏秋聲閣刻本　一冊　存一卷（關尹子文始真經）

330000－1749－0000369　X060333　子部/雜著類/雜說之屬

隱居通議三十一卷　（元）劉壎撰　（清）劉冠寰輯　清嘉慶四年（1799）桐川顧氏刻本　七冊

330000－1749－0000373　X040243　集部/別集類/唐五代別集

玉谿生詩詳注六卷首一卷　（唐）李商隱撰（清）馮浩編訂　清乾隆刻本　八冊

330000－1749－0000379　X0740101　集部/楚辭類

楚辭集註八卷總評一卷　（宋）朱熹撰　（明）沈雲翔輯評　清康熙聽雨齋刻朱墨套印本　四冊

330000－1749－0000381　X0402280　集部/別集類/漢魏六朝別集

陶淵明集八卷首一卷末一卷　（晉）陶潛撰　清光緒五年（1879）廣州翰墨園刻朱墨套印本　二冊

330000－1749－0000382　X0740201　集部/別集類/唐五代別集

王右丞集二十八卷首一卷末一卷　（唐）王維撰　（清）趙殿成箋注　清乾隆仁和趙殿成刻本　十六冊

330000－1749－0000385　X040244　集部/別集類/唐五代別集

樊南文集詳註八卷　（唐）李商隱撰　（清）馮浩編訂　清乾隆四十五年（1780）德聚堂刻同治七年（1868）桐鄉馮氏重修本　四冊

330000－1749－0000386　X0402281　集部/

別集類/明別集

新刻張太岳先生詩文集四十七卷　（明）張居正撰　清刻本　三十冊

330000－1749－0000390　X0731102　類叢部/類書類/通類之屬

註釋白眉故事十卷　（明）許以忠輯　（明）鄧志謨校勘　清刻致和堂印本　六冊

330000－1749－0000393　X040247　集部/別集類/宋別集

寇忠愍公詩集三卷　（宋）寇準撰　清宣統三年（1911）中華圖書館影印本　二冊

330000－1749－0000403　X040250　集部/別集類/宋別集

宋大家蘇文忠公文集二十八卷　（宋）蘇軾撰（明）茅坤批評　清宣統三年（1911）上海彪蒙書室石印本　六冊

330000－1749－0000404　X0740202　集部/別集類/唐五代別集

李太白文集三十六卷　（唐）李白撰　（清）王琦輯注　清乾隆刻本　十二冊

330000－1749－0000407　X0740203　集部/別集類/唐五代別集

讀杜心解六卷首二卷　（清）浦起龍撰　清雍正二年至三年（1724－1725）前澗浦氏寧我齋刻本　八冊

330000－1749－0000412　X0740204　集部/別集類/唐五代別集

杜詩詳註二十五卷首一卷附編二卷　（唐）杜甫撰　（清）仇兆鰲輯注　清康熙刻本　二十八冊

330000－1749－0000415　X040252　集部/別集類/宋別集

淮海集四十卷詩文六卷長短句三卷詩餘一卷（宋）秦觀撰　（明）徐渭評　**增訂年譜一卷**（清）秦鏞　（清）秦瀛編　清同治十二年（1873）秦氏家塾刻本　八冊

330000－1749－0000417　X0740205　集部/別集類/唐五代別集

唐陸宣公集二十二卷 （唐）陸贄撰 清雍正元年(1723)年龔堯刻本 八冊

330000 – 1749 – 0000419 X060257 史部/紀傳類/正史之屬

二十四史附考證 清光緒二十三年(1897)武林竹簡齋石印本 二百二冊

330000 – 1749 – 0000422 X0740206 集部/別集類/唐五代別集

新刊五百家註音辯昌黎先生文集四十卷 （唐）韓愈撰 （宋）魏仲舉輯注 清乾隆四十九年(1784)刻本 二十四冊

330000 – 1749 – 0000426 X0740207 集部/別集類/唐五代別集

白香山詩長慶集二十卷後集十七卷別集一卷補遺二卷 （唐）白居易撰 （清）汪立名編訂 清康熙四十一年至四十二年(1702 – 1703)汪立名一隅草堂刻本 清周半樵批 十冊

330000 – 1749 – 0000427 X060337 子部/雜著類/雜說之屬

吹網錄六卷 （清）葉廷琯撰 清同治八年至九年(1869 – 1870)蘇州謝文翰齋刻本 二冊

330000 – 1749 – 0000432 X040258 集部/別集類/宋別集

劍南詩鈔六卷 （宋）陸游撰 （清）楊大鶴選 清光緒八年(1882)文苑山房刻本 八冊

330000 – 1749 – 0000434 X040259 類叢部/叢書類/彙編之屬

武英殿聚珍版書一百四十八種 清乾隆四十二年(1777)福建刻道光至同治遞修光緒二十一年(1895)增刻本 二十六冊 存一種

330000 – 1749 – 0000436 X040260 集部/別集類/宋別集

水心先生別集十六卷 （宋）葉適撰 清同治九年(1870)刻本 四冊

330000 – 1749 – 0000438 X20553 集部/詩文評類/制藝之屬

制義叢話二十四卷題名一卷 （清）梁章鉅撰 清咸豐九年(1859)刻本 八冊

330000 – 1749 – 0000440 X0740208 集部/別集類/唐五代別集

白香山詩長慶集二十卷後集十七卷別集一卷補遺二卷 （唐）白居易撰 （清）汪立名編訂 清康熙四十一年至四十二年(1702 – 1703)汪立名一隅草堂刻本 十冊

330000 – 1749 – 0000444 X040263 集部/別集類/宋別集

林和靖詩集四卷拾遺一卷 （宋）林逋撰 清宣統二年(1910)上海文瑞樓石印本 二冊

330000 – 1749 – 0000445 X060324 類叢部/叢書類/彙編之屬

讀畫齋叢書四十六種 （清）顧修編 清嘉慶四年至十六年(1799 – 1811)桐川顧氏刻本 一冊 存一種

330000 – 1749 – 0000446 X0740209 集部/別集類/唐五代別集

李長吉詩集四卷外集一卷 （唐）李賀撰 明刻本 二冊

330000 – 1749 – 0000448 X060325 類叢部/叢書類/彙編之屬

讀畫齋叢書四十六種 （清）顧修編 清嘉慶四年至十六年(1799 – 1811)桐川顧氏刻本 一冊 存一種

330000 – 1749 – 0000449 X0740210 集部/別集類/唐五代別集

溫飛卿詩集七卷別集一卷集外詩一卷附錄諸家詩評一卷 （唐）溫庭筠撰 （明）曾益注 （清）顧予咸補注 （清）顧嗣立續注 清康熙三十六年(1697)長洲顧氏秀野草堂刻本 六冊 缺一卷(諸家詩評)

330000 – 1749 – 0000450 X060326 類叢部/叢書類/彙編之屬

津逮祕書十五集一百四十種 （明）毛晉編 明崇禎虞山毛氏汲古閣刻本 二冊 存一種

330000 – 1749 – 0000453 X060327 類叢部/叢書類/彙編之屬

知不足齋叢書一百九十六種 （清）鮑廷博編

（清）鮑志祖續編　清乾隆三十七年至道光三年(1772－1823)長塘鮑氏刻彙印本　二冊　存一種

330000－1749－0000454　X0740211　集部/別集類/唐五代別集

李義山文集十卷　(唐)李商隱撰　(清)徐樹穀箋　(清)徐炯注　清康熙四十七年(1708)崑山徐氏花谿草堂刻本　四冊

330000－1749－0000455　X040265　集部/別集類/明別集

程文恭公遺稿三十二卷　(明)程文德撰　明萬曆十二年(1584)永康程光裕刻本　八冊　存二十卷(五至九、十一至二十、二十八至三十二)

330000－1749－0000459　X040266　集部/別集類/明別集

震川大全集三十卷　(明)歸有光撰　清宣統二年(1910)上海國學扶輪社鉛印本　十二冊

330000－1749－0000460　X060329　類叢部/叢書類/彙編之屬

武英殿聚珍版書　清刻本　二冊　存一種

330000－1749－0000461　X0740212　集部/別集類/唐五代別集

重訂李義山詩集箋注三卷集外詩箋注一卷　(唐)李商隱撰　(清)朱鶴齡箋注　(清)程夢星刪補　**附年譜一卷詩話一卷**　(清)程夢星輯　清乾隆刻紅杏山房印本　五冊

330000－1749－0000462　X060330　類叢部/叢書類/彙編之屬

武英殿聚珍版書　清木活字印本　一冊　存一種

330000－1749－0000467　X060332　子部/雜著類/雜考之屬

雲谷雜記四卷首一卷末一卷　(宋)張淏撰　清刻本　二冊

330000－1749－0000468　X0740213　集部/別集類/宋別集

岳忠武王文集八卷　(宋)岳飛撰　**年譜一卷**

末一卷　(清)黃邦寧輯　清乾隆三十五年(1770)刻本　四冊

330000－1749－0000472　X060334　子部/雜著類/雜說之屬

輟耕錄三十卷　(明)陶宗儀撰　清廣文堂刻本　十冊

330000－1749－0000479　X060340　類叢部/叢書類/彙編之屬

武英殿聚珍版書　清木活字印本　五冊　存一種

330000－1749－0000480　X0740214　類叢部/叢書類/彙編之屬

正誼堂叢書　(清)張伯行編　清康熙至雍正刻本　二冊　存一種

330000－1749－0000481　X060341　子部/雜家類

白虎通疏證十二卷　(清)陳立撰　清光緒元年(1875)淮南書局刻本　六冊

330000－1749－0000489　X040278　集部/別集類/清別集

霜紅龕集四十卷　(清)傅山撰　丁寶銓輯　清宣統三年(1911)山陽丁氏刻本　十二冊

330000－1749－0000491　X0402283　集部/別集類/明別集

左忠毅公集三卷　(明)左光斗撰　**左忠毅公年譜二卷**　(清)左宰撰　**左侍御公集一卷**　(明)左光先撰　清道光二十九年(1849)刻本　六冊

330000－1749－0000493　X060342　類叢部/叢書類/彙編之屬

武英殿聚珍版書　清刻本　一冊　存一種

330000－1749－0000495　X060343、X060332、X060330、X060330、X0604104、X060340、X060329、X060241　類叢部/叢書類/彙編之屬

武英殿聚珍版書三十九種　清乾隆浙江刻本　十三冊　存七種

330000 – 1749 – 0000496　X040280　集部/別集類/清別集

梅村詩集箋注十八卷　（清）吳偉業撰　（清）吳翌鳳箋注　清嘉慶十九年(1814)嚴榮滄浪吟榭刻本　十六冊

330000 – 1749 – 0000499　X060345　子部/雜著類/雜考之屬

義府二卷　（清）黃生撰　清道光二十二年(1842)刻本　二冊

330000 – 1749 – 0000500　X040284　集部/別集類/清別集

亭林文集六卷餘集一卷　（清）顧炎武撰　清光緒三十二年(1906)俞鍾穎山隱居刻本　四冊

330000 – 1749 – 0000501　X060346　類叢部/叢書類/彙編之屬

抱經堂叢書十六種　（清）盧文弨編　清乾隆至嘉慶刻彙印本　一冊　存一種

330000 – 1749 – 0000503　X0730601　子部/天文曆算類/算書之屬

新編九章金鑑十三卷首一卷　（明）□□撰　清抄本　何章陸跋　八冊

330000 – 1749 – 0000504　X010802　經部/群經總義類/傳說之屬

經義述聞三十二卷　（清）王引之撰　清道光七年(1827)京師西江米巷壽藤書屋刻本　二十四冊

330000 – 1749 – 0000505　X010803　經部/群經總義類/文字音義之屬

經傳釋詞十卷　（清）王引之撰　清嘉慶二十四年(1819)刻本　四冊

330000 – 1749 – 0000509　X010806　經部/群經總義類/文字音義之屬

十三經不二字一卷　（清）李鴻藻輯　清光緒元年(1875)萬安堂刻本　一冊

330000 – 1749 – 0000512　X020113　史部/紀傳類/正史之屬

四史　清光緒十四年(1888)上海蜚英館石印本　八冊　存一種

330000 – 1749 – 0000513　X011002　經部/小學類/文字之屬/說文

說文解字繫傳四十卷　（五代）徐鍇撰　（五代）朱翱反切　**說文解字繫傳校勘記三卷**　（清）苗夔等撰　清道光十九年(1839)壽陽祁寯藻刻本　八冊

330000 – 1749 – 0000515　X011001　經部/小學類/文字之屬/說文

說文解字十五卷　（漢）許慎撰　**說文通檢十四卷首一卷末一卷**　（清）黎永椿編　**說文校字記一卷**　（清）陳昌治撰　清同治十二年(1873)番禺陳昌治刻本　十冊

330000 – 1749 – 0000517　X011006　經部/小學類/文字之屬/說文

說文解字義證五十卷　（清）桂馥撰　清同治九年(1870)湖北崇文書局刻本　三十二冊

330000 – 1749 – 0000520　X011007　類叢部/叢書類/彙編之屬

金峨山館叢書(望三益齋叢書)十一種　（清）郭傳璞編　清光緒八年至十六年(1882 – 1890)鄞郭氏刻二十年(1894)鎮海邵氏彙印本　一冊　存二種

330000 – 1749 – 0000521　X020118　史部/紀傳類/正史之屬

二十四史　清同治至光緒五省官書局據汲古閣本等合刻光緒五年(1879)湖北書局彙印本　十四冊　存一種

330000 – 1749 – 0000522　X0740215　集部/別集類/明別集

史忠正公集四卷首一卷末一卷　（明）史可法撰　（明）史山清輯　清乾隆五十三年(1788)教忠堂刻本　二冊

330000 – 1749 – 0000523　X0740216　集部/別集類/清別集

漁洋山人精華錄箋注十二卷補一卷附年譜一卷　（清）王士禎撰　（清）金榮箋注　（清）徐淮纂輯　清康熙五十一年(1712)鳳翽堂刻

本　八冊

330000－1749－0000524　X0740217　集部/别集類/清别集

綿津山人詩集二十七卷　（清）宋犖撰　清康熙刻本　四冊

330000－1749－0000525　X040289　集部/别集類/清别集

曝書亭集箋注二十三卷　（清）朱彝尊撰（清）孫銀槎輯注　清嘉慶五年(1800)三有堂刻本　八冊

330000－1749－0000526　X0740218　集部/别集類/清别集

笠翁一家言全集十六卷　（清）李漁撰　清雍正芥子園刻世德堂印本　十二冊

330000－1749－0000527　X0402282　集部/别集類/清别集

南畇詩槀十卷續槀十七卷南畇老人年譜一卷　（清）彭定求撰　清光緒刻本　六冊

330000－1749－0000531　X0740220　集部/别集類/清别集

白茅堂集四十六卷　（清）顧景星撰　清康熙曹寅刻乾隆五十四年(1789)重修本　二十一冊

330000－1749－0000533　X040292　集部/别集類/清别集

三魚堂文集十二卷外集六卷附錄一卷　（清）陸隴其撰　清宣統三年(1911)上海掃葉山房石印本　八冊

330000－1749－0000534　X0740219　類叢部/叢書類/自著之屬

西堂全集四種附一種　（清）尤侗撰　清康熙刻本　十二冊　存一種

330000－1749－0000536　X040293　集部/别集類/清别集

漁洋山人精華錄訓纂十卷自撰年譜二卷補十卷　（清）王士禛撰　（清）惠棟訓纂　金氏精華錄箋註辯訛一卷　（清）惠棟撰　清光緒十七年(1891)會稽徐氏述史樓刻本　十六冊

330000－1749－0000538　X040622　集部/戲劇類/傳奇之屬

儒酸福傳奇二卷　（清）汪繩武正譜　（清）魏熙元填詞　（清）倪星垣評文　清光緒十年(1884)杭州魏氏玉玲瓏館刻本　一冊

330000－1749－0000540　X0740221　集部/别集類/清别集

善卷堂四六十卷　（清）陸繁弨撰　（清）吳自高注　清乾隆三十五年(1770)亦園刻本　四冊

330000－1749－0000544　X060407　集部/别集類/唐五代别集

王子安集註二十卷首一卷末一卷　（唐）王勃撰　（清）蔣清翊注　清光緒九年(1883)吳縣蔣氏雙唐碑館刻本　六冊

330000－1749－0000545　X0402110　類叢部/叢書類/彙編之屬

孫氏山淵閣叢刊十種　（清）孫葆田編　清光緒榮成孫氏問經精舍刻本　一冊　存一種

330000－1749－0000546　X0740222　集部/别集類/清别集

曝書亭集詩註二十四卷　（清）朱彝尊撰（清）楊謙注　朱竹垞先生年譜一卷　（清）楊謙撰　清乾隆楊氏木山閣刻本（卷二十三至二十四原缺）　十六冊

330000－1749－0000549　X060347　子部/雜著類/雜考之屬

十駕齋養新錄二十卷餘錄三卷　（清）錢大昕撰　錢辛楣先生年譜一卷　（清）錢大昕編（清）錢慶曾校註　竹汀居士年譜續編一卷　（清）錢慶曾撰　清光緒二年(1876)浙江書局刻本　八冊

330000－1749－0000553　X060349　子部/雜著類/雜考之屬

札迻十二卷　（清）孫詒讓撰　清光緒二十年(1894)刻二十一年(1895)重修本　四冊

330000－1749－0000554　X060350　子部/雜著類/雜纂之屬

宋稗類鈔三十六卷　（清）潘永因輯　清宣統三年（1911）上海黎光社石印本　十二冊

330000 – 1749 – 0000559　X0740223　集部/別集類/清別集

午亭文編五十卷　（清）陳廷敬撰　（清）林佶輯錄　清康熙四十七年（1708）林佶刻乾隆四十四年（1779）陳壯履重修本　二十四冊　存三十七卷（一至十三、二十七至五十）

330000 – 1749 – 0000560　X0402113　集部/別集類/清別集

樊榭山房全集四十二卷　（清）厲鶚撰　清光緒十年（1884）錢塘汪氏振綺堂刻本　吹萬居士題記　十冊

330000 – 1749 – 0000562　X0402114　集部/別集類/清別集

嶺南集八卷　（清）杭世駿撰　清光緒七年（1881）學海堂刻本　二冊

330000 – 1749 – 0000566　X0402115　集部/別集類/清別集

石笥山房集二十四卷　（清）胡天游撰　清咸豐二年（1852）刻本　四冊　存七卷（文集一至六、文集補遺）

330000 – 1749 – 0000567　X060354　類叢部/叢書類/彙編之屬

讀畫齋叢書四十六種　（清）顧修編　清嘉慶四年至十六年（1799 – 1811）桐川顧氏刻本　一冊　存一種

330000 – 1749 – 0000569　X040705　集部/總集類/選集之屬/斷代

宋四名家詩鈔四種　（清）周之鱗　（清）柴升編　清嘉慶二十二年（1817）博古堂刻本　八冊

330000 – 1749 – 0000571　X060359　類叢部/叢書類/彙編之屬

知不足齋叢書一百九十六種　（清）鮑廷博編　（清）鮑志祖續編　清乾隆三十七年至道光三年（1772 – 1823）長塘鮑氏刻彙印本　二冊　存一種

330000 – 1749 – 0000572　X0402122　集部/別集類/清別集

鮚埼亭集三十八卷經史問答十卷鮚埼亭集外編五十卷　（清）全祖望撰　（清）董秉純（清）蔣學鏞重編　全氏世譜一卷年譜一卷（清）董秉純撰　清嘉慶九年（1804）餘姚史夢蛟借樹山房刻本　二十四冊

330000 – 1749 – 0000576　X060357　類叢部/叢書類/彙編之屬

申報館叢書正集五十七種附錄三種　（清）尊聞閣主編　續集一百四十二種　蔡爾康編　清同治至光緒申報館鉛印本　四冊　存一種

330000 – 1749 – 0000579　X0402132　集部/別集類/清別集

袁文箋正十六卷　（清）袁枚撰　（清）石韞玉箋　清光緒十四年（1888）上海蜚英館石印本　二冊

330000 – 1749 – 0000582　X060361　子部/小說家類/異聞之屬

對山書屋墨餘錄十六卷　（清）毛祥麟撰　清同治九年（1870）刻本　八冊

330000 – 1749 – 0000589　X0402148　集部/別集類/清別集

有正味齋駢體文二十四卷續集八卷詩集十六卷詩續集八卷詞集八卷詞續集二卷外集五卷　（清）吳錫麒撰　清嘉慶十三年（1808）刻本　十六冊

330000 – 1749 – 0000591　X060365　類叢部/叢書類/彙編之屬

琳琅秘室叢書三十種　（清）胡珽編　清光緒十四年（1888）會稽董氏取斯堂木活字印本　一冊　存一種

330000 – 1749 – 0000594　X0740224　集部/別集類/清別集

漁山詩草二卷　（清）邊汝元撰　清乾隆四十年（1775）刻本　四冊

330000 – 1749 – 0000595　X0402150　集部/別集類/清別集

兩當軒集二十卷補遺二卷附錄四卷　（清）黃景仁撰　兩當軒集攷異二卷　（清）黃志述撰　清光緒二年（1876）武進黃氏家塾刻本　六冊

330000－1749－0000596　X060367　集部/小說類/短篇之屬

續幽怪錄四卷拾遺二卷附校勘記一卷續校一卷　（唐）李復言編　（清）胡珽拾遺並校勘　（清）董金鑑續校　清光緒十四年（1888）會稽董氏取斯堂鉛印本　一冊

330000－1749－0000598　X011109　經部/小學類/文字之屬/說文

許學叢書十四種六十三卷　張炳翔輯　清光緒長洲張炳翔儀鄦廬刻本　八冊

330000－1749－0000600　X011108　經部/小學類/文字之屬

小學鉤沈十九卷　（清）任大椿撰　清光緒十年（1884）龍氏刻本　二冊

330000－1749－0000602　X011107　經部/叢編

古經解彙函十六種附小學彙函十四種　（清）鍾謙鈞等輯　清光緒十五年（1889）湘南書局刻本　三十二冊　存小學彙函十四種

330000－1749－0000605　X0402151　集部/別集類/清別集

大雲山房文稿初集四卷二集四卷　（清）惲敬撰　清光緒十四年（1888）湖北官書處刻本　八冊

330000－1749－0000606　X0402152　集部/別集類/清別集

船山詩草二十卷　（清）張問陶撰　清嘉慶二十年（1815）石韞玉吳中刻本　八冊

330000－1749－0000608　X0402153　集部/別集類/清別集

船山詩草二十卷　（清）張問陶撰　清嘉慶二十年（1815）石韞玉吳中刻本　八冊

330000－1749－0000609　X0402154　集部/別集類/清別集

揅經室一集十四卷二集八卷三集五卷四集二卷四集詩十一卷外集五卷　（清）阮元撰　（清）阮亨輯　清道光三年（1823）儀徵阮氏文選樓刻本　十八冊

330000－1749－0000610　X0740225　集部/別集類/清別集

飴山文集十二卷附錄一卷詩集二十卷禮俗權衡二卷聲調譜二卷續譜一卷談龍錄一卷　（清）趙執信撰　清乾隆十七年（1752）、三十九年（1774）因園刻彙印本　十冊

330000－1749－0000612　X0402155　集部/別集類/清別集

缾水齋詩集十七卷別集二卷詩話一卷附錄一卷　（清）舒位撰　清光緒十二年（1886）邊保樞刻十七年（1891）增修本　八冊　存十七卷（缾水齋詩集一至十七）

330000－1749－0000614　X0740226　叢書部/叢書類/自著之屬

歸愚集十五種　（清）沈德潛撰　歸田集三卷　（清）高宗弘曆等撰　清乾隆刻彙印本　八冊　存二種

330000－1749－0000615　X0402156　集部/別集類/清別集

枕上吟草一卷首一卷　（清）汪雲撰　清宣統二年（1910）孫兆鏞刻本　一冊

330000－1749－0000617　X0740227　集部/別集類/清別集

海峯詩集十一卷　（清）劉大櫆撰　清乾隆至嘉慶敦本堂刻本　六冊

330000－1749－0000618　X0402157　集部/別集類/清別集

省齋詩存一卷　（清）汪琇撰　清宣統三年（1911）刻本　一冊

330000－1749－0000619　X0402158　集部/別集類/清別集

柏梘山房文集十六卷文續集一卷詩集十卷詩續集二卷駢體文二卷　（清）梅曾亮撰　清咸豐六年（1856）楊以增、楊紹穀等慎修書屋刻

同治三年(1864)補刻本　六冊

330000－1749－0000620　X0740228　集部/
別集類/清別集

隨園詩草八卷　(清)邊連寶撰　清乾隆四十
年(1775)刻本　四冊

330000－1749－0000621　X040722　集部/戲
劇類/總集之屬/傳奇

笠翁傳奇十種　(清)李漁撰　清味經堂刻本
二十冊

330000－1749－0000622　X050110　類叢部/
叢書類/彙編之屬

增訂漢魏叢書九十六種　(清)王謨編　清宣
統三年(1911)上海大通書局石印本　三十
二冊

330000－1749－0000623　X0402159　集部/
別集類/清別集

定盦文集三卷續集四卷文集補編四卷文集補
一卷補詞選一卷補詞錄一卷補附孝珙手鈔詞
一卷文拾遺一卷　(清)龔自珍撰　定盦先生
年譜一卷　吳昌綬編　清宣統二年(1910)上
海國學扶輪社鉛印本　七冊

330000－1749－0000625　X0402284　集部/
別集類/清別集

忠雅堂詩集二十七卷補遺二卷銅絃詞附南北
曲二卷　(清)蔣士銓撰　清嘉慶三年(1798)
揚州刻舊學山房印本　八冊

330000－1749－0000626　X0402160　類叢
部/叢書類/自著之屬

振綺堂遺書五種　(清)汪遠孫撰　清道光刻
民國十一年(1922)錢唐汪氏彙印本　一冊
存一種

330000－1749－0000627　X040724　集部/戲
劇類/總集之屬/傳奇

玉獅堂傳奇十種曲　(清)陳烺撰　清光緒十
一年(1885)刻本　十四冊

330000－1749－0000628　X0402161　集部/
別集類/清別集

古微堂內集三卷外集七卷　(清)魏源撰　清

光緒四年(1878)揚州淮南書局刻本　四冊

330000－1749－0000629　X0402162　集部/
別集類/清別集

通隱堂詩存四卷　(清)張京度撰　清同治六
年(1867)五百梅花草堂刻本　一冊

330000－1749－0000631　X0402164　集部/
別集類/清別集

倚晴樓詩集十二卷續集四卷詩餘四卷　(清)
黃燮清撰　清咸豐七年至同治九年(1857－
1870)刻本　四冊

330000－1749－0000632　X0402285　集部/
別集類/清別集

籜石齋詩集四十九卷　(清)錢載撰　清光緒
刻本　六冊

330000－1749－0000633　X0402165　集部/
別集類/清別集

巢經巢詩鈔九卷後集四卷　(清)鄭珍撰　清
刻本　四冊

330000－1749－0000634　X0402166　集部/
別集類/清別集

胡文忠公遺集八十六卷　(清)胡林翼撰
(清)鄭敦謹　(清)曾國荃輯　清同治六年
(1867)黃鶴樓刻本　三十二冊

330000－1749－0000635　X0402167　集部/
別集類/清別集

遜學齋文鈔十二卷文續鈔五卷詩鈔十卷詩續
鈔五卷　(清)孫衣言撰　清同治三年
(1864)、十二年(1873)刻光緒增刻本　十
二冊

330000－1749－0000636　X0402168　集部/
別集類/清別集

彭剛直公詩集八卷　(清)彭玉麟撰　(清)俞
樾編　清光緒十七年(1891)德清俞樾吳下刻
本　二冊

330000－1749－0000637　X0740301　集部/
總集類/選集之屬/通代

御選唐宋詩醇四十七卷目錄二卷　(清)高宗
弘曆輯　清乾隆二十五年(1760)兩儀堂刻朱

墨套印本　二十一冊

330000－1749－0000639　X0740302　集部/
總集類/選集之屬/通代

唐宋八家文讀本三十卷　（清）沈德潛輯　清
乾隆十五年（1750）小鬱林刻本　十冊

330000－1749－0000642　X0402171　集部/
別集類/清別集

古紅梅閣集八卷附錄一卷　（清）劉履芬撰
紫藤花館詩餘一卷　（清）劉觀藻撰　清光緒
六年（1880）蘇州刻本　二冊

330000－1749－0000643　X0740303　集部/
總集類/選集之屬/斷代

才調集十卷　（五代）韋縠輯　清康熙四十三
年（1704）新安汪氏垂雲堂刻本　三冊

330000－1749－0000644　X0402172　集部/
別集類/清別集

六一山房詩集十卷　（清）董沛撰　清同治十
三年（1874）刻本　二冊

330000－1749－0000646　X0402173　集部/
別集類/清別集

六一山房續集十卷　（清）董沛撰　清光緒五
年（1879）刻十年（1884）增刻本　二冊

330000－1749－0000647　X0402174　集部/
別集類/清別集

弢園文錄八卷文錄外編十二卷　（清）王韜撰
清光緒九年（1883）長洲王氏香海鉛印本
六冊　存十二卷（外編一至十二）

330000－1749－0000649　X20566　子部/雜
著類/雜纂之屬

兩般秋雨盦隨筆八卷　（清）梁紹壬撰　清末
鉛印本　四冊

330000－1749－0000654　X0740304　集部/
總集類/選集之屬/斷代

御定全唐詩錄一百卷詩人年表一卷　（清）徐
倬等輯　清康熙四十五年（1706）刻本　四十
八冊

330000－1749－0000655　X0402177　集部/

別集類/清別集

復堂類集文四卷詩九卷詞二卷　（清）譚獻撰
清光緒十一年（1885）刻本　四冊

330000－1749－0000656　X0402178　集部/
別集類/清別集

萃錦唫八卷　（清）奕訢撰　清光緒十一年
（1885）刻本　二冊　存四卷（一至四）

330000－1749－0000657　X0604171　集部/
總集類/選集之屬/斷代

唐詩英華選十卷　（清）鄧珣　（清）李浚編輯
清康熙四十七年（1708）刻本　四冊

330000－1749－0000659　X0402180　集部/
別集類/清別集

拙尊園叢稿六卷　（清）黎庶昌撰　清光緒二
十一年（1895）金陵狀元閣刻本　四冊

330000－1749－0000660　X0402181　集部/
別集類

樊山集二十八卷續集二十八卷　樊增祥撰
清光緒十九年（1893）渭南縣署刻本　十四冊

330000－1749－0000661　X0213253　史部/
地理類/遊記之屬/紀勝

徐霞客遊記十卷　（明）徐弘祖撰　外編一卷
（清）徐鎮輯　補編一卷　（清）葉廷甲輯
清光緒三十四年（1908）上海集成圖書公司鉛
印本　八冊

330000－1749－0000662　X20569　集部/別
集類/清別集

集虛齋學古文十二卷附離騷經解署一卷
（清）方槃如撰　清光緒十年（1884）李詩、竺
士彥淳安縣署刻本　四冊

330000－1749－0000663　X0402182　集部/
別集類/清別集

人境廬詩草十一卷　（清）黃遵憲撰　清宣統
三年（1911）嘉應黃氏鉛印本　四冊

330000－1749－0000666　X0740305　集部/
總集類/選集之屬/斷代

重訂唐詩別裁集二十卷　（清）沈德潛輯　清
乾隆二十八年（1763）教忠堂刻本　十冊

330000 – 1749 – 0000669　X0402185　集部/
別集類

湘綺樓全集三十卷　王闓運撰　清光緒三十
三年(1907)墨莊劉氏長沙刻本　四冊　存十
四卷(湘綺樓詩一至十四)

330000 – 1749 – 0000670　X0604172　集部/
總集類/選集之屬/斷代

宋四六選二十四卷　(清)彭元瑞　(清)曹振
鏞輯　清乾隆四十一年(1776)曹振鏞翠微山
麓刻本　十二冊

330000 – 1749 – 0000671　X0402186　集部/
別集類

湘綺樓文集八卷　王闓運撰　清光緒三十四
年(1908)京師湘靈文社鉛印本　四冊

330000 – 1749 – 0000673　X0740306　集部/
總集類/選集之屬/斷代

明詩綜一百卷　(清)朱彝尊輯　(清)汪森等
評　清康熙刻本　二十四冊

330000 – 1749 – 0000675　X0402187　集部/
別集類

湘綺樓全集三十卷　王闓運撰　清宣統二年
(1910)上海國學扶輪社石印本　六冊

330000 – 1749 – 0000679　X0740401　集部/
詩文評類/詩評之屬

詩法指南六卷　(清)蔡鈞輯　清乾隆二十三
年(1758)匠門刻本　二冊

330000 – 1749 – 0000680　X120201　史部/編
年類/通代之屬

御批歷代通鑑輯覽一百二十卷　(清)傅恒等
撰　清光緒三十一年(1905)上海美華書館鉛
印本　四十冊

330000 – 1749 – 0000682　X0740307　集部/
總集類/郡邑之屬

金華文畧二十卷　(清)王崇炳輯　清康熙四
十八年(1709)蘭谿唐岯菴刻乾隆七年(1742)
金華夏氏補刻咸豐至同治學耨堂印本　十
四冊

330000 – 1749 – 0000688　X0740501　集部/
詞類/類編之屬

秦張兩先生詩餘合璧　(明)王象晉輯　明崇
禎八年(1635)濟南王象晉刻本　二冊　存
一種

330000 – 1749 – 0000690　X0740502　集部/
詞類/詞譜之屬

詞律二十卷　(清)萬樹撰　清康熙二十六年
(1687)萬氏堆絮園刻本　十二冊

330000 – 1749 – 0000700　X20548　史部/傳
記類/總傳之屬/通代

人壽金鑑二十二卷　(清)程得齡輯　清光緒
元年(1875)湖北崇文書局刻本　六冊

330000 – 1749 – 0000704　X060274　史部/紀
傳類/正史之屬

史記索隱三十卷　(唐)司馬貞撰　明末毛氏
汲古閣刻本　二冊

330000 – 1749 – 0000708　X121008　史部/職
官類/官箴之屬

公門果報錄一卷　(清)陳弘謀撰　清光緒十
九年(1893)江西書局刻本　一冊

330000 – 1749 – 0000712　X011106　經部/四
書類/總義之屬

四書古註羣義彙解九種　清光緒十四年
(1888)上海點石齋石印本　十六冊

330000 – 1749 – 0000714　X20554　集部/別
集類/明別集

知我軒近說三卷　(明)林貴兆撰　清宣統二
年(1910)太平陳氏木活字印本　三冊

330000 – 1749 – 0000721　X0740701　集部/
總集類/彙編之屬

宋詩鈔初集八十四種　(清)呂留良　(清)吳
之振　(清)吳爾堯編　清康熙十年(1671)洲
錢吳氏鑑古堂刻本　二十冊

330000 – 1749 – 0000722　X130301　子部/法
家類

韓非子集解二十卷首一卷　(清)王先慎撰
清光緒二十二年(1896)刻本　六冊

330000－1749－0000723　X011105　經部/叢編

古經解彙函十六種附小學彙函十四種　（清）鍾謙鈞等輯　清光緒十五年（1889）湘南書局刻本　三十六冊　存古經解彙函十六種

330000－1749－0000724　X011104　經部/叢編

皇清經解續編二百九卷　王先謙輯　清光緒十五年（1889）上海蜚英館石印本　三十二冊

330000－1749－0000725　X20107　子部/儒家類/儒學之屬/性理

性理體註標題補訓解八卷　（清）張道升撰　（清）仇廷桂輯　（清）王祺增訂　**新刊性理大全八卷**　（宋）周敦頤等撰　（宋）朱熹注　清乾隆六年（1741）文煥堂刻本　二冊

330000－1749－0000727　X20100　經部/書類/傳說之屬

尚書離句六卷　（清）錢在培輯解　清光緒二十年（1894）刻本　二冊

330000－1749－0000728　X20675　集部/別集類/清別集

倭文端公遺書八種　（清）倭仁撰　清光緒元年至七年（1875－1881）六安涂氏求我齋刻本　四冊

330000－1749－0000729　X20101　經部/禮記類/傳說之屬

禮記增訂旁訓六卷　（清）徐立綱撰　清文奎堂刻本　六冊

330000－1749－0000730　X20676　集部/別集類/清別集

二林居集二十四卷　（清）彭紹升撰　清刻本　四冊

330000－1749－0000731　X20102　經部/春秋左傳類/傳說之屬

春秋左傳（狀元閣印左傳杜林）五十卷提要一卷列國圖說一卷綱目一卷　（晉）杜預　（宋）林堯叟註釋　（唐）陸德明音義　（明）鍾惺　（明）孫曠　（明）韓范評點　清末狀元閣李光

明莊刻本　十二冊

330000－1749－0000732　X20677　子部/雜著類/雜考之屬

義門讀書記五十八卷　（清）何焯撰　（清）蔣維鈞輯　清乾隆三十四年（1769）蔣維鈞刻光緒六年（1880）苕溪吳氏重修本　十六冊

330000－1749－0000737　X20680　史部/地理類/外紀之屬

[航海]八述奇二十卷　（清）張德彝撰　清宣統元年（1909）石印本　二十冊

330000－1749－0000738　X20681　集部/別集類/清別集

沈氏羣峯集五卷外集一卷韓詩故二卷　（清）沈清瑞著　清光緒五年（1879）刻本　六冊　存三卷（外集、韓詩故一至二）

330000－1749－0000739　X20682　集部/別集類/清別集

趙忠節公遺墨一卷　（清）趙景賢撰　**溫次言先生詩錄一卷**　（清）溫汝超撰　清光緒二十三年（1897）刻本　一冊

330000－1749－0000742　X20106　史部/史抄類

史鑑節要便讀六卷　（清）鮑東里撰　清同治元年（1862）文奎堂刻本　二冊

330000－1749－0000744　X20320　經部/儀禮類

儀禮鄭注句讀十七卷附監本正誤一卷石本誤字一卷　（清）張爾歧撰　清同治七年（1868）金陵書局刻本　四冊

330000－1749－0000746　X20321　經部/小學類/訓詁之屬/爾雅

爾雅三卷　（晉）郭璞注　清同治七年（1868）湖北崇文書局刻本　三冊

330000－1749－0000748　X20322　經部/春秋總義類/傳說之屬

春秋君臣世係圖考一卷　（清）周曰年　（清）章深編輯　清嘉慶十五年（1810）蕭山周氏聽雪樓刻本　一冊

330000－1749－0000749　X20323　經部/禮記類/傳說之屬

禮記集說十卷　（元）陳澔撰　清同治三年（1864）浙江撫署刻本　十冊

330000－1749－0000750　X20324　類叢部/叢書類/彙編之屬

後知不足齋叢書四十七種　（清）鮑廷爵編　清同治至光緒常熟鮑氏刻本　三冊　存一種

330000－1749－0000751　X20706　集部/別集類/宋別集

山谷內集詩註二十卷外集詩註十七卷別集詩註二卷　（宋）黃庭堅撰　（宋）任淵　（宋）史容　（宋）史季溫注　清光緒二十一年至二十六年（1895－1900）義寧陳三立刻宣統二年（1910）印本　二十冊

330000－1749－0000752　X20325　經部/小學類/音韻之屬

音韻闡微十八卷　（清）李光地等撰　清光緒七年（1881）淮南書局刻本　五冊

330000－1749－0000755　X20327　經部/儀禮類/傳說之屬

儀禮疏五十卷　（唐）賈公彥撰　清道光十年（1830）汪士鍾藝芸書舍影宋刻本　六冊

330000－1749－0000757　X20328　類叢部/叢書類/彙編之屬

後知不足齋叢書四十七種　（清）鮑廷爵編　清同治至光緒常熟鮑氏刻本　一冊　存一種

330000－1749－0000758　X20709　史部/詔令奏議類/奏議之屬

曾文正公奏議十卷首一卷末一卷補編四卷　（清）曾國藩撰　（清）薛福成編　清同治十三年（1874）上海吳氏醉六堂刻本　十二冊

330000－1749－0000759　X20329　類叢部/叢書類/彙編之屬

抱經堂叢書八種　朱遂翔編　清刻民國杭州朱氏抱經堂補刻印本　四冊　存一種

330000－1749－0000761　X20330　經部/易類/傳說之屬

來瞿唐先生易注十五卷首一卷末一卷　（明）來知德撰　清道光十一年（1831）寧遠堂刻本　二十冊

330000－1749－0000762　X20331　經部/書類/傳說之屬

書經集傳六卷首一卷末一卷　（宋）蔡沈撰　清同治五年（1866）金陵書局刻本　四冊

330000－1749－0000763　X20711　集部/別集類/清別集

缾水齋詩集十七卷別集二卷詩話一卷附錄一卷　（清）舒位撰　清光緒十二年（1886）邊保樞刻十七年（1891）增修本　五冊

330000－1749－0000764　X20332　經部/易類/傳說之屬

周易本義四卷　（宋）朱熹撰　清光緒三年（1877）永康胡氏退補齋刻本　二冊

330000－1749－0000766　X20333　經部/易類/傳說之屬

周易補註十一卷　（清）德沛輯　清乾隆六年（1741）刻本　八冊

330000－1749－0000767　X20713　史部/政書類/邦交之屬

丁未和會類要四卷　清光緒鉛印本　三冊

330000－1749－0000768　X20334　經部/易類

周易錄要十二卷　（清）黃思誠輯　清光緒七年（1881）岳陽昭祜堂刻本　六冊

330000－1749－0000772　X20336　經部/易類/傳說之屬

易林釋文二卷　（清）丁晏撰　清光緒十六年（1890）廣州廣雅書局刻本　一冊

330000－1749－0000773　X20108　子部/小說家類/異聞之屬

山海經廣注十八卷　（清）吳任臣撰　清康熙六年（1667）刻本　二冊　存八卷（一至八）

330000－1749－0000774　X20109　集部/總集類/選集之屬/通代

重訂文選集評十五卷首一卷末一卷　（清）于光華輯　清漁古山房刻本　十六冊

330000－1749－0000776　X20717　集部/總集類/郡邑之屬

嶺南三大家詩選二十四卷　（清）王隼編　清同治七年（1868）南海陳氏刻本　四冊

330000－1749－0000777　X20337　子部/儒家類/儒學之屬/勸學

輶軒語一卷　（清）張之洞撰　清光緒元年（1875）刻本　一冊

330000－1749－0000780　X20338　史部/目錄類/總錄之屬/私撰

書目答問五卷　（清）張之洞撰　清光緒元年（1875）刻本　一冊

330000－1749－0000782　X20339　史部/傳記類/總傳之屬/仕宦

貳臣傳十二卷逆臣傳四卷　（清）國史館撰　清都城琉璃廠半松居士刻本　三冊　存十二卷（貳臣傳一至十二）

330000－1749－0000783　X20721　集部/別集類/清別集

思補齋文集四卷　（清）劉星煒撰　清光緒二十年（1894）刻本　四冊

330000－1749－0000785　X20340　史部/地理類/山川之屬/山志

祠山志十卷首一卷末一卷　（宋）周秉秀輯（明）周憲敬重輯　清光緒十二年（1886）刻本　四冊

330000－1749－0000790　X130302　子部/法家類

韓非子集解二十卷首一卷　（清）王先慎撰　清光緒二十二年（1896）刻本　六冊

330000－1749－0000791　X060368　子部/小說家類/異聞之屬

鬼董五卷　（宋）沈氏撰　清刻本　一冊

330000－1749－0000793　X20546　類叢部/叢書類/彙編之屬

抱經堂叢書十六種　（清）盧文弨編　清乾隆至嘉慶刻彙印本　二冊　存一種

330000－1749－0000797　X20545　類叢部/叢書類/彙編之屬

張氏適園叢書初集七種　張鈞衡編　清宣統三年（1911）上海國學扶輪社鉛印本　二冊　存一種

330000－1749－0000806　X060371　類叢部/叢書類/彙編之屬

新斠平津館叢書十集三十四種　（清）孫星衍編　清光緒十年至十五年（1884－1889）吳縣朱氏槐廬家塾刻本　六冊　存三種

330000－1749－0000817　X20543　類叢部/叢書類/彙編之屬

葛園叢書十一種存目一種　（清）平步青編　清同治至光緒山陰平氏安越堂刻本　一冊　存一種

330000－1749－0000822　X131013　新學類/雜著/叢編

新民叢書六十二種　（清）新民叢報編　清末鉛印本　四冊

330000－1749－0000824　X20547　新學/雜著

家政學二卷　（日本）下田歌子撰　（清）錢單士鳌譯　清光緒二十八年（1902）鉛印本　二冊

330000－1749－0000828　X131301　子部/宗教類/佛教之屬/經疏

金剛般若經偈會本一卷　（後秦）釋鳩摩羅什譯　（東魏）釋菩提留支譯偈　（清）釋通理會合　清乾隆三十年（1765）刻本　一冊

330000－1749－0000829　X131302　子部/宗教類/佛教之屬/經疏

金剛新眼疏經偈合釋二卷　（清）釋通理撰　清乾隆三十年（1765）刻本　二冊

330000－1749－0000831　X131303　子部/宗教類/佛教之屬/經

妙法蓮華經七卷　（後秦）釋鳩摩羅什譯　清

末石印本　三冊

330000－1749－0000832　X131304　子部/宗教類/佛教之屬/經疏

妙法蓮華經綸貫一卷教觀綱宗釋義一卷
（明）釋智旭撰　清刻本　一冊

330000－1749－0000833　X131305　子部/宗教類/佛教之屬/經疏

妙法蓮華經台宗會義十六卷附妙法蓮華經綸貫一卷　（明）釋智旭撰　清刻本　十七冊

330000－1749－0000835　X131306　子部/宗教類/佛教之屬/經疏

法華指掌疏七卷懸示一卷科判一卷事義一卷　（清）釋通理撰　清刻本　十一冊

330000－1749－0000836　X131307　子部/宗教類/佛教之屬/經

佛說梵網經二卷　（後秦）釋鳩摩羅什譯　清刻本　一冊

330000－1749－0000838　X131308　子部/宗教類/佛教之屬/經疏

楞嚴說通十卷　（清）劉道開撰　清乾隆五十年(1785)宣武門外善果寺刻本　十冊

330000－1749－0000840　X131309　子部/宗教類/佛教之屬/經疏

大佛頂如來密因修證了義諸菩薩萬行首楞嚴諸道眼十卷　（清）釋淨訥輯　清抄本　十冊

330000－1749－0000841　X040301　集部/總集類/選集之屬/通代

文選六十卷　（南朝梁）蕭統輯　（唐）李善注　**文選考異十卷**　（清）胡克家撰　清宣統三年(1911)上海會文堂粹記石印本　十六冊

330000－1749－0000845　X20551　類叢部/叢書部/自著之屬

經韻樓叢書(段氏叢書)十一種　（清）段玉裁撰　清乾隆至道光金壇段氏刻彙印本　一冊　存一種

330000－1749－0000846　X131501　子部/宗教類/佛教之屬/經

四經薈刊　（清）永瑢輯　清乾隆刻本　四冊

330000－1749－0000848　X140103　集部/楚辭類

楚辭燈四卷楚懷襄二王在位事蹟考一卷
（清）林雲銘撰　清康熙三十六年(1697)刻本　四冊

330000－1749－0000849　X040305　集部/總集類/選集之屬/通代

重訂文選集評十五卷首一卷末一卷　（清）于光華輯　清同治十一年(1872)江蘇書局刻本　八冊

330000－1749－0000852　X040306　集部/總集類/選集之屬/通代

玉臺新詠箋注十卷　（南朝陳）徐陵編　（清）吳兆宜注　（清）程琰刪補　清光緒五年(1879)宏達堂刻本　六冊

330000－1749－0000856　X040310　集部/總集類/選集之屬/通代

瀛奎律髓刊誤四十九卷　（元）方回輯　（清）紀昀勘誤　清嘉慶五年(1800)侯官李光垣雙桂堂刻本　十冊

330000－1749－0000859　X040312　集部/總集類/選集之屬/通代

御選唐宋詩醇四十七卷目錄二卷　（清）高宗弘曆輯　清光緒七年(1881)浙江書局刻本　二十冊

330000－1749－0000860　X0711101　經部/叢編

拜經堂叢書十種　（清）臧琳　（清）臧庸撰　清乾隆至嘉慶武進臧氏同述觀刻本　十六冊

330000－1749－0000867　X040315　集部/總集類/選集之屬/通代

古文苑二十一卷　（宋）章樵注　清光緒十二年(1886)江蘇書局刻本　四冊

330000－1749－0000874　X140257　集部/別集類/清別集

廣雅堂詩集四卷　（清）張之洞撰　（清）紀鉅維編　清光緒順德龍鳳鑣刻本　二冊

330000－1749－0000876　X140259　集部/别集類/清别集

蕉雨軒橐一卷　（清）龍啟薌撰　清光緒三十四年（1908）刻本　一冊

330000－1749－0000877　X140260　集部/别集類/清别集

五山草堂初編二卷　龍令憲撰　清光緒三十四年（1908）刻本　一冊

330000－1749－0000880　X140263　集部/别集類

飲冰室文集十卷文苑一卷輿論一斑一卷小說一卷　梁啓超撰　清光緒二十八年（1902）鉛印本　二冊

330000－1749－0000883　X140301　集部/總集類/選集之屬/通代

經史百家雜鈔二十六卷　（清）曾國藩輯　清光緒三十二年（1906）上海商務印書館鉛印本　十二冊

330000－1749－0000884　X140306　集部/總集類/選集之屬/斷代

皇朝經世文續編一百二十卷　（清）葛士濬輯　清光緒二十二年（1896）寶善書局石印本　二十冊

330000－1749－0000889　X040316　集部/總集類/選集之屬/通代

續古文苑二十卷　（清）孫星衍輯　清光緒九年（1883）江蘇書局刻本　六冊

330000－1749－0000890　X040317　集部/總集類/選集之屬/通代

古文辭類纂七十四卷　（清）姚鼐輯　清刻本　十一冊　缺十卷（一至十）

330000－1749－0000891　X0721601　史部/雜史類/斷代之屬

明季稗史彙編十六種　（清）留雲居士輯　清都城琉璃廠刻本　十二冊

330000－1749－0000898　X040324　集部/總集類/選集之屬/通代

六朝文絜箋注十二卷　（清）許槤評選　（清）

黎經誥箋注　清光緒十五年（1889）枕漱書屋刻本　三冊

330000－1749－0000899　X040325　集部/總集類/選集之屬/通代

六朝文絜箋注十二卷　（清）許槤評選　（清）黎經誥箋注　清光緒十五年（1889）枕漱書屋刻本　四冊

330000－1749－0000901　X040327　集部/總集類/選集之屬/通代

經史百家雜鈔二十六卷　（清）曾國藩輯　清光緒三十二年（1906）上海商務印書館鉛印本　十二冊

330000－1749－0000904　X040330　集部/總集類/選集之屬/通代

續古文辭類纂三十四卷　王先謙輯　清光緒八年（1882）長沙王氏虛受堂刻本　八冊

330000－1749－0000907　X0750101　類叢部/叢書類/彙編之屬

增訂漢魏叢書八十六種　（清）王謨編　清乾隆五十六年（1791）金谿王氏刻本　六十冊

330000－1749－0000909　X040334　集部/總集類/選集之屬/通代

涵芬樓古今文鈔一百卷小傳四卷　吳曾祺輯　清宣統三年（1911）上海商務印書館鉛印本　一百一冊

330000－1749－0000910　X040335　集部/總集類/選集之屬/通代

御選唐宋文醇五十八卷目錄一卷　（清）高宗弘曆輯　清光緒三年（1877）浙江書局刻本　二十冊

330000－1749－0000921　X040341　集部/總集類/選集之屬/通代

古唐詩合解十二卷古詩四卷　（清）王堯衢注　清光緒七年（1881）萬軸山房刻本　五冊

330000－1749－0000923　X040342　集部/總集類/選集之屬/通代

古唐詩合解十二卷古詩四卷　（清）王堯衢注　清刻本　一冊　存十二卷（古唐詩合解一

至十二)

330000－1749－0000925　X040343　集部/總集類/選集之屬/通代

七十家賦鈔六卷　（清）張惠言輯　清道光元年(1821)合河康氏刻本　四冊

330000－1749－0000927　X040344　集部/總集類/選集之屬/通代

繪圖增批古文觀止十二卷　（清）吳乘權（清）吳大職輯　清宣統三年(1911)浙紹明達書莊石印本　六冊

330000－1749－0000931　X040346　類叢部/類書類/專類之屬

駢文類纂四十六卷　王先謙輯　清光緒二十八年(1902)思賢書局刻本　二十四冊

330000－1749－0000934　X060402　類叢部/叢書類/彙編之屬

廣雅書局叢書一百五十九種　徐紹棨編　清光緒廣雅書局刻民國九年(1920)番禺徐紹棨彙編重印本　二冊　存一種

330000－1749－0000935　X040348　集部/總集類/選集之屬/斷代

唐詩三百首註疏六卷　（清）孫洙編　（清）章燮注　**唐詩三百首續選一卷姓氏小傳一卷**（清）于慶元輯　清道光十五年(1835)大文堂刻本　六冊

330000－1749－0000936　X040349　集部/總集類/選集之屬/斷代

唐人萬首絕句選七卷　（清）王士禛輯　清永康胡氏退補齋刻本　二冊

330000－1749－0000937　X060403　集部/別集類

蔡中郎集十卷末一卷外紀一卷外集四卷（漢）蔡邕撰　清光緒十六年(1890)番禺陶氏愛廬刻本　五冊　缺二卷(末、外紀)

330000－1749－0000941　X040359　集部/總集類/選集之屬/斷代

唐文粹一百卷　（宋）姚鉉輯　清光緒十六年(1890)杭州許增榆園刻本　二十冊

330000－1749－0000943　X040360　集部/總集類/選集之屬/斷代

唐文粹補遺二十六卷　（清）郭麐輯　清光緒十六年(1890)杭州許增榆園刻本　四冊

330000－1749－0000944　X040361　集部/總集類/選集之屬/斷代

唐文粹一百卷　（宋）姚鉉輯　清光緒十六年(1890)杭州許增榆園刻本　二十冊

330000－1749－0000946　X040362　集部/總集類/選集之屬/斷代

唐文粹補遺二十六卷　（清）郭麐輯　清光緒十六年(1890)杭州許增榆園刻本　四冊

330000－1749－0000950　X060412　集部/別集類/唐五代別集

顧華陽集三卷　（唐）顧況撰　**補遺一卷**（清）顧球輯　清同治元年(1862)海鹽顧氏雙峯堂刻本　二冊　存二卷(三、補遺)

330000－1749－0000951　X060413　類叢部/叢書類/彙編之屬

廣雅書局叢書一百五十九種　徐紹棨編　清光緒廣雅書局刻民國九年(1920)番禺徐紹棨彙編重印本　一冊　存一種

330000－1749－0000952　X060414　集部/別集類/唐五代別集

樊川詩集四卷附別集一卷外集一卷補遺一卷　（唐）杜牧撰　（清）馮集梧注　清嘉慶六年(1801)刻本　四冊

330000－1749－0000953　X060415　集部/別集類/唐五代別集

溫飛卿詩集七卷別集一卷集外詩一卷附錄諸家詩評一卷　（唐）溫庭筠撰　（明）曾益注（清）顧予咸補注　（清）顧嗣立續注　清宣統二年(1910)石印本　四冊

330000－1749－0000956　X0750102　類叢部/叢書類/彙編之屬

知不足齋叢書一百九十六種　（清）鮑廷博編　（清）鮑志祖續編　清乾隆三十七年至道光三年(1772－1823)長塘鮑氏刻彙印本　二百

四十冊

330000－1749－0000958　X011101　經部/
叢編

**重刊宋本十三經注疏四百十六卷　附十三經
注疏校勘記四百十六卷**　（清）阮元撰　（清）
盧宣旬摘錄　**校勘記識語四卷**　（清）汪文臺
撰　清光緒十三年（1887）上海脈望仙館石印
本　三十二冊

330000－1749－0000961　X050503　類叢部/
叢書類/自著之屬

聖嘆秘書七種　（清）金人瑞撰　清光緒三十
一年（1905）證鼂社鉛印本　一冊

330000－1749－0000962　X011102　經部/
叢編

**重刊宋本十三經注疏四百十六卷　附十三經
注疏校勘記四百十六卷**　（清）阮元撰　（清）
盧宣旬摘錄　**校勘記識語四卷**　（清）汪文臺
撰　清光緒十三年（1887）上海脈望仙館石印
本　三十二冊

330000－1749－0000965　X011103　經部/
叢編

皇清經解一千四百八卷首一卷　（清）阮元輯
　清道光九年（1829）廣東學海堂刻咸豐十一
年（1861）補刻本　一百八十冊

330000－1749－0000966　X050506　類叢部/
叢書類/自著之屬

船山遺書五十八種　（清）王夫之撰　清同治
四年（1865）湘鄉曾國荃金陵刻本　一百六
十冊

330000－1749－0000978　X050507　類叢部/
叢書類/自著之屬

隨園全集四十種　（清）袁枚撰　清末石印本
　五十二冊

330000－1749－0000983　X060419　集部/別
集類/宋別集

**蘇文忠公詩編註集成四十六卷集成總案四十
五卷諸家雜綴酌存一卷蘇海識餘四卷賤詩圖
一卷**　（宋）蘇軾撰　（清）王文誥輯注　清光

緒十四年（1888）浙江書局刻本　二十四冊

330000－1749－0000984　X060420　類叢部/
叢書類/彙編之屬

廣雅書局叢書一百五十九種　徐紹棨編　清
光緒廣雅書局刻民國九年（1920）番禺徐紹棨
彙編重印本　二冊　存一種

330000－1749－0000985　X20549　子部/雜
著類/雜說之屬

浮邱子十二卷　（清）湯鵬撰　（清）湯俶昭等
輯　清同治四年（1865）刻本　四冊

330000－1749－0000987　X060423　類叢部/
叢書類/彙編之屬

武英殿聚珍版書　清刻本　二冊　存一種

330000－1749－0000991　X060427　集部/別
集類/元別集

雁門集十四卷附卷一卷　（元）薩都剌撰
（清）薩龍光編注　**雁門集倡和錄一卷別錄一
卷**　（清）薩龍光輯　清嘉慶十二年（1807）刻
本　八冊

330000－1749－0000992　X060428　類叢部/
叢書類/彙編之屬

琳琅秘室叢書三十種　（清）胡珽編　清光緒
十四年（1888）會稽董氏取斯堂木活字印本
一冊　存一種

330000－1749－0000995　X060431　集部/別
集類/清別集

投筆集箋注二卷　（清）錢謙益撰　（清）錢曾
注　清宣統二年（1910）順德鄧氏風雨樓鉛印
本　一冊

330000－1749－0000998　X060434　集部/別
集類/清別集

戴南山文鈔六卷　（清）戴名世撰　清宣統二
年（1910）上海國學扶輪社鉛印本　三冊

330000－1749－0001000　X060436　集部/別
集類/清別集

袁文箋正十六卷　（清）袁枚撰　（清）石韞玉
箋　清光緒十四年（1888）上海蜚英館石印本
　二冊

330000－1749－0001001　X060437　集部/別集類/清別集

二林居集二十四卷　（清）彭紹升撰　清光緒七年(1881)彭祖賢刻本　六冊

330000－1749－0001002　X060438　集部/別集類/清別集

有正味齋駢體文二十四卷首一卷　（清）吳錫麒撰　（清）王廣業箋　（清）葉聯芬注　清光緒十五年(1889)上海蜚英館石印本　四冊

330000－1749－0001003　X060439　集部/別集類/清別集

兩當軒集二十卷補遺二卷附錄四卷　（清）黃景仁撰　兩當軒集攷異二卷　（清）黃志述撰　清光緒二年(1876)武進黃氏家塾刻本　六冊

330000－1749－0001004　X060440　集部/別集類/清別集

晚聞居士遺集九卷首一卷　（清）王宗炎撰　清道光十年至十一年(1830－1831)杭州陸貞一愛日軒刻本　四冊

330000－1749－0001005　X060441　集部/別集類/清別集

鐵橋漫稿八卷　（清）嚴可均撰　清光緒十一年(1885)長洲蔣氏心矩齋刻本　四冊

330000－1749－0001006　X060442　集部/別集類/清別集

李養一先生文集二十四卷附石經考一卷　(清)李兆洛撰　清咸豐元年(1851)維風堂刻本　八冊

330000－1749－0001007　X060443　集部/別集類/清別集

夢陔堂詩集三十五卷　（清）黃承吉撰　清道光十二年(1832)江都黃承吉刻本　八冊

330000－1749－0001010　X060446　集部/別集類/清別集

衍石齋記事藁十卷續藁十卷　（清）錢儀吉撰　清光緒六年(1880)錢彞甫刻本　十冊

330000－1749－0001013　X060448　集部/別

甘泉鄉人稿二十四卷　（清）錢泰吉撰　年譜一卷　（清）錢應溥撰　邠農偶吟稿一卷　(清)錢炳森撰　清同治十一年(1872)刻本　六冊

330000－1749－0001014　X060449　集部/別集類/清別集

七經樓文鈔六卷　（清）蔣湘南撰　清同治九年(1870)蜀中馬氏家塾刻本　四冊

330000－1749－0001015　X060450　集部/別集類/清別集

東洲草堂詩鈔三十卷詩餘一卷　（清）何紹基撰　清同治六年(1867)長沙無園刻本　八冊

330000－1749－0001016　X060451　集部/別集類/清別集

半巖廬遺詩二卷　（清）邵懿辰撰　清同治十年(1871)潘祖蔭刻本　一冊

330000－1749－0001017　X060452　集部/別集類/清別集

半巖廬遺集二卷　（清）邵懿辰撰　清光緒三十四年(1908)邵章等刻本　一冊

330000－1749－0001018　X060453　集部/別集類/清別集

東塾集六卷申范一卷　（清）陳澧撰　清光緒十八年(1892)刻本　六冊

330000－1749－0001021　X060456　集部/別集類/清別集

吳摯甫文集四卷附鈔深州風土記四篇一卷　(清)吳汝綸撰　清宣統二年(1910)上海國學扶輪社石印本　五冊

330000－1749－0001023　X20550　子部/儒家類/儒學之屬/性理

呻吟語六卷呻吟語疑一卷　（明）呂坤撰　清道光十一年(1831)清餘小舫刻本　六冊

330000－1749－0001025　X020119　史部/紀傳類/正史之屬

後漢書九十卷　（南朝宋）范曄撰　（唐）李賢注　志三十卷　（晉）司馬彪撰　（南朝梁）劉

昭注　清同治十二年（1873）嶺東使署刻本
十六冊

330000－1749－0001027　X020129　史部/紀
傳類/正史之屬

五代史記七十四卷　（宋）歐陽修撰　（宋）徐
無黨注　（清）彭元瑞增注　（清）劉鳳誥排次
清道光八年（1828）刻本　四十冊

330000－1749－0001030　X020131　史部/紀
傳類/斷代之屬

季漢書九十卷　（清）章陶撰　**季漢書辨異一**
卷　（清）張廉撰　清道光九年（1829）章氏青
山環漪軒刻本　十六冊

330000－1749－0001034　X20341　史部/紀
事本末類/斷代

元史紀事本末二十七卷　（明）陳邦瞻編輯
（明）張溥論正　清同治十三年（1874）江西書
局刻本　四冊

330000－1749－0001035　X20342、X20343、
X20344　史部/紀傳類/正史之屬

二十四史附考證　清光緒武林竹簡齋石印本
三十四冊　存三種

330000－1749－0001036　X20965　史部/傳
記類/總傳之屬/通代

新纂氏族箋釋八卷　（清）熊峻運撰　清經國
堂刻本　八冊

330000－1749－0001038　X20657　集部/別
集類/明別集

太師誠意伯劉文成公集二十卷首一卷　（明）
劉基撰　清光緒元年（1875）刻本　十二冊

330000－1749－0001040　X20346　類叢部/
叢書類/彙編之屬

文選樓叢書三十三種　（清）阮亨編　清嘉慶
至道光阮元刻道光二十二年（1842）阮亨彙印
本　四冊　存二種

330000－1749－0001042　X20348　集部/詞
類/詞譜之屬

詞律二十卷　（清）萬樹撰　清康熙二十六年
（1687）萬氏堆絮園刻本　十冊

330000－1749－0001043　X20349　子部/雜
著類/雜考之屬

羣書斠識九種　（清）常庸纂　清光緒刻本
三冊

330000－1749－0001044　X20350　集部/曲
類/曲選之屬

樂府新編陽春白雪前集五卷後集五卷　（元）
楊朝英輯　清光緒三十一年（1905）徐乃昌影
元刻本　一冊

330000－1749－0001046　X20352　史部/傳
記類/總傳之屬/文苑

廣陵詩事十卷　（清）阮元撰　清光緒十六年
（1890）京師揚州會館刻本　二冊

330000－1749－0001051　X20357　集部/總
集類/彙編之屬

七家詩詳註七卷　（清）張熙宇評選　（清）石
暉甲箋註　清光緒十六年（1890）湖南曉雲山
房刻本　八冊

330000－1749－0001052　X20358　集部/總
集類/選集之屬/通代

古唐詩合解十二卷古詩四卷　（清）王堯衢注
清光緒二十四年（1898）煙台成文信記刻本
六冊　存十二卷（古唐詩合解一至十二）

330000－1749－0001054　X031127　類叢部/
類書類/專類之屬

佩文韻府一百六卷　（清）張玉書　（清）蔡升
元等輯　**韻府拾遺一百六卷**　（清）汪灝
（清）何焯等輯　清光緒十三年（1887）上海點
石齋石印本　六十冊　缺一百六卷（韻府拾
遺一至一百六）

330000－1749－0001055　X20359　類叢部/
類書類/自著之屬

曾文正公全集十五種　（清）曾國藩撰　清同
治至光緒傳忠書局刻本　十六冊　存一種

330000－1749－0001056　X20360　類叢部/
叢書類/彙編之屬

天壤閣叢書二十種　（清）王祖源　（清）王懿
榮編　清同治至光緒福山王氏刻彙印本　一

冊　存一種

330000－1749－0001058　X20362　集部/詞類/别集之屬

梅邊笛譜一卷　（清）蔣左賢撰　清光緒十五年（1889）刻本　一冊

330000－1749－0001060　X20363　集部/别集類

歸省贈言一卷　潘飛聲撰　**墨江修禊詩一卷**　（清）姚文楝撰　清刻本　一冊

330000－1749－0001062　X031128　類叢部/類書類/專類之屬

佩文韻府一百六卷　（清）張玉書　（清）蔡升元等輯　**韻府拾遺一百六卷**　（清）汪灝　（清）何焯等輯　清光緒十三年（1887）上海點石齋石印本　六十冊　缺一百六卷（韻府拾遺一至一百六）

330000－1749－0001067　X0110118　經部/小學類/文字之屬/說文

說文解字十五卷標目一卷　（漢）許慎撰　（宋）徐鉉等校定　清嘉慶十二年（1807）額勒布藤花榭刻本　六冊

330000－1749－0001068　X0110119　經部/小學類/文字之屬/說文

說文解字注十五卷附六書音韻表五卷　（清）段玉裁撰　**說文部目分韻一卷**　（清）陳煥編　清嘉慶二十年（1815）刻本　十六冊

330000－1749－0001069　X20367　集部/别集類

十髪居士全集　程頌萬撰　清光緒二十一年至民國二十年（1895－1931）寧鄉程氏鹿川閣刻本　四冊　存一種

330000－1749－0001070　X20658　類叢部/叢書類/彙編之屬

惜陰軒叢書三十四種續編一種　（清）李錫齡編　清咸豐八年（1858）宏道書院刻本　十冊　存一種

330000－1749－0001072　X20368　集部/别集類

十髪居士全集　程頌萬撰　清光緒二十一年至民國二十年（1895－1931）寧鄉程氏鹿川閣刻本　四冊　存一種

330000－1749－0001073　X20369　集部/别集類/清别集

榴實山莊文稿一卷詩鈔六卷詞鈔一卷　（清）吴存義撰　清同治九年（1870）刻本　四冊

330000－1749－0001076　X20370　類叢部/叢書類/自著之屬

龍莊遺書（汪龍莊先生遺書）四種　（清）汪輝祖撰　清光緒八年至十二年（1882－1886）山東書局刻本　三冊　存一種

330000－1749－0001078　X20371　集部/别集類/明别集

西廬文集四卷　（明）張雋撰　清宣統二年（1910）上海國學扶輪社鉛印本　二冊

330000－1749－0001080　X20372　集部/别集類/宋别集

蘇文忠公詩集五十卷目錄二卷　（宋）蘇軾撰　（清）紀昀評點　清同治八年（1869）韞玉山房粵東省城刻翰墨園朱墨套印本　十二冊

330000－1749－0001081　X0110110　經部/群經總義類/文字音義之屬

經籍籑詁五卷首一卷　（清）阮元撰　清光緒九年（1883）上海點石齋石印本　十冊

330000－1749－0001083　X20373　集部/别集類/宋别集

蘇文忠詩合註五十卷首一卷目錄一卷　（宋）蘇軾撰　（清）馮應榴輯　清乾隆六十年（1795）桐鄉馮氏踵息齋刻同治九年（1870）補修本　十二冊

330000－1749－0001084　X030106　子部/儒家類

荀子二十卷首一卷　（唐）楊倞注　王先謙集解　清光緒十七年（1891）長沙思賢講舍刻本　六冊

330000－1749－0001086　X20374　集部/總集類/選集之屬/斷代

唐人萬首絕句選七卷　（清）王士禎輯　清同治刻本　二冊

330000－1749－0001087　X20375　集部/別集類/清別集

曾文正公文鈔四卷附刻一卷　（清）曾國藩撰　清同治十一年(1872)蘇郡刻本　四冊　存四卷(曾文正公文鈔一至四)

330000－1749－0001092　X20377　集部/別集類/清別集

韞山堂時文初集不分卷二集不分卷三集不分卷　（清）管世銘撰　清光緒六年(1880)湖南書局刻本　一冊

330000－1749－0001094　X20378　集部/別集類/清別集

畫溪詩集一卷　（清）徐崑撰　清光緒六年(1880)濟上刻本　一冊

330000－1749－0001095　X0110111　經部/群經總義類/文字音義之屬

經籍籑詁一百六卷補遺一百六卷首一卷　（清）阮元撰　清光緒十四年(1888)上海鴻寶齋石印本　十一冊　缺十六卷(二十三至三十、補遺二十三至三十)

330000－1749－0001096　X20379　集部/別集類/清別集

南湖詩集十一卷　（清）張雲驤撰　清光緒十四年(1888)刻本　二冊

330000－1749－0001099　X0110112　經部/群經總義類/文字音義之屬

經籍籑詁一百六卷補遺一百六卷首一卷　（清）阮元撰　清光緒上海文瑞樓石印本　十二冊

330000－1749－0001100　X20380　集部/詞類/別集之屬

山中白雲詞八卷附錄一卷　（宋）張炎撰　清光緒九年(1883)後知不足齋刻本　二冊

330000－1749－0001101　X20653　子部/宗教類/佛教之屬/經疏

圓覺經略疏之鈔二十五卷　（唐）釋宗密撰

清宣統三年(1911)揚州藏經院刻本　五冊

330000－1749－0001102　X0110113　經部/小學類/訓詁之屬/方言

輶軒使者絕代語釋別國方言箋疏十三卷　（漢）揚雄撰　（清）錢繹箋疏　清光緒十六年(1890)王文韶紅蝠山房刻本　六冊

330000－1749－0001103　X20381　集部/別集類/清別集

白香亭詩集二卷和陶詩一卷　（清）鄧輔綸撰　清光緒十九年(1893)東河督署刻本　二冊

330000－1749－0001107　X0110104　經部/小學類/訓詁之屬/爾雅

爾雅音圖三卷　（晉）郭璞註　（清）姚之麟摹圖　清嘉慶六年(1801)南城曾燠藝學軒刻本　三冊

330000－1749－0001110　X0110105　經部/小學類/訓詁之屬/爾雅

爾雅郭注義疏二十卷　（清）郝懿行撰　清光緒十年(1884)榮縣蜀南閣刻本　十四冊

330000－1749－0001111　X20651　子部/雜著類/雜說之屬

郎潛四筆十一卷　（清）陳康祺撰　清光緒十二年(1886)據手寫樣本復印本　四冊

330000－1749－0001114　X20650　子部/宗教類/佛教之屬/諸宗

淨土聖賢錄九卷　（清）彭希涑撰　淨土聖賢錄續編四卷　（清）胡珽撰　種蓮集一卷　（清）陳本仁輯　清光緒元年(1875)錢塘許靈虛刻本　六冊

330000－1749－0001117　X031130　類叢部/類書類/專類之屬

駢字類編二百四十卷　（清）吳士玉等編　清光緒十三年(1887)上海同文書局石印本　四十八冊

330000－1749－0001118　X20655　史部/地理類/山川之屬/山志

京口三山志　（清）□□輯　清同治至光緒刻本　十冊　存一種

330000－1749－0001121　X031131　類叢部/類書類/通類之屬

御定駢字類編二百四十卷　（清）吳士玉（清）沈宗敬等輯　清光緒十三年(1887)上海同文書局石印本　四十八冊

330000－1749－0001126　X030119　子部/叢編

二十二子　（清）浙江書局編　清光緒元年至三年(1875－1877)浙江書局刻本　一冊　存一種

330000－1749－0001129　X20387　集部/別集類/元別集

郝文忠公陵川文集三十九卷首一卷　（元）郝經撰　（清）王鐸編　**附錄一卷**　清乾隆三年(1738)鳳臺王鐸刻本　十二冊

330000－1749－0001131　X030120　子部/儒家類/儒學之屬/經濟

潛夫論十卷　（漢）王符撰　（清）汪繼培箋　清光緒十七年(1891)思賢講舍刻本　四冊

330000－1749－0001132　X0110106　經部/小學類/訓詁之屬/群雅

廣雅疏證十卷附博雅音十卷　（清）王念孫撰　清光緒五年(1879)淮南書局刻本　八冊

330000－1749－0001133　X20388　集部/總集類/課藝之屬

辨志文會課藝初集六卷　（清）葉意深等撰（清）宗源瀚輯　清光緒六年至七年(1880－1881)刻本　一冊　存一卷(詞章)

330000－1749－0001137　X20389　集部/別集類/清別集

松聲池館詩存四卷　（清）汪璐撰　清光緒十五年(1889)錢塘汪曾唯振綺堂刻本　一冊

330000－1749－0001139　X20390　集部/別集類/清別集

寄青齋詩稿一卷詞稿一卷　（清）徐虔復撰　清光緒十三年(1887)徐煥章留餘堂刻本　一冊　存一卷(詩稿)

330000－1749－0001140　X20585　集部/別集類/清別集

依舊草堂遺稿一卷　（清）費丹旭撰　（清）汪鋆編　清同治七年(1868)錢塘汪氏振綺堂刻本　一冊

330000－1749－0001142　X0110107　經部/小學類/訓詁之屬/群雅

廣雅疏證十卷附博雅音十卷　（清）王念孫撰　清光緒五年(1879)淮南書局刻本　八冊

330000－1749－0001143　X20391　集部/別集類/清別集

于湘詩草一卷千里詩存一卷　（清）馮圻撰　清光緒二十六年(1900)刻本　一冊

330000－1749－0001145　X0110108　類叢部/類書類/專類之屬

稱謂錄三十二卷　（清）梁章鉅撰　清光緒元年至十年(1875－1884)福州梁恭辰刻本　八冊

330000－1749－0001146　X20584　集部/別集類/清別集

香草齋詩註六卷　（清）黃任撰　（清）陳應魁注　清嘉慶十九年(1814)刻本　六冊

330000－1749－0001148　X0110109　經部/小學類/訓詁之屬/字詁

班馬字類五卷　（宋）婁機撰　清揚州馬氏小玲瓏山館刻吳興倪氏茗溪經鉏堂印本　二冊

330000－1749－0001149　X20393　集部/別集類/清別集

春暉草堂詩存一卷　（清）陳本欽撰　清光緒七年(1881)台州府署刻本　一冊

330000－1749－0001152　X20582　子部/儒家類/儒學之屬/性理

中詮五卷　（明）汪應蛟撰　清刻本　五冊

330000－1749－0001157　X030128　子部/儒家類/儒學之屬/性理

近思錄集注十四卷考訂朱子世家一卷　（清）江永撰　**校勘記一卷**　（清）王炳撰　清同治八年(1869)江蘇書局刻本　六冊

330000－1749－0001159　X20581　　類叢部/
叢書類/彙編之屬

海山仙館叢書五十六種　（清）潘仕成編　清
道光二十五年至咸豐元年（1845－1851）番禺
潘氏刻光緒十一年（1885）增刻彙印本　四冊
　存一種

330000－1749－0001164　X20580　　集部/詞
類/別集之屬

太湖竹枝詞二卷　（清）葉承桂撰　清咸豐三
年（1853）葉氏石林園刻本　一冊

330000－1749－0001165　X20397　　類叢部/
叢書類/自著之屬

湘綺樓全書十八種　王闓運撰　清光緒至宣
統刻本　十四冊　存一種

330000－1749－0001166　X011093　　經部/小
學類/音韻之屬/韻書

佩文詩韻釋要五卷　（清）周兆基輯　清光緒
十二年（1886）山東刻本　二冊

330000－1749－0001168　X20723　　集部/別
集類

湘綺樓全集三十卷　王闓運撰　清光緒三十
三年（1907）石印本　十六冊

330000－1749－0001169　X20724　　集部/別
集類/明別集

陶學士先生文集二十卷　（明）陶安撰　清同
治六年（1867）永寧官廨刻本　十冊

330000－1749－0001172　X20727　　史部/政
書類/公牘檔冊之屬

合肥李勤恪公政書十卷首一卷　（清）李瀚章
撰　清光緒合肥李氏石印本　十冊

330000－1749－0001173　X20728　　集部/別
集類/清別集

扁善齋文存二卷詩存一卷　（清）鄧嘉緝撰
清光緒二十七年（1901）江寧鄧氏刻本　三冊

330000－1749－0001176　X20731　　類叢部/
叢書類/彙編之屬

晨風閣叢書第一集五十二種　沈宗畸等編
清光緒三十四年至宣統三年（1908－1911）國
學萃編社鉛印本　十八冊　存一種

330000－1749－0001177　X20732　　史部/紀
傳類/正史之屬

二十四史　清同治至光緒五省官書局據汲古
閣本等合刻光緒五年（1879）湖北書局彙印本
　四十八冊　存一種

330000－1749－0001178　X20733　　史部/紀
傳類/正史之屬

二十四史　清同治至光緒五省官書局據汲古
閣本等合刻光緒五年（1879）湖北書局彙印本
　二十四冊

330000－1749－0001179　X20734　　史部/紀
傳類/正史之屬

二十四史　清同治至光緒五省官書局據汲古
閣本等合刻光緒五年（1879）湖北書局彙印本
　二十四冊　存一種

330000－1749－0001180　X20735　　史部/紀
傳類/正史之屬

二十四史　清同治至光緒五省官書局據汲古
閣本等合刻光緒五年（1879）湖北書局彙印本
　二十二冊　存一種

330000－1749－0001181　X20736　　史部/紀
傳類/正史之屬

二十四史　清同治至光緒五省官書局據汲古
閣本等合刻光緒五年（1879）湖北書局彙印本
　二十六冊　存一種

330000－1749－0001182　X20737　　史部/政
書類/律令之屬/律例

**大清律例增修統纂集成四十卷附督捕則例附
纂二卷**　（清）姚潤輯　（清）陶駿　（清）陶
念霖增輯　清光緒十六年（1890）刻本　二十
四冊

330000－1749－0001183　X20738　　史部/編
年類/斷代之屬

明紀六十卷　（清）陳鶴輯　（清）陳克家補
清同治十年（1871）江蘇書局刻本　二十

330000－1749－0001184　X20739　　經部/易
類/傳說之屬

周易本義附音訓十二卷首一卷末一卷 （宋）
朱熹撰 （宋）呂祖謙音訓 **周易本義考**
(清)劉世讜撰 清光緒十九年(1893)江南書
局刻本 二冊

330000 – 1749 – 0001186 X20741 史部/雜
史類/斷代之屬
小腆紀年附考二十卷 （清）徐鼒撰 清光緒
十二年(1886)扶桑使廨鉛印本 十二冊

330000 – 1749 – 0001187 X20742 經部/春
秋左傳類/傳說之屬
春秋經傳集解三十卷 （晉）杜預撰 （唐）陸
德明音義 **春秋名號歸一圖二卷** （五代）馮
繼先撰 **春秋年表一卷** （宋）岳珂刊補 清
光緒三年(1877)永康胡氏退補齋刻本 十
二冊

330000 – 1749 – 0001188 X20743 集部/總
集類/選集之屬/通代
古文翼八卷 （清）唐德宜輯並評 （清）季福
襄重訂 清光緒十九年(1893)湖南經國書局
刻本 十二冊

330000 – 1749 – 0001189 X20744 集部/總
集類/選集之屬/通代
重訂文選集評十五卷首一卷末一卷 （清）于
光華輯 清乾隆四十六年(1781)晉陵世壽堂
刻本 十六冊

330000 – 1749 – 0001191 X20746 史部/目
錄類/總錄之屬/彙刻
**彙刻書目初編十卷補編一卷新編一卷續編一
卷** （清）顧修輯 清嘉慶四年(1799)刻本
十冊 缺二卷(新編、續編)

330000 – 1749 – 0001194 X20749 集部/別
集類/清別集
胡文忠公遺集八十六卷附胡文忠公行狀一卷
 （清）胡林翼撰 （清）鄭敦謹 （清）曾國
荃輯 （清）胡鳳丹重編 清光緒元年(1875)
湖北崇文書局刻本 三十二冊

330000 – 1749 – 0001196 X20751 類叢部/
叢書類/自著之屬

斯未信齋全集二種 （清）徐宗幹撰 清咸豐
五年(1855)刻本 十二冊

330000 – 1749 – 0001201 X20756 子部/雜
著類/雜說之屬
重論文齋筆錄十二卷 （清）王端履撰 清道
光二十六年(1846)刻本 四冊

330000 – 1749 – 0001202 X20757 集部/總
集類/郡邑之屬
蛟川耆舊詩六卷續二卷 （清）張本均 （清）
張錫申輯 清咸豐七年(1857)刻本 四冊

330000 – 1749 – 0001214 X20772 史部/地
理類/山川之屬/山志
重修南海普陀山志二十卷首一卷 （清）秦耀
曾輯 清道光十二年(1832)刻本 四冊

330000 – 1749 – 0001215 X20774 新學/史
志/別國史
日本維新三十年史十二編附錄一編 （日本）
博文館輯 （清）上海廣智書局譯 清光緒二
十八年(1902)上海廣智書局鉛印本 六冊

330000 – 1749 – 0001216 X20775 史部/政
書類/儀制之屬/專志/科舉校規
摘錄科場事例二卷 （清）梅啟照輯 清同治
十二年(1873)刻本 二冊

330000 – 1749 – 0001217 X20776 史部/史
評類/史論之屬
史通削繁四卷 （清）紀昀撰 清道光十三年
(1833)涿州兩廣節署刻朱墨套印本 四冊

330000 – 1749 – 0001218 X20777 史部/政
書類
九通 （清）□□輯 清光緒二十八年(1902)
上海鴻寶書局石印本 二百四冊

330000 – 1749 – 0001220 X20779 史部/政
書類/通制之屬
二十四史九通政典類要合編三百二十卷
(清)黃書霖輯 清光緒二十八年(1902)約雅
堂石印本 六十冊

330000 – 1749 – 0001221 X20780 集部/總

集類/選集之屬/斷代

普天忠憤全集十四卷首一卷 （清）孔廣德編
清光緒二十四年（1898）石印本 八冊

330000－1749－0001223 X20782 集部/別
集類/清別集

思綺堂文集十卷 （清）章藻功撰 清聚錦堂
刻本 十冊

330000－1749－0001228 X20787 集部/總
集類/選集之屬/通代

古文析義十六卷 （清）林雲銘輯並注 清光
緒二十七年（1901）聯墨堂刻本 十六冊

330000－1749－0001229 X20788 集部/總
集類/彙編之屬

七家試帖輯註彙鈔九卷 （清）張熙寧輯評
（清）王植桂輯註 清光緒六年（1880）掃葉山
房刻本 八冊

330000－1749－0001230 X20398 集部/別
集類/清別集

巢經巢詩鈔九卷後集四卷 （清）鄭珍撰 清
刻本 四冊

330000－1749－0001231 X20789 集部/總
集類/選集之屬/通代

古文賞音十二卷 （清）謝有煇纂 清康熙五
十四年（1715）粵東古端州刻本 六冊

330000－1749－0001232 X20399 集部/別
集類/清別集

**揅經室一集十四卷二集八卷三集五卷四集二
卷四集詩十一卷續集十一卷再續集六卷外集
五卷** （清）阮元撰 （清）阮亨輯 清道光三
年（1823）儀徵阮氏文選樓刻十年（1830）、同
治十三年（1874）續刻本 二十四冊 缺六卷
（再續集一至六）

330000－1749－0001233 X20400 集部/別
集類/清別集

汪梅村先生集十二卷外集一卷 （清）汪士鐸
撰 清光緒七年（1881）刻本 四冊

330000－1749－0001234 X20790 集部/總
集類/選集之屬/斷代

同人集十二卷 （清）冒襄輯 清光緒八年
（1882）冒觀光刻本 十二冊

330000－1749－0001235 X20791 類叢部/
叢書類/彙編之屬

榆園叢刻十五種附一種 （清）許增編 清同
治至光緒刻本 十六冊

330000－1749－0001236 X20401 子部/藝
術類/音樂之屬/琴學

琴學叢書十種三十二卷 楊宗稷輯 清宣統
三年至民國十四年（1911－1925）楊氏刻本
五冊

330000－1749－0001240 X20403 集部/別
集類/清別集

胡文忠公遺集十卷首一卷 （清）胡林翼撰
（清）閻敬銘 （清）厲雲官 （清）盛康輯
清同治五年（1866）刻本 八冊

330000－1749－0001241 X20404 集部/總
集類/選集之屬/斷代

曾太僕左夫人詩稿合刻 （清）曾詠 （清）左
錫嘉撰 清光緒十七年（1891）定襄官署刻本
六冊 存一種

330000－1749－0001242 X20853 子部/
叢編

二十五子彙函 （清）鴻文書局編 清光緒十
九年（1893）上海鴻文書局石印本 十六冊
存二十二種

330000－1749－0001251 X20409 集部/別
集類/明別集

楊忠愍公全集四卷 （明）楊繼盛撰 清康熙
三十七年（1698）敬一齋刻本 一冊

330000－1749－0001255 X20411 集部/別
集類/清別集

松聲池館詩存四卷 （清）汪璐撰 清光緒十
五年（1889）錢塘汪曾唯振綺堂刻本 一冊

330000－1749－0001257 X20412 類叢部/
叢書類/彙編之屬

振綺堂叢刊八種 （清）□□輯 清嘉慶至光
緒汪氏振綺堂刻本 一冊 存一種

330000 – 1749 – 0001262　X20415　集部/詩文評類/詩評之屬

漁洋詩話三卷　（清）王士禛撰　清乾隆二十三年（1758）竹西書屋刻本　一冊

330000 – 1749 – 0001263　X20416　集部/別集類/元別集

雲松巢集一卷　（元）朱希晦撰　清同治十年（1871）刻本　一冊

330000 – 1749 – 0001266　X20933　史部/傳記類/總傳之屬/家乘

[江西萬載]萬載張氏六支族譜二卷卷首一卷　（清）張祿申等纂修　清光緒三十三年（1907）木活字印本　十六冊

330000 – 1749 – 0001269　X20934　史部/傳記類/總傳之屬/家乘

[江西萬載]萬載辛氏六房譜二十四卷首一卷　（清）辛景舒等纂修　清光緒三十年（1904）木活字印本　十五冊

330000 – 1749 – 0001270　X20420　集部/別集類/清別集

春暉草堂詩存一卷　（清）陳本欽撰　清光緒七年（1881）台州府署刻本　一冊

330000 – 1749 – 0001273　X20936　史部/傳記類/總傳之屬/家乘

[湖南安化]龔氏續修族譜四十卷首一卷　（清）安化仙洞龔氏宗祠修纂　清光緒二十四年（1898）安化仙洞龔氏宗祠木活字印本　十九冊

330000 – 1749 – 0001275　X20937　史部/地理類/專志之屬/祠墓

仙洞龔氏宗祠志二卷　清光緒二十四年（1898）安化仙洞龔氏宗祠木活字印本　一冊

330000 – 1749 – 0001278　X20424　集部/別集類/清別集

錢南園先生遺集五卷　（清）錢灃撰　清光緒十九年（1893）保山劉樹堂浙江書局刻本　二冊

330000 – 1749 – 0001281　X20427　集部/別集類/漢魏六朝別集

徐孝穆全集六卷　（南朝陳）徐陵撰　（清）吳兆宜箋注　備考一卷　（清）徐文炳撰　清光緒二年（1876）廣東翰墨園刻本　三冊　缺一卷（備考）

330000 – 1749 – 0001282　X20428　集部/別集類/唐五代別集

昌黎先生詩集注十一卷年譜一卷　（唐）韓愈撰　（清）顧嗣立刪補　清康熙三十八年（1699）長洲顧氏秀野草堂刻本　二冊

330000 – 1749 – 0001283　X20939　史部/傳記類/總傳之屬/家乘

[湖南瀏陽]瀏陽鍾甲塘三修劉氏宗譜十四卷首三卷末一卷　（清）劉景忠等纂修　清宣統元年（1909）瀏陽鍾甲塘劉氏親睦堂木活字印本　四十二冊　存十卷（二、四至五、七至十一、十三至十四）

330000 – 1749 – 0001284　X20429　集部/別集類/唐五代別集

樊南文集詳註八卷　（唐）李商隱撰　（清）馮浩編訂　清乾隆四十五年（1780）德聚堂刻同治七年（1868）桐鄉馮氏重修本　五冊

330000 – 1749 – 0001285　X20430　集部/詞類/別集之屬

柯家山館詞三卷　（清）嚴元照撰　清嘉慶十八年（1813）刻本　一冊

330000 – 1749 – 0001288　X20433　集部/別集類/清別集

十誦齋集四卷　（清）周天度撰　清光緒十年（1884）刻本　一冊

330000 – 1749 – 0001290　X20434　類叢部/叢書類/自著之屬

悔餘庵集三種　（清）何栻撰　清同治四年（1865）鳩江戎幄刻本　二冊　存一種

330000 – 1749 – 0001291　X20942　史部/傳記類/總傳之屬/家乘

[湖南长沙]橫溪彭氏續修族譜十三卷首一卷　（清）湘潭彭氏闔族纂修　清同治五年

（1866）湘潭彭氏樂敘堂木活字印本　十冊

330000－1749－0001292　X20435　類叢部/叢書類/自著之屬

悔餘庵集三種　（清）何栻撰　清同治四年（1865）鳩江戎幄刻本　四冊　存一種

330000－1749－0001296　X20437　集部/總集類/選集之屬/斷代

國朝駢體正宗十二卷　（清）曾燠輯　清嘉慶十一年（1806）南城曾氏賞雨茅屋刻本　六冊

330000－1749－0001299　X20438　經部/詩類/傳說之屬

御纂詩義折中二十卷　（清）傅恒　（清）陳兆崙等纂　清道光長蘆鹽運使如山刻本　四冊

330000－1749－0001318　X20958　史部/傳記類/總傳之屬/家乘

[湖南長沙]郭氏宗譜不分卷　清康熙三十五年（1696）刻本　一冊

330000－1749－0001319　X20959　史部/傳記類/總傳之屬/家乘

[湖南]張氏族譜一卷首一卷　（清）張其崑（清）張景禮修　清嘉慶四年（1799）木活字印本　一冊

330000－1749－0001322　X20961　史部/傳記類/總傳之屬/家乘

[浙江江山]江左謝氏族譜不分卷　（清）謝積圭等修　清光緒五年（1879）木活字印本　七冊

330000－1749－0001323　X20962　史部/傳記類/總傳之屬/家乘

[江西武寧]葉氏宗譜十二卷　清同治十一年（1872）南陽堂木活字印本　十二冊

330000－1749－0001332　X20966　子部/儒家類/儒學之屬

二程全書六十六卷　（宋）程顥撰　（宋）程頤撰　清同治十年（1871）六安求我齋刻本　十六冊

330000－1749－0001333　X20452　集部/總

集類/尺牘之屬

新撰女子尺牘二卷　商務印書館編譯所編纂　清宣統三年（1911）上海商務印書館石印本　二冊

330000－1749－0001334　X20454　集部/別集類/清別集

吳摯甫尺牘五卷補遺一卷諭兒書一卷　（清）吳汝綸撰　清宣統二年（1910）上海國學扶輪社石印本　十二冊

330000－1749－0001344　X20463　史部/詔令奏議類/奏議之屬

林文忠公政書三十七卷　（清）林則徐撰　清刻本　十四冊

330000－1749－0001345　X20464　史部/詔令奏議類/奏議之屬

劉中丞奏稿八卷　（清）劉崐撰　清光緒二十一年（1895）上海鉛印本　八冊

330000－1749－0001348　X20466　史部/政書類/職官之屬/官制

歷代職官表六卷　（清）黃本驥纂　清光緒六年（1880）膚詁齋刻本　二冊

330000－1749－0001349　X20467　史部/傳記類/別傳之屬

韜厂蹈海錄四卷　徐良弼等撰　清宣統二年（1910）蘇州鉛印本　一冊

330000－1749－0001352　X20610　子部/宗教類/佛教之屬/經

大寶積經一百二十卷　（唐）釋菩提流志等譯　清刻本　二十四冊

330000－1749－0001354　X20471　史部/史評類/史論之屬

讀史大畧六十卷首一卷　（清）沙張白撰　小沙子史畧一卷　（清）沙晉撰　清光緒二十六年（1900）刻本　十六冊

330000－1749－0001355　X20472　子部/宗教類/佛教之屬/諸宗

肇論三卷寶藏論一卷　（後秦）釋僧肇撰　清同治九年（1870）刻本　一冊　存三卷（肇論

一至三)

330000 – 1749 – 0001357　X20473　集部/別
集類/清別集

湖海詩瓢一卷　(清)張元吉撰　清咸豐四年
(1854)木活字印本　一冊

330000 – 1749 – 0001359　X20613　集部/別
集類/清別集

楊園先生全集五十四卷　(清)張履祥撰　張
楊園先生年譜一卷　(清)蘇惇元編　清同治
十年(1871)江蘇書局刻本　十六冊

330000 – 1749 – 0001361　X20476　史部/傳
記類/別傳之屬/年譜

丹魁堂自訂年譜一卷感遇錄一卷　(清)季芝
昌撰　清咸豐十一年(1861)刻本　一冊

330000 – 1749 – 0001367　X20480　經部/四
書類/總義之屬/傳說

監本四書四種　(宋)朱熹撰　清道光十四年
(1834)清華書屋刻本　十四冊

330000 – 1749 – 0001368　X20617　集部/總
集類/選集之屬/斷代

欽定國朝詩別裁集三十二卷　(清)沈德潛纂
評　清乾隆二十六年(1761)刻本　十二冊

330000 – 1749 – 0001370　X20616　史部/傳
記類/總傳之屬/斷代

文獻徵存錄十卷　(清)錢林撰　清咸豐八年
(1858)有嘉樹軒刻本　八冊

330000 – 1749 – 0001372　X20618　類叢部/
叢書類/自著之屬

隨園三十種　(清)袁枚撰　清乾隆至嘉慶刻
本　二冊　存一種

330000 – 1749 – 0001375　X20484　類叢部/
叢書類/彙編之屬

小石山房叢書三十八種　(清)顧湘編　清道
光刻同治十三年(1874)虞山顧氏補刻本　一
冊　存一種

330000 – 1749 – 0001377　X20485　經部/群
經總義類/文字音義之屬

今古學攷二卷　廖平撰　清光緒十二年
(1886)鉛印本　一冊

330000 – 1749 – 0001378　X20486　子部/儒
家類/儒學之屬/性理

儒門法語不分卷　(清)彭定求輯　清同治四
年(1865)刻本　一冊

330000 – 1749 – 0001381　X20622　經部/群
經總義類/傳說之屬

十三經客難五十八卷　(清)龔元玠撰　清道
光二十六年(1846)刻本　二十冊

330000 – 1749 – 0001382　X20488　類叢部/
叢書類/彙編之屬

十萬卷樓叢書五十一種　(清)陸心源編　清
光緒歸安陸氏刻本　一冊　存一種

330000 – 1749 – 0001384　X20489　類叢部/
叢書類/家集之屬

沈端恪公遺書二種　(清)沈曰富編　清同治
十二年(1873)浙江書局刻本　一冊　存一種

330000 – 1749 – 0001387　X20492　集部/總
集類/選集之屬/通代

昭明選詩初學讀本四卷　(清)孫人龍輯　清
乾隆四年(1739)刻本　二冊

330000 – 1749 – 0001388　X20625　集部/總
集類/選集之屬/斷代

**國朝文匯甲前集二十卷甲集六十卷乙集七十
卷丙集三十卷丁集二十卷**　國學扶輪社輯
清宣統元年(1909)上海國學扶輪社石印本
一百冊

330000 – 1749 – 0001389　X20493　史部/地
理類/遊記之屬/紀行

瀋陽紀程一卷　(清)潘祖蔭撰　清光緒刻本
　一冊

330000 – 1749 – 0001390　X20494　史部/政
書類

欽頒州縣事宜一卷　(清)田文鏡撰　清同治
十年(1871)黔陽官署刻本　一冊

330000 – 1749 – 0001394　X20496　經部/小

學類/文字之屬/字書/訓蒙

識字書一卷 （清）左鎮纂輯 清光緒元年（1875）刻本 一冊

330000－1749－0001395 X20628 史部/政書類/邦計之屬

江浙鐵路風潮不分卷 （清）墨悲編輯 清光緒三十三年（1907）鉛印本 二冊

330000－1749－0001396 X20512 類叢部/類書類/通類之屬

袁了凡增訂群書備考四卷附圖 （明）袁黃撰 （明）袁儼評 （明）沈昌世增 清康熙元年（1662）刻本 四冊

330000－1749－0001398 X20513 子部/雜著類/雜說之屬

冷廬雜識八卷 （清）陸以湉撰 清咸豐六年（1856）刻本 八冊

330000－1749－0001400 X20514 集部/小說類/長篇之屬

檮杌閒評五十卷五十回首一卷 清刻本 十六冊

330000－1749－0001403 X20515 集部/曲類/彈詞之屬

繡像芙蓉洞全傳十卷四十回 （清）陳遇乾撰 清道光十六年（1836）刻本 十冊

330000－1749－0001404 X20516 集部/小說類/長篇之屬

繪圖增像第五才子書水滸全傳十卷七十回 （元）施耐庵撰 （清）金人瑞評 清光緒二十五年（1899）上海書局石印本 十冊

330000－1749－0001406 X20517 集部/小說類/長篇之屬

東周列國志二十七卷一百八回 （清）蔡奡評點 清光緒十四年（1888）上海點石齋石印本 十二冊

330000－1749－0001408 X20635 集部/別集類/清別集

白華山人詩集十六卷詩說二卷 （清）厲志撰 清光緒九年（1883）厲學潮刻本 四冊

330000－1749－0001410 X20519 子部/雜著類/雜說之屬

香祖筆記十二卷 （清）王士禎撰 清康熙四十四年（1705）刻本 十冊

330000－1749－0001411 X20636 類叢部/叢書類/自著之屬

藝風堂彙刻十六種 繆荃孫撰 清光緒至民國刻本 二冊 存一種

330000－1749－0001412 X20637 子部/宗教類/佛教之屬/經

大方廣佛華嚴經八十卷 （唐）釋實叉難陀譯 清光緒四年（1878）江右廬山歸宗寺刻本 二十二冊

330000－1749－0001413 X20520 子部/藝術類/遊藝之屬/聯語

巧對錄八卷 （清）梁章鉅撰 清道光二十九年（1849）甌城文華堂刻本 一冊 存四卷（一至四）

330000－1749－0001414 X20638 史部/地理類/外紀之屬

海國圖志一百卷首一卷 （清）魏源撰 續集二十五卷首一卷 （英國）麥高爾撰 （美國）林樂知 （清）瞿昂來譯 清光緒二十八年（1902）文賢閣石印本 十六冊

330000－1749－0001415 X20521 子部/雜著類/雜纂之屬

格言彙編六種 王乃徵編 清光緒三十四年（1908）石印本 八冊

330000－1749－0001418 X20523 子部/藝術類/遊藝之屬/聯語

楹聯叢話十二卷續話四卷 （清）梁章鉅輯 清道光二十年（1840）環碧軒刻本 四冊 存十二卷（楹聯叢話一至十二）

330000－1749－0001419 X20640 史部/傳記類/總傳之屬/姓名

史姓韻編六十四卷 （清）汪輝祖輯 清光緒十年（1884）慈谿耕餘樓書局刻本 十六冊

330000－1749－0001420 X20524 子部/藝

術類/遊藝之屬/聯語

楹聯叢話十二卷續話四卷 （清）梁章鉅輯
清道光二十三年(1843)南浦廉齋刻本　二冊
存四卷(續話一至四)

330000 – 1749 – 0001421　X20641　史部/詔
令奏議類/奏議之屬

沈文肅公政書七卷首一卷 （清）沈葆楨撰
清光緒六年(1880)吳門節署刻本　十冊

330000 – 1749 – 0001422　X20525　子部/藝
術類/遊藝之屬/聯語

楹聯新話十卷 （清）朱應鎬輯　清光緒十八
年(1892)刻本　四冊

330000 – 1749 – 0001423　X20526　類叢部/
類書類/通類之屬

角山樓增補類腋六十七卷 （清）姚培謙輯
(清)趙克宜增輯　清光緒十二年(1886)上海
文瑞樓石印本　六冊

330000 – 1749 – 0001424　X20642　集部/別
集類/清別集

香蘇山館詩鈔三十六卷 （清）吳嵩梁撰　清
光緒二十三年(1897)三益文社刻本　十冊

330000 – 1749 – 0001425　X20527　類叢部/
叢書類/自著之屬

春在堂全書三十六種 （清）俞樾撰　清同治
至光緒刻光緒末彙印本　八冊　存一種

330000 – 1749 – 0001427　X20528　子部/宗
教類/道教之屬/戒律

陰隲文圖說四卷 （清）黃正元纂輯　（清）周
兆璧寫圖　清乾隆四十五年(1780)衡州刻本
四冊

330000 – 1749 – 0001430　X20530　類叢部/
叢書類/郡邑之屬

金華叢書六十八種 （清）胡鳳丹編　清同治
七年至光緒八年(1868 – 1882)永康胡氏退補
齋刻民國補刻本　六冊　存一種

330000 – 1749 – 0001431　X20531　子部/雜
著類/雜說之屬

習苦齋筆記一卷 （清）戴熙撰　清同治十年

(1871)刻本　一冊

330000 – 1749 – 0001433　X20532　子部/宗
教類/佛教之屬

地藏菩薩本願經科注六卷 （清）釋靈椉輯
清光緒七年(1881)杭州惠空經房刻本　六冊

330000 – 1749 – 0001434　X20533　類叢部/
叢書類/郡邑之屬

武林掌故叢編一百九十種 （清）丁丙編　清
光緒三年至二十六年(1877 – 1900)錢塘丁氏
嘉惠堂刻本　二冊　存一種

330000 – 1749 – 0001436　X20534　子部/雜
著類/雜說之屬

浪跡叢談十一卷續談八卷 （清）梁章鉅撰
清刻本　八冊

330000 – 1749 – 0001437　X20648　子部/農
家農學類/總論之屬

欽定授時通考七十八卷 （清）鄂爾泰等撰
清道光六年(1826)四川藩署刻本　二十四冊

330000 – 1749 – 0001438　X20535　集部/總
集類

王文韶離湘撫任赴雲貴智送行詩畫集一卷
清光緒十五年(1889)刻本　一冊

330000 – 1749 – 0001440　X20578　史部/地
理類/雜志之屬

廣陵通典十卷 （清）汪中撰　清同治八年
(1869)揚州書局刻本　二冊

330000 – 1749 – 0001443　X030133　子部/儒
家類

王中書勸孝歌一卷 （清）王中書撰　清上海
宏大善書石印本　一冊

330000 – 1749 – 0001444　X030134　子部/儒
家類/儒學之屬/蒙學

小學集注二卷首一卷 （明）陳選撰　清嘉慶
二十二年(1817)乾兀堂刻本　二冊

330000 – 1749 – 0001445　X030115　子部/
叢編

二十二子 （清）浙江書局編　清光緒元年至

三年（1875－1877）浙江書局刻本　二册　存一種

330000－1749－0001446　X030135　子部/儒家類/儒學之屬/蒙學

小學集注六卷　（明）陳選撰　清末李光明莊刻本　一册

330000－1749－0001447　X030137　子部/儒家類/儒學之屬/蒙學

小學六卷附文公朱夫子年譜一卷　（清）高愈纂注　清同治十一年（1872）浙江書局刻本　二册

330000－1749－0001450　X030138　子部/儒家類/儒學之屬/蒙學

小學集解六卷　（明）吳訥集解　清同治九年（1870）刻本　二册

330000－1749－0001454　X030136　子部/儒家類/儒學之屬/蒙學

小學六卷附文公朱夫子年譜一卷　（清）高愈纂注　**爲學大指一卷**　（清）倭仁撰　清同治四年（1865）刻本　二册

330000－1749－0001455　X030139　子部/儒家類/儒學之屬/蒙學

小學集解六卷　（清）張伯行輯注　清同治十一年（1872）江西撫署刻本　四册

330000－1749－0001457　X030140　子部/儒家類/儒學之屬/蒙學

小學韻語一卷　（清）羅澤南撰　清光緒二十九年（1903）湖南官啟元書局刻本　一册

330000－1749－0001459　X030141　子部/儒家類/儒學之屬/蒙學

小學韻語二卷　（清）羅澤南撰　清同治十一年（1872）刻本　二册

330000－1749－0001464　X010704　經部/四書類/總義之屬/傳說

四書集註十九卷　（宋）朱熹撰　清光緒三十二年（1906）上海商務印書館鉛印本　一册　存一卷（大學）

330000－1749－0001465　X030143　子部/儒家類/儒學之屬/蒙學

龍文鞭影二卷　（明）蕭良有撰　（清）楊臣諍增訂　（清）來集之音注　清末聚盛堂刻本　二册

330000－1749－0001468　X030144　子部/儒家類/儒學之屬/蒙學

小兒語一卷續小兒語三卷演小兒語一卷　（明）呂得勝　（明）呂坤撰　清同治六年（1867）徐傳善刻本　一册

330000－1749－0001472　X031211　子部/小說家類/異聞之屬

續太平廣記八卷　（清）陸壽名輯　清嘉慶五年（1800）懷德堂刻本　四册

330000－1749－0001477　X20588　集部/別集類/清別集

還珠堂詩鈔六卷　（清）厲同勳撰　清道光二十八年（1848）刻本　一册　存二卷（藕花小室詩鈔一至二）

330000－1749－0001481　X0213233　史部/地理類/專志之屬/寺觀

吳山城隍廟志八卷首一卷　（清）朱文藻等輯　清光緒四年（1878）錢塘丁氏刻本　四册

330000－1749－0001485　X030116　子部/叢編

二十二子　（清）浙江書局編　清光緒元年至三年（1875－1877）浙江書局刻本　二册　存一種

330000－1749－0001487　X011008　經部/小學類/文字之屬/說文/傳說

段氏說文注訂八卷　（清）鈕樹玉撰　清同治十二年（1873）湖北崇文書局刻本　二册

330000－1749－0001488　X030145　類叢部/類書類/專類之屬

續李氏蒙求註四卷　（清）何仁鏡撰　（清）何太青纂注　清道光十一年（1831）刻本　二册

330000－1749－0001490　X030146　子部/儒家類/儒學之屬/蒙學

童蒙記誦編二卷　（清）周保璋撰　清光緒二十三年(1897)刻本　二冊

330000－1749－0001491　X031216　子部/叢編

二十二子　（清）浙江書局編　清光緒元年至三年(1875－1877)浙江書局刻本　三冊　存一種

330000－1749－0001493　X030148　子部/儒家類/儒學之屬/蒙學

啟蒙圖說一卷　（清）蘇州蒙學堂編　清末蘇州蒙學堂刻本　一冊

330000－1749－0001494　X030149　子部/儒家類/儒學之屬/禮教

聖諭廣訓一卷　（清）世宗胤禛撰　清光緒二十九年(1903)潮州府中學堂刻本　二冊

330000－1749－0001495　X031218　子部/小說家類/異聞之屬

山海經箋疏十八卷圖讚一卷訂譌一卷敘錄一卷　（清）郝懿行撰　清嘉慶十四年(1809)揚州阮氏琅嬛僊館刻本　四冊

330000－1749－0001497　X031016　子部/雜著類/雜說之屬

論衡三十卷　（漢）王充撰　清光緒元年(1875)湖北崇文書局刻子書百家本　章鈺批校　六冊

330000－1749－0001498　X031219　子部/小說家類/異聞之屬

山海經箋疏十八卷圖讚一卷訂譌一卷敘錄一卷　（清）郝懿行撰　清光緒七年(1881)刻本　四冊

330000－1749－0001501　X030150　子部/儒家類/儒學之屬/性理

六事箴言一卷　（清）葉玉屏輯　（清）伍光瑜續輯　清道光刻本　一冊

330000－1749－0001502　X011011　經部/小學類/文字之屬/說文

說文拈字七卷　（清）王玉樹撰　清嘉慶八年(1803)芳梫堂刻本　四冊

330000－1749－0001506　X011013　經部/小學類/文字之屬/說文

說文釋例二十卷　（清）王筠撰　清道光十七年(1837)刻本　二十冊

330000－1749－0001509　X011014　經部/小學類/文字之屬/說文

說文釋例二十卷　（清）王筠撰　清光緒十三年(1887)上海積山書局石印本　六冊

330000－1749－0001512　X030201　類叢部/叢書類/彙編之屬

岱南閣叢書二十種　（清）孫星衍編　清乾隆至嘉慶蘭陵孫氏刻本　八冊　存一種

330000－1749－0001514　X030202　類叢部/叢書類/彙編之屬

岱南閣叢書二十種　（清）孫星衍編　清乾隆至嘉慶蘭陵孫氏刻本　四冊　存一種

330000－1749－0001516　X030203　子部/叢編

二十二子　（清）浙江書局編　清光緒元年至三年(1875－1877)浙江書局刻本　六冊　存一種

330000－1749－0001519　X011017　經部/小學類/文字之屬/說文

說文通訓定聲十八卷分部柬韻一卷說雅一卷古今韻準一卷　（清）朱駿聲撰　（清）朱鏡蓉參訂　行述一卷　朱孔彰撰　清道光二十九年(1849)黟縣學署刻同治九年(1870)吳郡朱孔璋臨嘯閣補刻本　二十四冊

330000－1749－0001521　X030207　子部/兵家類/兵法之屬

紀效新書十八卷首一卷　（明）戚繼光撰　清光緒二十一年(1895)上海醉經樓石印本　四冊

330000－1749－0001522　X011018　經部/小學類/文字之屬/說文

說文通訓定聲十八卷分部柬韻一卷說雅一卷古今韻準一卷　（清）朱駿聲撰　（清）朱鏡蓉參訂　行述一卷　朱孔彰撰　清光緒十三年

（1887）上海積山書局石印本　八冊

330000－1749－0001523　X031023　子部/雜著類/雜說之屬

容齋隨筆十六卷續筆十六卷三筆十六卷四筆十六卷五筆十卷　（宋）洪邁撰　清光緒二十年(1894)皖南洪氏刻本　二十四冊

330000－1749－0001524　X030208　子部/兵家類/兵法之屬

讀史兵略四十六卷　（清）胡林翼撰　清咸豐十一年(1861)武昌節署刻本　十五冊　存四十四卷(三至四十六)

330000－1749－0001525　X011019　經部/小學類/文字之屬/說文

說文通訓定聲十八卷分部柬韻一卷說雅一卷古今韻準一卷　（清）朱駿聲撰　（清）朱鏡蓉參訂　**行述一卷**　朱孔彰撰　清光緒十三年(1887)上海積山書局石印本　八冊

330000－1749－0001527　X031024　類叢部/叢書類/彙編之屬

崇文書局彙刻書三十一種　（清）崇文書局編　清光緒元年至三年(1875－1877)湖北崇文書局刻本　二冊　存一種

330000－1749－0001528　X030301　子部/法家類

管子二十四卷　（唐）房玄齡注　清光緒五年(1879)影宋刻本　四冊

330000－1749－0001529　X011020　經部/小學類/文字之屬/說文

說文新附攷六卷　（清）鄭珍撰　**說文經字攷一卷**　（清）陳壽祺撰　清光緒七年(1881)刻本　三冊

330000－1749－0001532　X011021　類叢部/叢書類/彙編之屬

天壤閣叢書二十種　（清）王祖源　（清）王懿榮編　清同治至光緒福山王氏刻彙印本　二冊　存一種

330000－1749－0001533　X031256　集部/小說類/長篇之屬

第一奇書野叟曝言二十卷一百五十二回　（清）夏敬渠撰　清光緒木活字印本　十冊

330000－1749－0001534　X031026　子部/雜著類/雜說之屬

輟耕錄三十卷　（明）陶宗儀撰　清光緒十一年(1885)上海福瀛書局刻本　八冊

330000－1749－0001536　X031027　子部/雜著類/雜說之屬

輟耕錄三十卷　（明）陶宗儀撰　明末刻清初廣文堂印本　四冊

330000－1749－0001537　X030304、X030303、X030302、X030502、X030501　子部/叢編

二十二子　（清）浙江書局編　清光緒元年至三年(1875－1877)浙江書局刻本　二十二冊　存四種

330000－1749－0001538　X011022　經部/小學類/文字之屬/說文

說文外編十五卷補遺一卷　（清）雷浚撰　**說文辨疑一卷**　（清）顧廣圻撰　**劉氏碎金一卷**　（清）劉禧延撰　清光緒二年(1876)刻本　二冊　缺一卷(說文辨疑)

330000－1749－0001539　X031029　子部/雜著類/雜說之屬

瀛舟筆談十二卷首一卷　（清）阮亨仲撰　清嘉慶二十五年(1820)刻本　六冊

330000－1749－0001540　X011023　經部/小學類/文字之屬/說文

說文外編十五卷補遺一卷　（清）雷浚撰　**說文辨疑一卷**　（清）顧廣圻撰　**劉氏碎金一卷**　（清）劉禧延撰　清光緒二年(1876)刻本　十冊　缺二卷(說文辨疑、劉氏碎金)

330000－1749－0001542　X031031　類叢部/叢書類/自著之屬

春在堂全書三十六種　（清）俞樾撰　清同治至光緒刻光緒末彙印本　八冊　存一種

330000－1749－0001545　X031032　子部/雜著類/雜考之屬

困學紀聞注二十卷　（清）翁元圻撰　清咸豐

元年(1851)經綸堂刻本　四冊

330000－1749－0001549　X030307　子部/法家類

韓非子集解二十卷首一卷　(清)王先慎撰
清光緒二十二年(1896)刻本　六冊

330000－1749－0001554　X011027　類叢部/叢書類/彙編之屬

後知不足齋叢書四十七種　(清)鮑廷爵編
清同治至光緒常熟鮑氏刻本　三冊　存一種

330000－1749－0001556　X030401　子部/農家農學類/總論之屬

農政全書六十卷　(明)徐光啓撰　清宣統元年(1909)上海求學齋局石印本　八冊

330000－1749－0001557　X011028　類叢部/叢書類/彙編之屬

後知不足齋叢書四十七種　(清)鮑廷爵編
清同治至光緒常熟鮑氏刻本　一冊　存一種

330000－1749－0001558　X031035　子部/雜著類/雜考之屬

十駕齋養新錄二十卷餘錄三卷　(清)錢大昕撰　**錢辛楣先生年譜一卷**　(清)錢大昕編
(清)錢慶曾校註　**竹汀居士年譜續編一卷**
(清)錢慶曾撰　清光緒二年(1876)浙江書局刻本　八冊

330000－1749－0001559　X030402　子部/農家農學類/園藝之屬/總志

佩文齋廣羣芳譜一百卷目錄二卷　(清)汪灝等撰　清同治七年(1868)姑蘇亦西齋刻本
三十六冊

330000－1749－0001560　X011029　經部/小學類/文字之屬/字書/訓蒙

文字蒙求廣義四卷　(清)王筠撰　(清)韴光典補注　清光緒二十七年(1901)江楚書局刻本　五冊

330000－1749－0001562　X030403　子部/農家農學類/總論之屬

欽定授時通考七十八卷　(清)鄂爾泰等撰
清道光六年(1826)四川藩署刻本　二十四冊

330000－1749－0001563　X031036　子部/雜著類/雜考之屬

讀書雜志八十二卷餘編二卷　(清)王念孫撰
清光緒十二年(1886)刻本　二十四冊

330000－1749－0001569　X031038　子部/雜著類/雜考之屬

癸巳類稿十五卷　(清)俞正燮撰　清道光十三年(1833)王藻求日益齋刻本　五冊

330000－1749－0001572　X031039　子部/雜著類/雜考之屬

癸巳存稿十五卷　(清)俞正燮撰　清光緒十年(1884)刻本　六冊

330000－1749－0001573　X030503　子部/叢編

二十二子　(清)浙江書局編　清光緒元年至三年(1875－1877)浙江書局刻本　九冊　存一種

330000－1749－0001579　X030505　類叢部/叢書類/彙編之屬

十萬卷樓叢書五十一種　(清)陸心源編　清光緒歸安陸氏刻本　一冊　存一種

330000－1749－0001585　X060462　集部/總集類/選集之屬/通代

文選六十卷　(南朝梁)蕭統輯　(唐)李善注
清同治八年(1869)金陵書局刻本　十冊

330000－1749－0001587　X060463　集部/總集類/選集之屬/通代

文選集釋二十四卷　(清)朱珔輯　清光緒元年(1875)涇川朱氏梅村家塾刻本　十二冊

330000－1749－0001588　X021372　史部/地理類/方志之屬/郡縣志

[光緒]慈谿縣志五十六卷附編一卷　(清)楊泰亨　(清)馮可鏞纂　(清)劉一桂校補　清光緒二十三年至二十五年(1897－1899)刻本
二十四冊

330000－1749－0001589　X060464　類叢部/叢書類/彙編之屬

聚學軒叢書六十種　劉世珩編　清光緒貴池

劉世珩刻本　八冊　存一種

330000－1749－0001590　X020134　史部/紀傳類/正史之屬

二十四史附考證　清光緒二十六年（1900）上海煥文書局石印本　八冊　存一種

330000－1749－0001591　X060465　集部/總集類/選集之屬/通代

文選旁證四十六卷　（清）梁章鉅撰　清道光十四年（1834）刻本　十二冊

330000－1749－0001593　X020134、X020135、X020136、X020137　史部/紀傳類/正史之屬

四史　清光緒二十六年（1900）上海煥文書局石印本　十二冊

330000－1749－0001596　X020136　史部/紀傳類/正史之屬

二十四史附考證　清光緒二十六年（1900）上海煥文書局石印本　八冊　存一種

330000－1749－0001597　X020137　史部/紀傳類/正史之屬

二十四史附考證　清光緒二十六年（1900）上海煥文書局石印本　四冊　存一種

330000－1749－0001601　X20634　史部/政書類/公牘檔冊之屬

合肥李勤恪公政書十卷首一卷　（清）李瀚章撰　清光緒合肥李氏石印本　十冊

330000－1749－0001603　X060468　集部/總集類/選集之屬/通代

歷朝詩約選九十二卷　（清）劉大櫆輯　清光緒二十一年至二十三年（1895－1897）文徵閣刻本　二十二冊

330000－1749－0001605　X20562　子部/藝術類/書畫之屬

詩畫舫六卷　（清）點石齋輯　清光緒十四年（1888）上海點石齋石印本　六冊

330000－1749－0001606　X060469　集部/總集類/選集之屬/通代

三十家詩鈔六卷首一卷末一卷　（清）曾國藩

輯　（清）王定安增輯　清宣統元年（1909）上海崇善堂石印本　六冊

330000－1749－0001611　X20620　子部/宗教類/佛教之屬/經

大方廣佛華嚴經六十卷　（南朝宋）釋佛陀跋陀羅等譯　清光緒七年（1881）常熟刻經處刻本　十六冊

330000－1749－0001613　X060471　子部/儒家類/儒學之屬/蒙學

童蒙必讀千家詩一卷　（清）孫作詩輯　清光緒十一年（1885）刻本　一冊

330000－1749－0001614　X20619　集部/別集類/清別集

小倉山房詩集三十六卷補遺二卷　（清）袁枚撰　清乾隆刻本　十二冊

330000－1749－0001618　X20956　史部/傳記類/總傳之屬/家乘

[湖南益陽]陳氏續修支譜三卷　（清）陳全勳（清）陳環垣等修　清道光九年（1829）德星堂木活字印本　四冊

330000－1749－0001619　X20952　史部/傳記類/總傳之屬/家乘

[浙江松陽]彭城劉氏宗譜十卷　（清）松陽古市劉氏闔族修纂　清同治十年（1871）木活字印本　十冊　存八卷（一至五、八至十）

330000－1749－0001620　X020147　史部/紀傳類/正史之屬

二十四史　清同治至光緒五省官書局據汲古閣本等合刻光緒五年（1879）湖北書局彙印本　二十四冊　存一種

330000－1749－0001622　X020148　史部/紀傳類/正史之屬

宋遼金元別史五種　（清）席世臣輯　清乾隆至嘉慶南沙席氏埽葉山房刻本　六冊　存一種

330000－1749－0001625　X020149　史部/傳記類/別傳之屬/年譜

松谿程先生[文德]年譜一卷　（明）姚鳴鸞修

清光緒十八年(1892)刻本　一冊

330000－1749－0001627　X020201　史部/編年類/通代之屬

資治通鑑彙刻八種　清同治至光緒江蘇書局刻本　一百冊　存二種

330000－1749－0001628　X060476　集部/總集類/選集之屬/通代

律賦必以集二卷　（清）顧蒓輯　清光緒六年(1880)廣州菊坡精舍刻本　二冊

330000－1749－0001631　X020203　史部/編年類/斷代之屬

御撰資治通鑑綱目三編二十卷　（清）張廷玉等撰　清刻本　八冊

330000－1749－0001633　X020204　史部/編年類/通代之屬

資治通鑑彙刻八種　清同治至光緒江蘇書局刻本　六十四冊　存一種

330000－1749－0001635　X060479　類叢部/叢書類/彙編之屬

知不足齋叢書一百九十六種　（清）鮑廷博編　（清）鮑志祖續編　清乾隆三十七年至道光三年(1772－1823)長塘鮑氏刻彙印本　一冊　存一種

330000－1749－0001636　X020205　史部/編年類/通代之屬

尺木堂綱鑑易知錄九十二卷　（清）吳乘權等輯　清末善成堂刻本　四十冊

330000－1749－0001637　X021386　史部/地理類/方志之屬/郡縣志

[光緒]**諸暨縣志六十一卷**　陳遹聲修　（清）蔣鴻藻纂　清宣統二年(1910)刻本　十八冊

330000－1749－0001640　X010508、X020206、X020207、X030104、X030101、X030102、X030103、X010305、X030119、X030115、X030116、X030156　子部/叢編

二十二子　（清）浙江書局編　清光緒元年至三年(1875－1877)浙江書局刻本　十九冊　存十九種

330000－1749－0001642　X021387　史部/地理類/方志之屬/郡縣志

[光緒]**諸暨縣志六十一卷**　陳遹聲修　（清）蔣鴻藻纂　清宣統二年(1910)刻本　十八冊

330000－1749－0001643　X021388　史部/地理類/方志之屬/郡縣志

[光緒]**餘姚縣志二十七卷首一卷末一卷**　（清）周炳麟修　（清）邵友廉　（清）孫德祖纂　清光緒二十五年(1899)刻本　十六冊

330000－1749－0001644　X020209　史部/編年類/通代之屬

綱鑑正史約三十六卷附記一卷　（明）顧錫疇撰　（清）陳弘謀增訂　**甲子紀元一卷**　（清）陳弘謀撰　清同治八年(1869)浙江書局刻本　二十冊

330000－1749－0001645　X060481　集部/總集類/選集之屬/斷代

才調集補註十卷　（五代）韋縠輯　（清）殷元勳箋注　（清）宋邦綏補注　清光緒二十年(1894)江蘇書局刻本　四冊

330000－1749－0001646　X021389　史部/地理類/方志之屬/郡縣志

[光緒]**餘姚縣志二十七卷首一卷末一卷**　（清）周炳麟修　（清）邵友廉　（清）孫德祖纂　清光緒二十五年(1899)刻本　十六冊

330000－1749－0001648　X021390　史部/地理類/方志之屬/郡縣志

[光緒]**上虞縣志四十八卷首一卷末一卷**　（清）唐煦春修　（清）朱士黻纂　清光緒十六年(1890)刻本　二十冊

330000－1749－0001649　X020210　史部/編年類/通代之屬

御批歷代通鑑輯覽一百二十卷　（清）傅恒等撰　清同治十三年(1874)湖南書局刻本　七十九冊　存一百十八卷(一至八十九、九十二至一百二十)

330000－1749－0001650　X060483　集部/總集類/選集之屬/斷代

唐詩神韻集六卷 （清）王士禛編 （清）俞仍
實 （清）胡廷慶輯注 清乾隆抄本 一冊

330000－1749－0001651 X021391 史部/地
理類/方志之屬/郡縣志

[光緒]上虞縣志校續五十卷首一卷末一卷
（清）儲家藻修 （清）徐致靖纂 清光緒二十
四年至二十五年（1898－1899）刻本 二十冊

330000－1749－0001659 X020214 史部/編
年類/斷代之屬

東華錄天命朝四卷天聰朝十一卷崇德朝八卷
順治朝三十六卷康熙朝一百十卷雍正朝二十
六卷東華續錄乾隆朝一百二十卷嘉慶朝五十
卷道光朝六十卷咸豐朝一百卷 王先謙編
清光緒刻本 一百二十冊

330000－1749－0001660 X020215 史部/編
年類/斷代之屬

東華錄天命朝四卷天聰朝十一卷崇德朝八卷
順治朝三十六卷康熙朝一百十卷雍正朝二十
六卷東華續錄乾隆朝一百二十卷嘉慶朝五十
卷道光朝六十卷咸豐朝一百卷 王先謙編
清光緒十三年（1887）上海圖書集成印書局鉛
印本 六十四冊

330000－1749－0001661 X020216 史部/編
年類/斷代之屬

東華錄天命朝四卷天聰朝十一卷崇德朝八卷
順治朝三十六卷康熙朝一百十卷雍正朝二十
六卷東華續錄乾隆朝一百二十卷嘉慶朝五十
卷道光朝六十卷咸豐朝一百卷 王先謙編
清光緒十三年（1887）上海圖書集成印書局鉛
印本 三十二冊 存二百二十一卷（天命朝
一至四、天聰朝一至十一、崇德朝一至八、順
治朝一至三十六、康熙朝一至一百十、雍正朝
一至二十六，東華續錄乾隆朝一至二十六）

330000－1749－0001662 X020217 史部/編
年類/斷代之屬

東華續錄六十九卷（咸豐朝） 潘頤福編 清
光緒十八年（1892）上海圖書集成印書局鉛印
本 十六冊

330000－1749－0001663 X020218 史部/編

年類/斷代之屬

東華續錄六十九卷（咸豐朝） 潘頤福編 清
光緒十八年（1892）上海圖書集成印書局鉛印
本 十六冊

330000－1749－0001665 X020219 史部/編
年類/斷代之屬

同治朝東華續錄一百卷 王先謙編 清光緒
二十四年（1898）文瀾書局石印本 二十四冊

330000－1749－0001666 X020220 史部/編
年類/斷代之屬

同治朝東華續錄一百卷 王先謙編 清光緒
二十四年（1898）文瀾書局石印本 二十四冊

330000－1749－0001668 X020221 史部/編
年類/斷代之屬

東華錄肇要一百十四卷 （清）汪文安輯 清
光緒二十九年（1903）上海商務印書館鉛印本
二十八冊

330000－1749－0001669 X021397 史部/地
理類/方志之屬/郡縣志

[康熙]臨海縣志十五卷首一卷 （清）洪若皋
纂修 清康熙二十二年（1683）刻本 八冊

330000－1749－0001670 X050512 經部/小
學類

雷刻四種二十一卷 （清）雷浚輯 清光緒二
年至十年（1876－1884）吳縣雷氏刻本 六冊

330000－1749－0001673 X060487 集部/總
集類/選集之屬/斷代

唐文粹一百卷 （宋）姚鉉輯 清光緒十六年
（1890）杭州許增榆園刻本 十六冊

330000－1749－0001675 X0213102 史部/
地理類/方志之屬/郡縣志

[光緒]黃巖縣志四十卷首一卷附黃巖志校
議二卷 （清）陳寶善 （清）孫憙修 （清）
王棻纂 （清）陳鍾英 （清）鄭錫滋續修
王詠霓續纂 清光緒三年（1877）刻本 十
六冊

330000－1749－0001678 X0213103 史部/
地理類/方志之屬/郡縣志

[光緒]黃巖縣志四十卷首一卷附黃巖志校議二卷 （清）陳寶善 （清）孫憙修 （清）王棻纂 （清）陳鍾英 （清）鄭錫澤續修 王詠霓續纂 清光緒三年(1877)刻六年(1880)補刻本 十六冊

330000－1749－0001679 X060488 集部/總集類/選集之屬/斷代

唐文粹補遺二十六卷 （清）郭麐輯 清光緒十六年(1890)杭州許增榆園刻本 四冊

330000－1749－0001680 X050513 類叢部/叢書類/自著之屬

春在堂全書一百四十一種 （清）俞樾撰 清光緒五年(1879)德清俞氏刻本 六十四冊

330000－1749－0001682 X0213105 史部/地理類/方志之屬/郡縣志

[光緒]玉環廳志十四卷首一卷續增二卷 （清）杜冠英 （清）胥壽榮修 （清）呂鴻燾纂 （清）胡鍾駿續增 清光緒六年(1880)刻十四年(1888)增刻本 八冊

330000－1749－0001684 X0213106 史部/地理類/方志之屬/郡縣志

[康熙]金華府志三十卷 （清）張薈修 （清）沈麟趾等纂 清宣統元年(1909)嵩連石印本 十二冊

330000－1749－0001688 X060486 類叢部/叢書類/彙編之屬

粵雅堂叢書一百八十四種 （清）伍崇耀編 清道光二十九年至光緒十一年(1849－1885)南海伍氏刻彙印本 二冊 存一種

330000－1749－0001689 X050514 類叢部/叢書類/自著之屬

春在堂全書一百六十八種 （清）俞樾撰 清光緒二十五年(1899)德清俞氏刻本 一百四十冊

330000－1749－0001690 X060489 集部/總集類/選集之屬/斷代

唐律賦鈔不分卷 （清）潘遵祁輯 清道光二十八年(1848)三松堂刻本 二冊

330000－1749－0001691 X060490 集部/總集類/選集之屬/斷代

國朝詩別裁集三十六卷 （清）沈德潛輯並評 清光緒九年(1883)點石齋石印本 十二冊

330000－1749－0001692 X060492 集部/總集類/選集之屬/斷代

國朝駢體正宗評本十二卷補編一卷 （清）曾燠輯 （清）姚燮評 （清）張壽榮參 清光緒十一年(1885)鎮海張氏花雨樓刻朱墨套印本 六冊 缺一卷（補編）

330000－1749－0001693 X020302 史部/紀事本末類/斷代之屬

聖武記十四卷 （清）魏源撰 清道光二十四年(1844)京都琉璃廠刻本 十冊

330000－1749－0001695 X020401 史部/雜史類/斷代之屬

戰國策三十三卷 （漢）高誘注 重刻剡川姚氏本戰國策札記三卷 （清）黃丕烈撰 清同治八年(1869)湖北崇文書局刻本 五冊

330000－1749－0001696 X0213109 史部/地理類/方志之屬/郡縣志

光緒蘭谿縣志八卷首一卷 （清）秦簧 （清）邵秉經修 （清）唐壬森纂 清光緒十三年至十五年(1887－1889)刻本 十冊

330000－1749－0001698 X0213110 史部/地理類/方志之屬/郡縣志

光緒蘭谿縣志八卷首一卷附補遺一卷 （清）秦簧 （清）邵秉經修 （清）唐壬森纂 清光緒十三年至十五年(1887－1889)刻十七年(1891)增刻本 六冊 缺三卷（二、四，補遺）

330000－1749－0001703 X0213115 史部/地理類/方志之屬/郡縣志

[康熙]衢州府志首一卷 （清）楊廷望 （清）金玉衡纂修 清光緒八年(1882)安陸劉國光刻本 十二冊

330000－1749－0001706 X020406 史部/雜史類/斷代之屬

國語二十一卷 （三國吳）韋昭注 校刊明道

本韋氏解國語札記一卷 （清）黃丕烈撰　**明**
道本考異四卷 （清）汪遠孫撰　清光緒三年
(1877)永康胡氏退補齋刻本　五冊

330000－1749－0001709　X0213118　史部/
地理類/方志之屬/郡縣志

[同治]江山縣志十二卷首一卷末一卷 （清）
王彬修 （清）孫晉梓修 （清）朱寶慈等纂
清同治十二年(1873)文溪書院刻本　八冊

330000－1749－0001711　X0213121　史部/
地理類/方志之屬/郡縣志

[光緒]永嘉縣志三十八卷首一卷 （清）張寶
琳修 （清）王棻 （清）孫詒讓纂　清光緒八
年(1882)溫州維新書局刻民國二十四年
(1935)劉景晨補刻本　三十冊

330000－1749－0001712　X0213125　史部/
地理類/方志之屬/郡縣志

[光緒]樂清縣志十六卷首一卷 （清）李登雲
 （清）錢寶鎔修 （清）陳珅等纂　清光緒二
十七年(1901)東甌郭博古齋刻民國元年
(1912)高誼校印本　二十冊

330000－1749－0001715　X020412　史部/雜
史類/斷代之屬

小腆紀年附考二十卷 （清）徐鼒撰　清光緒
十二年(1886)扶桑使廨鉛印本　十二冊

330000－1749－0001716　X0213127　史部/
地理類/方志之屬

[光緒]縉雲縣志十六卷首一卷末一卷 （清）
何乃容 （清）葛華修 （清）潘樹棠纂　清光
緒七年(1881)刻本　十二冊

330000－1749－0001718　X0213128　史部/
地理類/方志之屬/郡縣志

[同治]景寧縣志十四卷首一卷末一卷 （清）
周杰修 （清）嚴用光等纂　清同治十一年至
十二年(1872－1873)刻本　八冊

330000－1749－0001720　X0213129　史部/
地理類/方志之屬/郡縣志

[同治]景寧縣志十四卷首一卷末一卷 （清）
周杰修 （清）嚴用光等纂　清同治十一年至

十二年(1872－1873)刻本　八冊

330000－1749－0001721　X020415　史部/雜
史類/斷代之屬

湘軍志十六卷 王闓運撰　清光緒十二年
(1886)成都墨香書屋刻本　四冊

330000－1749－0001722　X0750103　類叢
部/叢書類/彙編之屬

古逸叢書二十六種 （清）黎庶昌編　清光緒
八年至十年(1882－1884)黎庶昌日本東京使
署影刻本　四十九冊　存二十五種

330000－1749－0001724　X020416　史部/雜
史類/斷代之屬

湘軍志十六卷 王闓運撰　清光緒十二年
(1886)成都墨香書屋刻本　四冊

330000－1749－0001727　X020417　史部/雜
史類/斷代之屬

湘軍水陸戰紀十六卷 （清）曾國藩撰 （清）
鮑叔衡輯　清光緒十一年(1885)京都同文堂
石印本　二冊

330000－1749－0001728　X020418　史部/雜
史類/斷代之屬

湘軍記二十卷 （清）王定安撰　清光緒十五
年(1889)上海書局石印本　四冊

330000－1749－0001731　X0213202　史部/
地理類/方志之屬/郡縣志

[嘉慶]長安縣志三十六卷 （清）張聰賢修
(清)董曾臣纂　清嘉慶二十年(1815)刻本
六冊

330000－1749－0001733　X0213207　史部/
地理類/方志之屬

[乾隆]西域總志四卷 （清）七十一撰
(清)周宅仁編輯　清嘉慶八年(1803)刻本
三冊　缺一卷(二)

330000－1749－0001734　X0213208　史部/
地理類/雜志之屬

天咫偶聞十卷 震鈞撰　清光緒三十三年
(1907)甘棠轉舍刻本　八冊

330000－1749－0001738　X0213225　史部/
地理類/專志之屬/古跡

平山堂圖志十卷首一卷　（清）趙之璧纂　清
光緒九年(1883)歐陽利見刻本　四冊

330000－1749－0001742　X0750501　類叢
部/叢書類/自著之屬

施愚山先生全集五種附一種　（清）施閏章撰
　清康熙至乾隆刻彙印本　二十二冊

330000－1749－0001747　X0750502　類叢
部/叢書類/自著之屬

杭大宗七種叢書　清乾隆杭賓仁羊城刻本
三冊

330000－1749－0001754　X020438　類叢部/
叢書類/郡邑之屬

武林掌故叢編一百九十種　（清）丁丙輯　清
光緒三年至二十六年(1877－1900)錢塘丁氏
嘉惠堂刻本　八冊　存一種

330000－1749－0001759　X020443　類叢部/
叢書類/自著之屬

庸庵全集七種　（清）薛福成撰　清光緒十年
至二十四年(1884－1898)無錫薛氏刻本　四
冊　存一種

330000－1749－0001760　X0213229　類叢
部/叢書類/郡邑之屬

武林掌故叢編一百九十種　（清）丁丙編　清
光緒三年至二十六年(1877－1900)錢塘丁氏
嘉惠堂刻本　一冊　存一種

330000－1749－0001761　X0213230　史部/
地理類/專志之屬

天童寺志十卷首一卷　（清）德介纂　清雍正
刻本　四冊

330000－1749－0001762　X020444　史部/雜
史類

求野錄一卷也是錄一卷　（明）客溪樵隱編
清抄本　一冊

330000－1749－0001767　X0213234　史部/
地理類/專志之屬/祠墓

岳廟志略十卷首一卷　（清）馮培輯　清光緒

五年(1879)浙江書局刻本　四冊

330000－1749－0001769　X0213235　史部/
地理類/專志之屬/祠墓

忠武祠墓志七卷首一卷末一卷　（清）李復心
編　清同治五年至六年(1866－1867)山陰莫
增奎沔署刻本　四冊

330000－1749－0001778　X0213243　史部/
地理類/山川之屬/山志

廬山志十五卷首一卷　（清）毛德琦撰　清康
熙五十九年(1720)順德堂刻乾隆至宣統遞修
本　十六冊

330000－1749－0001779　X020453　子部/宗
教類/其他宗教之屬/基督教

教務紀略四卷首一卷末一卷　李剛己輯　魏
家驊等修訂　清光緒三十一年(1905)南洋官
報局刻本　二冊

330000－1749－0001780　X0213245　史部/
地理類/山川之屬/水志

水經注圖一卷附錄一卷　（清）汪士鐸撰　清
同治元年(1862)刻本　一冊

330000－1749－0001781　X0213246　史部/
地理類/山川之屬/水志

水道提綱二十八卷　（清）齊召南撰　清光緒
四年(1878)津門徐士鑾霞城精舍刻本　八冊

330000－1749－0001783　X020505　史部/載
記類

十六國春秋一百卷　（北魏）崔鴻撰　清光緒
十二年(1886)湖北官書處刻本　十二冊

330000－1749－0001784　X020506　史部/雜
史類/斷代之屬

十國春秋一百十四卷　（清）吳任臣撰　**拾遺**
一卷備考一卷拾遺備考補一卷　（清）周昂輯
　清光緒十二年(1886)刻本　十八冊

330000－1749－0001785　X20951　史部/傳
記類/總傳之屬/家乘

[湖南湘鄉]蕭氏續修族譜三十一卷首三卷
（清）蕭鍾崟等纂修　清宣統二年(1910)敦本
堂木活字印本　三十五冊

330000 – 1749 – 0001786　X020508　新學/史志/別國史

東洋史要二卷坿圖一卷　（日本）桑元隲藏撰　樊炳清譯　清光緒二十五年(1899)東文學社石印本　四冊

330000 – 1749 – 0001788　X0213248　類叢部/叢書類/郡邑之屬

武林掌故叢編一百九十種　（清）丁丙編　清光緒三年至二十六年(1877 – 1900)錢塘丁氏嘉惠堂刻本　十二冊　存一種

330000 – 1749 – 0001789　X0213249　史部/地理類/山川之屬/水志

西湖志四十八卷　（清）李衛　（清）程元章修　（清）傅王露撰　清光緒四年(1878)浙江書局刻本　二十冊

330000 – 1749 – 0001793　X011096　經部/小學類/音韻之屬/韻書

詩韻合璧五卷分韻文選題解擇要一卷　（清）湯祥瑟輯　清光緒三年(1877)寄螺齋刻本　五冊

330000 – 1749 – 0001794　X011097　經部/小學類/音韻之屬/韻書

增廣詩韻全璧五卷　（清）湯祥瑟輯　清光緒十七年(1891)上海錦章圖書局石印本　六冊

330000 – 1749 – 0001796　X011099　經部/小學類/音韻之屬/韻書

增廣詩韻全璧六卷　（清）奕詢編　清光緒十八年(1892)上洋鴻寶齋石印本　六冊　存五卷(一至三、五至六)

330000 – 1749 – 0001804　X050515　類叢部/叢書類/自著之屬

桐城吳先生全書六種附二種　（清）吳汝綸撰　清光緒三十年(1904)王恩綏等刻本　十三冊　存六種

330000 – 1749 – 0001824　X030602　子部/天文曆算類/天文之屬

御製曆象考成後編十卷　（清）顧琮等輯　清光緒二十二年(1896)上海書局石印本　十冊

330000 – 1749 – 0001829　X20537　子部/宗教類/佛教之屬/諸宗

釋門應用文疏四種　清同治八年至十年(1869 – 1871)刻本　一冊　存一種

330000 – 1749 – 0001831　X20538　子部/藝術類/書畫之屬/書法書品

太倉沈敬亭先生真蹟不分卷　（清）沈起元書　清光緒三十三年(1907)影印本　一冊

330000 – 1749 – 0001833　X20539　經部/小學類/文字之屬/字書/字體

集字避複一卷　曾廣鈞輯　清光緒二十九年(1903)星沙忠襄公祠刻本　一冊

330000 – 1749 – 0001836　X031049　子部/雜著類/雜考之屬

羣書拾補不分卷　（清）盧文弨撰　清抱經堂刻本　五冊

330000 – 1749 – 0001839　X20541　類叢部/叢書類/彙編之屬

崇文書局彙刻書三十一種　（清）崇文書局編　清光緒元年至三年(1875 – 1877)湖北崇文書局刻本　一冊　存一種

330000 – 1749 – 0001840　X20542　子部/儒家類/儒學之屬/經濟

中說十卷　（隋）王通撰　（宋）阮逸注　清光緒十六年(1890)貴陽陳氏影宋刻本　一冊

330000 – 1749 – 0001844　X030604　新學/天學

談天十八卷首一卷附表一卷　（英國）侯失勒撰　（英國）偉烈亞力口譯　（清）李善蘭筆述　清光緒江南製造總局刻本　四冊

330000 – 1749 – 0001846　X031405　子部/叢編

子書二十三種　（清）浙江書局編　清光緒二十三年(1897)上海圖書集成局鉛印本　二冊　存一種

330000 – 1749 – 0001847　X030605　子部/天文曆算類/算書之屬

觀我生室匯稿　（清）羅士琳撰　清道光刻本

十冊　存一種

330000－1749－0001849　X030606　子部/天
文曆算類/算書之屬

**四元玉鑑細草三卷四象細草假令之圖一卷附
補增一卷**　（清）羅士琳撰　**四元釋例一卷**
（清）易之瀚撰　清末石印本　六冊　存四卷
（四元玉鑑細草一至三、四元釋例）

330000－1749－0001854　X030607　子部/天
文曆算類/算書之屬

幾何原本十五卷　（意大利）利瑪竇口譯
（明）徐光啟筆述　（清）李善蘭續述　清同治
四年(1865)金陵刻本　八冊

330000－1749－0001856　X031051　子部/小
說家類/雜事之屬

漁磯漫鈔十卷　（清）汪琇瑩　（清）雷琳
（清）莫劍光輯　清道光二十年(1840)刻本
二冊

330000－1749－0001857　X030608　子部/天
文曆算類/算書之屬

御製數理精蘊上編五卷下編四十卷表八卷
（清）聖祖玄燁撰　清光緒八年(1882)上海大
同書局石印本　二十四冊

330000－1749－0001861　X030609　新學/算
學/微積

代微積拾級十八卷　（美國）羅密士撰　（英
國）偉烈亞力口譯　（清）李善蘭筆述　清咸
豐九年(1859)墨海刻本　三冊

330000－1749－0001865　X030610　子部/天
文曆算類/算書之屬

增刪算法統宗十一卷首一卷　（明）程大位撰
（清）梅瑴成增刪　**重刊梅文穆公增刪算法
統宗校算記一卷**　（清）賈步緯撰　清光緒三
年(1877)江南機器製造局刻本　四冊　缺一
卷(校算記)

330000－1749－0001866　X031409　類叢部/
叢書類/彙編之屬

半畝園叢書三十種　（清）吳坤修編　清同治
新建吳氏皖城刻本　四冊　存一種

330000－1749－0001868　X030611　子部/天
文曆算類/算書之屬

九數通考十一卷首一卷末一卷　（清）屈曾發
撰　清乾隆三十七年(1772)豫簪堂刻同治十
一年(1872)常熟潘欲仁補刻十二年(1873)德
慶堂印本　五冊

330000－1749－0001869　X030612　子部/天
文曆算類/算書之屬

九數通考十一卷首一卷末一卷　（清）屈曾發
撰　清乾隆三十七年(1772)豫簪堂刻同治十
一年(1872)常熟潘欲仁補刻十二年(1873)德
慶堂印本　五冊

330000－1749－0001872　X030613　子部/天
文曆算類/算書之屬

數學精詳十一卷首一卷末一卷　（清）屈曾發
輯　清光緒八年(1882)刻本　六冊

330000－1749－0001874　X031410　子部/道
家類

莊子集釋十卷　（清）郭慶藩撰　清光緒二十
年(1894)思賢講舍刻本　八冊

330000－1749－0001878　X030614　子部/天
文曆算類/算書之屬

西算新法直解八卷丈田繪圖章程一卷　（清）
馮桂芬輯　清光緒二年(1876)吳縣馮氏校邠
廬刻本　四冊

330000－1749－0001881　X030615　子部/天
文曆算類/算書之屬

行素軒算稿九種　（清）華蘅芳撰　清光緒八
年(1882)梁谿華氏刻本　四冊　存一種

330000－1749－0001882　X030616　子部/天
文曆算類/算書之屬

行素軒算稿九種　（清）華蘅芳撰　清光緒八
年(1882)梁谿華氏刻本　六冊　存一種

330000－1749－0001886　X20552　類叢部/
叢書類/彙編之屬

弢園叢書　（清）王韜編　清光緒鉛印本　二
冊　存一種

330000－1749－0001888　X030617　新學/算

學/微積

微積溯源八卷 （英國）華里司輯 （英國）傅蘭雅口譯 （清）華蘅芳筆錄 清光緒二十二年（1896）上海著易堂石印本 二冊

330000－1749－0001892 X030618 子部/天文曆算類/算書之屬

古籌算考釋六卷 勞乃宣撰 清光緒十二年（1886）保山劉樹堂完縣官舍刻本 六冊

330000－1749－0001894 X031102 類叢部/類書類/通類之屬

增補事類統編九十三卷首一卷 （清）黃葆真輯 清同治十年（1871）刻本 四十八冊

330000－1749－0001895 X030619 子部/天文曆算類/算書之屬

算牖四卷 （清）許桂林撰 清光緒十三年（1887）行素堂刻本 二冊

330000－1749－0001898 X030620 子部/天文曆算類/算書之屬

九數存古九卷 （清）顧觀光撰 清光緒十八年（1892）江蘇書局刻本 四冊

330000－1749－0001903 X030621 子部/天文曆算類/算書之屬

數學上編十三卷 曹汝英撰 清光緒二十九年（1903）羊城刻本 四冊

330000－1749－0001905 X031104 類叢部/類書類/通類之屬

太平御覽一千卷目録十五卷 （宋）李昉等輯 清光緒二十年（1894）積山書局石印本 三十二冊

330000－1749－0001908 X031105 類叢部/類書類/通類之屬

玉海二百卷辭學指南四卷詩攷一卷詩地理攷六卷漢藝文志攷證十卷通鑑地理通釋十四卷周書王會補注一卷漢制攷四卷踐阼篇集解一卷急就篇補注四卷姓氏急就篇二卷小學紺珠十卷六經天文編二卷周易鄭康成注一卷通鑑答問五卷 （宋）王應麟撰 **校補玉海瑣記二卷王深寧先生年譜一卷** （清）張大昌撰 清

光緒九年至十六年（1883－1890）浙江書局刻本 一百二十二冊

330000－1749－0001910 X030623 新學/格致總

格致啓蒙四卷 （英國）羅斯古纂 （美國）林樂知 （清）鄭昌棪譯 清光緒二十二年（1896）上海著易堂書局鉛印本 四冊

330000－1749－0001913 X030624 子部/天文曆算類/算書之屬

中西算學大成一百卷 （清）陳維祺等撰 清光緒十五年（1889）上海書局石印本 二十四冊

330000－1749－0001914 X030625 子部/天文曆算類/算書之屬

中西算學大成一百卷 （清）陳維祺等撰 清光緒二十七年（1901）上海書局刻本 二十冊

330000－1749－0001917 X031411 子部/道家類

莊子集解八卷 王先謙撰 清宣統元年（1909）思賢書局刻本 四冊

330000－1749－0001925 X030801 子部/藝術類/書畫之屬/總論

庚子銷夏記八卷 （清）孫承澤撰 清宣統三年（1911）掃葉山房石印本 四冊

330000－1749－0001929 X030802 類叢部/叢書類/彙編之屬

嘯園叢書五十七種 （清）葛元煦編 清光緒二年至七年（1876－1881）仁和葛氏刻本 四冊 存二種

330000－1749－0001936 X030804 子部/藝術類/書畫之屬/總論

御覽書苑菁華二十卷 （宋）陳思撰 清同治十三年（1874）刻本 六冊

330000－1749－0001940 X030806 經部/小學類/文字之屬/字書/字體

楷法溯源十四卷帖目一卷古碑目一卷 （清）潘存孺輯 楊守敬編 清光緒三年至四年（1877－1878）刻本 八冊 缺一卷（古碑目）

330000－1749－0001951　X031114　類叢部/
類書類/通類之屬

淵鑑類函四百五十卷目錄四卷　（清）張英
（清）王士禛等輯　清光緒九年（1883）上海點
石齋石印本　十冊

330000－1749－0001954　X031115　類叢部/
類書類/專類之屬

格致鏡原一百卷　（清）陳元龍撰　清光緒二
十二年（1896）積山書局石印本　十六冊

330000－1749－0001958　X031116　類叢部/
類書類/通類之屬

續廣事類賦三十卷　（清）王鳳喈撰並注　清
嘉慶六年（1801）刻本　十六冊

330000－1749－0001962　X031117　子部/儒
家類/儒學之屬/蒙學

幼學求源三十三卷　（清）程登吉撰　（清）鄒
聖脈增補　（清）董成注　清道光二十二年
（1842）刻本　八冊

330000－1749－0001966　X031420　子部/
叢編

二十二子　（清）浙江書局編　清光緒元年至
三年（1875－1877）浙江書局刻本　二冊　存
一種

330000－1749－0001967　X031118　類叢部/
類書類/通類之屬

角山樓增補類腋六十七卷　（清）姚培謙輯
（清）趙克宜增輯　清咸豐七年（1857）趙克宜
角山樓刻本　二十四冊

330000－1749－0001970　X031421　子部/
叢編

二十二子　（清）浙江書局編　清光緒元年至
三年（1875－1877）浙江書局刻本　二冊　存
一種

330000－1749－0001973　X031119　類叢部/
類書類/專類之屬

王先生十七史蒙求十六卷　（宋）王令撰　清
道光二十八年（1848）大文堂刻本　二冊

330000－1749－0001977　X031422　類叢部/

叢書類/彙編之屬

新斠平津館叢書十集三十四種　（清）孫星衍
編　清光緒十年至十五年（1884－1889）吳縣
朱氏槐廬家塾刻本　六冊　存三種

330000－1749－0001979　X20579　集部/總
集類/題詠之屬

五湖魚莊圖題詞四卷　（清）葉承桂輯　清咸
豐三年（1853）葉氏石林園刻本　二冊

330000－1749－0001982　X031120　類叢部/
類書類/專類之屬

子史精華一百六十卷　（清）吳士玉　（清）吳
襄等輯　清刻本　四十二冊　存一百三十八
卷（三至二十五、三十一至三十三、三十八至
七十八、八十一至一百二十二、一百二十六至
一百三十二、一百三十六至一百四十九、一百
五十三至一百六十）

330000－1749－0001998　X20654　史部/雜
史類/斷代之屬

明季稗史彙編十六種　（清）留雲居士輯　清
都城琉璃廠刻本　十二冊

330000－1749－0001999　X031056　子部/
叢編

二十二子　（清）浙江書局編　清光緒元年至
三年（1875－1877）浙江書局刻本　三冊　存
一種

330000－1749－0002005　X0213254　集部/
別集類/清別集

西泠閨詠十六卷　（清）陳文述撰　（清）龔玉
晨編　清光緒十三年（1887）西泠翠螺閣刻本
四冊

330000－1749－0002006　X0213259　史部/
地理類/防務之屬/海防

防海輯要十八卷首一卷　（清）俞昌會撰　清
光緒十一年（1885）星沙明遠書局刻本　十
二冊

330000－1749－0002007　X0213260　史部/
地理類/防務之屬/海防

虎門砲台圖說一卷　（清）陳坤輯　清同治十

二年(1873)油印本　一冊

330000－1749－0002009　X0213262　史部/
地理類/外紀之屬

日本國志四十卷首一卷　(清)黃遵憲輯　清
光緒二十四年(1898)浙江書局刻本　十冊

330000－1749－0002010　X021401　類叢部/
叢書類/彙編之屬

慎始基齋叢書十一種　盧靖編　清光緒沔陽
盧氏刻民國十二年(1923)彙印本　一冊　存
一種

330000－1749－0002012　X060493　集部/總
集類/選集之屬/斷代

國朝駢體正宗續編八卷　(清)張鳴珂輯　清
光緒十四年(1888)寒松閣刻本　四冊

330000－1749－0002014　X021404　史部/目
錄類/通論之屬

藏書紀事詩七卷　葉昌熾撰　清宣統二年
(1910)刻本　六冊

330000－1749－0002019　X020702　史部/史
抄類

廿一史約編八卷首一卷　(清)鄭元慶撰　清
上洋江左書林刻本　八冊

330000－1749－0002022　X021414　史部/目
錄類/總錄之屬/官修

欽定四庫全書總目二百卷首四卷　(清)紀昀
等撰　清宣統二年(1910)存古齋石印本　三
十二冊

330000－1749－0002023　X021415　史部/目
錄類/總錄之屬/官修

**欽定四庫全書總目二百卷首一卷四庫未收書
目提要五卷**　(清)紀昀等撰　清光緒二十年
(1894)上海點石齋石印本　二十冊

330000－1749－0002024　X020801　史部/史
評類/史論之屬

讀通鑑論三十卷　(清)王夫之撰　清光緒二
十七年(1901)簡青書局石印本　三冊　存
十四卷(十七至三十)

330000－1749－0002025　X021416　史部/目
錄類/總錄之屬/官修

欽定四庫全書簡明目錄二十卷　(清)紀昀等
撰　清光緒二十年(1894)上海點石齋石印本
四冊

330000－1749－0002026　X020802　史部/史
評類/史論之屬

宋論十五卷　(清)王夫之撰　清光緒二十七
年(1901)簡青書局石印本　二冊

330000－1749－0002036　X020901　史部/傳
記類/總傳之屬/仕宦

歷代名臣言行錄二十四卷　(清)朱桓輯　清
光緒二十八年(1902)上海煥文書局石印本
一冊　存三卷(一至三)

330000－1749－0002039　X020906　史部/傳
記類/總傳之屬/仕宦

史外八卷　(清)汪有典撰　清同治三年
(1864)廬陵尋樂山房刻本　八冊

330000－1749－0002040　X020911　史部/傳
記類/總傳之屬/斷代

崇禎五十宰相傳一卷　(清)曹溶撰　清宣統
三年(1911)上海國學扶輪社鉛印本　一冊

330000－1749－0002045　X020914　史部/傳
記類/總傳之屬/斷代

清朝先正事略十六卷　(清)李元度纂　清末
上海鴻章書局石印本　十六冊

330000－1749－0002047　X020915　史部/傳
記類/總傳之屬/仕宦

紫光閣功臣小像並湘軍平定粵匪戰圖一卷
(清)彭鴻年輯　(清)吳嘉猷等繪　清光緒二
十七年(1901)上海點石齋石印本　一冊

330000－1749－0002049　X060497　集部/總
集類/選集之屬/斷代

清人賦三十一首批註一卷　清抄本　一冊

330000－1749－0002050　X021425　史部/目
錄類/專錄之屬

小學考五十卷　(清)謝啟昆撰　清咸豐二年
(1852)謝氏樹經堂刻本　十六冊

330000－1749－0002053　X020920　史部/傳記類/總傳之屬/儒林

國朝漢學師承記八卷國朝經師經義目錄一卷
國朝宋學淵源記二卷附記一卷　（清）江藩撰
清光緒十三年(1887)萬卷書室刻本　四冊

330000－1749－0002054　X060498　集部/總集類/選集之屬/斷代

八家四六文註八卷首一卷　（清）吳鼒輯
（清）許貞幹注　**補註一卷**　陳衍撰　清光緒
十八年(1892)上海圖書集成印書局鉛印本
八冊

330000－1749－0002055　X020921　史部/傳記類/總傳之屬/儒林

理學宗傳二十六卷　（清）孫奇逢撰　（清）魏
一鰲等編　清光緒六年(1880)浙江書局刻本
十冊　存二十一卷(六至二十六)

330000－1749－0002058　X020923　史部/傳記類/總傳之屬

圖繪寶鑒八卷　（元）夏文彥撰　（明）毛大倫
增補　清怡堂刻本　四冊

330000－1749－0002061　X060499　集部/總集類/郡邑之屬

嶺南三大家詩選二十四卷　（清）王隼編　清
同治七年(1868)南海陳氏刻本　五冊

330000－1749－0002072　X0604101　集部/總集類/課藝之屬

目耕齋讀本初集不分卷　（清）徐楷評註
（清）沈叔眉選刊　清光緒五年(1879)京都刻
本　六冊

330000－1749－0002085　X020930　類叢部/叢書類/彙編之屬

清風室叢刊(清風室叢書)二十種　（清）錢保
塘編　清同治十年至民國二十五年(1871－
1936)海寧錢氏清風室刻本　八冊　存一種

330000－1749－0002091　X020931　史部/傳記類/總傳之屬/姓名

百家姓考略一卷　（清）王相箋注　清末刻本
一冊

330000－1749－0002093　X020932　史部/傳記類/別傳之屬/事狀

東家雜記二卷首一卷　（宋）孔傳撰　**校譌一卷**　（清）胡珽撰　清刻本　一冊

330000－1749－0002094　X021502　史部/金石類/總志之屬

金石索十二卷首一卷　（清）馮雲鵬　（清）馮
雲鵷輯　清道光元年至十五年(1821－1835)
紫琅馮氏邃古齋滋陽刻本　十二冊

330000－1749－0002095　X021506　史部/金石類/總志之屬

金石萃編一百六十卷　（清）王昶撰　清光緒
十九年(1893)上海醉六堂石印本　十八冊

330000－1749－0002096　X020933　史部/傳記類/別傳之屬/事狀

鄂國金陀稡編二十八卷續編三十卷　（宋）岳
珂編　清光緒九年(1883)浙江書局刻本　十
二冊

330000－1749－0002098　X021507　史部/金石類/總志之屬

金石續編二十一卷首一卷　（清）陸耀遹撰
（清）陸增祥校訂　清光緒十九年(1893)上海
醉六堂石印本　六冊

330000－1749－0002099　X021508　史部/金石類/總志之屬

二銘艸堂金石聚十六卷　（清）張德容輯　清
同治十一年(1872)衢州張氏二銘艸堂刻本
十六冊

330000－1749－0002100　X021509　經部/小學類/文字之屬/字書/字典

廣金石韻府五卷附玉篇字畧一卷　（明）朱時
望撰　（清）林尚葵廣輯　（清）張鳳藻增注
清咸豐七年(1857)巴郡張氏理董軒刻本　十
一冊

330000－1749－0002101　X0604105　類叢部/叢書類/彙編之屬

知不足齋叢書一百九十六種　（清）鮑廷博編
（清）鮑志祖續編　清乾隆三十七年至道光

三年(1772－1823)長塘鮑氏刻彙印本　一册
存一種

330000－1749－0002102　X0604106　集部/
詩文評類

養一齋詩話十卷附李杜詩話三卷　（清）潘德
興撰　清道光十六年(1836)刻本　四册

330000－1749－0002116　X0604122　類叢
部/叢書類/彙編之屬

粵雅堂叢書一百八十四種　（清）伍崇耀編
清道光二十九年至光緒十一年(1849－1885)
南海伍氏刻彙印本　三册　存一種

330000－1749－0002118　X020934　史部/傳
記類/別傳之屬/事狀

鄂國金陀稡編二十八卷續編三十卷　（宋）岳
珂編　清光緒九年(1883)浙江書局刻本　十
二册

330000－1749－0002121　X020937　史部/傳
記類/別傳之屬/事狀

新出張文襄公事畧一卷　（清）聽雨樓主人撰
清末石印本　一册

330000－1749－0002122　X020942　史部/傳
記類/別傳之屬/年譜

孔子編年五卷　（宋）胡仔編　清同治九年
(1870)胡湛刻本　二册

330000－1749－0002126　X021510　史部/金
石類/總志之屬

金石契不分卷　（清）張燕昌撰　清光緒二十
二年(1896)貴池劉氏聚學軒刻本　四册

330000－1749－0002127　X020946　集部/別
集類/宋別集

**東坡集四十卷後集二十卷奏議十五卷內制集
十卷樂語一卷外制集三卷應詔集十卷續集十
二卷**　（宋）蘇軾撰　**東坡集校記二卷**　繆荃
孫撰　**宋史本傳一卷**　（元）脫脫撰　**東坡先
生年譜一卷**　（宋）王宗稷撰　**東坡先生墓誌
銘一卷**　（宋）蘇轍撰　清光緒三十四年至宣
統二年(1908－1910)寶華盦刻本　一册　存
二卷(宋史本傳、東坡先生年譜)

330000－1749－0002130　X020948　史部/傳
記類/別傳之屬/年譜

朱子年譜四卷考異四卷　（清）王懋竑撰　**朱
子論學切要語二卷**　（清）王懋竑輯　清乾隆
十七年(1752)寶應王氏白田草堂刻清末浙江
書局補刻本　四册

330000－1749－0002135　X020951　史部/傳
記類/別傳之屬/年譜

顧亭林先生[炎武]年譜一卷　（清）吳映奎重
輯　（清）車持謙增纂　清道光十九年(1839)
刻本　二册

330000－1749－0002136　X021515　史部/金
石類/郡邑之屬/文字

兩浙金石志十八卷補遺一卷　（清）阮元撰
清光緒十六年(1890)浙江書局刻本　十二册
缺一卷(補遺)

330000－1749－0002137　X021517　史部/金
石類/金之屬

長安獲古編二卷補編一卷　（清）劉喜海撰
清同治東武劉氏刻光緒三十一年(1905)丹徒
劉鶚補刻本　一册

330000－1749－0002139　X020952　史部/傳
記類/別傳之屬/年譜

顧亭林先生[炎武]年譜一卷　（清）張穆編
清道光二十四年(1844)刻本　一册

330000－1749－0002162　X20573　類叢部/
叢書類/彙編之屬

滂喜齋叢書五十種　（清）潘祖蔭編　清同治
至光緒吳縣潘氏京師刻本　二册　存一種

330000－1749－0002167　X021541　史部/金
石類/錢幣之屬

古泉叢話三卷又一卷　（清）戴熙撰　清同治
十一年(1872)潘氏滂喜齋刻本　二册　存三
卷(古泉叢話一至三)

330000－1749－0002168　X021002　史部/政
書類

九通全書　（清）□□輯　清光緒二十七年至
二十八年(1901－1902)貫吾齋石印本　二十

一冊　存三百四十八卷(文獻通考一至三百四十八)

330000 - 1749 - 0002171　X021543　史部/金石類/石之屬/義例

碑版文廣例十卷　(清)王芑孫撰　清道光二十一年(1841)長洲王氏刻本　四冊

330000 - 1749 - 0002172　X021006　史部/政書類/通制之屬

大元聖政國朝典章六十卷附新集至治條例不分卷　清光緒三十四年(1908)刻本　二十四冊

330000 - 1749 - 0002173　X021544　史部/金石類/郡邑之屬/目錄

寰宇訪碑錄十二卷　(清)孫星衍　(清)邢澍撰　清抄本　四冊

330000 - 1749 - 0002174　X021545　史部/金石類/石之屬

校補石鼓文音訓一卷　(清)周庠撰　清光緒二十三年(1897)刻本　一冊

330000 - 1749 - 0002176　X021007　史部/政書類/儀制之屬/典禮

文廟通考六卷首一卷　(清)牛樹梅撰　清同治十一年(1872)浙江書局刻本　二冊

330000 - 1749 - 0002177　X021008　史部/政書類/邦計之屬/荒政

欽定康濟錄四卷　(清)陸曾禹撰　(清)倪國璉釐正　清同治三年(1864)浙江撫署刻本　三冊

330000 - 1749 - 0002178　X021009　史部/政書類/邦交之屬

中外交涉類要表四卷光緒通商綜覈表十六卷附中西紀年周始表一卷　(清)錢學嘉撰　清光緒十四年(1888)歸安錢氏刻本　二冊

330000 - 1749 - 0002182　X021553　史部/金石類/玉之屬

古玉圖攷不分卷　(清)吳大澂撰　清光緒十五年(1889)上海同文書局石印本　四冊

330000 - 1749 - 0002197　X021560　類叢部/叢書類/彙編之屬

蟫隱廬叢書十八種　羅振常編　清宣統二年至民國二十五年(1910 - 1936)上虞羅氏謄寫及鉛印本民國三十三年(1944)吳興周延年彙印本　一冊　存一種

330000 - 1749 - 0002199　X021561　類叢部/叢書類/彙編之屬

蟫隱廬叢書十八種　羅振常編　清宣統二年至民國二十五年(1910 - 1936)上虞羅氏謄寫及鉛印本民國三十三年(1944)吳興周延年彙印本　一冊　存一種

330000 - 1749 - 0002210　X021030　史部/政書類/律令之屬/刑制

大清現行刑律案語不分卷　沈家本　俞廉三輯　清宣統元年(1909)法律館鉛印本　四十二冊

330000 - 1749 - 0002211　X021031　史部/政書類/律令之屬/刑制

核訂現行刑律不分卷　沈家本編　清宣統元年(1909)鉛印本　六冊

330000 - 1749 - 0002213　X021032　史部/政書類/律令之屬/律例

欽定戶部則例一百卷首一卷　(清)載齡等修　(清)惠祥等纂　清同治十三年(1874)刻本　六十冊

330000 - 1749 - 0002215　X021603　史部/紀事本末類

歷朝紀事本末七種　(清)陳如升　(清)朱記榮輯　清光緒二十一年(1895)上海積山書局石印本　五十冊

330000 - 1749 - 0002216　X021033　史部/政書類/通制之屬

資治新書十四卷首一卷二集二十卷　(清)李漁輯　清經綸堂刻本　二十冊

330000 - 1749 - 0002217　X021604　史部/紀傳類/正史之屬

七家後漢書　(清)汪文臺輯　清光緒八年

（1882）太平崔國榜等刻本　六冊

330000－1749－0002220　X021035　新學/兵制/海軍

外國師船圖表八卷雜說三卷圖一卷　（清）許景澄等編　清光緒二十二年（1896）浙江官書局石印本　四冊

330000－1749－0002221　X021036　新學/兵制/海軍

外國師船圖表八卷雜說三卷圖一卷　（清）許景澄等編　清光緒二十二年（1896）浙江官書局石印本　四冊

330000－1749－0002223　X021037　史部/政書類

校邠盧抗議二卷　（清）馮桂芬撰　清光緒二十三年（1897）聚豐坊刻本　二冊

330000－1749－0002225　X021038　類叢部/類書類/通類之屬

時務分類文編三十二卷　（清）蛟川求是齋主人輯　清光緒二十八年（1902）上海宜今室石印本　十二冊

330000－1749－0002231　X021614　史部/叢編

西湖集覽十三種附十一種　（清）丁丙輯　清光緒九年（1883）錢塘丁氏嘉惠堂刻本　十二冊　存十種

330000－1749－0002245　X021055　新學/議論/通論

洋務經濟通考十六卷　（清）應祖錫撰　清光緒二十八年（1902）鴻寶齋石印本　十二冊

330000－1749－0002248　X021058　史部/職官類/官制之屬/專志

樞垣記略二十八卷　（清）梁章鉅撰　（清）朱智等續纂　清光緒元年（1875）鉛印本　六冊

330000－1749－0002249　X021101　史部/詔令奏議類/詔令之屬

憲廟硃批諭旨不分卷　（清）世宗胤禛批　（清）鄂爾泰　（清）張廷玉編次　清光緒十三年（1887）上海廣百宋齋鉛印本　五十六冊

330000－1749－0002250　X021102　史部/詔令奏議類/奏議

御選明臣奏議四十卷　清乾隆刻本　十六冊

330000－1749－0002252　X021105　史部/詔令奏議類/奏議之屬

彭剛直公奏稿八卷　（清）彭玉麟撰　（清）俞樾輯　清末鉛印本　二冊

330000－1749－0002253　X021106　史部/詔令奏議類/奏議之屬

沈文肅公政書七卷首一卷　（清）沈葆楨撰　清光緒十八年（1892）烏石山祠刻本　八冊

330000－1749－0002257　X021201　史部/時令類

月令粹編二十四卷圖說一卷　（清）秦嘉謨撰　清嘉慶十七年（1812）江都秦嘉謨琳琅仙館刻本　八冊　存二十四卷（月令粹編一至二十四）

330000－1749－0002258　X021301　史部/地理類/輿圖之屬

歷代輿地沿革險要圖一卷　楊守敬　饒敦秩撰　清光緒五年（1879）東湖饒氏刻朱墨套印本　一冊

330000－1749－0002262　X011056　經部/小學類/文字之屬/字書/字典

大廣益會玉篇三十卷新加偏傍正俗不同例一卷　（南朝梁）顧野王撰　（唐）孫強增字（宋）陳彭年等重修　清道光三十年至咸豐元年（1850－1851）新化鄧顯鶴邵州東山精舍刻本　六冊

330000－1749－0002265　X011058　類叢部/叢書類/彙編之屬

鐵華館叢書六種　（清）蔣鳳藻編　清光緒九年至十年（1883－1884）長洲蔣氏影宋刻本　一冊　存一種

330000－1749－0002266　X011059　經部/小學類/文字之屬/字書/字典

康熙字典十二集三十六卷總目一卷檢字一卷辨似一卷等韻一卷補遺一卷備考一卷　（清）

張玉書等纂修　清光緒元年(1875)湖北崇文書局刻本　四十冊

330000－1749－0002267　X011060　經部/小學類/文字之屬/字書/字典

康熙字典十二集三十六卷總目一卷檢字一卷辨似一卷等韻一卷補遺一卷備考一卷　(清)張玉書等纂修　清光緒二十八年(1902)上海同文書局石印本　二冊

330000－1749－0002270　X20575　子部/藝術類/音樂之屬/樂譜

自遠堂琴譜十二卷　(清)吳灴輯　清嘉慶六年(1801)廣陵吳氏自遠堂刻本　十二冊

330000－1749－0002272　X011064　類叢部/叢書類/家集之屬

高郵王氏著書五種　(清)王念孫　(清)王引之撰　清嘉慶至道光王氏刻本　八冊　存一種

330000－1749－0002275　X011067　經部/小學類/文字之屬/字書/字體

名原二卷　(清)孫詒讓撰　清光緒刻本二冊

330000－1749－0002276　X011068　經部/小學類/文字之屬/字書/訓蒙

澄衷蒙學堂字課圖說四卷檢字一卷類字一卷　劉樹屏撰　吳子城繪圖　清光緒二十九年(1903)澄衷蒙學堂印書處石印本　八冊

330000－1749－0002277　X011069　經部/小學類/文字之屬/字書/訓蒙

澄衷蒙學堂字課圖說四卷檢字一卷類字一卷　劉樹屏撰　吳子城繪圖　清光緒三十一年(1905)澄衷蒙學堂印書處石印本　八冊

330000－1749－0002286　X050123　類叢部/叢書類/彙編之屬

海山仙館叢書五十六種　(清)潘仕成編　清道光二十五年至咸豐元年(1845－1851)番禺潘氏刻光緒十一年(1885)增刻彙印本　一百二十冊

330000－1749－0002291　X050301　類叢部/叢書類/郡邑之屬

武林掌故叢編一百九十種　(清)丁丙編　清光緒三年至二十六年(1877－1900)錢塘丁氏嘉惠堂刻本　六十四冊　存八十三種

330000－1749－0002292　X050114　類叢部/叢書類/彙編之屬

函海一百六十種　(清)李調元編　清光緒七年至八年(1881－1882)廣漢鍾登甲樂道齋刻本　一百六十冊

330000－1749－0002294　X050124　類叢部/叢書類/彙編之屬

粵雅堂叢書一百八十四種　(清)伍崇曜編　清道光二十九年至光緒十一年(1849－1885)南海伍氏刻彙印本　三百二十二冊　存一百八十一種

330000－1749－0002297　X031504　子部/儒家類/儒學之屬/蒙學

尹氏小學大全五種　(清)尹嘉銓撰　清光緒二十二年至二十五年(1896－1899)刻民國六年(1917)重印本　五冊

330000－1749－0002300　X050312　類叢部/叢書類/郡邑之屬

永嘉叢書十三種　(清)孫衣言編　清同治至光緒瑞安孫氏詒善祠塾刻本　五十六冊　存十一種

330000－1749－0002302　X031505　子部/儒家類/儒學之屬/禮教

五種遺規　(清)陳弘謀輯並撰　清光緒十九年(1893)上海洋布公所振華堂刻本　二十冊

330000－1749－0002303　X031506　子部/天文曆算類/算書之屬

梅氏叢書輯要三十種六十二卷首一卷　(清)梅文鼎撰　(清)梅瑴成重編　清光緒十四年(1888)上海龍文書局石印本　六冊

330000－1749－0002304　X021302　史部/地理類/總志之屬

歷代輿地沿革險要圖說一卷　楊守敬　饒敦秩撰　王尚德繪　清光緒二十四年(1898)上

海文賢閣石印本　一冊

330000 - 1749 - 0002305　X021303　類叢部/叢書類/自著之屬

振綺堂遺書五種　（清）汪遠孫撰　清道光刻民國十一年（1922）錢唐汪氏彙印本　二冊　存一種

330000 - 1749 - 0002307　X021305　史部/地理類/總志之屬/斷代

元和郡縣圖志四十卷　（唐）李吉甫纂修　闕卷逸文一卷　（清）孫星衍輯　清嘉慶二年（1797）蘭陵孫氏刻本（卷十九至二十、二十三至二十四、三十五至三十六原缺）　八冊　缺一卷（闕卷逸文）

330000 - 1749 - 0002308　X021307　史部/地理類/總志之屬/斷代

元豐九域志十卷　（宋）王存等撰　清光緒八年（1882）金陵書局刻本　四冊

330000 - 1749 - 0002309　X021308　史部/地理類/總志之屬/通代

天下郡國利病書一百二十卷　（清）顧炎武撰　清道光十一年（1831）成都龍萬育敷文閣刻本　五十冊

330000 - 1749 - 0002310　X021309　史部/地理類/總志之屬/斷代

大清一統志四百二十四卷　（清）和珅等纂修　清光緒二十八年（1902）上海寶善齋石印本　六十冊

330000 - 1749 - 0002313　X021312　史部/地理類

大清中外壹統輿圖（皇朝中外壹統輿圖）三十一卷首一卷　（清）鄒世詒　（清）晏啟鎮編　（清）李廷簫　（清）汪士鐸增訂　清同治二年（1863）湖北撫署刻本　十二冊

330000 - 1749 - 0002315　X20652　經部/小學類/音韻之屬/古今韻說

古今韻略五卷　（清）邵長蘅撰　清康熙三十五年（1696）商丘宋犖刻本　五冊

330000 - 1749 - 0002316　X021314　史部/地

理類/總志之屬

京師譯學館輿地學講義不分卷　韓樸存編清光緒三十一年至三十三年（1905 - 1907）京師譯學館鉛印本　一冊

330000 - 1749 - 0002318　X021324　史部/地理類/方志之屬/郡縣志

[同治]上海縣志三十二卷首一卷補遺一卷敘錄一卷　（清）應寶時等修　（清）俞樾　（清）方宗誠纂　清同治十年（1871）吳門皋署刻十一年（1872）南圖志局重校印本　十六冊

330000 - 1749 - 0002328　X021343　史部/地理類/方志之屬/郡縣志

[光緒]富陽縣志二十四卷首一卷　汪文炳等修　蔣敬時等纂　清光緒三十二年（1906）刻本　十六冊

330000 - 1749 - 0002329　X021344　史部/地理類/方志之屬/郡縣志

光緒分水縣志十卷首一卷末一卷　（清）陳常鏵　（清）馮圻修　（清）臧承宣等纂　清光緒三十二年（1906）刻本　六冊

330000 - 1749 - 0002330　X021345　史部/地理類/方志之屬/郡縣志

光緒分水縣志十卷首一卷末一卷　（清）陳常鏵　（清）馮圻修　（清）臧承宣等纂　清光緒三十二年（1906）刻本　六冊

330000 - 1749 - 0002331　X021346　史部/地理類/方志之屬/郡縣志

[光緒]分水縣志十卷首一卷末一卷　（清）陳常鏵　（清）馮圻修　（清）臧承宣等纂　清光緒三十二年（1906）刻民國三十年（1941）印本　六冊

330000 - 1749 - 0002337　X021353　史部/地理類/方志之屬/郡縣志

[光緒]重修嘉善縣志三十六卷首一卷　江峯青修　（清）顧福仁纂　清光緒二十年（1894）刻本　十六冊

330000 - 1749 - 0002338　X021354　史部/地理類/方志之屬/郡縣志

[光緒]重修嘉善縣志三十六卷首一卷　江峯青修　（清）顧福仁纂　清光緒二十年(1894)刻民國七年(1918)印本　十六冊

330000－1749－0002341　X021357　史部/傳記類/總傳之屬/郡邑

當湖外志八卷　（清）馬承昭輯　清光緒元年(1875)白榆邸舍刻本　二冊

330000－1749－0002342　X021358　史部/地理類/雜志之屬

續當湖外志八卷附當湖忠義紀略一卷　（清）馬承昭輯　清光緒元年(1875)白榆邸舍刻本　二冊

330000－1749－0002343　X021359　史部/地理類/方志之屬/郡縣志

[光緒]平湖縣志二十五卷首一卷末一卷（清）彭潤章等修　（清）葉廉鍔等纂　平湖殉難錄一卷　（清）彭潤章輯　清光緒十二年(1886)刻本　十三冊

330000－1749－0002344　X021360　史部/地理類/方志之屬/郡縣志

[光緒]平湖縣志二十五卷首一卷末一卷（清）彭潤章等修　（清）葉廉鍔等纂　平湖殉難錄一卷　（清）彭潤章輯　清光緒十二年(1886)刻本　十三冊

330000－1749－0002349　X021365　史部/地理類/方志之屬/郡縣志

[同治]湖州府志九十六卷首一卷　（清）宗源瀚　（清）楊榮緒　（清）郭式昌修　（清）周學濬　（清）陸心源　（清）汪曰楨纂　清同治十一年至十三年(1872－1874)愛山書院刻本　四十冊

330000－1749－0002351　X021369　史部/地理類/方志之屬/郡縣志

[雍正]寧波府志三十六卷首一卷　（清）曹秉仁等修　（清）萬經等纂　清道光二十六年(1846)慈溪沈氏介祉堂刻本　十六冊

330000－1749－0002352　X021370　史部/地理類/方志之屬/郡縣志

[同治]鄞縣志七十五卷　（清）戴枚修（清）張恕　（清）董沛等纂　清光緒三年(1877)刻四年(1878)增刻本　三十四冊

330000－1749－0002355　X0604126　集部/戲劇類/傳奇之屬

桃花扇傳奇四卷首一卷　（清）孔尚任撰　清光緒二十一年(1895)合肥李氏蘭雪堂刻三十三年(1907)校改本　五冊

330000－1749－0002394　X0604166　集部/別集類/漢魏六朝別集

徐孝穆全集六卷　（南朝陳）徐陵撰　（清）吳兆宜箋注　備考一卷　（清）徐文炳撰　清揚州藝古堂刻本　四冊

330000－1749－0002395　X0604167　集部/別集類/漢魏六朝別集

徐孝穆全集六卷　（南朝陳）徐陵撰　（清）吳兆宜箋注　備考一卷　（清）徐文炳撰　清吳郡寶翰樓刻本　二冊

330000－1749－0002396　X0604168　集部/別集類/漢魏六朝別集

庚子山集十六卷總釋一卷　（北周）庾信撰（清）倪璠註　年譜一卷　（清）倪璠撰　清康熙二十六年(1687)崇岫堂刻本　六冊

330000－1749－0002398　X031507　子部/天文曆算類/算書之屬

梅氏叢書輯要三十種六十二卷首一卷　（清）梅文鼎撰　（清）梅瑴成重編　清光緒十四年(1888)上海龍文書局石印本　六冊　存十六種

330000－1749－0002400　X031508　子部/天文曆算類/算書之屬

李氏算學遺書（李氏遺書）十一種　（清）李銳撰　清光緒十六年(1890)上海醉六堂刻本八冊

330000－1749－0002401　X050138　類叢部/叢書類/彙編之屬

峭帆樓叢書十八種　趙詒琛編　清宣統三年至民國八年(1911－1919)新陽趙氏刻本　二

十冊

330000－1749－0002402　X031509　子部/天文曆算類/算書之屬

則古昔齋算學十三種　（清）李善蘭編　清同治六年(1867)海寧李善蘭金陵刻本　六冊

330000－1749－0002404　X031510　子部/天文曆算類/算書之屬/合編

白芙堂算學叢書　（清）丁取忠輯　清同治至光緒長沙古荷花池精舍刻本　二十四冊　存十二種

330000－1749－0002405　X050136　類叢部/叢書類/彙編之屬

隨盦徐氏叢書十種續編十種　徐乃昌編　清光緒至民國南陵徐氏刻本　十冊　存十種

330000－1749－0002407　X050134　類叢部/叢書類/彙編之屬

隨盦徐氏叢書十種續編十種　徐乃昌編　清光緒至民國南陵徐氏刻本　十二冊　存十種

330000－1749－0002409　X031512　子部/天文曆算類/算書之屬

行素軒算稿九種　（清）華蘅芳撰　清光緒二十二年(1896)鉛印本　十二冊　存七種

330000－1749－0002410　X050130　類叢部/叢書類/彙編之屬

積學齋叢書二十種　徐乃昌編　清光緒南陵徐乃昌刻本　十六冊

330000－1749－0002411　X031519　類叢部/叢書類/彙編之屬

陽山顧氏文房小說四十種　（明）顧元慶輯　明正德至嘉靖顧元慶刻本　十冊

330000－1749－0002412　X050117　類叢部/叢書類/彙編之屬

龍威祕書一百六十九種　（清）馬俊良編　清乾隆五十九年至嘉慶元年(1794－1796)石門馬氏大西山房刻本　七十九冊

330000－1749－0002413　X031517　子部/儒家類/儒學之屬/禮教/女範

校訂女四書集註　（明）王相箋注　清光緒二十六年(1900)江陰寶文堂刻本　二冊

330000－1749－0002422　X0604169　集部/別集類/唐五代別集

韓集點勘四卷　（清）陳景雲撰　清雍正五年(1727)東吳陳氏刻本　一冊

330000－1749－0002423　X0604170　集部/別集類/清別集

漁洋山人精華錄訓纂十卷總目二卷補十卷附錄一卷自撰年譜二卷　（清）王士禛撰　（清）惠棟注編　清乾隆惠氏紅豆齋刻本　十四冊

330000－1749－0002425　X0604173　集部/戲劇類/傳奇之屬

玉茗堂還魂記二卷　（明）湯顯祖撰　清乾隆五十年(1785)氷丝館刻本　二冊

330000－1749－0002426　X0604174　集部/戲劇類/傳奇之屬

長生殿二卷　（清）洪昇撰　清康熙十八年(1679)刻本　四冊

330000－1749－0002427　X060501　類叢部/叢書類/彙編之屬

鐵琴銅劍樓叢書十三種　瞿啟甲編　清光緒至民國刻本暨影印本　六冊　存五種

330000－1749－0002432　X040241　集部/別集類/唐五代別集

李商隱詩集三卷　（唐）李商隱撰　清宣統元年(1909)上海神州國光社石印本　二冊

330000－1749－0002436　X050121　類叢部/叢書類/彙編之屬

春暉堂叢書十二種　（清）徐渭仁編　清道光至咸豐上海徐渭仁刻同治九年至十年(1870－1871)徐允臨補刻彙印本　十二冊　存十一種

330000－1749－0002437　X050122　類叢部/叢書類/彙編之屬

守山閣叢書一百十二種　（清）錢熙祚編　清光緒十五年(1889)上海鴻文書局據金山錢氏重編增刻墨海金壺本影印本　九十八冊　存一百九種

330000 – 1749 – 0002438　X031526　類叢部/
叢書類/彙編之屬

唐人說薈一百六十四種　（清）陳世熙編　清

宣統三年（1911）上海掃葉山房石印本　十
六冊

浙江中醫藥大學圖書館古籍普查登記目録

全國古籍普查登記目録·浙江

國家圖書館出版社
National Library of China Publishing House

《浙江中醫藥大學圖書館古籍普查登記目録》
編委會

主　編：張永生

副主編：陳　飛

編　委：胡美君　胡春健　劉春金

《浙江中醫藥大學圖書館古籍普查登記目錄》

前　言

　　浙江中醫藥大學圖書館歷史文獻收藏始於 1959 年,當時,學校前身浙江中醫進修學校始建,資料匱乏,故號召教職員工捐獻圖書資料。校領導何任先生帶頭,朱古亭、蔣文照、徐榮齋、馮鶴鳴、詹起蓀等先生紛紛響應,慷慨捐出各自所藏圖書。雖數量不多,但業已爲學校圖書館歷史文獻館藏奠定基礎。此後,學校又陸續通過各種渠道收集、購買了一批中醫類歷史文獻,館藏歷史文獻稍具規模。

　　"文革"期間,圖書館遭受巨大影響,大量圖書資料散佚,1500 餘冊古籍被作爲"四舊"查抄、損毀。1960 年及 1970 年,學校兩次并入浙江醫科大學,因此當時有一部分文獻資料留滯於浙江醫科大學。

　　"文革"結束後,爲補充教學、科研資料之不足,時圖書館負責人何徐根及教務科潘維成二位老師,從省圖書館借來一批中醫文獻,用小楷抄録,并以傳統綫裝之法裝訂成冊,遂圖書館藏有爲數不少的綫裝手抄形式的中醫歷史文獻。1977 年至 1978 年,學校又從嘉興豐華造紙廠購買了近 500 部約 3000 冊中醫歷史文獻。至此,圖書館館藏歷史文獻恢復到一定規模。其後,還陸續收到校內外個人或單位的零星捐贈,對館藏歷史文獻亦有所增補。

　　到目前爲止,本館共藏有各類歷史文獻 1579 部計 9122 冊,其中有民國以前歷代古籍圖書共 851 部 5628 冊。與其他一些公藏機構相比,數量質量皆不值自耀,然其中包含學校老師、校友及相關單位和人士的心血,故猶可自珍。

　　1984 年,圖書館胡濱老師在浙江省科技情報研究所馬水根先生的幫助下,對全館中醫歷史文獻進行整理、分類和編目,編印了油印本《浙江中醫學院圖書館中醫古籍書目》(浙江中醫學院即現浙江中醫藥大學),使本館中醫歷史文獻館藏第一次得到系統整理和揭示。自 2013 年開始,全國古籍普查工作全面展開,按照浙江省古籍保護中心統一部署及工作原則,我館組織人員開展普查工作,對館藏歷史文獻進行全面清點、登記、著録和校核,同時進一步改善館藏歷史文獻的存藏條件。幾年來,參與普查工作的人員都付出了大量心血和汗水。

　　現普查工作告一段落,階段性成果即將呈現。值此《浙江中醫藥大學圖書館古籍普查登記目録》出版之際,謹向所有對本館古籍保護事業做出貢獻的單位和個人致以崇高敬意和衷心感謝！

浙江中醫藥大學圖書館
2019 年 5 月

330000－1743－0000002　R2/1044、R2/2423、R24－53/2510、R2－53/1077、R932.3/1044、R272.2/1044、R252.3/0235、R25/2510、R26/0023　子部/醫家類/類編之屬

古今醫統正脈全書四十四種　（明）王肯堂編　清江陰朱文震刻本　十九冊　存十七種

330000－1743－0000003　R2－51/2510　子部/醫家類/方書之屬/歷代方書

丹溪心法五卷心法論一卷附錄一卷　（元）朱震亨撰　清刻本　五冊　缺一卷(附錄)

330000－1743－0000005　R2/4417　子部/醫家類/類編之屬

霄鵬先生遺著□□種　（清）黃保康撰　清宣統三年(1911)南海黃氏刻本　一冊　存一種

330000－1743－0000007　R2－51/4054　子部/醫家類/類編之屬

士材三書　（明）李中梓等撰　（清）尤乘編　清文盛堂刻本　八冊

330000－1743－0000008　R2－09/1260　子部/醫家類/綜合之屬/通論

醫說十卷　（宋）張杲撰　**續醫說十卷**　（明）俞弁撰　清宣統三年(1911)上海文明書局鉛印本　六冊

330000－1743－0000009　R2－09/2844　子部/醫家類/醫理之屬/綜合

醫學源流論二卷　（清）徐大椿撰　清刻本　一冊　存一卷(下)

330000－1743－0000013　R2－09/8709　類叢部/叢書類

書帶草堂叢書　鄭文焯撰　清光緒刻本　四冊　存一種

330000－1743－0000014　R2－09/8709　類叢部/叢書類

書帶草堂叢書　鄭文焯撰　清光緒刻本　四冊　存一種

330000－1743－0000015　R2－09/8709　類叢部/叢書類

書帶草堂叢書　鄭文焯撰　清光緒刻本　一

冊　存一種

330000－1743－0000016　R2－49/0730　子部/醫家類/綜合之屬/通論

證治鍼經四卷　（清）郭誠勳輯　清道光三年(1823)刻本　四冊

330000－1743－0000018　R2－49/2141　子部/醫家類/綜合之屬/通論

醫碥七卷　（清）何夢瑤輯　清同文堂刻本　八冊

330000－1743－0000021　R2－49/1088　子部/醫家類/類編之屬

醫學切要全集三種　（清）王文選撰　清道光二十七年(1847)重慶刻本　六冊

330000－1743－0000023　R241.13/1242　子部/醫家類/醫經之屬/難經

圖註八十一難經辨真四卷圖註脉訣辨真四卷脉訣附方一卷　（明）張世賢撰　清光緒浙江亦西齋刻本　四冊

330000－1743－0000024　R2－49/2664　子部/醫家類/綜合之屬/通論

醫學心悟六卷　（清）程國彭撰　清宣統三年(1911)上海會文堂石印本　二冊

330000－1743－0000025　R2－49/2668　子部/醫家類/綜合之屬/雜著

醫家四要四卷　（清）程曦　（清）江誠　（清）雷大震撰　清光緒十二年(1886)養鶴山房刻本　三冊　存三卷(一至二、四)

330000－1743－0000026　R2－49/2668　子部/醫家類/綜合之屬/雜著

醫家四要四卷　（清）程曦　（清）江誠　（清）雷大震撰　清光緒十二年(1886)養鶴山房刻本　四冊

330000－1743－0000029　R2－49/4054　子部/醫家類/綜合之屬/通論

映學堂詳校醫宗必讀十卷　（明）李中梓撰　清嘉慶六年(1801)刻本　四冊　存八卷(一至八)

330000－1743－0000030　R2－49/4054　子部/醫家類/綜合之屬/通論

羣玉山房重校醫宗必讀十卷 （明）李中梓撰　清光緒九年(1883)刻本　六冊

330000－1743－0000031　R2－49/4054　子部/醫家類/綜合之屬/通論

羣玉山房重校醫宗必讀十卷 （明）李中梓撰　清光緒九年(1883)刻本　五冊

330000－1743－0000032　R2－49/4054　子部/醫家類/綜合之屬/通論

羣玉山房重校醫宗必讀十卷 （明）李中梓撰　清刻本　二冊

330000－1743－0000033　R2－49/4054　子部/醫家類/綜合之屬/通論

醫宗必讀五卷 （明）李中梓撰　清三益堂刻本　五冊

330000－1743－0000038　R2－49/7483　子部/醫家類/綜合之屬/雜著

醫學三字經四卷 （清）陳念祖撰　清成都龍萬育燮堂刻本　三冊

330000－1743－0000039　R2－49/4414　子部/醫家類/綜合之屬/通論

醫宗說約五卷首一卷 （清）蔣示吉撰　清寶翰樓刻本　四冊

330000－1743－0000041　R932.5/4346　子部/醫家類/類編之屬

脈藥聯珠古方考合刻 （清）龍柏撰　清嘉慶二十一年(1816)醒愚閣刻本　八冊

330000－1743－0000042　R2－51/0033　子部/醫家類/類編之屬

中西匯通醫書五種 （清）唐宗海撰　清光緒三十四年(1908)上海千頃堂書局石印本　九冊

330000－1743－0000043　R2－51/0033　子部/醫家類/類編之屬

中西匯通醫書五種 （清）唐宗海撰　清光緒三十四年(1908)上海千頃堂書局石印本　八冊　存三種

330000－1743－0000046　R2－51/0044　子部/醫家類/類編之屬

醫門棒喝二種 （清）章楠撰　清宣統元年(1909)蠡城三友益齋石印本　四冊　存一種

330000－1743－0000047　R2－51/0044　子部/醫家類/類編之屬

醫門棒喝二種 （清）章楠撰　清宣統元年(1909)蠡城三友益齋石印本　十二冊

330000－1743－0000048　R2－51/0044　子部/醫家類/類編之屬

醫門棒喝二種 （清）章楠撰　清宣統元年(1909)蠡城三友益齋石印本　十冊

330000－1743－0000049　R2－51/0044　子部/醫家類/類編之屬

醫門棒喝二種 （清）章楠撰　清同治六年(1867)聚文堂刻本　十四冊

330000－1743－0000050　R2－51/0044　子部/醫家類/類編之屬

醫門棒喝二種 （清）章楠撰　清宣統元年(1909)蠡城三友益齋石印本　十冊

330000－1743－0000051　R2－51/0235　子部/醫家類/傷寒金匱之屬/傷寒論

劉河間傷寒三書二十卷 （金）劉完素撰　清宣統元年(1909)上海千頃堂石印本　四冊

330000－1743－0000052　R2－51/1029　子部/醫家類/類編之屬

六科證治準繩七種 （明）王肯堂輯　清光緒十八年(1892)上海圖書集成印書局鉛印本　四十冊

330000－1743－0000053　R2－51/0235　子部/醫家類/傷寒金匱之屬/傷寒論

劉河間傷寒三書二十卷 （金）劉完素撰　清宣統元年(1909)上海千頃堂石印本　四冊

330000－1743－0000054　R2－51/0235　子部/醫家類/傷寒金匱之屬/傷寒論

劉河間傷寒三書二十卷 （金）劉完素撰　清末上海千頃堂書局石印本　三冊　存二種

330000 – 1743 – 0000055　R2 – 51/0235　子部/醫家類/傷寒金匱之屬/傷寒論

劉河間傷寒六書附二種　（金）劉完素等撰　清宣統元年（1909）上海千頃堂石印本　三冊　存六種

330000 – 1743 – 0000056　R2 – 51/1029　子部/醫家類/類編之屬

六科證治準繩七種　（明）王肯堂輯　清末鴻寶齋書局石印本　四十二冊

330000 – 1743 – 0000058　R2 – 51/1029　子部/醫家類/類編之屬

六科證治準繩七種　（明）王肯堂輯　明萬曆刻清康熙三十一年（1692）金壇虞氏重修本　七十八冊

330000 – 1743 – 0000059　R2 – 51/1029　子部/醫家類/類編之屬

古今醫統正脈全書四十四種　（明）王肯堂編　明萬曆二十九年（1601）新安吳勉學刻本　七十一冊　存四十二種

330000 – 1743 – 0000060　R2 – 51/1044　子部/醫家類/類編之屬

潛齋醫書五種　（清）王士雄撰　清光緒十八年（1892）上海醉六堂刻本　十二冊

330000 – 1743 – 0000061　R2 – 51/1044　子部/醫家類/類編之屬

王氏潛齋醫書五種　（清）王士雄撰　清光緒二十二年（1896）上海圖書集成局鉛印本　八冊

330000 – 1743 – 0000066　R2 – 51/1010　子部/醫家類/類編之屬

當歸草堂醫學叢書初編十二種　（清）丁丙輯　清光緒四年（1878）錢塘丁氏當歸草堂刻本　十一冊　缺二卷（產育寶慶方一至二）

330000 – 1743 – 0000067　R2 – 51/1010　子部/醫家類/類編之屬

當歸草堂醫學叢書初編十二種　（清）丁丙輯　清光緒四年（1878）錢塘丁氏當歸草堂刻本　十冊

330000 – 1743 – 0000072　R2 – 51/1217　子部/醫家類/類編之屬

張氏醫書七種　（清）張璐　（清）張登撰　清光緒二十年（1894）上海圖書集成印書局鉛印本　十八冊　存五種

330000 – 1743 – 0000077　R2 – 51/1247　子部/醫家類/傷寒金匱之屬/綜合

仲景全書二十卷　（漢）張機等著　清光緒二十年（1894）成都崇文齋鄧氏刻本　十冊

330000 – 1743 – 0000078　R2 – 51/1283　子部/醫家類/綜合之屬/通論

景岳全書六十四卷　（明）張介賓撰　清刻本　三十二冊

330000 – 1743 – 0000079　R2 – 51/1283　子部/醫家類/綜合之屬/通論

景岳全書六十四卷　（明）張介賓撰　清刻本　二十一冊　缺九卷（一、四十至四十七）

330000 – 1743 – 0000080　R2 – 51/1283　子部/醫家類/綜合之屬/通論

景岳全書六十四卷　（明）張介賓撰　清同治二年（1863）聚文堂刻本　三十二冊

330000 – 1743 – 0000081　R2 – 51/1283　子部/醫家類/綜合之屬/通論

景岳全書六十四卷　（明）張介賓撰　清乾隆三十三年（1768）越郡藜照樓刻本　二十四冊

330000 – 1743 – 0000082　R2 – 51/1283　子部/醫家類/綜合之屬/通論

景岳全書六十四卷　（明）張介賓撰　清光緒二十年（1894）上海圖書集成印書局鉛印本　十六冊

330000 – 1743 – 0000083　R2 – 51/1283　子部/醫家類/綜合之屬/通論

景岳全書六十四卷　（明）張介賓撰　清刻本　七冊　存十三卷（三十八至四十二、四十六至五十三）

330000 – 1743 – 0000093　R2 – 51/2634　子部/醫家類/類編之屬

六醴齋醫書十種　（清）程永培編　清光緒十

七年(1891)廣州儒雅堂刻本　二十四冊

330000－1743－0000096　R2－51/2634　子部/醫家類/類編之屬

六醴齋醫書十種　(清)程永培編　清光緒十七年(1891)廣州儒雅堂刻本　十二冊　存六種

330000－1743－0000097　R2－51/1914　子部/醫家類/綜合之屬/通論

赤水玄珠三十卷醫案五卷醫旨緒餘二卷　(明)孫一奎撰　清廣東天寶樓刻本　三十冊

330000－1743－0000103　R2－51/2644　子部/醫家類/方書之屬/歷代方書

聖濟總錄纂要二十六卷　(清)程林纂　清康熙二十年(1681)程林楊州刻乾隆五年(1740)張松寧重修本　十冊

330000－1743－0000104　R2－49/2664　子部/醫家類/綜合之屬/通論

醫學心悟五卷外科十法一卷　(清)程國彭撰　清光緒二十一年(1895)學庫山房刻本　五冊

330000－1743－0000105　R2－49/2664　子部/醫家類/綜合之屬/通論

醫學心悟五卷附外科十法一卷　(清)程國彭撰　清刻本　五冊　缺一卷(一)

330000－1743－0000106　R2－49/2664　子部/醫家類/綜合之屬/通論

醫學心悟五卷附外科十法一卷　(清)程國彭撰　清光緒六年(1880)文奎堂刻本　四冊

330000－1743－0000107　R2－49/2664　子部/醫家類/綜合之屬/通論

醫學心悟五卷　(清)程國彭撰　清刻本　八冊

330000－1743－0000109　R2－51/2740　子部/醫家類

先醒齋筆記一卷　(明)繆希雍撰　(明)丁元薦輯　明崇禎十五年(1642)海虞李枝刻本　二冊

330000－1743－0000110　R2－51/2844　子部/醫家類/類編之屬

徐氏醫書八種　(清)徐大椿撰　**外科正宗十二卷**　(明)陳實功撰　(清)徐大椿評　清光緒二十二年(1896)珍藝書局鉛印本　十一冊

330000－1743－0000111　R2－51/2844　子部/醫家類/類編之屬

徐氏醫書八種　(清)徐大椿撰　清光緒十九年(1893)上海圖書集成印書局鉛印本　八冊

330000－1743－0000112　R2－51/2844　子部/醫家類/類編之屬

徐氏醫書八種　(清)徐大椿撰　清光緒十五年(1889)掃葉山房刻本　十冊　存六種

330000－1743－0000113　R2－51/2844　子部/醫家類/類編之屬

徐氏醫書八種　(清)徐大椿撰　清光緒十八年(1892)湖北官書局刻本　十二冊

330000－1743－0000114　R2－51/2844　子部/醫家類/類編之屬

徐靈胎醫學全書十六種　(清)徐大椿撰　清光緒二十一年至三十三年(1895－1907)上海章福記書局石印本　十三冊　存十二種

330000－1743－0000117　R2－51/2844　子部/醫家類/類編之屬

徐靈胎醫畧六書　(清)徐大椿撰　清光緒二十九年(1903)上海趙翰香居鉛印本　八冊

330000－1743－0000118　R2－51/2844　子部/醫家類/類編之屬

徐靈胎醫畧六書　(清)徐大椿撰　清光緒二十九年(1903)上海趙翰香居鉛印本　十七冊　存五種

330000－1743－0000119　R2－51/2844　子部/醫家類/類編之屬

徐靈胎十二種全集　(清)徐大椿撰註　清同治三年(1864)善成堂刻本　十二冊

330000－1743－0000120　R2－51/2844　子部/醫家類/類編之屬

徐氏醫書六種　(清)徐大椿撰　清同治十二

年(1873)湖北崇文書局刻本　九冊　存五種

330000－1743－0000121　R2－51/2844　子部/醫家類/類編之屬

徐氏醫書六種　（清）徐大椿撰　清同治十二年(1873)湖北崇文書局刻本　六冊　存四種

330000－1743－0000122　R2－51/3147　子部/醫家類/類編之屬

石山醫案(汪氏醫學叢書)八種　（明）汪機等撰　明嘉靖刻崇禎祁門樓墅增刻本　十二冊　存七種

330000－1743－0000123　R2－51/3147　子部/醫家類/類編之屬

石山醫案(汪氏醫學叢書)八種　（明）汪機等撰　明嘉靖刻崇禎祁門樓墅增刻本　十二冊　存七種

330000－1743－0000126　R2－51/2844　子部/醫家類

蘭臺軌範八卷　（清）徐大椿撰　清刻本　四冊

330000－1743－0000127　R2－51/2899　子部/醫家類/類編之屬

竟成堂醫書三種　清光緒十三年(1887)竟成堂刻本　六冊

330000－1743－0000128　R2－51/2899　子部/醫家類/類編之屬

婦嬰至寶三種六卷　清刻本　一冊

330000－1743－0000129　R2－51/2899　子部/醫家類/類編之屬

婦嬰至寶三種六卷　清刻本　一冊

330000－1743－0000130　R2－51/2899　子部/醫家類/類編之屬

婦嬰至寶三種六卷附貴中孚先生戒溺女文　清光緒八年(1882)刻本　一冊

330000－1743－0000133　R2－51/3148　子部/醫家類/方書之屬

會心錄二卷　（清）汪文綺著　清刻本　三冊

330000－1743－0000134　R2－51/3160　子

部/醫家類/綜合之屬/合刻、合抄

新鐫本草醫方合編十四卷　（清）汪昂撰　清刻本　六冊

330000－1743－0000135　R2－51/3160　子部/醫家類/綜合之屬/合刻、合抄

新鐫本草醫方合編十四卷　（清）汪昂撰　清刻本　四冊　存六卷(醫方集解上、中,增訂本草備要一至四)

330000－1743－0000136　R2－51/3123　子部/醫家類/綜合之屬/通論

醫林纂要探源十卷附錄一卷　（清）汪紱輯　清光緒二十三年(1897)江蘇書局刻本　十冊

330000－1743－0000137　R2－51/3485　子部/醫家類/綜合之屬/合刻、合抄

婦嬰三書　清光緒十七年(1891)蘇州交通益記圖書館刻本　六冊

330000－1743－0000138　R2－51/3210　子部/醫家類/類編之屬

韓園醫學六種　（清）潘霨編輯　清光緒九年至十年(1883－1884)江西書局刻本　十二冊

330000－1743－0000139　R2－51/3210　子部/醫家類/類編之屬

韓園醫學六種　（清）潘霨編輯　清光緒九年至十年(1883－1884)江西書局刻本　十二冊

330000－1743－0000141　R2－51/3485　子部/醫家類/類編之屬

沈氏尊生書五種　（清）沈金鰲撰輯　清宣統元年(1909)石印本　二十冊

330000－1743－0000142　R2－51/3485　子部/醫家類/類編之屬

沈氏尊生書五種　（清）沈金鰲撰輯　清光緒二十一年(1895)上海圖書集成局鉛印本　二十四冊

330000－1743－0000144　R2－51/3485　子部/醫家類/類編之屬

沈氏尊生書五種　（清）沈金鰲撰輯　清宣統元年(1909)石印本　八冊　存三種

330000 - 1743 - 0000145　R2 - 51/3485　子
部/醫家類/類編之屬

沈氏尊生書五種　(清)沈金鰲撰輯　清宣統
元年(1909)石印本　十九冊　缺三卷(雜病
源流犀燭十三至十五)

330000 - 1743 - 0000146　R2 - 51/3485　子
部/醫家類/類編之屬

沈氏尊生書五種　(清)沈金鰲撰輯　清同治
十三年(1874)湖北崇文書局刻本　二十六冊

330000 - 1743 - 0000147　R2 - 51/3485　子
部/醫家類/類編之屬

沈氏尊生書五種　(清)沈金鰲撰輯　清宣統
元年(1909)石印本　十冊　存四種

330000 - 1743 - 0000148　R2 - 51/3485　子
部/醫家類/類編之屬

沈氏尊生書五種　(清)沈金鰲撰輯　清宣統
元年(1909)石印本　十三冊

330000 - 1743 - 0000149　R2 - 51/3711　子
部/醫家類/類編之屬

馮氏錦囊秘錄三種五十卷　(清)馮兆張編
清康熙刻本　十二冊　存二十一卷(雜症大
小合糸首、一至二十)

330000 - 1743 - 0000151　R2 - 51/3711　子
部/醫家類/類編之屬

馮氏錦囊秘錄三種五十卷　(清)馮兆張編
清康熙四十一年(1702)刻本　十二冊　存
一種

330000 - 1743 - 0000152　R2 - 51/0235　子
部/醫家類/傷寒金匱之屬/傷寒論

劉河間傷寒六書附二種　(金)劉完素等撰
清宣統元年(1909)上海千頃堂石印本　四冊
　存七種

330000 - 1743 - 0000153　R2 - 51/0235　子
部/醫家類/傷寒金匱之屬/傷寒論

劉河間傷寒六書附二種　(金)劉完素等撰
清宣統元年(1909)上海千頃堂石印本　四冊
　存七種

330000 - 1743 - 0000154　R2 - 51/3711　子

部/醫家類/類編之屬

馮氏錦囊秘錄三種五十卷　(清)馮兆張編
清康熙四十一年(1702)刻本　四十八冊

330000 - 1743 - 0000155　R2 - 51/0044　子
部/醫家類/類編之屬

醫門棒喝二種　(清)章楠撰　清道光章氏刻
民國八年(1919)紹興裘吉生補刻本　十六冊

330000 - 1743 - 0000158　R2 - 51/3833　子
部/醫家類/綜合之屬/通論

東醫寶鑑二十三卷目錄二卷　(朝鮮)許浚撰
　清嘉慶元年(1796)英德堂刻本　二十五冊

330000 - 1743 - 0000159　R2 - 51/3833　子
部/醫家類/綜合之屬/通論

東醫寶鑑二十三卷目錄二卷　(朝鮮)許浚撰
　清光緒十六年(1890)孫溪朱氏槐盧刻本
二十五冊

330000 - 1743 - 0000160　R2 - 51/3833　子
部/醫家類/綜合之屬/通論

東醫寶鑑二十三卷目錄二卷　(朝鮮)許浚撰
　清抄本　二十五冊

330000 - 1743 - 0000161　R2 - 51/3833　子
部/醫家類/綜合之屬/通論

東醫寶鑑二十三卷目錄二卷　(朝鮮)許浚撰
　清道光十一年(1831)富春堂刻本　四十冊

330000 - 1743 - 0000162　R2 - 51/3833　子
部/醫家類/綜合之屬/通論

東醫寶鑑二十三卷目錄二卷　(朝鮮)許浚撰
　清道光十一年(1831)富春堂刻本　二十
四冊

330000 - 1743 - 0000163　R2 - 51/3833　子
部/醫家類/綜合之屬/通論

東醫寶鑑二十三卷目錄二卷　(朝鮮)許浚撰
　清光緒上海校經山房石印本　十六冊

330000 - 1743 - 0000169　R2 - 51/4054　子
部/醫家類/類編之屬

士材三書　(明)李中梓等撰　(清)尤乘編
清善成堂刻本　六冊

330000－1743－0000170　R2－51/4054　子部/醫家類/類編之屬

士材三書　（明）李中梓等撰　（清）尤乘編　清善成堂刻本　八冊

330000－1743－0000171　R2－51/4054　子部/醫家類/類編之屬

士材三書　（明）李中梓等撰　（清）尤乘編　清光緒十三年（1887）上海江左書林刻本　五冊

330000－1743－0000173　R2－51/4060　子部/醫家類/類編之屬

東垣十書附二種二十二卷　清光緒上海文盛書局石印本　六冊

330000－1743－0000174　R2－51/4060　子部/醫家類/類編之屬

東垣十書附二種二十二卷　清光緒七年（1881）廣州雲林閣刻本　十三冊　存十一種

330000－1743－0000175　R2－51/4060　子部/醫家類/類編之屬

東垣十書附二種二十二卷　清光緒七年（1881）廣州雲林閣刻本　十一冊　存十種

330000－1743－0000176　R2－51/4060　子部/醫家類/類編之屬

東垣十書附二種二十二卷　清光緒七年（1881）廣州雲林閣刻本　十冊　存十一種

330000－1743－0000177　R2－51/4060　子部/醫家類/類編之屬

東垣十書附二種二十二卷　清光緒三十三年（1907）上海文盛書局石印本　六冊

330000－1743－0000178　R2－51/4060　子部/醫家類/類編之屬

東垣十書附二種二十二卷　清光緒石印本　五冊　存九種

330000－1743－0000179　R2－51/4412　子部/醫家類/類編之屬

黃氏醫書八種　（清）黃元御撰　清咸豐十年（1860）徐樹銘燮鞣精舍刻本　十冊

330000－1743－0000180　R2－51/4417　子部/醫家類/類編之屬

薛氏醫按二十四種　（明）吳琯編　清初刻本　七冊　存七種

330000－1743－0000181　R2－51/4417　子部/醫家類/類編之屬

薛氏醫按二十四種　（明）吳琯編　明刻本　六冊　存四種

330000－1743－0000182　R2－51/4444　子部/醫家類/傷寒金匱之屬/金匱要略

金匱啟鑰三十五卷　（清）黃朝坊撰　清刻本　三十三冊

330000－1743－0000184　R2－51/6036　子部/醫家類/類編之屬

中西醫粹四種　（清）羅定昌撰　清光緒十九年（1893）上海千頃堂書局石印本　四冊

330000－1743－0000185　R2－51/6038　子部/醫家類/綜合之屬/通論

御纂醫宗金鑑九十卷首一卷　（清）吳謙等撰　清刻本　四十二冊

330000－1743－0000186　R2－51/6038　子部/醫家類/綜合之屬/通論

御纂醫宗金鑑九十卷首一卷　（清）吳謙等撰　清刻本　三十四冊

330000－1743－0000189　R2－51/6038　子部/醫家類/綜合之屬/通論

御纂醫宗金鑑九十卷首一卷　（清）吳謙等撰　清光緒十八年（1892）上海圖書集成印書局鉛印本　十三冊　缺三十六卷（二十六至三十三、六十三至九十）

330000－1743－0000190　R2－51/6038　子部/醫家類/綜合之屬/通論

御纂醫宗金鑑九十卷首一卷　（清）吳謙等撰　清刻本　十二冊　存三十七卷（首，一、四至二十一、二十三至三十三、三十七至三十八、四十六至四十九）

330000－1743－0000193　R2－53/0000　子部/醫家類/方書之屬/歷代方書

丹溪心法附餘二十四卷首一卷 （明）方廣輯
清福建多文堂刻本 十六冊

330000－1743－0000194 R2－53/0000 子
部/醫家類/方書之屬/歷代方書

丹溪心法附餘二十四卷首一卷 （明）方廣輯
清乾隆十六年（1751）大興堂刻本 十六冊

330000－1743－0000196 R2－51/7483 子
部/醫家類/類編之屬

陳修園醫書三十二種 （清）陳念祖等撰 清
光緒三十一年（1905）上海醉六堂書局石印本
二十四冊

330000－1743－0000204 R2－51/7483 子
部/醫家類/類編之屬

南雅堂醫書全集十六種 （清）陳念祖撰 清
刻本 三十五冊 存十四種

330000－1743－0000205 R2－51/7483 子
部/醫家類/方書之屬

林氏輯著良方不分卷 （清）林清標輯 清刻
本 一冊

330000－1743－0000206 R2－51/6860 子
部/醫家類/類編之屬

喻氏醫書三種 （清）喻昌撰 清光緒同文堂
刻本 十二冊

330000－1743－0000207 R2－51/6860 子
部/醫家類/類編之屬

喻氏醫書三種 （清）喻昌撰 清光緒三十三
年（1907）石印本 六冊

330000－1743－0000213 R2－51/7472 子
部/醫家類/類編之屬

中西醫學羣書國粹部第一集十種 （清）陳俠
君編 清光緒三十三年（1907）南洋醫學社石
印本 十二冊

330000－1743－0000214 R2－51/7483 子
部/醫家類/類編之屬

南雅堂醫書全集十六種 （清）陳念祖撰 清
同治五年（1866）南雅堂刻本 四冊

330000－1743－0000215 R2－51/7483 子

部/醫家類/類編之屬

南雅堂醫書全集十六種 （清）陳念祖撰 清
同治五年（1866）南雅堂刻本 四冊 存一種

330000－1743－0000219 R2－51/4412 子
部/醫家類/類編之屬

黃氏醫書八種 （清）黃元御撰 清咸豐十年
（1860）徐樹銘爕龢精舍刻本 一冊 存一種

330000－1743－0000220 R2－51/4412 子
部/醫家類/類編之屬

黃氏醫書八種 （清）黃元御撰 清咸豐十年
（1860）徐樹銘爕龢精舍刻本 三冊 存一種

330000－1743－0000221 R2－51/4412 子
部/醫家類/類編之屬

黃氏醫書八種 （清）黃元御撰 清咸豐十年
（1860）徐樹銘爕龢精舍刻本 六冊 存二種

330000－1743－0000222 R2－51/4412 子
部/醫家類/類編之屬

黃氏醫書八種 （清）黃元御撰 清咸豐十年
（1860）徐樹銘爕龢精舍刻本 三冊 存一種

330000－1743－0000223 R2－53/4441 子
部/醫家類/綜合之屬/通論

醫書匯參輯成二十四卷 （清）蔡宗玉輯 清
道光十九年（1839）崇讓堂刻本 十二冊

330000－1743－0000224 R2－53/4449 子
部/醫家類/綜合之屬/通論

醫學指歸二卷首一卷 （清）趙術堂撰 清同
治元年（1862）旌孝堂刻本 四冊

330000－1743－0000226 R2－53/4770 子
部/醫家類/綜合之屬

弄丸心法八卷 （清）楊鳳庭撰 清宣統三年
（1911）成都刻本 八冊

330000－1743－0000227 R2－53/7441 子
部/醫家類/綜合之屬

欽定古今圖書集成醫部全錄五百二十卷
（清）陳夢雷 （清）蔣廷錫等輯 清光緒二十
二年至二十三年（1896－1897）石印本 六
十冊

330000 - 1743 - 0000228　R2 - 53/6444　子部/醫家類/綜合之屬/通論

景岳全書發揮四卷　（清）葉桂著　清光緒五年(1879)吳氏醉六堂刻本　四冊

330000 - 1743 - 0000233　R2 - 53/0220　子部/醫家類/綜合之屬/通論

醫學集成四卷　（清）劉仕廉撰　清同治十二年(1873)醉吟山房刻本　四冊

330000 - 1743 - 0000234　R2 - 53/1045　子部/醫家類/綜合之屬

黃氏珍藏不分卷　清抄本　四冊

330000 - 1743 - 0000236　R2 - 53/1045：2　子部/醫家類/綜合之屬/雜著

醫學雜纂一卷　清抄本　一冊

330000 - 1743 - 0000237　R2 - 53/1281　子部/醫家類/綜合之屬/通論

儒門事親十五卷　（金）張子和撰　清宣統二年(1910)上海千頃堂書局石印本　二冊

330000 - 1743 - 0000238　R2 - 53/1731　子部/醫家類/綜合之屬/通論

醫悟十二卷　（清）馬冠羣撰　清光緒十九年(1893)木活字印本　四冊

330000 - 1743 - 0000239　R2 - 53/1799　子部/醫家類/綜合之屬/通論

醫學準規二卷　馬光璨撰　清宣統三年(1911)鉛印本　二冊

330000 - 1743 - 0000240　R2 - 53/1902　子部/醫家類/醫案之屬

丹臺玉案六卷　（明）孫文胤參著　清刻本　六冊

330000 - 1743 - 0000241　R2 - 53/2423　子部/醫家類/綜合之屬/通論

中藏經八卷附華佗內照法一卷　題(漢)華佗撰　清光緒江左書林刻本　二冊

330000 - 1743 - 0000242　R2 - 53/2423　子部/醫家類/綜合之屬/通論

中藏經八卷附華佗內照法一卷　題(漢)華佗

撰　清光緒六年(1880)刻本　一冊

330000 - 1743 - 0000248　R2 - 53/2740　子部/醫家類/綜合之屬/通論

先醒齋筆記十四卷炮炙大法一卷用藥凡例一卷　（明）繆希雍撰　（明）丁元薦輯　清道光十一年(1831)武林涵古堂刻本　四冊

330000 - 1743 - 0000250　R2 - 53/3136　子部/醫家類/綜合之屬/雜著

筆花醫鏡四卷　（清）江涵暾撰　清同治八年(1869)琉璃廠富文齋刻本　一冊

330000 - 1743 - 0000254　R2 - 53/4033　子部/醫家類/綜合之屬/通論

醫綱提要八卷　（清）李宗源撰　清光緒二十三年(1897)南京李光明莊刻本　四冊

330000 - 1743 - 0000255　R2 - 53/4312　子部/醫家類/綜合之屬/雜著

新刊增補萬病回春原本八卷　（明）龔廷賢編　清刻本　八冊

330000 - 1743 - 0000256　R2 - 53/4312　子部/醫家類/綜合之屬/雜著

新刊增補萬病回春原本八卷　（明）龔廷賢編　清善成堂刻本　四冊

330000 - 1743 - 0000258　R2 - 53/6027　子部/醫家類/綜合之屬/通論

嵩厓尊生書十五卷　（明）景日昣撰　清刻本　八冊

330000 - 1743 - 0000262　R2 - 53/6444　子部/醫家類/綜合之屬/通論

景岳全書發揮四卷　（清）葉桂著　清光緒五年(1879)吳氏醉六堂刻本　四冊

330000 - 1743 - 0000263　R2 - 53/6860　子部/醫家類/綜合之屬/通論

醫門法律六卷　（清）喻昌撰　清光緒三十三年(1907)上海簡青齋書局石印本　五冊

330000 - 1743 - 0000264　R2 - 49/6039　子部/醫家類/類編之屬

醫方藥性捷徑合編三種附一種　（清）王汝謙

編　清黃景青莊刻本　二冊

330000－1743－0000267　R2－51/7542　子部/醫家類/類編之屬

世補齋醫書六種　(清)陸懋修編　清光緒十年(1884)刻十二年(1886)山左書局印本　十二冊

330000－1743－0000268　R2－53/6024　子部/醫家類/綜合之屬/通論

醫學考辨十二卷　(清)羅紹芳撰　清道光至咸豐羅氏粹白齋刻本　四冊

330000－1743－0000269　R2－53/5524　子部/醫家類/綜合之屬/通論

醫醇賸義四卷　(清)費伯雄撰　清同治二年(1863)耕心堂刻本　四冊

330000－1743－0000270　R2－53/5524　子部/醫家類/綜合之屬/通論

醫醇賸義四卷　(清)費伯雄撰　清光緒三年(1877)刻本　四冊

330000－1743－0000271　R2－53/5524　子部/醫家類/綜合之屬/通論

醫醇賸義四卷　(清)費伯雄撰　清同治二年(1863)耕心堂刻本　四冊

330000－1743－0000272　R2－53/5524　子部/醫家類/綜合之屬/通論

醫醇賸義四卷　(清)費伯雄撰　清同治二年(1863)耕心堂刻本(卷三配抄本)　四冊

330000－1743－0000275　R2－53/5524　子部/醫家類/綜合之屬/通論

醫醇賸義四卷　(清)費伯雄撰　清光緒三年(1877)刻本　四冊

330000－1743－0000276　R2－51/7542　子部/醫家類/類編之屬

世補齋醫書六種　(清)陸懋修編　清光緒十年(1884)刻十二年(1886)山左書局印本　四冊　存二種

330000－1743－0000277　R2－51/7542　子部/醫家類/類編之屬

世補齋醫書六種　(清)陸懋修編　清光緒十年(1884)刻十二年(1886)山左書局印本　十八冊

330000－1743－0000281　R2－51/7793　子部/醫家類/類編之屬

周氏醫學叢書初集十三種二集十四種三集六種　(清)周學海編　清光緒至宣統刻宣統三年(1911)池陽周氏福慧雙脩館彙印本　八十冊　存三十種

330000－1743－0000283　R2－51/7483　子部/醫家類/綜合之屬/通論

醫學從眾錄八卷　(清)陳念祖撰　清敦厚堂刻本　五冊

330000－1743－0000291　R221/1032　子部/醫家類/醫經之屬/內經

補注黃帝內經素問二十四卷　(唐)王冰注　(宋)林億等校　(宋)孫兆重改誤　黃帝內經素問遺篇一卷　(宋)劉溫舒撰　清光緒三年(1877)浙江書局刻本　八冊

330000－1743－0000292　R221/4054　子部/醫家類/醫經之屬/內經

內經知要二卷　(明)李中梓輯　清光緒九年(1883)上洋江左書林刻本　二冊

330000－1743－0000297　R221.1/0044　子部/醫家類/醫經之屬/內經

黃帝內經素問九卷　(清)高世栻註解　清光緒十三年(1887)浙江書局刻本　八冊

330000－1743－0000299　R221.1/1032　子部/醫家類/醫經之屬/內經

補注黃帝內經素問二十四卷靈樞十二卷　(唐)王冰注　(宋)林億等校　(宋)孫兆改誤　黃帝內經素問遺篇一卷　(宋)劉溫舒撰　清光緒三年(1877)浙江書局刻本　十冊

330000－1743－0000301　R221.1/0235　子部/醫家類/傷寒金匱之屬/傷寒論

劉河間傷寒三書二十卷　(金)劉完素撰　清懷德堂刻本　一冊　存一種

330000－1743－0000303　R221.1/0235　子

部/醫家類/傷寒金匱之屬/傷寒論

劉河間傷寒三書二十卷 （金）劉完素撰 清懷德堂刻本 四冊 存三種

330000－1743－0000306 R2－51/1029 子部/醫家類/綜合之屬/通論

醫鏡四卷 （明）王肯堂著 （明）張暎垣參（明）蔣儀較 明崇禎十四年(1641)刻清康熙三年(1664)重修本 二冊

330000－1743－0000313 R221.1/2802 子部/醫家類/醫理之屬/陰陽五行、五運六氣

運氣商一卷運氣傳說一卷 （明）徐亦㮚著 明崇禎刻本 二冊

330000－1743－0000314 R221.1/6026 子部/醫家類/醫經之屬/內經

黃帝內經素問二十四卷 （明）吳崑註 清光緒二十五年(1899)績谿程氏刻本 八冊

330000－1743－0000315 R221.1/6026 子部/醫家類/醫經之屬/內經

黃帝內經素問二十四卷 （明）吳崑註 清刻本 六冊

330000－1743－0000322 R2－51/0033 子部/醫家類/類編之屬

中西匯通醫書五種 （清）唐宗海撰 （清）鄧其章參校 清光緒二十年(1894)申江順成書局石印本 一冊 存一種

330000－1743－0000324 R2－51/0033 子部/醫家類/類編之屬

中西匯通醫書五種 （清）唐宗海撰 （清）鄧其章參校 清光緒三十四年(1908)上海千頃堂書局石印本 二冊 存一種

330000－1743－0000326 R221.32/1744 子部/醫家類/醫經之屬/內經

黃帝內經素問註證發微九卷補遺一卷 （明）馬蒔撰 清嘉慶十年(1805)古歙鮑氏慎餘堂刻本 十冊

330000－1743－0000327 R221.32/1744 子部/醫家類/醫經之屬/內經

黃帝內經素問註證發微九卷補遺一卷黃帝內

經靈樞註證發微九卷 （明）馬蒔撰 清刻本 十九冊

330000－1743－0000328 R221.32/1744 子部/醫家類/醫經之屬/內經

黃帝內經靈樞註證發微九卷補遺一卷 （明）馬蒔註證 明天寶堂刻本 六冊

330000－1743－0000329 R221.32/1744 子部/醫家類/醫經之屬/內經

黃帝內經素問註證發微九卷補遺一卷黃帝內經靈樞註證發微九卷 （明）馬蒔撰 清光緒十四年(1888)廣陵邱氏刻本 二十冊

330000－1743－0000330 R221.3/1744 子部/醫家類/醫經之屬/內經

黃帝內經素問合纂十卷靈樞經合纂九卷補遺一卷 （清）張志聰 （清）馬蒔註 清宣統二年(1910)上海掃葉山房石印本 十六冊

330000－1743－0000331 R221.32/3160 子部/醫家類/醫經之屬/內經

素問靈樞類纂約註三卷 （清）汪昂撰 清刻本 二冊 存二卷(二至三)

330000－1743－0000332 R221.34/3160 子部/醫家類/醫經之屬/內經

素問靈樞類纂約註三卷 （清）汪昂撰 清乾隆二十三年(1758)刻本 二冊

330000－1743－0000333 R221.34/3160 子部/醫家類/醫經之屬/內經

素問靈樞類纂約註三卷 （清）汪昂撰 清康熙刻本 一冊

330000－1743－0000334 R221.32/7542 子部/醫家類/醫經之屬/內經

素靈約囊十一卷 （清）陸懋修撰 清同治四年(1865)抄本 六冊

330000－1743－0000337 R221.1/0044 子部/醫家類/醫經之屬/內經

黃帝內經素問九卷 （清）高世栻註解 清光緒十三年(1887)浙江書局刻本 八冊

330000－1743－0000339 R221.3/1283 子

部/醫家類/醫經之屬/内經

類經三十二卷圖翼十一卷附翼四卷　（明）張
介賓類註　清嘉慶四年（1799）金閶萃英堂刻
本　四十冊

330000－1743－0000340　R221.3/1283　子
部/醫家類/醫經之屬/内經

類經三十二卷圖翼十一卷附翼四卷　（明）張
介賓類註　清刻本　二十三冊　存三十二卷
（類經一至三十二）

330000－1743－0000341　R221.3/1283　子
部/醫家類/醫經之屬/内經

類經三十二卷圖翼十一卷附翼四卷　（明）張
介賓類註　明天啓四年（1624）張介賓刻本
十六冊　存三十二卷（類經一至三十二）

330000－1743－0000345　R221.34/3160　子
部/醫家類/醫經之屬/内經

素問靈樞類纂約註三卷　（清）汪昂撰　清刻
本　三冊

330000－1743－0000346　R221.34/3160　子
部/醫家類/醫經之屬/内經

素問靈樞類纂約註三卷　（清）汪昂撰　清乾
隆四十四年（1779）書業堂刻本　三冊

330000－1743－0000347　R2－51/1029　子
部/醫家類/類編之屬

古今醫統正脈全書四十四種　（明）王肯堂編
明萬曆二十九年（1601）新安吳勉學刻清初
映齋重修本　三冊　存一種

330000－1743－0000348　R221.35/0235　子
部/醫家類/類編之屬

古今醫統正脈全書四十四種　（明）王肯堂編
明萬曆二十九年（1601）吳勉學刻本　六冊
存一種

330000－1743－0000350　R221.32/4728　子
部/醫家類/醫經之屬/内經

**黃帝内經太素三十卷遺文一卷黃帝内經明堂
一卷附錄一卷**　（隋）楊上善撰注　清光緒二
十三年（1897）漸西村舍彙刻本（卷一、四、七、
十六、十八、二十至二十一原缺）　五冊　缺

七卷（一、四、七、十六、十八、二十至二十一）

330000－1743－0000351　R221.32/1241　子
部/醫家類/醫經之屬/内經

黃帝内經素問九卷靈樞經九卷　（清）張志聰
集註　清光緒刻本　二十四冊

330000－1743－0000353　R221.35/1744　子
部/醫家類/醫經之屬/内經

重訂駱龍吉内經拾遺方論四卷　（宋）駱龍吉
編　（明）劉浴德　（明）朱練合訂　清刻本
一冊

330000－1743－0000356　R221.3/4410　子
部/醫家類/醫經之屬/内經

醫經原旨六卷　（清）薛雪撰　清乾隆十九年
（1754）薛氏掃葉莊刻本　六冊

330000－1743－0000357　R221.3/4410　子
部/醫家類/醫經之屬/内經

醫經原旨六卷　（清）薛雪撰　清乾隆十九年
（1754）薛氏掃葉莊刻本　六冊

330000－1743－0000358　R221.3/4410　子
部/醫家類/醫經之屬/内經

醫經原旨六卷　（清）薛雪撰　清寧郡簡香齋
刻本　六冊

330000－1743－0000359　R221.3/4410　子
部/醫家類/醫經之屬/内經

醫經原旨六卷　（清）薛雪撰　清寧郡簡香齋
刻本　六冊

330000－1743－0000360　R221.3/4410　子
部/醫家類/醫經之屬/内經

醫經原旨六卷　（清）薛雪撰　清刻本　六冊

330000－1743－0000363　R221.3/7483　子
部/醫家類/類編之屬

南雅堂醫書全集十六種　（清）陳念祖撰　清
同治五年（1866）南雅堂刻本　二冊　存一種

330000－1743－0000366　R222/1242　子部/
醫家類/醫經之屬/難經

圖註八十一難經辨真四卷　（明）張世賢撰
清刻本　一冊

330000－1743－0000368　R222/1242　子部/醫家類/醫經之屬/難經

圖註八十一難經辨真四卷　（明）張世賢撰　明刻本　二冊

330000－1743－0000369　R222/1086　子部/醫家類/醫經之屬/難經

古本難經闡注二卷　（清）丁錦撰　清同治三年(1864)趙春普旌孝堂刻本　二冊

330000－1743－0000372　R222/1242　子部/醫家類/醫經之屬/難經

圖註八十一難經辨真四卷　（明）張世賢撰　清刻本　一冊

330000－1743－0000373　R222/1242　子部/醫家類/醫經之屬/難經

圖註八十一難經辨真四卷　（明）張世賢撰　清刻本　二冊

330000－1743－0000374　R249.49/0067　子部/醫家類/醫案之屬

尚友堂醫案二卷　（清）方暑撰　清道光二十六年(1846)刻本　清吉士題記　一冊

330000－1743－0000376　R221.2/1241　子部/醫家類/醫經之屬/內經

靈樞經九卷　（清）張志聰集注　清光緒十六年(1890)浙江書局刻本　八冊

330000－1743－0000377　R221.32/1744　子部/醫家類/醫經之屬/內經

黃帝內經素問註證發微九卷靈樞註證發微九卷補遺一卷　（明）馬蒔撰　清光緒五年(1879)善成堂刻本　二十四冊

330000－1743－0000378　R244.1/1254、R272/1254　子部/醫家類/類編之屬

述古齋幼科新書三種　（清）張振鋆撰　清光緒十八年(1892)上海思求闕齋刻本(鬻嬰提要為清光緒十五年邗上張氏刻本）　五冊　存二種

330000－1743－0000379　R244.1/1254、R276.12/1254　子部/醫家類/類編之屬

述古齋幼科新書三種　（清）張振鋆撰　清光

緒十九年(1893)刻本　四冊　存二種

330000－1743－0000382　R244.1/4314　子部/醫家類/推拿按摩外治之屬

新刻小兒推拿方脈活嬰秘旨全書二卷　（明）龔廷賢撰　（明）姚國禎補輯　清書林經國堂刻本　二冊

330000－1743－0000384　R241.2/4434　子部/醫家類/診法之屬/脈經脈訣

四診抉微八卷管窺附餘一卷　（清）林之翰撰　清刻本　六冊

330000－1743－0000388　R241.26/7731　子部/醫家類/診法之屬/其他診法

漢譯診病奇侅二卷　（日本）丹波元堅撰（日本）松井操譯　**五雲子腹診法一卷**　（日本）森養春院法印傳　（日本）雲統筆記　（日本）丹波元堅附載　（日本）松井操譯　清光緒十四年(1888)四明王仁乾日本鉛印本　二冊

330000－1743－0000389　R241.26/7731　子部/醫家類/診法之屬/其他診法

漢譯診病奇侅二卷　（日本）丹波元堅撰（日本）松井操譯　**五雲子腹診法一卷**　（日本）森養春院法印傳　（日本）雲統筆記　（日本）丹波元堅附載　（日本）松井操譯　清光緒十四年(1888)四明王仁乾日本鉛印本　二冊

330000－1743－0000390　R241.26/7731　子部/醫家類/診法之屬/其他診法

漢譯診病奇侅二卷　（日本）丹波元堅撰（日本）松井操譯　**五雲子腹診法一卷**　（日本）森養春院法印傳　（日本）雲統筆記　（日本）丹波元堅附載　（日本）松井操譯　清光緒十四年(1888)四明王仁乾日本鉛印本　二冊

330000－1743－0000391　R241.26/7731　子部/醫家類/診法之屬/其他診法

漢譯診病奇侅二卷　（日本）丹波元堅撰（日本）松井操譯　**五雲子腹診法一卷**　（日本）森養春院法印傳　（日本）雲統筆記　（日

本)丹波元堅附載 （日本）松井操譯 清光緒十四年(1888)四明王仁乾日本鉛印本 二冊

330000－1743－0000392 R241.25/1211 子部/醫家類/診法之屬/其他診法

傷寒舌鑑一卷 （清）張登撰 清光緒四年(1878)刻本 一冊

330000－1743－0000395 R241.25/1211 子部/醫家類/診法之屬/其他診法

傷寒舌鑑一卷 （清）張登撰 清光緒十三年(1887)古吳綠慎堂王氏刻本 一冊

330000－1743－0000396 R241.25/1211 子部/醫家類/診法之屬/其他診法

傷寒舌鑑一卷 （清）張登撰 清光緒四年(1878)刻本 一冊

330000－1743－0000397 R241.25/1211 子部/醫家類/診法之屬/其他診法

傷寒舌鑑一卷 （清）張登撰 清末抄本 一冊

330000－1743－0000398 R244.1/2204 子部/醫家類/推拿按摩外治之屬

推拿廣意三卷 （清）熊應雄輯 （清）陳世凱重訂 清刻本 二冊

330000－1743－0000403 R245/2653 子部/醫家類/針灸之屬/通論

鍼灸甲乙經十二卷 （晉）皇甫謐撰 清光緒十一年(1885)四明存存軒刻本 四冊

330000－1743－0000411 R24－53/1033 子部/醫家類/綜合之屬/通論

醫方簡義六卷 （清）王清源撰 清光緒九年(1883)刻本 四冊

330000－1743－0000412 R24－53/1033 子部/醫家類/綜合之屬/通論

醫方簡義六卷 （清）王清源撰 清光緒二十四年(1898)杭州同善堂刻本 四冊

330000－1743－0000414 R245.8/4200 子部/醫家類/針灸之屬/針法灸法

灸法集驗一卷 （清）姚襄著 （清）葉舟校 清宣統元年(1909)杭州中合印書公司鉛印本 一冊

330000－1743－0000415 R24－53/7448 子部/醫家類/綜合之屬/通論

辨證錄十四卷洞垣全書脈訣闡微一卷 （清）陳士鐸撰 清刻本 六冊

330000－1743－0000416 R24－53/7448 子部/醫家類/綜合之屬/通論

辨證錄十四卷 （清）陳士鐸撰 **胎產秘書三卷** （清）金庸校對 清光緒十年(1884)善成堂刻本 十六冊

330000－1743－0000417 R245.7/0785 子部/醫家類/溫病之屬/痧症

痧症備要二卷 （清）郭鑲纂 清光緒六年(1880)漢口鎮同太箋扇鋪刻本 一冊

330000－1743－0000422 R24－53/8022 子部/醫家類/綜合之屬/通論

醫宗備要三卷 （清）曾鼎撰 清刻本 一冊

330000－1743－0000425 R24－53/6096 子部/醫家類/診法之屬

醫學輯要四卷 （清）吳燡編 清同治七年(1868)山陰陳氏刻十三年(1874)重校補刻本 二冊

330000－1743－0000429 R24－53/4421 子部/醫家類/綜合之屬/通論

類證治裁八卷首一卷 （清）林佩琴撰 清光緒十年(1884)丹陽林晉卿研經堂刻本 十冊

330000－1743－0000430 R24－53/4312 子部/醫家類/綜合之屬

新刊醫林狀元壽世保元十集十卷 （明）龔廷賢編 清光緒十四年(1888)上洋掃葉山房刻本 十冊

330000－1743－0000432 R24－53/4312 子部/醫家類/綜合之屬

新刊醫林狀元壽世保元十集十卷 （明）龔廷賢編 清刻本 十冊

330000－1743－0000434　R24－53/2510　子部/醫家類/綜合之屬/通論

活法機要一卷　（元）朱震亨撰　（明）吳中珩校正　清二酉堂刻本　一冊

330000－1743－0000436　R24－53/2322　子部/醫家類

男科二卷　（清）傅山撰　清光緒三十一年(1905)上洋掃葉山房刻本　二冊

330000－1743－0000437　R24－53/2322　子部/醫家類

男科二卷　（清）傅山撰　清光緒九年(1883)掃葉山房刻本　一冊　存一卷(一)

330000－1743－0000441　R228/1045　子部/醫家類/醫理之屬/病源病機

病機賦不分卷　清抄本　一冊

330000－1743－0000442　R226/1218、R224/1218、R932.3/1218　子部/醫家類/類編之屬

醫學六要　（明）張三錫撰　（明）王肯堂校　明萬曆刻崇禎十七年(1644)張維藩等重修本　九冊

330000－1743－0000445　R223/4728　子部/醫家類/醫經之屬/內經

黃帝內經明堂一卷　（隋）楊上善撰注　清抄本　一冊

330000－1743－0000456　R241.13/6025　子部/醫家類/診法之屬/脈經脈訣

脉訣筌蹄一卷　（清）吳甡選　清康熙五十五年(1716)可繼堂刻本　一冊

330000－1743－0000457　R241.13/4016　子部/醫家類/脈經脈訣

脉訣彙辨十卷　（清）李延昰撰　清刻本　二冊　存四卷(一至四)

330000－1743－0000458　R241.1/4061　子部/醫家類/本草之屬/歷代綜合本草

本草綱目五十二卷圖二卷瀕湖脈學一卷脉訣攷證一卷奇經八脉攷一卷　（明）李時珍撰　明萬曆三十一年(1603)張鼎思刻本　二冊　存二卷(瀕湖脈學、奇經八脉攷)

330000－1743－0000459　R241.1/4061　子部/醫家類/診法之屬/脈經脈訣

奇經八脉攷一卷瀕湖脉學一卷脉訣攷證一卷　（明）李時珍撰　清光緒四年(1878)蜀東善成堂刻本　二冊

330000－1743－0000460　R241.1/4061　子部/醫家類/本草之屬/歷代綜合本草

本草綱目五十二卷圖二卷瀕湖脉學一卷脉訣攷證一卷奇經八脉攷一卷　（明）李時珍撰　明刻本　一冊　存三卷(瀕湖脉學、脉訣攷證、奇經八脉攷)

330000－1743－0000461　R241.1/4061　子部/醫家類/本草之屬/歷代綜合本草

本草綱目五十二卷圖二卷瀕湖脉學一卷脉訣攷證一卷奇經八脉攷一卷　（明）李時珍撰　明刻本　一冊　存三卷(瀕湖脉學、脉訣攷證、奇經八脉攷)

330000－1743－0000462　R241.1/4054　子部/醫家類/類編之屬

李仕材先生三書　（明）李中梓撰　清光緒十三年(1887)上海江左書林刻本　一冊　存一種

330000－1743－0000468　R24/5023　子部/醫家類/傷寒金匱之屬/傷寒論

疑似辨證二卷　（清）韋佩寬輯　清宣統二年(1910)木活字印本　二冊

330000－1743－0000470　R24/4712　子部/醫家類/診法之屬

臨症指南二卷　（清）楊雪峰撰　清乾隆十年(1745)衍三堂刻本　一冊

330000－1743－0000471　R228/3432　子部/醫家類/內科之屬

沈朗仲先生病機彙論十八卷　（清）沈頲撰（清）馬俶校　清抄本　七冊

330000－1743－0000473　R249.48/1914　子部/醫家類/綜合之屬/通論

赤水玄珠三十卷醫案五卷醫旨緒餘二卷　（明）孫一奎撰　清刻本　五冊　存四卷(醫

案一至二、四至五）

330000－1743－0000474　R249.48/1029　子部/醫家類/綜合之屬/雜著

醫學窮源集六卷　（明）王肯堂撰　（明）殷宅心輯釋　清刻本　六冊

330000－1743－0000475　R249.48/1029　子部/醫家類/綜合之屬/雜著

醫學窮源集六卷　（明）王肯堂撰　（明）殷宅心輯釋　清刻本　三冊

330000－1743－0000476　R249.48/1914　子部/醫家類/綜合之屬/通論

赤水玄珠三十卷醫案五卷醫旨緒餘二卷（明）孫一奎撰　清刻本　二冊　存二卷（醫案三至四）

330000－1743－0000477　R249.1/6444　子部/醫家類/醫案之屬

三家醫案合刻　（清）吳金壽編　清掃葉山房刻本　二冊

330000－1743－0000478　R249.1/6444　子部/醫家類/醫案之屬

三家醫案合刻　（清）吳金壽編　清光緒三十三年（1907）上洋海左書局石印本　一冊

330000－1743－0000479　R249.1/6444　子部/醫家類/醫案之屬

三家醫案合刻　（清）吳金壽編　清光緒三十三年（1907）上洋海左書局石印本　一冊

330000－1743－0000480　R249.1/8014　子部/醫家類/醫案之屬

古今醫案按選四卷　（清）俞震輯　（清）王士雄選　清光緒十六年（1890）抄本　二冊

330000－1743－0000481　R249.1/4077　子部/醫家類/綜合之屬/通論

太醫局諸科程文九卷　（宋）太醫局輯　清光緒三十一年（1905）上海六藝書局石印本　五冊

330000－1743－0000484　R249.48/3114　子部/醫家類/醫案之屬

名醫類案十二卷　（明）江瓘輯　**續名醫類案三十六卷**　（清）魏之琇輯　清宣統元年（1909）上海書局石印本　二十冊

330000－1743－0000487　R241.13/1242　子部/醫家類/醫經之屬/難經

圖註八十一難經辨真四卷圖註脉訣辨真四卷脉訣附方一卷　（明）張世賢撰　**瀕湖脉學一卷脉訣玫證一卷**　（明）李時珍撰　清康熙三十九年（1700）光啟堂刻本　一冊　缺四卷（難經辨真一至四）

330000－1743－0000489　R223/1032　子部/醫家類/醫理之屬/臟象骨度

醫林改錯二卷　（清）王清任撰　清光緒三十二年（1906）校經山房刻本　二冊

330000－1743－0000490　R223/1032　子部/醫家類/醫理之屬/臟象骨度

醫林改錯二卷　（清）王清任撰　清同治七年（1868）粵東三元堂刻本　二冊

330000－1743－0000491　R223.1/2530　子部/醫家類/醫理之屬/藏象骨度

華洋臟象約纂三卷首一卷　（清）朱沛文編　清光緒十九年（1893）佛山刻本　四冊

330000－1743－0000492　R222/4494　子部/醫家類/醫經之屬/難經

難經直解二卷　（清）莫熺撰　清刻本　一冊

330000－1743－0000496　R249.49/6088　子部/醫家類/醫案之屬

臨證醫案筆記六卷　（清）吳篪著　清道光十六年（1836）樹滋堂刻本　三冊

330000－1743－0000499　R249.49/4780　子部/醫家類/醫案之屬

治驗論案二卷　（清）楊毓斌著　清光緒南京王吉源石印本　一冊

330000－1743－0000501　R249.49/4732　子部/醫家類/醫話醫論之屬

約退齋醫說僅存二卷　（清）胡達緜著　清道光二十四年（1844）刻本　一冊

330000 – 1743 – 0000502　R249.49/4428　子部/醫家類/醫話醫論之屬

友漁齋醫話二種三卷　（清）黃凱鈞撰　清抄本　三冊

330000 – 1743 – 0000504　R249.49/4393　子部/醫家類/醫案之屬

靜香樓醫案一卷　（清）尤怡撰　清趙晴初抄本　二冊

330000 – 1743 – 0000507　R249.49/3469　子部/醫家類/醫案之屬

得心集醫案六卷首一卷　（清）謝星煥著　清咸豐十一年(1861)舊學山房刻本　六冊

330000 – 1743 – 0000508　R249.49/1042　子部/醫家類/醫案之屬

王九峯醫案不分卷　（清）王之政撰　清光緒二十一年(1895)抄本　六冊

330000 – 1743 – 0000509　R252.2/4111　子部/醫家類/傷寒金匱之屬/傷寒論

傷寒來蘇集三種　（清）柯琴編　清光緒三十二年(1906)上海玉麟局石印本　二冊　存二卷(傷寒論注一至二)

330000 – 1743 – 0000511　R252.2/4111　子部/醫家類/傷寒金匱之屬/傷寒論

傷寒來蘇集三種　（清）柯琴編　清文聚堂刻本　六冊

330000 – 1743 – 0000512　R252.2/4111　子部/醫家類/傷寒金匱之屬/傷寒論

傷寒來蘇集三種　（清）柯琴編　清金閶綠慎堂刻本　六冊

330000 – 1743 – 0000514　R249.49/6444　子部/醫家類/醫案之屬

臨證指南醫案十卷　（清）葉桂撰　清光緒十年(1884)醉經堂刻本　十二冊

330000 – 1743 – 0000515　R249.49/6444　子部/醫家類/醫案之屬

臨證指南醫案十卷　（清）葉桂撰　清刻朱墨套印本　九冊　缺一卷(四)

330000 – 1743 – 0000516　R249.49/6444　子部/醫家類/醫案之屬

臨證指南醫案十卷種福堂公選良方四卷　（清）葉桂撰　清文華堂刻本　八冊　存十卷(臨證指南醫案四至十、種福堂公選良方一至三)

330000 – 1743 – 0000518　R249.49/6444　子部/醫家類/醫案之屬

葉選醫衡二卷　（清）葉桂撰　清宣統二年(1910)上海文瑞樓石印本　一冊　存一卷(上)

330000 – 1743 – 0000519　R249.49/6444　子部/醫家類/醫案之屬

葉選醫衡二卷　（清）葉桂撰　清宣統二年(1910)上海文瑞樓石印本　一冊

330000 – 1743 – 0000520　R249.49/6444　子部/醫家類/醫案之屬

葉選醫衡二卷　（清）葉桂撰　清宣統二年(1910)上海文瑞樓石印本　一冊　存一卷(上)

330000 – 1743 – 0000521　R249.49/6444　子部/醫家類/醫案之屬

葉選醫衡二卷　（清）葉桂撰　清宣統二年(1910)上海文瑞樓石印本　一冊

330000 – 1743 – 0000522　R241.13/3480　子部/醫家類/診法之屬/脈經脈訣

刪注脈訣規正二卷　（清）沈鏡刪註　（清）徐良臣參補　清刻本　四冊

330000 – 1743 – 0000523　R241.13/3480　子部/醫家類/診法之屬/脈經脈訣

刪註脈訣規正二卷　（清）沈鏡刪註　（清）徐良臣參補　清刻本　一冊

330000 – 1743 – 0000524　R241.13/3480　子部/醫家類/診法之屬/脈經脈訣

刪註脈訣規正二卷　（清）沈鏡刪註　（清）徐良臣參補　清小酉山房刻本　一冊

330000 – 1743 – 0000525　R241.13/3480　子部/醫家類/診法之屬/脈經脈訣

刪註脈訣規正二卷 （清）沈鏡刪註 （清）徐良臣參補 清小酉山房刻本 二冊

330000－1743－0000526 R241.13/2712 子部/醫家類/診法之屬/脈經脈訣

增刪四言脈訣一卷 （清）倪漢梁編 清抄本 一冊

330000－1743－0000527 R241.13/2240 子部/醫家類/診法之屬/脈經脈訣

四言舉要脈訣集注二卷 （宋）崔嘉彥撰 （明）李言聞刪補 （清）王珠集注 清抄本 一冊

330000－1743－0000528 R251.2/4111 子部/醫家類/傷寒金匱之屬/傷寒論

余註傷寒論翼四卷 （清）柯琴撰 （清）能靜居士評 （清）余景和注 清光緒十九年（1893）上海文瑞樓石印本 四冊

330000－1743－0000529 R2252.2/4111 子部/醫家類/傷寒金匱之屬/傷寒論

傷寒來蘇集三種 （清）柯琴編 清刻本 四冊 存二種

330000－1743－0000530 R252.2/4111 子部/醫家類/傷寒金匱之屬/傷寒論

傷寒來蘇集三種 （清）柯琴編 清宏道堂刻本 二冊 存一種

330000－1743－0000531 R252.3/4111 子部/醫家類/傷寒金匱之屬/傷寒論

余註傷寒論翼四卷 （清）柯琴撰 （清）能靜居士評 （清）余景和注 清光緒十九年（1893）孫思恭刻本 二冊

330000－1743－0000532 R249.49/8010 子部/醫家類/醫案之屬

古今醫案按十卷 （清）俞震輯 清光緒九年（1883）吳江李齡壽刻本 十冊

330000－1743－0000533 R249.49/8010 子部/醫家類/醫案之屬

古今醫案按選四卷 （清）俞震輯 （清）王士雄選 清光緒三十年（1904）會稽取斯堂董氏刻本 二冊

330000－1743－0000534 R249.49/8010 子部/醫家類/醫案之屬

古今醫案按十卷 （清）俞震輯 清抄本 六冊 存六卷（一至六）

330000－1743－0000537 R249.49/6860 子部/醫家類/醫案之屬

寓意草不分卷 （清）喻昌撰 明崇禎十六年（1643）刻本 六冊

330000－1743－0000538 R249.49/6860 子部/醫家類/醫案之屬

寓意草不分卷 （清）喻昌撰 清刻本 二冊

330000－1743－0000539 R252.2/4111 子部/醫家類/傷寒金匱之屬/傷寒論

傷寒來蘇集三種 （清）柯琴編 清乾隆二十年（1755）崑山馬中驊綏福堂刻本 十冊

330000－1743－0000540 R252.2/4111 子部/醫家類/傷寒金匱之屬/傷寒論

傷寒論翼二卷 （清）柯琴撰 清抄本 二冊

330000－1743－0000544 R252.2/4412 子部/醫家類/類編之屬

黃氏醫書八種 （清）黃元御撰 清道光十二年（1832）燮穌精舍刻本 四冊 存一種

330000－1743－0000545 R252.2/4393 子部/醫家類/傷寒金匱之屬/傷寒論

張仲景傷寒論貫珠集八卷 （清）尤怡注 清蘇州會文堂刻本 四冊

330000－1743－0000546 R252.2/4393 子部/醫家類/傷寒金匱之屬/傷寒論

張仲景傷寒論貫珠集八卷 （清）尤怡注 清蘇州綠蔭堂刻本 四冊

330000－1743－0000547 R252.2/4393 子部/醫家類/傷寒金匱之屬/傷寒論

張仲景傷寒論貫珠集八卷 （清）尤怡注 清蘇州綠蔭堂刻本 四冊

330000－1743－0000548 R252.2/4393－53 子部/醫家類/類編之屬

宗聖要旨五種 （清）尤在涇等著 清光緒二

年(1876)刻本　四冊

330000－1743－0000549　R241.11/1022　子部/醫家類/類編之屬

周氏醫學叢書初集十三種二集十四種三集六種　(清)周學海編　清光緒至宣統刻宣統三年(1911)池陽周氏福慧雙脩館彙印本　七冊　存三種

330000－1743－0000550　R241.1/8737　子部/醫家類/診法之屬/脈經脈訣

辨脈篇一卷　(清)舒詔撰　清刻本　一冊

330000－1743－0000551　R241.1/8061　子部/醫家類/診法之屬/脈經脈訣

脈理存真三卷附河洛精蘊一卷　(元)滑壽著　(清)江永著　清光緒二年(1876)刻本　二冊

330000－1743－0000552　R241.1/7793　子部/醫家類/診法之屬/脈經脈訣

重訂診家直訣二卷　(清)周學海著　清宣統二年(1910)福慧雙修館刻本　一冊

330000－1743－0000555　R252.2/1217　子部/醫家類/傷寒金匱之屬/傷寒論

傷寒緒論二卷　(清)張璐纂述　清刻本　二冊

330000－1743－0000556　R252.2/1217　子部/醫家類/傷寒金匱之屬/傷寒論

傷寒緒論二卷　(清)張璐纂述　清刻本　六冊

330000－1743－0000558　R252.2/8737　子部/醫家類/傷寒金匱之屬/傷寒論

再重訂傷寒集註十卷附五卷　(清)舒詔著　清文元堂刻本　四冊

330000－1743－0000559　R252.2/8737　子部/醫家類/傷寒金匱之屬/傷寒論

再重訂傷寒集註十卷附五卷　(清)舒詔著　清乾隆三十五年(1770)立德堂刻本　四冊

330000－1743－0000561　R252.3/2574　子部/醫家類/類編之屬

古今醫統正脈全書四十四種　(明)王肯堂編　明萬曆二十九年(1601)吳勉學刻本　八冊　存一種

330000－1743－0000562　R252.3/2834　子部/醫家類/傷寒金匱之屬/傷寒論

內科傷寒論講義三卷　(漢)張仲景撰　(清)徐定超輯　清光緒三十二年(1906)刻本　三冊

330000－1743－0000568　R252.3/4034　子部/醫家類/傷寒金匱之屬/傷寒論

傷寒第一書四卷附餘二卷　(清)車宗輅(清)胡憲豐撰　清光緒十一年(1885)浙紹奎照樓刻本　六冊

330000－1743－0000569　R252.3/5024　子部/醫家類/傷寒金匱之屬/傷寒論

傷寒大白四卷總論一卷　(清)秦之楨撰　清康熙五十三年(1714)陳懋寬其順堂刻本　四冊

330000－1743－0000570　R252.3/5311　子部/醫家類/傷寒金匱之屬/傷寒論

傷寒明理論三卷藥方論一卷　(金)成無己撰　清刻本　二冊

330000－1743－0000572　R252.3/4024　子部/醫家類/傷寒金匱之屬/傷寒論

傷寒論劄記一卷　(日本)喜多村直寬士栗著　清抄本　一冊

330000－1743－0000574　R25/1233　子部/醫家類/內科之屬

內科秘方一卷　(清)張祖良撰　清抄本　三冊

330000－1743－0000587　R249.5/0041　子部/醫家類/類編之屬

吳醫彙講十一卷　(唐)唐大烈輯　清嘉慶刻本　四冊

330000－1743－0000588　R249.5/0041　子部/醫家類/類編之屬

吳醫彙講十一卷　(唐)唐大烈輯　清嘉慶刻本　四冊

330000 – 1743 – 0000592　　R249.5/1059　　子部/醫家類/醫話醫論之屬

醫原三卷　（清）石壽堂撰　清光緒十七年(1891)鉛印本　三冊

330000 – 1743 – 0000594　　R249.5/2646　　子部/醫家類/醫話醫論之屬

醫法心傳一卷　（清）程鑒撰　清光緒十三年(1887)養鶴山房刻本　一冊

330000 – 1743 – 0000595　　R249.6/2836　　子部/醫家類/醫案之屬

醫案夢記二卷附案一卷　（清）徐守愚撰　清光緒二十二年(1896)紹興裘氏刻民國九年(1920)紹興醫藥學報社印本　一冊

330000 – 1743 – 0000596　　R249.6/2836　　子部/醫家類/醫案之屬

醫案夢記二卷附案一卷　（清）徐守愚撰　清光緒二十二年(1896)紹興裘氏刻民國九年(1920)紹興醫藥學報社印本　四冊

330000 – 1743 – 0000597　　R249.5/2813　　子部/醫家類/綜合之屬/通論

醫粹精言四卷　（清）徐延祚著　清光緒二十二年(1896)鐵如意軒刻本　四冊

330000 – 1743 – 0000604　　R249.5/4484　　子部/醫家類/醫案之屬

九峯醫案不分卷　（清）王之政撰　清抄本　一冊

330000 – 1743 – 0000610　　R249.5/5543　　子部/醫家類/醫案之屬

琉球百問一卷　（清）曹存心著　清光緒七年(1881)刻本　二冊

330000 – 1743 – 0000611　　R249.5/6034　　子部/醫家類/醫案之屬

醫案一卷　（清）吳達著　清光緒十一年(1885)刻本　一冊

330000 – 1743 – 0000618　　R249.49/6444　　子部/醫家類/醫話醫論之屬

評琴書屋葉案括要八卷　（清）潘名熊纂　清同治十三年(1874)刻本　四冊

330000 – 1743 – 0000620　　R249.5/7731　　子部/醫家類/醫案之屬

周氏醫案一卷　（清）周家駒撰　清光緒十九年(1893)周蓮舫抄本　一冊

330000 – 1743 – 0000626　　R252.2/0045　　子部/醫家類/傷寒金匱之屬/傷寒論

傷寒論條辨八卷本草鈔一卷或問一卷痙書一卷痙書或問一卷　（明）方有執撰　清康熙五十八年(1719)浩然樓刻本　四冊　存八卷(傷寒論條辨一至八)

330000 – 1743 – 0000627　　R252.2/0033　　子部/醫家類/傷寒金匱之屬/傷寒論

傷寒論淺註補正七卷首一卷　（清）陳念祖注　（清）唐宗海補正　清光緒二十年(1894)上海袖海山房書局石印本　三冊

330000 – 1743 – 0000632　　R252.2/1241　　子部/醫家類/傷寒金匱之屬/傷寒論

傷寒論六卷本義一卷　（清）張志聰註釋　（清）高世栻纂集　清平遠樓刻本　六冊

330000 – 1743 – 0000633　　R252.2/1241　　子部/醫家類/傷寒金匱之屬/傷寒論

傷寒論六卷本義一卷　（清）張志聰註釋　（清）高世栻纂集　清平遠樓刻本　六冊

330000 – 1743 – 0000635　　R252.2/1247　子部/醫家類/傷寒金匱之屬/傷寒論

注解傷寒論十卷圖解運氣圖一卷　（晉）王叔和輯　（金）成無己注　清同治九年(1870)常郡雙白燕堂陸氏刻本　四冊

330000 – 1743 – 0000636　　R252.2/1247　　子部/醫家類/類編之屬

古今醫統正脈全書四十四種　（明）王肯堂編　明刻本　二冊　存一種

330000 – 1743 – 0000637　　R252.2/1247　　子部/醫家類/傷寒金匱之屬/傷寒論

注解傷寒論十卷圖解運氣圖一卷　（晉）王叔和輯　（金）成無己注　傷寒明理論四卷（金）成無己撰　清同治九年(1870)常郡雙白燕堂陸氏刻本　六冊

330000－1743－0000642　R932.842/1963
子部/醫家類/方書之屬/歷代方書

孫真人千金方衍義三十卷　（清）張璐撰　清嘉慶六年(1801)掃葉山房刻本　二十四冊

330000－1743－0000643　R932.842/1963
子部/醫家類/方書之屬/歷代方書

孫真人千金方衍義三十卷　（清）張璐撰　清嘉慶六年(1801)掃葉山房刻本　二十八冊

330000－1743－0000647　R932.3/4492　經部/詩類/傳說之屬

草木疏校正二卷　（清）趙佑撰　清乾隆五十六年(1791)白鷺洲書院刻本　一冊

330000－1743－0000648　R932.3/4473　子部/醫家類/本草之屬/歷代綜合本草

本草擇要綱目二卷　（清）蔣居祉纂　清康熙十八年(1679)刻本　一冊

330000－1743－0000650　R932.849/2043
子部/醫家類/方書之屬/單方驗方

養生經驗合集六種　（清）毛世洪輯　（清）汪瑜增訂　清乾隆五十八年(1793)刻本　一冊

330000－1743－0000651　R932.91/6080　子部/醫家類/方書之屬/單方驗方

名醫方論四卷　（清）羅美評定　清康熙十四年(1675)古懷堂刻本　四冊

330000－1743－0000652　R932.81/2024　子部/醫家類/方書之屬/單方驗方

古方彙今五卷　（清）愛虛老人輯　清嘉慶九年(1804)京江尊江堂刻本　四冊

330000－1743－0000653　R932.844/1288
子部/醫家類/方書之屬/歷代方書

雞峯普濟方三十卷　（宋）張銳撰　清道光八年(1828)長洲汪士鐘藝芸書舍刻本　清棱伽山民跋　十冊　存十八卷（一、四至五、七、九至十一、十四、十七至十八、二十一至二十八）

330000－1743－0000654　R932.81/3160　子部/醫家類/方書之屬/歷代方書

醫方集解三卷　（清）汪昂撰　清兩儀堂刻本　六冊

330000－1743－0000655　R932.842/1963
子部/醫家類/方書之屬/單方驗方

千金寶要六卷　（宋）郭思輯　清嘉慶十二年(1807)蘭陵孫氏刻本　一冊

330000－1743－0000656　R932.849/5572
子部/醫家類/方書之屬/單方驗方

同壽錄四卷尾一卷　（清）曹氏撰　（清）項天瑞輯　清嘉慶二十一年(1816)啓鋪刻本　四冊

330000－1743－0000657　R932.849/6023
子部/醫家類/類編之屬

吳氏醫學述□種　（清）吳儀洛輯　清乾隆二十六年(1761)硤川利濟堂刻本　八冊　存一種

330000－1743－0000658　R932.849/6023
子部/醫家類/類編之屬

吳氏醫學述□□種　（清）吳儀洛輯　清乾隆二十六年(1761)硤川利濟堂刻本　八冊　存一種

330000－1743－0000659　R272/3010　子部/醫家類/兒科之屬

全幼心鑑四卷　（明）寇平撰　明刻本　八冊

330000－1743－0000660　R932.844/3822
子部/醫家類/方書之屬/歷代方書

類證普濟本事方十卷　（宋）許叔微撰　（清）葉桂釋義　清嘉慶十九年(1814)葉鍾刻姑蘇掃葉山房印本　六冊

330000－1743－0000661　R932.844/3822
子部/醫家類/方書之屬/歷代方書

類證普濟本事方十卷　（宋）許叔微撰　（清）葉桂釋義　清嘉慶十九年(1814)葉鍾刻姑蘇掃葉山房印本　六冊

330000－1743－0000662　R932.84/3822　子部/醫家類/方書之屬/歷代方書

類證普濟本事方十卷　（宋）許叔微撰　（清）葉桂釋義　清嘉慶十九年(1814)葉鍾刻姑蘇掃葉山房印本　四冊

330000－1743－0000663　R932.3/2740　子

部/醫家類/本草之屬/神農本草經

神農本草經疏三十卷 （明）繆希雍撰 明天啓五年(1625)毛晉綠君亭刻本 三十九冊

330000－1743－0000664 R932.3/4432 子部/醫家類/本草之屬/歷代綜合本草

本草求真九卷主治二卷附脈理求真三卷（清）黃宮繡纂 清乾隆三十九年(1774)綠圃齋刻四十三年(1778)重修本 十冊

330000－1743－0000665 R932.3/4061 子部/醫家類/本草之屬/歷代綜合本草

本草綱目五十二卷圖二卷瀕湖脈學一卷脈訣攷證一卷奇經八脈攷一卷（明）李時珍撰 **脉訣附方一卷**（明）張世賢編 清順治十二年(1655)吳氏太和堂刻本 四十冊

330000－1743－0000666 R932.3/4061 子部/醫家類/本草之屬/歷代綜合本草

本草綱目五十二卷圖三卷（明）李時珍撰 **本草萬方鍼線八卷藥品總目一卷**（清）蔡烈先輯 清順治十四年(1657)衣德堂刻本 五十一冊

330000－1743－0000668 R252.3/7724 子部/醫家類/傷寒金匱之屬/傷寒論

新鐫陶節菴家藏秘授傷寒六書六卷（明）陶華撰 明萬曆四十年(1612)李存濟刻本 六冊

330000－1743－0000669 R271/7426 子部/醫家類/婦科之屬/通論

婦人良方二十四卷首一卷（宋）陳自明編（明）薛己注 明末刻本 十二冊

330000－1743－0000670 R254.6/6033 子部/醫家類/溫病之屬/瘧痢

痢證滙条十卷（清）吳道源輯 清乾隆三十八年(1773)刻本 二冊 存八卷(一至八)

330000－1743－0000671 R254/1064 子部/醫家類/綜合之屬/通論

慈航集三元普濟方四卷（清）王於聖輯 清光緒十一年(1885)刻本 四冊

330000－1743－0000672 R254/2206 子部/

醫家類/溫病之屬/瘟疫

傳症彙編二十卷（清）熊立品編輯 （清）夏廷儀參較 （清）熊承統校字 清乾隆四十二年(1777)熊立品刻本 八冊

330000－1743－0000673 R252.2/6023 子部/醫家類/類編之屬

吳氏醫學述□□種（清）吳儀洛輯 清乾隆三十一年(1766)硖川利濟堂刻本 十冊 存一種

330000－1743－0000674 R253.2/2647 子部/醫家類/傷寒金匱之屬/金匱要略

金匱要畧方論本義二十二卷（清）魏荔彤撰 清康熙六十年(1721)寶綸堂刻本 四冊

330000－1743－0000675 R26/7143 子部/醫家類/外科之屬/通論

瘍醫大全四十卷（清）顧世澄撰 清乾隆二十五年(1760)达安堂刻本 十冊 存十卷(一至十)

330000－1743－0000676 R252.2/2600 子部/醫家類/傷寒金匱之屬/傷寒論

傷寒論後條辨十五卷（清）程應旄撰 清康熙十年(1671)刻本 六冊

330000－1743－0000677 R25/4097 子部/醫家類/内科之屬

證治彙補八卷（清）李用粹撰 清刻本 八冊

330000－1743－0000678 R254/6049 子部/醫家類/溫病之屬/瘟疫

瘟疫論二卷附按一卷（明）吳有性撰 清刻本 二冊

330000－1743－0000679 R254/6049 子部/醫家類/類編之屬

醒醫六書二卷（明）吳又可撰 清嘉慶十二年(1807)王奇雲刻本 二冊

330000－1743－0000680 R252.2/7752 子部/醫家類/傷寒金匱之屬/傷寒論

傷寒論三註十六卷（清）周揚俊輯 清乾隆四十五年(1780)松心堂刻本 清韵瑲題記

六冊

330000－1743－0000681　R252.2/7752　子部/醫家類/傷寒金匱之屬/傷寒論

傷寒論三注十七卷附傷寒醫方歌訣一卷　（清）周揚俊輯　（清）劉宏璧刪補　清抄本　四冊

330000－1743－0000682　R252.6/3830　子部/醫家類/傷寒金匱之屬/傷寒論

金鏡內臺方議十二卷　（明）許宏輯　（清）程永培校　清乾隆五十九年（1794）程永培刻本　四冊

330000－1743－0000683　R252.3/6021　子部/醫家類/傷寒金匱之屬/傷寒論

傷寒指掌四卷　（清）吳貞參訂　清嘉慶十二年（1807）刻本　四冊

330000－1743－0000684　R26/7448　子部/醫家類/外科之屬/癰疽、疔瘡

洞天奧旨十六卷圖一卷　（清）陳士鐸撰　（清）陶式玉評　清乾隆五十五年（1790）陳鳳輝大雅堂刻本　六冊　缺一卷（圖）

330000－1743－0000685　R249.5/0041　子部/醫家類/類編之屬

吳醫彙講十一卷　（唐）唐大烈輯　清嘉慶刻本　四冊

330000－1743－0000686　R249.5/0041　子部/醫家類/類編之屬

吳醫彙講十一卷　（唐）唐大烈輯　清嘉慶元年（1796）補刻十九年（1814）唐慶耆印本　四冊

330000－1743－0000687　R249.5/0041　子部/醫家類/類編之屬

吳醫彙講十一卷　（唐）唐大烈輯　清乾隆五十七年（1792）刻嘉慶十九年（1814）唐慶耆印本　四冊

330000－1743－0000688　R249.49/1241　子部/醫家類/醫經之屬

侶山堂類辯二卷　（清）張志聰撰　清乾隆刻本　四冊

330000－1743－0000689　R249.5/0041　子部/醫家類/類編之屬

吳醫彙講十一卷　（唐）唐大烈輯　清乾隆末刻嘉慶十九年（1814）唐慶耆印本　四冊

330000－1743－0000690　R252.3/6860　子部/醫家類/傷寒金匱之屬/傷寒論

尚論篇四卷首一卷尚論後篇四卷　（清）喻昌撰　清乾隆三十年（1765）嵩秀堂刻本　四冊

330000－1743－0000691　R26/0028　子部/醫家類/外科之屬

瘍科臨證心得集三卷　（清）高秉鈞纂輯　清嘉慶十一年（1806）刻本　三冊

330000－1743－0000692　R25/4375　子部/醫家類/內科之屬/其他內科病證

重刻痰火點雪四卷　（明）龔居中輯　清嘉慶九年（1804）星聚樓刻本　四冊

330000－1743－0000693　R253.2/4412　子部/醫家類/傷寒金匱之屬/金匱要略

金匱懸解二十二卷金匱要畧二卷　（清）黃元御撰　清道光十八年（1838）抄本　四冊

330000－1743－0000695　R252.2/0045　子部/醫家類/傷寒金匱之屬/傷寒論

傷寒論條辨續註十二卷　（明）方有執條辨　（清）鄭重光續註　清康熙刻本　六冊

330000－1743－0000696　R221.1/0044　子部/醫家類/醫經之屬/內經

黃帝內經素問九卷　（清）高世栻註解　清光緒十三年（1887）浙江書局刻本　八冊

330000－1743－0000697　R932.844/4743　子部/醫家類/方書之屬/單方驗方

新刊仁齋直指方論二十六卷　（宋）楊士瀛撰　清抄本　三冊　存十四卷（一至十四）

330000－1743－0000698　R249.1/1045　子部/醫家類/醫話醫論之屬

名醫疑問集三卷　清抄本　六冊

330000－1743－0000699　R252.2/2600　子部/醫家類/傷寒金匱之屬/傷寒論

傷寒論後條辨十五卷　（清）程應旄撰　清康熙十年（1671）刻本　三冊

330000－1743－0000700　R253.2/2644　子部/醫家類/傷寒金匱之屬/金匱要略

金匱要畧直解三卷　（清）程林注　清康熙十二年（1673）刻本　十冊

330000－1743－0000701　R254/6049　子部/醫家類/溫病之屬/瘟疫

溫疫論二卷　（明）吳有性撰　清康熙四十八年（1709）劉敞刻本　二冊

330000－1743－0000702　R2－53/1044＊2　子部/醫家類/傷寒金匱之屬/傷寒論

東垣先生此事難知集二卷　（元）王好古撰　明成化二十年（1484）刻本　四冊

330000－1743－0000703　R249.5/1784：1　子部/醫家類/醫案之屬

邵蘭蓀醫案真跡不分卷　（清）邵蘭蓀撰　清邵蘭蓀稿本　一冊

330000－1743－0000704　R2－51/4444　子部/醫家類/綜合之屬/通論

稿本醫書五種　（清）蔣杏橋撰　清咸豐八年（1858）蔣杏橋稿本　五冊

330000－1743－0000705　R2/8639　子部/醫家類/外科之屬

醫學秘奧一卷　（宋）高德因撰　清抄本　十二冊

330000－1743－0000706　R276.7/4493　子部/醫家類/眼科之屬

秘傳眼科龍木醫書總論十卷附葆光道人秘傳眼科一卷　（明）葆光道人撰　明萬曆三年（1575）刻本　六冊

330000－1743－0000708　R2－51/1029：1　子部/醫家類/類編之屬

古今醫統正脈全書四十四種　（明）王肯堂編　明刻本　十冊　存二種

330000－1743－0000709　R22/2894　子部/醫家類/醫話醫論之屬

古今醫家經論彙編五卷　（明）徐常吉纂　清抄本　五冊

330000－1743－0000710　R254/1044：1　子部/醫家類/溫病之屬/其他溫疫病證

溫熱經緯五卷　（清）王士雄纂　清同治十三年（1874）湖北崇文書局刻本　四冊

330000－1743－0000711　R221.2/1241　子部/醫家類/醫經之屬/内經

靈樞經九卷　（清）張志聰集注　清光緒十六年（1890）浙江書局刻本　八冊

330000－1743－0000712　R932.3/4498　子部/醫家類/本草之屬/歷代綜合本草

本草綱目拾遺十卷　（清）趙學敏輯　清同治十年（1871）吉心堂刻本　八冊

330000－1743－0000713　R925/6422　子部/醫家類/方書之屬/成方藥目

葉種德堂丸散膏丹全錄一卷　（清）葉種德堂主人撰　清光緒十三年（1887）葉種德堂刻本　一冊

330000－1743－0000714　R254/6010　子部/醫家類/溫病之屬

問心堂溫病條辨六卷首一卷　（清）吳瑭撰　清嘉慶十八年（1813）問心堂刻本　四冊

330000－1743－0000716　R2－51/1080　子部/醫家類/類編之屬

萬密齋醫書十種　（明）萬全撰　清康熙五十一年（1712）視履齋刻乾隆四十三年（1778）忠信堂印本　三十二冊

330000－1743－0000720　R252.2/2647　子部/醫家類/傷寒金匱之屬/傷寒論

傷寒論本義十八卷首一卷末一卷　（清）魏荔彤撰　清刻本　六冊

330000－1743－0000721　R252.2/3111　子部/醫家類/傷寒金匱之屬/傷寒論

張仲景傷寒論辯證廣註十四卷首一卷　（清）汪琥撰　清康熙槐蔭堂刻本　二冊　存七卷（首、一至六）

330000 - 1743 - 0000722　R252.2/3111　子部/醫家類/傷寒金匱之屬/傷寒論

張仲景傷寒論辯證廣註十四卷首一卷　（清）汪琥撰　清康熙十九年（1680）刻本　四冊　存十一卷（首、一至十）

330000 - 1743 - 0000726　R25/2880　子部/醫家類/内科之屬

醫學舉要六卷　（清）徐鏞輯　清光緒十七年（1891）鉛印本　一冊

330000 - 1743 - 0000728　R25/4079　子部/醫家類/内科之屬

證治彙補八卷　（清）李用粹撰　清光緒九年（1883）萬卷樓刻本　八冊

330000 - 1743 - 0000730　R25/4419　子部/醫家類/内科之屬

活人方彙編七卷　（清）林開燧撰　清同治八年（1869）刻本　七冊

330000 - 1743 - 0000733　R26/0028　子部/醫家類/外科之屬

瘍科臨證心得集三卷方彙三卷補遺一卷家用膏丹丸散方一卷　（清）高秉鈞纂輯　清光緒三十二年（1906）上海文瑞樓石印本　二冊

330000 - 1743 - 0000734　R26/0028　子部/醫家類/外科之屬

瘍科臨證心得集三卷　（清）高秉鈞纂輯　清光緒三十二年（1906）上海文瑞樓石印本　一冊　存二卷（中、下）

330000 - 1743 - 0000735　R26/0080　子部/醫家類/外科之屬

瘍科臨證心得集三卷　（清）高秉鈞纂輯　清光緒三十二年（1906）上海文瑞樓石印本　二冊

330000 - 1743 - 0000737　R26/1022　子部/醫家類/外科之屬

外科證治全生不分卷　（清）王維德撰　清光緒三十三年（1907）上洋書業公司石印本　一冊

330000 - 1743 - 0000738　R26/1022　子部/

醫家類/外科之屬

外科症治全生集四卷附新增馬氏試驗秘方一卷　（清）王維德撰　清光緒三十三年（1907）埽葉山房刻朱墨套印本　二冊

330000 - 1743 - 0000740　R26/1022　子部/醫家類/外科之屬

外科症治全生前集三卷後集三卷新增馬氏試驗秘方一卷　（清）王維德撰　清光緒九年（1883）河莊蔣氏宗祠刻本　二冊

330000 - 1743 - 0000741　R26/1022　子部/醫家類/外科之屬/外科方

王洪緒先生外科證治全生不分卷　（清）王維德撰　**金瘡鐵扇散藥方一卷**　（清）盧福堯（清）沈大潤撰　清咸豐十一年（1861）武昌節署刻本　一冊

330000 - 1743 - 0000742　R26/1022　子部/醫家類/外科之屬

外科症治全生前集三卷後集三卷新增馬氏試驗秘方一卷　（清）王維德撰　清光緒九年（1883）吳門刻本　二冊

330000 - 1743 - 0000743　R26/1022　子部/醫家類/外科之屬

外科症治全生前集三卷後集三卷　（清）王維德撰　清乾隆五年（1740）刻本　一冊

330000 - 1743 - 0000747　R26/3032　子部/醫家類/外科之屬/癰疽、疔瘡

瘡瘍經驗全書六卷　（宋）竇默撰　（明）竇夢龍增輯　清崇順堂刻本　六冊

330000 - 1743 - 0000750　R26/7143　子部/醫家類/外科之屬/通論

瘍醫大全四十卷　（清）顧世澄撰　清同治九年（1870）敦仁堂刻本　四十五冊　缺二卷（三十二、四十）

330000 - 1743 - 0000751　R26/7143　子部/醫家類/外科之屬/通論

瘍醫大全四十卷　（清）顧世澄撰　清光緒二十七年（1901）上海圖書集成印書局鉛印本　十六冊

330000 – 1743 – 0000754　R26/4375　子部/
醫家類/外科之屬

新刊秘授外科百效全書六卷　（明）龔居中編
　　外科秘補遺秘授經驗奇方一卷　（明）龔居
中編　（清）劉孔敦增輯　清宏道堂刻本
二冊

330000 – 1743 – 0000755　R26/3846　子部/
醫家類/外科之屬

外科證治全書五卷末一卷　（清）許克昌
（清）畢法輯　清刻本　三冊　缺二卷（一至
二）

330000 – 1743 – 0000756　R26/4417　子部/
醫家類/外科之屬

外科櫃要四卷　（明）薛己撰　清刻本　四冊

330000 – 1743 – 0000758　R26/6038　子部/
醫家類/綜合之屬/通論

御纂醫宗金鑑九十卷首一卷　（清）吳謙等撰
　　清光緒三十二年（1906）有益齋石印本　四
冊　存十六卷（外科心法要訣一至十六）

330000 – 1743 – 0000759　R26/6024　子部/
醫家類/方書之屬/單方驗方

理瀹駢文摘要不分卷　（清）吳師機撰　清光
緒三年（1877）吳縣潘敏德堂刻本　二冊

330000 – 1743 – 0000760　R26/6024　子部/
醫家類/方書之屬/單方驗方

理瀹駢文摘要不分卷　（清）吳師機撰　清光
緒元年（1875）江蘇書局刻本　一冊

330000 – 1743 – 0000765　R249.49/8328　子
部/醫家類/醫案之屬

立齋醫案疏四卷附方一卷　（清）錢臨疏
（清）錢本瑜輯　清乾隆四十七年（1782）刻本
二冊

330000 – 1743 – 0000766　R249.49/2844　子
部/醫家類/醫案之屬

洄溪醫案一卷慎疾芻言一卷　（清）徐大椿撰
　　清石印本　一冊

330000 – 1743 – 0000767　R249.48/7522　子
部/醫家類/醫案之屬

三世醫驗五卷　（明）陸嶽撰　（明）陸桂
（清）陸士龍輯　清道光十八年（1838）刻本
八冊

330000 – 1743 – 0000768　R249.48/3114　子
部/醫家類/醫案之屬

名醫類案十二卷　（明）江瓘輯　**續名醫類案
三十六卷**　（清）魏之琇輯　清宣統元年
（1909）上海書局石印本　十六冊　缺十一卷
（續名醫類案二十六至三十六）

330000 – 1743 – 0000771　R249.48/5066　子
部/醫家類/醫案之屬

醫驗大成一卷　（明）秦景明著　清抄本
四冊

330000 – 1743 – 0000772　R249.49/2844　子
部/醫家類/醫案之屬

洄溪醫案一卷　（清）徐大椿撰　清咸豐七年
（1857）海昌蔣氏衍芬草堂刻本　一冊

330000 – 1743 – 0000773　R249.49/2844　子
部/醫家類/醫案之屬

洄溪醫案一卷　（清）徐大椿撰　清光緒十五
年（1889）上海江左書林刻本　一冊

330000 – 1743 – 0000776　R249.49/1044　子
部/醫家類/類編之屬

潛齋醫書三種　（清）王士雄撰　清咸豐元年
（1851）吟香書屋刻本　四冊

330000 – 1743 – 0000777　R249.49/1044　子
部/醫家類/類編之屬

潛齋醫書三種　（清）王士雄撰　清咸豐元年
（1851）吟香書屋刻本　四冊

330000 – 1743 – 0000778　R249.49/1044　子
部/醫家類/類編之屬

潛齋醫書三種　（清）王士雄撰　清咸豐元年
（1851）吟香書屋刻本　四冊

330000 – 1743 – 0000780　R249.49/1094　子
部/醫家類/醫話醫論之屬

重慶堂隨筆二卷　（清）王學權撰　（清）王國
祥注　清光緒三十一年（1905）石印本　二冊

330000 – 1743 – 0000781　R254.7/1044　子部/醫家類/溫病之屬/瘟疫

隨息居重訂霍亂論四卷　（清）王士雄撰　清同治二年(1863)刻本　二冊

330000 – 1743 – 0000782　R254.7/1044　子部/醫家類/溫病之屬/瘟疫

隨息居重訂霍亂論四卷　（清）王士雄撰　清同治二年(1863)刻本　一冊　存二卷（三至四）

330000 – 1743 – 0000783　R254.7/1044　子部/醫家類/溫病之屬/瘟疫

隨息居重訂霍亂論四卷　（清）王士雄撰　清光緒十八年(1892)上海醉六堂刻本　一冊

330000 – 1743 – 0000788　R252.3/6021　子部/醫家類/類編之屬

何氏醫學叢書　何炳元重訂　清宣統三年(1911)浙東印書局鉛印本　八冊　存一種

330000 – 1743 – 0000795　R26/7431　子部/醫家類/外科之屬/通論

外科正宗十二卷　（明）陳實功撰　（清）徐大椿評　清光緒十九年(1893)上海圖書集成印書局鉛印本　一冊

330000 – 1743 – 0000797　R26/7431　子部/醫家類/外科之屬/通論

外科正宗十二卷　（明）陳實功撰　（清）徐大椿評　清光緒三十一年(1905)上洋海左書局石印本　四冊

330000 – 1743 – 0000799　R249.49/1044　子部/醫家類/醫話醫論之屬

歸硯錄四卷　（清）王士雄撰　清抄本　二冊

330000 – 1743 – 0000801　R252.3/6021　子部/醫家類/類編之屬

何氏醫學叢書　何炳元重訂　清宣統三年(1911)浙東印書局鉛印本　八冊　存一種

330000 – 1743 – 0000804　R252.3/6044　子部/醫家類/傷寒金匱之屬/傷寒論

醫效秘傳三卷　（清）葉桂撰　清道光十一年(1831)吳氏貯春仙館刻本　三冊

330000 – 1743 – 0000805　R252.3/6044　子部/醫家類/傷寒金匱之屬/傷寒論

醫效秘傳三卷　（清）葉桂撰　清刻本　二冊　缺一卷（一）

330000 – 1743 – 0000806　R252.3/6044　子部/醫家類/傷寒金匱之屬/傷寒論

醫效秘傳三卷　（清）葉桂撰　清道光十一年(1831)吳氏貯春仙館刻本　三冊

330000 – 1743 – 0000808　R252.3/7724　子部/醫家類/傷寒金匱之屬/傷寒論

陶節菴傷寒全生集四卷　（明）陶華撰　清乾隆四十七年(1782)眉壽堂刻本　四冊

330000 – 1743 – 0000811　R252.3/7473　子部/醫家類/傷寒金匱之屬/傷寒論

傷寒剖緒二卷　（清）陳國篤撰　清咸豐四年(1854)刻本　一冊

330000 – 1743 – 0000814　R252.3/6860　子部/醫家類/傷寒金匱之屬/傷寒論

尚論篇四卷首一卷尚論後篇四卷　（清）喻昌撰　清光緒三十三年(1907)簡青齋書局石印本　二冊

330000 – 1743 – 0000815　R252.3/6044　子部/醫家類/傷寒金匱之屬/傷寒論

醫效秘傳三卷　（清）葉桂撰　清道光十一年(1831)刻本　三冊

330000 – 1743 – 0000816　R271/1330　子部/醫家類/婦科之屬/通論

濟陰綱目十四卷　（明）武之望撰　（清）汪淇箋釋　清上海校經山房成記書局刻本　八冊

330000 – 1743 – 0000817　R271/1330　子部/醫家類/婦科之屬/通論

濟陰綱目十四卷　（明）武之望撰　（清）汪淇箋釋　**保生碎事一卷**　（清）汪淇輯　清金閶書業堂刻本　十冊

330000 – 1743 – 0000818　R271/1330　子部/醫家類/婦科之屬/通論

濟陰綱目十四卷　（明）武之望撰　（清）汪淇箋釋　清上洋江左書林刻本　八冊

330000－1743－0000819　R271/1330　子部/
醫家類/婦科之屬/通論

濟陰綱目十四卷　（明）武之望撰　（清）汪淇
箋釋　**保生碎事一卷**　（清）汪淇輯　清金閶
書業堂刻本　四冊

330000－1743－0000820　R271/1330　子部/
醫家類/婦科之屬/通論

濟陰綱目十四卷　（明）武之望撰　（清）汪淇
箋釋　清上洋江左書林刻本　八冊

330000－1743－0000821　R271/0022　子部/
醫家類/婦科之屬/產科

大生要旨五卷　（清）唐千頃纂　清刻本
一冊

330000－1743－0000822　R271/0022　子部/
醫家類/婦科之屬/產科

增廣大生要旨五卷　（清）唐千頃撰　清光緒
二十三年(1897)上海五彩公司石印本　一冊

330000－1743－0000824　R271/1007　子部/
醫家類/婦科之屬/產科

達生編二卷補遺一卷　（清）亟齋居士撰　清
道光二十七年(1847)米船樓刻本　一冊

330000－1743－0000825　R271/1007　子部/
醫家類/婦科之屬/產科

達生編二卷附錄一卷　（清）亟齋居士撰　清
刻本　一冊

330000－1743－0000826　R271/1007　子部/
醫家類/婦科之屬/產科

達生編三卷　（清）亟齋居士撰　清光緒四年
(1878)刻本　一冊

330000－1743－0000831　R271/1045　子部/
醫家類/方書之屬/成方藥目

回生丹不分卷　清秀邑生泰堂刻本　一冊

330000－1743－0000833　R271/1080　子部/
醫家類/婦科之屬/產科

婦人科三卷附保產良方一卷　（明）萬全撰
清刻本　二冊

330000－1743－0000834　R271/1080　子部/

醫家類/婦科之屬/產科

萬氏婦人科三卷附良方一卷　（明）萬全撰
清刻本　一冊

330000－1743－0000836　R271/1023　子部/
醫家類/婦科之屬/產科

濟生集六卷　（清）王上達撰　清光緒二十二
年(1896)明州咏古齋刻本　一冊

330000－1743－0000842　R271/1045　子部/
醫家類/婦科之屬/產科

急救仙方六卷附產寶諸方一卷　清光緒四年
(1878)當歸草堂刻本　一冊

330000－1743－0000844　R271/1330　子部/
醫家類/婦科之屬/通論

濟陰綱目十四卷　（明）武之望撰　（清）汪淇
箋釋　**保生碎事一卷**　（清）汪淇輯　清光緒
二十九年(1903)上海崇寶書局石印本　六冊

330000－1743－0000845　R271/7426　子部/
醫家類/類編之屬

薛氏醫按二十四種　（明）吳琯編　清刻本
一冊　存一種

330000－1743－0000846　R271/7462　子部/
醫家類/類編之屬

薛氏醫按二十四種　（明）吳琯編　清嘉慶十
六年(1811)書業堂刻本　七冊　存一種

330000－1743－0000848　R271/7133　子部/
醫家類/婦科之屬/通論

竹林寺婦科秘方一卷　（清）竹林寺僧撰　清
光緒十六年(1890)錢塘顧海洲刻本　一冊

330000－1743－0000850　R271/6444　子部/
醫家類/婦科之屬/產科

葉氏女科證治四卷　（清）葉桂撰　清光緒三
十四年(1908)上海文宜書局石印本　四冊

330000－1743－0000852　R271/6096　子部/
醫家類/婦科之屬/產科

胎產新書三種二十卷　清光緒十二年(1886)
漢口成娛堂刻本　四冊

330000－1743－0000853　R271/4417　子部/

醫家類/類編之屬

薛氏醫按二十四種 （明）吳琯編 明刻本
一冊 存一種

330000－1743－0000855 R271/3485 子部/
醫家類/類編之屬

沈氏尊生書五種 （清）沈金鰲撰輯 清石印
本 一冊 存一種

330000－1743－0000856 R271/3454 子部/
醫家類/婦科之屬/通論

女科輯要二卷 （清）沈又彭撰 清刻本
三冊

330000－1743－0000859 R271/3454 子部/
醫家類/婦科之屬/通論

女科輯要二卷 （清）沈又彭撰 清同治元年
(1862)刻本 二冊

330000－1743－0000860 R271/3210 子部/
醫家類/婦科之屬/通論

女科要略一卷 （清）潘霨增輯 **產寶一卷**
（清）倪枝維撰 （清）潘霨增輯 清光緒九年
(1883)江西書局刻韡園醫學六種本 一冊

330000－1743－0000861 R271/2322 子部/
醫家類/婦科之屬/通論

女科二卷 （清）傅山撰 清同治十一年
(1872)刻本 二冊

330000－1743－0000862 R271.1/2322 子
部/醫家類/婦科之屬/通論

女科二卷 （清）傅山撰 清同治八年(1869)
湖北崇文書局刻本 一冊

330000－1743－0000863 R271/2322 子部/
醫家類/婦科之屬/通論

女科良方三卷 （清）傅山著 （清）謝森墀校
訂 清光緒十八年(1892)掃葉山房刻本
三冊

330000－1743－0000864 R271/2322 子部/
醫家類/婦科之屬/通論

女科二卷續卷一卷產后編二卷 （清）傅山撰
清光緒十年(1884)雙門底雲經閣刻本
三冊

330000－1743－0000867 R271.4/3144 子
部/醫家類/婦科之屬/產科

產科心法二卷 （清）汪喆撰 清光緒元年
(1875)刻本 一冊

330000－1743－0000869 R271.4/2144 子
部/醫家類/婦科之屬/產科

胎產金針三卷 （清）何榮撰 （清）浦齡編
胎產續要一卷 （清）劉萊輯 清光緒七年
(1881)刻本 一冊

330000－1743－0000870 R271.4/2242 子
部/醫家類/兒科之屬

保赤彙編七種 （清）朱之榛編 清光緒五年
(1879)蘇州刻本 一冊 存一種

330000－1743－0000873 R272/1731 子部/
醫家類/兒科之屬

著石堂新刻幼科直言六卷 （清）孟河撰
（清）孟莊輯 清嘉慶三年(1798)刻本 一冊
存二卷(一至二)

330000－1743－0000875 R271.4/1261 子
部/醫家類/婦科之屬/產科

產孕集二卷 （清）張曜孫撰 **補遺一卷**
（清）包誠纂輯 清同治七年(1868)蘊璞齋刻
本 一冊

330000－1743－0000877 R271/8844 子部/
醫家類/婦科之屬

竹林女科證治四卷 （清）竹林寺僧撰 清光
緒十七年(1891)石印本 四冊

330000－1743－0000878 R271/9042 子部/
醫家類/婦科之屬/通論

女科經綸八卷 （清）蕭壎撰 清光緒十六年
(1890)掃葉山房刻本 四冊

330000－1743－0000879 R271/9042 子部/
醫家類/婦科之屬/通論

女科經綸八卷 （清）蕭壎撰 清康熙文淵堂
刻本 二冊 存四卷(一至二、五至六)

330000－1743－0000880 R272/0018 子部/
醫家類/兒科之屬/通論

保赤全編三卷 （清）莊一夔撰 清光緒十七

年(1891)刻本　一冊

330000－1743－0000885　R271/7483　子部/醫家類/婦科之屬/通論

女科要旨四卷　(清)陳念祖撰　清光緒三十二年(1906)上海文新書局石印本　一冊

330000－1743－0000889　R272/0018　子部/醫家類/兒科之屬/通論

保赤全編三卷　(清)莊一夔撰　清光緒三十年(1904)聚文堂刻本　一冊

330000－1743－0000894　R271.43/2322　子部/醫家類/婦科之屬/通論

產後編二卷　(清)傅山撰　清刻本　一冊

330000－1743－0000895　R271.4/9111　子部/醫家類/婦科之屬/產科

達生保嬰彙編一卷　(清)亟齋居士撰　清光緒十六年(1890)刻本　一冊

330000－1743－0000896　R271/3722　子部/醫家類/婦科之屬/產科

增訂胎產心法五卷　(清)閻純璽著　(清)沈秉炎增訂　清光緒十一年(1885)海隅書屋沈氏刻本　五冊

330000－1743－0000907　R254/6010　子部/醫家類/溫病之屬/其他溫疫病證

溫病條辨六卷首一卷　(清)吳瑭撰　清寧波羣玉山房刻本　四冊

330000－1743－0000908　R254/6010　子部/醫家類/溫病之屬

問心堂溫病條辨六卷首一卷　(清)吳瑭撰　清宏道堂刻本　四冊

330000－1743－0000909　R254/6010　子部/醫家類/溫病之屬/其他溫疫病證

溫病條辨六卷首一卷　(清)吳瑭撰　清刻本　五冊　存六卷(溫病條辨一至六)

330000－1743－0000911　R254/6010　子部/醫家類/溫病之屬/其他溫疫病證

溫病條辨六卷首一卷　(清)吳瑭撰　新增溫病條辨歌括一卷採補溫熱諸方一卷　清光緒

七年(1881)江右醉雲軒刻本　六冊

330000－1743－0000912　R254/6010　子部/醫家類/溫病之屬/其他溫疫病證

溫病條辨六卷首一卷　(清)吳瑭撰　清光緒二十五年(1899)曲江書屋石印本　四冊

330000－1743－0000913　R254/6010　子部/醫家類/溫病之屬/其他溫疫病證

溫病條辨六卷首一卷　(清)吳瑭撰　清光緒十九年(1893)上海圖書集成印書局鉛印本　四冊

330000－1743－0000915　R254/6010　子部/醫家類/溫病之屬/其他溫疫病證

溫病條辨六卷首一卷　(清)吳瑭撰　清寧波羣玉山房刻本　六冊

330000－1743－0000917　R254/6010：2　子部/醫家類/溫病之屬/其他溫疫病證

溫病證治述要一卷　(清)吳瑭撰　清光緒十六年(1890)刻本　一冊

330000－1743－0000922　R272/1099　子部/醫家類/兒科之屬/痘疹

活幼心法九卷　(明)聶尚恒撰　清乾隆五十九年(1794)刻本　二冊

330000－1743－0000923　R272/1099　子部/醫家類/兒科之屬/痘疹

活幼心法大全八卷末一卷　(明)聶尚恒撰　清同治八年(1869)刻本　一冊

330000－1743－0000927　R272/1022　子部/醫家類/兒科之屬/通論

幼科鐵鏡二卷　(清)夏鼎著　清宣統元年(1909)文元書莊石印本　一冊

330000－1743－0000931　R271.4/2372　子部/醫家類/婦科之屬/產科

經效產寶三卷續編一卷　(唐)昝殷撰　清光緒七年(1881)影宋刻本　一冊

330000－1743－0000933　R271/6096　子部/醫家類/婦科之屬/產科

胎產新書三種二十卷　清刻本　十二冊

330000 – 1743 – 0000934　R255/3485　參 R2 –
51/3485　子部/醫家類/類編之屬

沈氏尊生書五種　（清）沈金鰲撰輯　清宣統
元年(1909)石印本　十冊　存一種

330000 – 1743 – 0000935　R262/0000　子部/
醫家類/外科之屬/癰疽、疔瘡

疔瘡五經辨一卷附治種臟脹應驗良方一卷
清光緒三十三年(1907)刻本　一冊

330000 – 1743 – 0000936　R255/3485　子部/
醫家類/類編之屬

沈氏尊生書五種　（清）沈金鰲撰輯　清宣統
元年(1909)石印本　十冊　存一種

330000 – 1743 – 0000942　R255.2/7483　子
部/醫家類/類編之屬

十藥神書一卷　（清）葛可久編　清光緒十五
年(1889)上海千頃堂刻本　一冊

330000 – 1743 – 0000943　R255.2/4412　子
部/醫家類/類編之屬

十藥神書一卷附十藥神書注解一卷　（清）葛
可久編　清光緒十五年(1889)上海千頃堂刻
本　一冊

330000 – 1743 – 0000944　R255.2/7483　子
部/醫家類/類編之屬

陳修園醫書二十一種　（清）陳念祖等撰　清
光緒十八年(1892)上海圖書集成印書局鉛印
本　一冊　存三種

330000 – 1743 – 0000945　R255.5/0033　子
部/醫家類/類編之屬

中西匯通醫書五種　（清）唐宗海撰　清光緒
二十年(1894)申江袖海山房書局石印本　二
冊　存一種

330000 – 1743 – 0000946　R255.5/0033　子
部/醫家類/類編之屬

中西匯通醫書五種　（清）唐宗海撰　清光緒
三十四年(1908)上海千頃堂書局石印本　二
冊　存一種

330000 – 1743 – 0000947　R255.5/0033　子
部/醫家類/類編之屬

中西匯通醫書五種　（清）唐宗海撰　清光緒
三十四年(1908)上海千頃堂書局石印本　二
冊　存一種

330000 – 1743 – 0000950　R261/7415　子部/
醫家類/外科之屬/其他外科病證

增訂花柳指迷一卷　（美國）嘉約翰輯譯
（清）林應祥筆述　尹端模參訂　清光緒十五
年(1889)羊城博濟醫局刻本　二冊

330000 – 1743 – 0000953　R262/3485　子部/
醫家類/外科之屬/癰疽、疔瘡

增訂治疔彙要三卷　（清）過鑄著　清光緒二
十四年(1898)武林刻本　四冊

330000 – 1743 – 0000955　R262/1280　子部/
醫家類/外科之屬/癰疽、疔瘡

刺疔捷法一卷　（清）張鏡撰　清光緒五年
(1879)王鋆刻本　一冊

330000 – 1743 – 0000956　R262/1280　子部/
醫家類/外科之屬/癰疽、疔瘡

刺疔捷法一卷　（清）張鏡撰　清光緒五年
(1879)王鋆刻本　一冊

330000 – 1743 – 0000963　R254.2/1713　子
部/醫家類/溫病之屬

四時病機十四卷　（清）邵登瀛輯　清光緒六
年(1880)刻本　四冊

330000 – 1743 – 0000964　R254.2/1713　子
部/醫家類/溫病之屬

四時病機十四卷　（清）邵登瀛輯　清光緒六
年(1880)刻本　四冊

330000 – 1743 – 0000966　R254.2/1713　子
部/醫家類/溫病之屬

**四時病機十四卷女科歌訣六卷溫毒病論一卷
附經驗方一卷**　（清）邵登瀛輯　清宣統元年
(1909)江南醫學公會石印本　四冊

330000 – 1743 – 0000970　R254.2/7752　子
部/醫家類/溫病之屬/瘟疫

溫熱暑疫全書四卷　（清）周揚俊輯　清光緒
十五年(1889)掃葉山房刻本　二冊

330000－1743－0000974　R254.2/4711　子部/醫家類/溫病之屬/瘟疫

瘟疫條辨摘要不分卷附鐵扇散藥方 （清）呂田輯　清光緒十五年(1889)浙江書局刻本　一冊

330000－1743－0000981　R254.7/1017　子部/醫家類/溫病之屬/痧症

痧症全書三卷 （清）王凱輯　清道光六年(1826)杭州陳蘭階刻本　一冊

330000－1743－0000982　R254.7/1027　子部/醫家類/溫病之屬/痧症

痧症全書三卷 （清）王凱輯　**痧疫論一卷**（清）胡傑輯　清光緒二年(1876)刻本　二冊

330000－1743－0000984　R254.7/3403　子部/醫家類/溫病之屬/瘟疫

霍亂審證舉要一卷 （清）連文沖撰　清光緒二十五年(1899)刻本　一冊

330000－1743－0000985　R254.7/8032　子部/醫家類/溫病之屬/痧症

痧症指微一卷 清光緒十二年(1886)刻本　一冊

330000－1743－0000986　R254.7/8032　子部/醫家類/溫病之屬/痧症

痧症指微一卷 （清）釋普淨撰　清光緒三十四年(1908)刻本　一冊

330000－1743－0000987　R254/6049　子部/醫家類/溫病之屬/瘟疫

瘟疫論補註二卷 （明）吳有性撰　（清）鄭重光補註　清光緒二十一年(1895)揚州文樞堂刻本　二冊

330000－1743－0000988　R254/6049　子部/醫家類/溫病之屬/瘟疫

瘟疫論補註二卷 （明）吳有性撰　（清）鄭重光補註　清光緒六年(1880)掃葉山房刻本　二冊

330000－1743－0000989　R254/8010　子部/醫家類/溫病之屬/瘟疫

疫疹一得二卷 （清）余霖輯著　清光緒五年

(1879)刻本　一冊

330000－1743－0000990　R254/8024　子部/醫家類/溫病之屬/瘟疫

疫證集說四卷補遺一卷 余德壎輯　清宣統三年(1911)素盒鉛印本　四冊

330000－1743－0000991　R254/8024　子部/醫家類/溫病之屬/瘟疫

疫證集說四卷補遺一卷 余德壎輯　清宣統三年(1911)素盒鉛印本　一冊

330000－1743－0000993　R254/8024　子部/醫家類/溫病之屬/瘟疫

疫證集說四卷補遺一卷 余德壎輯　清宣統三年(1911)素盒鉛印本　四冊

330000－1743－0000995　R254.2/4711　子部/醫家類/傷寒金匱之屬/傷寒論

寒溫條辨七卷溫病壞證一卷 （清）楊璿撰　清光緒九年(1883)胡定亨刻本　四冊　缺一卷(七)

330000－1743－0000999　R254/6049　子部/醫家類/溫病之屬/瘟疫

瘟疫論二卷 （明）吳有性撰　清刻本　一冊　存一卷(上)

330000－1743－0001000　R254/6049　子部/醫家類/溫病之屬/瘟疫

瘟疫論二卷 （明）吳有性撰　清文華堂刻本　二冊

330000－1743－0001001　R254/6049　子部/醫家類/溫病之屬/瘟疫

瘟疫論二卷 （明）吳有性撰　清文華堂刻本　二冊

330000－1743－0001002　R254/6049；2　子部/醫家類/溫病之屬/瘟疫

明吳又可先生溫疫論醫門普度二卷 （清）吳有性撰　**劉宏璧先生集補溫方一卷附採名方一卷前賢疫證治案一卷　疫病篇一卷　痢疾論四卷** （清）孔敏禮撰　清刻本　四冊

330000－1743－0001005　R253.2/4422　子

部/醫家類/傷寒金匱之屬/金匱要略

金匱玉函經二註二十二卷附補方一卷十藥神書一卷 （宋）趙良仁衍義 （清）周揚俊補註 清同治二年(1863)養恬齋刻本 六冊

330000 – 1743 – 0001006　R253.2/4422　子部/醫家類/傷寒金匱之屬/金匱要略

金匱玉函經二註二十二卷附補方一卷十藥神書一卷 （宋）趙良仁衍義 （清）周揚俊補註 清同治二年(1863)刻本 六冊

330000 – 1743 – 0001009　R252.6/4111　子部/醫家類/傷寒金匱之屬/傷寒論

傷寒附翼二卷 （清）柯琴編 清刻本 二冊

330000 – 1743 – 0001013　R252.7/7483　子部/醫家類/方書之屬/單方驗方

長沙方歌括六卷 （清）陳念祖撰 清刻本 四冊

330000 – 1743 – 0001014　R252.7/7483　子部/醫家類/類編之屬

南雅堂醫書全集十六種 （清）陳念祖撰 清同治五年(1866)南雅堂刻本 三冊 存一種

330000 – 1743 – 0001015　R252.6/1015　子部/醫家類/傷寒金匱之屬/傷寒論

傷寒古方通六卷 （清）王子接註 清雍正九年(1731)刻光緒上海樂善堂重修本 二冊

330000 – 1743 – 0001019　R252.6/2844　子部/醫家類/傷寒金匱之屬/傷寒論

傷寒論類方四卷 （清）徐大椿輯 （清）潘蔚增輯 **長沙方歌括一卷** （清）陳念祖撰 （清）蕭庭滋 （清）潘霱增輯 清同治五年(1866)刻本 四冊

330000 – 1743 – 0001020　R252.3/7724　子部/醫家類/傷寒金匱之屬/傷寒論

陶節菴傷寒全生集四卷 （明）陶華撰 清乾隆四十七年(1782)古越尺木堂刻本 四冊

330000 – 1743 – 0001022　R252.3/7793　子部/醫家類/傷寒金匱之屬/傷寒論

傷寒補例二卷 （清）周學海撰 清宣統二年(1910)福慧雙修館刻周氏醫學叢書本 一冊

330000 – 1743 – 0001026　R253.2/4343　子部/醫家類/傷寒金匱之屬/金匱要略

金匱心典三卷 （清）尤怡撰 清同治八年(1869)雙白燕堂陸氏刻本 三冊

330000 – 1743 – 0001030　R253.6/1247　子部/醫家類/傷寒金匱之屬/金匱要略

金匱要畧方論三卷 （漢）張機撰 （晉）王叔和輯 （宋）林億詮次 清刻本 二冊

330000 – 1743 – 0001031　R253.2/4412　子部/醫家類/傷寒金匱之屬/金匱要略

金匱懸解二十二卷 （清）黃元御撰 清咸豐十一年(1861)徐樹銘燮龢精舍刻本 三冊

330000 – 1743 – 0001032　R253.2/4412　子部/醫家類/傷寒金匱之屬/金匱要略

金匱懸解二十二卷 （清）黃元御撰 清刻本 四冊

330000 – 1743 – 0001035　R252.2/7752　子部/醫家類/傷寒金匱之屬/傷寒論

傷寒論三註十六卷 （清）周揚俊輯 清光緒十三年(1887)味經堂刻本 八冊

330000 – 1743 – 0001049　R252.3/2842　子部/醫家類/傷寒金匱之屬/金匱要略

張仲景金匱要畧論註二十四卷 （清）徐彬著 清光緒五年(1879)掃葉山房刻本 六冊

330000 – 1743 – 0001052　R252.2/7752　子部/醫家類/傷寒金匱之屬/傷寒論

傷寒論三註十六卷 （清）周揚俊輯 清乾隆四十五年(1780)松心堂刻本 六冊

330000 – 1743 – 0001053　R252.2/8737　子部/醫家類/傷寒金匱之屬/傷寒論

再重訂傷寒集註十五卷 （清）舒詔撰 清文勝堂刻本 二冊

330000 – 1743 – 0001058　R253.7/7483　子部/醫家類/傷寒金匱之屬/金匱要略

金匱方歌括六卷 （清）陳念祖定 （清）陳元犀韻註 清崇英堂刻本 二冊 存四卷(一至四)

153

330000 – 1743 – 0001059　R254/0240　子部/
醫家類/溫病之屬/瘟疫

松峯說疫七卷　(清)劉奎撰　清刻本　四冊

330000 – 1743 – 0001061　R254/0240　子部/
醫家類/溫病之屬/瘟疫

松峯說疫六卷　(清)劉奎撰　清乾隆刻本
八冊

330000 – 1743 – 0001062　R252.2/7752　子
部/醫家類/傷寒金匱之屬/傷寒論

傷寒論三註十六卷　(清)周揚俊輯　清光緒
十三年(1887)漁古山房刻本　六冊

330000 – 1743 – 0001063　R253.2/7483　子
部/醫家類/傷寒金匱之屬/金匱要略

金匱要略淺註補正九卷　(清)陳念祖撰
(清)唐宗海補正　清光緒二十年(1894)上海
襃海山房石印本　三冊

330000 – 1743 – 0001064　R253.2/7483　子
部/醫家類/傷寒金匱之屬/金匱要略

金匱要略淺註補正九卷　(清)陳念祖撰
(清)唐宗海補正　清光緒三十四年(1908)上
海千頃堂書局石印本　三冊

330000 – 1743 – 0001065　R252.2/7483　子
部/醫家類/傷寒金匱之屬/傷寒論

張仲景傷寒論原文淺註六卷　(清)陳念祖集
註　清光緒十五年(1889)古吳光裕書屋刻本
六冊

330000 – 1743 – 0001066　R252.3/7724　子
部/醫家類/傷寒金匱之屬/傷寒論

陶節菴傷寒全生集四卷　(明)陶華撰　清眉
壽堂刻本　四冊

330000 – 1743 – 0001067　R252.2/7483　子
部/醫家類/傷寒金匱之屬/傷寒論

張仲景傷寒論原文淺註六卷　(清)陳念祖集
註　清刻本　六冊

330000 – 1743 – 0001068　R252.2/7483　子
部/醫家類/傷寒金匱之屬/傷寒論

張仲景傷寒論原文淺註六卷　(清)陳念祖集
註　**長沙方歌括六卷**　(清)陳念祖著　清光

緒三年(1877)漁古山房刻本　八冊

330000 – 1743 – 0001069　R252.2/7483　子
部/醫家類/傷寒金匱之屬/傷寒論

傷寒論淺註補正七卷首一卷　(清)陳念祖注
(清)唐宗海補正　清光緒三十四年(1908)
千頃堂書局石印本　四冊

330000 – 1743 – 0001071　R252.3/7724　子
部/醫家類/傷寒金匱之屬/傷寒論

陶節菴傷寒全生集四卷　(明)陶華撰　清眉
壽堂刻本　四冊

330000 – 1743 – 0001072　R252.2/7752　子
部/醫家類/傷寒金匱之屬/傷寒論

傷寒論三註十六卷　(清)周揚俊輯　清刻本
七冊　缺一卷(一)

330000 – 1743 – 0001077　R254/1044　子部/
醫家類/溫病之屬/其他溫疫病證

溫熱經緯五卷　(清)王士雄纂　清同治二年
(1863)刻本　四冊

330000 – 1743 – 0001078　R254/1044　子部/
醫家類/溫病之屬/其他溫疫病證

溫熱經緯五卷　(清)王士雄纂　清光緒三年
(1877)刻本　四冊

330000 – 1743 – 0001083　R254/1050　子部/
醫家類/溫病之屬/其他溫疫病證

時病論八卷　(清)雷豐撰　清光緒十年
(1884)雷慎修堂刻本　四冊

330000 – 1743 – 0001084　R254/1250　子部/
醫家類/傷寒金匱之屬/傷寒論

類傷寒集補一卷　(清)張泰輯　清嘉慶十六
年(1811)刻本　二冊

330000 – 1743 – 0001085　R254/2768　子部/
醫家類/針灸之屬/針法灸法

太乙神鍼方不分卷　(清)邱時敏編　清光緒
四年(1878)南陽氏刻本　一冊

330000 – 1743 – 0001086　R254/3011　子部/
醫家類/溫病之屬/其他溫疫病證

溫熱贅言一卷　(清)寄瓢子述　清道光十一

年(1831)吳金壽刻本 一冊

330000－1743－0001087 R254/3011 子部/
醫家類/溫疫之屬/其他溫疫病證

溫熱贅言一卷 （清）寄瓢子述 清道光十一
年(1831)吳金壽刻本 一冊

330000－1743－0001089 R254/4310 子部/
醫家類/溫病之屬/瘟疫

瘟疫明辨四卷末一卷 （清）戴天章撰 清嘉
慶二十二年(1817)晉祁書業堂刻本 清戴嗣
琦 清俞震跋 二冊

330000－1743－0001091 R254/4313 子部/
醫家類/溫病之屬/瘟疫

廣瘟疫論四卷末一卷 （清）戴天章著 清光
緒三年(1877)大德堂書坊刻本 二冊 存四
卷(廣瘟疫論一至四)

330000－1743－0001095 R254/4310 子部/
醫家類/溫病之屬/瘟疫

瘟疫明辨四卷末一卷 （清）戴天章撰 清咸
豐元年(1851)藜照樓刻本 一冊

330000－1743－0001098 R254.2/4711 子
部/醫家類/溫病之屬/瘟疫

瘟疫條辨摘要不分卷 （清）呂田輯 清光緒
十一年(1885)溫州博古齋刻本 一冊

330000－1743－0001099 R254.2/4711 子
部/醫家類/溫病之屬/瘟疫

瘟疫條辨摘要不分卷 （清）呂田輯 清光緒
十五年(1889)浙江書局刻本 一冊

330000－1743－0001100 R932.3/2734 子
部/醫家類/本草之屬/本草藥性

本經疏證十二卷本經續疏六卷本經序疏要八
卷 （清）鄒澍撰 清咸豐八年(1858)日升山
房刻本 十二冊

330000－1743－0001101 R932.2/2734 子
部/醫家類/本草之屬/本草藥性

本經疏證十二卷本經續疏六卷本經序疏要八
卷 （清）鄒澍撰 清咸豐八年(1858)周日新
山房刻本 五冊 存十卷(一至二、五至八，
續疏一至四)

330000－1743－0001102 R932.2/2734 子
部/醫家類/本草之屬/本草藥性

本經疏證十二卷本經續疏六卷本經序疏要八
卷 （清）鄒澍撰 清常郡晉升山房刻本 十
二冊

330000－1743－0001103 R932.2/1241 子
部/醫家類/本草之屬/神農本草經

本草崇原集說三卷附本草經讀一卷 （清）張
志聰撰 （清）高世杺訂 （清）仲學輅集說
清宣統二年(1910)錢塘仲氏刻本 二冊

330000－1743－0001104 R932.2/1241 子
部/醫家類/本草之屬/神農本草經

本草崇原集說三卷附本草經讀一卷 （清）張
志聰撰 （清）高世杺訂 （清）仲學輅集說
清宣統二年(1910)錢塘仲氏刻本 三冊

330000－1743－0001105 R932.2/1241 子
部/醫家類/本草之屬/神農本草經

本草崇原集說三卷附本草經讀一卷 （清）張
志聰撰 （清）高世杺訂 （清）仲學輅集說
清宣統二年(1910)錢塘仲氏刻本 四冊

330000－1743－0001114 R932.3/0248 子
部/醫家類/本草之屬/歷代綜合本草

本草述鉤元三十二卷 （清）楊時泰輯 清道
光二十二年(1842)毗陵涵雅堂刻本 十六冊

330000－1743－0001116 R932.3/0249 子
部/醫家類/本草之屬/歷代綜合本草

本草述三十二卷首一卷 （清）劉若金撰 清
嘉慶十五年(1810)武進薛鎬還讀山房刻光緒
二年(1876)姑蘇來青閣印本 二十四冊

330000－1743－0001120 R932.2/7483 子
部/醫家類/本草之屬/神農本草經

神農本草經讀四卷 （清）陳念祖撰 清敦厚
堂刻本 三冊

330000－1743－0001121 R932.3/1217 子
部/醫家類/本草之屬/歷代綜合本草

本經逢原四卷 （清）張璐撰 清同德堂刻本
四冊

330000－1743－0001127 R932.3/1047 子

部/醫家類/本草之屬

東皋握靈本草十卷附序例一卷補遺一卷
(清)王翃編輯　清康熙二十二年(1683)刻本
八冊

330000－1743－0001128　R932.2/2844　子
部/醫家類/本草之屬/神農本草經

神農本草經百種錄一卷　(清)徐大椿撰　清
刻本　一冊

330000－1743－0001132　R932.3/1225　子
部/醫家類/本草之屬/本草雜著

本草便讀二卷　(清)張秉成輯　清光緒二十
二年(1896)刻本　四冊

330000－1743－0001133　R932.3/1225　子
部/醫家類/本草之屬/本草雜著

本草便讀四卷　(清)張秉成輯　清末上海千
頃堂書局石印本　一冊

330000－1743－0001136　R932.3/2588　子
部/醫家類/本草之屬/本草雜著

本草詩箋十卷　(清)朱鑰撰　清乾隆二十七
年(1762)羣玉山房刻本　四冊

330000－1743－0001137　R932.3/3034　子
部/醫家類/本草之屬/本草雜著

本草衍義二十卷　(宋)寇宗奭撰　清光緒三
年(1877)刻本　一冊　存十卷(一至十)

330000－1743－0001138　R932.3/3034　子
部/醫家類/本草之屬/本草雜著

本草衍義二十卷　(宋)寇宗奭撰　清光緒三
年(1877)刻本　一冊　存九卷(一至九)

330000－1743－0001139　R932.3/3160　子
部/醫家類/本草之屬/歷代綜合本草

**增訂本草備要四卷附經絡歌訣一卷醫方湯頭
歌訣一卷**　(清)汪昂撰　清同治三年(1864)
刻本　四冊　存四卷(本草備要一至四)

330000－1743－0001140　R932.3/3160　子
部/醫家類/本草之屬/本草藥性

增補本草備要八卷　(清)汪昂撰　清光緒三
十三年(1907)上海同文書局石印本　二冊

330000－1743－0001142　R932.3/4060　子
部/醫家類/本草之屬/歷代綜合本草

雷公炮製藥性解六卷　(明)李中梓撰　清紫
文閣刻本　二冊

330000－1743－0001143　R932.3/4061　子
部/醫家類/本草之屬/歷代綜合本草

**本草綱目五十二卷圖三卷瀕湖脉學一卷脉訣
攷證一卷奇經八脉攷一卷**　(明)李時珍撰
本草萬方鍼線八卷藥品總目一卷　(清)蔡烈
先輯　清乾隆刻本　五十二冊　缺一卷(脉
訣攷證)

330000－1743－0001144　R932.3/4061　子
部/醫家類/本草之屬/歷代綜合本草

**本草綱目五十二卷圖三卷瀕湖脉學一卷脉訣
攷證一卷奇經八脉攷一卷**　(明)李時珍撰
本草萬方鍼線八卷藥品總目一卷　(清)蔡烈
先輯　清道光六年(1826)、十五年(1835)務
本堂刻本　五十二冊

330000－1743－0001145　R932.3/4061　子
部/醫家類/本草之屬/歷代綜合本草

**本草綱目五十二卷圖三卷瀕湖脉學一卷脉訣
攷證一卷奇經八脉攷一卷**　(明)李時珍撰
本草萬方鍼線八卷藥品總目一卷　(清)蔡烈
先輯　清芥子園刻本　二十冊　存二十九卷
(一至二十八、藥品總目)

330000－1743－0001146　R932.3/4061　子
部/醫家類/本草之屬/歷代綜合本草

**本草綱目五十二卷圖三卷瀕湖脉學一卷脉訣
攷證一卷奇經八脉攷一卷**　(明)李時珍撰
本草萬方鍼線八卷藥品總目一卷　(清)蔡烈
先輯　清光緒十九年(1893)鴻寶齋石印本
十六冊

330000－1743－0001150　R272/7481　子部/
醫家類/兒科之屬/通論

鼎鍥幼幼集成六卷　(清)陳復正輯　清光緒
十二年(1886)陳富記刻本　六冊

330000－1743－0001151　R272/7481　子部/
醫家類/兒科之屬/通論

鼎鍥幼幼集成六卷　(清)陳復正輯　清宣統

三年(1911)上海會文堂石印本　六冊

330000－1743－0001154　R272/7481　子部/醫家類/兒科之屬/通論

幼幼集成六卷　(清)陳復正輯　清光緒十八年(1892)漑堂軒刻本　四冊　存四卷(一至四)

330000－1743－0001155　R272/7481　子部/醫家類/兒科之屬/通論

鼎鍥幼幼集成六卷　(清)陳復正輯　清刻本　六冊

330000－1743－0001169　R272/7710　子部/醫家類/兒科之屬/通論

幼科醫學指南四卷　(清)周震撰　清宜興道生堂刻本　四冊

330000－1743－0001170　R272/8084　子部/醫家類/兒科之屬/通論

醫林枕秘保赤存真十卷　(清)余含棻輯　清光緒二年(1876)慎德堂刻本　六冊

330000－1743－0001175　R272/8317　類叢部/叢書類/彙編之屬

武英殿聚珍版書　清乾隆刻本　四冊　存一種

330000－1743－0001176　R272/8317　子部/醫家類/兒科之屬/通論

錢氏小兒藥證直訣三卷　(宋)錢乙撰　(宋)閻孝忠輯　附方一卷　(宋)閻孝忠撰　錢仲陽傳一卷　(宋)劉跂撰　董氏小兒斑疹備急方論一卷　(宋)董汲撰　清光緒十八年(1892)姚江黃氏五桂樓刻本　二冊

330000－1743－0001177　R272/8317　子部/醫家類/兒科之屬/通論

錢氏小兒藥證直訣三卷附方一卷　(宋)錢乙撰　(宋)閻孝忠輯　附方一卷　(宋)閻孝忠撰　錢仲陽傳一卷　(宋)劉跂撰　董氏小兒斑疹備急方論一卷　(宋)董汲撰　清康熙五十八年(1719)影宋刻本　二冊

330000－1743－0001188　R272.2/2524　子部/醫家類/兒科之屬/痘疹

痘疹定論四卷　(清)朱純嘏輯　清會源堂刻本　二冊

330000－1743－0001189　R272.2/2524　子部/醫家類/兒科之屬/痘疹

痘疹定論四卷　(清)朱純嘏輯　清刻本　一冊

330000－1743－0001193　R272.2/1219　子部/醫家類/兒科之屬/痘疹

中西痘科合璧十二卷　(清)張琰編輯　中西痘科合璧一卷　(清)邱熺原本　(清)王惇甫增補　清光緒三十二年(1906)上海書局石印本　六冊

330000－1743－0001194　R272/1219　子部/醫家類/兒科之屬/痘疹

種痘新書十二卷　(清)張琰輯　清刻本　二冊　存五卷(一至五)

330000－1743－0001195　R272.2/1099　子部/醫家類/兒科之屬/痘疹

聶氏痘門方旨八卷　(明)聶尚恒撰　清乾隆十三年(1748)內衙刻本　清嘯山題記　一冊

330000－1743－0001197　R272/7404　子部/醫家類/兒科之屬/痘疹

重刊保赤全生錄二卷　(清)陳文杰輯　清咸豐八年(1858)松山陳敦善堂木活字印本　一冊

330000－1743－0001198　R272/6043　子部/醫家類/兒科之屬/通論

增訂保赤輯要一卷　(清)吳嘉德纂　(清)吳道鎔增訂　清刻本　一冊

330000－1743－0001200　R272/5535　子部/醫家類/兒科之屬/痘疹

救偏瑣言五卷備用良方一卷　(清)費啟泰著　清道光二十一年(1841)大文堂刻本　三冊

330000－1743－0001202　R5/8844　新學/醫學/內科

內科新說二卷　(英國)合信氏著　(清)管茂材撰　清咸豐八年(1858)上海仁濟醫館刻本　三冊

330000 – 1743 – 0001203　R932.3/0248　子部/醫家類/本草之屬/歷代綜合本草

本草述鉤元三十二卷　（清）楊時泰輯　清道光二十二年(1842)毘陵涵雅堂刻本　十二冊

330000 – 1743 – 0001209　R89/3080　史部/政書類/律令之屬/法驗

補註洗冤錄集證四卷附刊檢骨圖格一卷（清）王又槐輯　（清）李觀瀾補輯　（清）阮其新補注　（清）童濂刪　**作吏要言一卷**（清）葉鎮撰　（清）朱椿增　清道光二十三年(1843)江都鍾淮刻三色套印本　八冊

330000 – 1743 – 0001211　R272.2/2711　子部/醫家類/兒科之屬/痘疹

痘疹大成四卷　（清）侯功震著　清同治十年(1871)會心閣刻本　二冊

330000 – 1743 – 0001212　R272.2/1219　子部/醫家類/兒科之屬/痘疹

種痘新書十二卷　（清）張琰輯　清道光十二年(1832)桂芳齋刻本　六冊

330000 – 1743 – 0001213　R932.3/7722　子部/醫家類/本草之屬/歷代綜合本草

本草思辨錄四卷首一卷　（清）周巖撰　清光緒三十年(1904)山陰周氏微尚室刻本　四冊

330000 – 1743 – 0001214　R932.3/7722　子部/醫家類/本草之屬/歷代綜合本草

本草思辨錄四卷首一卷　（清）周巖撰　清光緒三十年(1904)山陰周氏微尚室刻本　二冊

330000 – 1743 – 0001219　R932.3/6023　子部/醫家類/類編之屬

吳氏醫學述□□種　（清）吳儀洛輯　清三讓堂刻本　六冊　存一種

330000 – 1743 – 0001224　R272.2/5535　子部/醫家類/兒科之屬/痘疹

救偏瑣言十卷備用良方一卷　（清）費啟泰著　清惠迪堂刻本　四冊

330000 – 1743 – 0001225　R272.2/4472　子部/醫家類/兒科之屬/痘疹

秘傳經驗麻書集抄一卷　清光緒二十九年

(1903)刻本　一冊

330000 – 1743 – 0001226　R272.2/3750　子部/醫家類/兒科之屬/痘疹

麻疹全書四卷　（元）滑壽撰　清光緒三十一年(1905)湯鼎烜刻本　四冊

330000 – 1743 – 0001227　R272.2/3308　子部/醫家類/兒科之屬/痘疹

治疹全書三卷首一卷尾一卷　（清）夏禹鑄撰　（清）錢沛增補　清咸豐八年(1858)錢氏遺經堂刻本　四冊

330000 – 1743 – 0001230　R272/2514　子部/醫家類/兒科之屬/通論

抱乙子幼科指掌遺藁五卷　（清）葉其蓁輯　清刻本　一冊　存三卷(三至五)

330000 – 1743 – 0001237　R276.1/3033　子部/醫家類/喉科口齒之屬/通論

喉證指南四卷首一卷　（清）寄湘漁父輯　清光緒十三年(1887)刻本　一冊

330000 – 1743 – 0001238　R276.1/3483　子部/醫家類/喉科口齒之屬/通論

喉科心法一卷　（清）潘誠撰　清光緒四年(1878)楊州軒門橋文樞堂書莊刻本　一冊

330000 – 1743 – 0001239　R276.1/4442　子部/醫家類/喉科口齒之屬/通論

重錄增補經驗喉科紫珍集二卷　（清）黃梅谿秘藏　（清）朱純衷得授　（清）朱翔宇增補　清末上海千頃堂書局石印本　二冊

330000 – 1743 – 0001245　R276.1/7453　子部/醫家類/喉科口齒之屬/喉痧

疫痧草三卷　（清）陳耕道撰　清光緒三十年(1904)魏塘紫陽氏鉛印本　一冊

330000 – 1743 – 0001246　R276.1/7453　子部/醫家類/喉科口齒之屬/喉痧

疫痧草三卷　（清）陳耕道撰　清光緒四年(1878)刻本　一冊

330000 – 1743 – 0001247　R276.1/7453　子部/醫家類/喉科口齒之屬/喉痧

疫痧草三卷　（清）陳耕道撰　清光緒三十年（1904）魏塘紫陽氏鉛印本　一冊

330000－1743－0001248　R276.1/7453　子部/醫家類/喉科口齒之屬/喉痧

疫痧草三卷　（清）陳耕道撰　清光緒三十年（1904）魏塘紫陽氏鉛印本　一冊

330000－1743－0001249　R276.1/8021　子部/醫家類/喉科口齒之屬/喉痧

爛喉病痧輯要一卷　（清）金德鑑撰　清光緒二十五年（1899）石印本　一冊

330000－1743－0001250　R932.81/1015　子部/醫家類/方書之屬/單方驗方

絳雪園古方選註不分卷附得宜本草一卷（清）王子接撰　清掃葉山房刻本　四冊

330000－1743－0001251　R932.81/1015　子部/醫家類/方書之屬/單方驗方

絳雪園古方選註不分卷附得宜本草一卷（清）王子接撰　清刻本　四冊

330000－1743－0001252　R932.81/1015　子部/醫家類/方書之屬/單方驗方

絳雪園古方選註不分卷附得宜本草一卷（清）王子接撰　清掃葉山房刻本　四冊

330000－1743－0001253　R932.81/1015　子部/醫家類/方書之屬/單方驗方

絳雪園古方選註不分卷附得宜本草一卷（清）王子接撰　清掃葉山房刻本　四冊

330000－1743－0001254　R272.2/6031　子部/醫家類/兒科之屬/痘疹

痧科全書一卷　（明）呂新吾著　清山陰王金成刻本　一冊

330000－1743－0001255　R272.2/8022　子部/醫家類/兒科之屬/痘疹

增補秘傳痘疹玉髓金鏡錄真本四卷圖像一卷　（明）翁仲仁撰　清道光二十年（1840）掃葉山房刻本　二冊

330000－1743－0001256　R272.2/7794　子部/醫家類/兒科之屬/痘疹

引痘畧一卷　（清）邱熺輯　圖一卷　（清）黃安敏輯　清道光十六年（1836）包祥麟刻本　一冊

330000－1743－0001257　R272.2/8022　子部/醫家類/兒科之屬/痘疹

增補秘傳痘疹玉髓金鏡錄真本四卷圖像一卷　（明）翁仲仁撰　清道光二十年（1840）掃葉山房刻本　二冊

330000－1743－0001258　R272.2/8022　子部/醫家類/兒科之屬/痘疹

增補秘傳痘疹玉髓金鏡錄真本四卷圖像一卷　（明）翁仲仁撰　清刻本　一冊

330000－1743－0001259　R272.2/8022　子部/醫家類/兒科之屬/通論

增補痘疹玉髓金鏡錄二卷　（明）翁仲仁撰　清宣統二年（1910）上海萃英書局石印本　一冊

330000－1743－0001260　R272.2/8022　子部/醫家類/兒科之屬/通論

增補痘疹玉髓金鏡錄四卷首一卷　（明）翁仲仁撰　清宣統二年（1910）文元書莊石印本　一冊

330000－1743－0001261　R272.2/5597　子部/醫家類/兒科之屬/痘疹

痘疹真傳二卷　（清）曹光熙鑒定　清嘉慶二十二年（1817）天錄齋刻本　四冊

330000－1743－0001262　R272.2/5597　子部/醫家類/兒科之屬/痘疹

痘疹真傳二卷　（清）曹光熙鑒定　清嘉慶二十二年（1817）天錄齋刻本　四冊

330000－1743－0001263　R932.81/1015　子部/醫家類/方書之屬/單方驗方

絳雪園古方選註不分卷附得宜本草一卷（清）王子接撰　清雍正刻本　四冊

330000－1743－0001264　R932.81/1015　子部/醫家類/方書之屬/單方驗方

絳雪園古方選註不分卷附得宜本草一卷（清）王子接撰　清掃葉山房刻本　一冊

330000－1743－0001265　R272.2/8022　子部/醫家類/兒科之屬/痘疹

翁仲仁先生痘科金鏡賦六卷　（明）翁仲仁撰
（清）俞茂鯤集解　清光緒二年(1876)楊州李松壽刻本　四冊

330000－1743－0001267　R272.2/8735　子部/醫家類/兒科之屬/痘疹

鄭氏瘄畧一卷附錄一卷　（清）謝玉瓊撰
（清）鄭啟壽　（清）鄭行彰傳　清同治九年(1870)汲涀齋刻本　一冊

330000－1743－0001272　R276.1/1046　子部/醫家類/喉科口齒之屬/通論

咽喉脈證通論一卷　（宋）釋□□撰　**吊腳痧方論一卷**　（清）徐子默撰　清光緒十六年(1890)養片雲齋刻本　一冊

330000－1743－0001273　R276.1/1222　子部/醫家類/喉科口齒之屬/白喉

時疫白喉捷要一卷　（清）張紹修撰　清光緒十一年(1885)聶緝椝刻本　一冊

330000－1743－0001274　R276.1/1222　子部/醫家類/喉科口齒之屬/白喉

時疫白喉捷要一卷　（清）張紹修撰　清光緒十一年(1885)聶緝椝刻本　一冊

330000－1743－0001275　R276.1/1233　子部/醫家類/喉科口齒之屬/通論

咽喉秘集二卷　（清）海山仙館編　清同治十二年(1873)俞敬義堂刻本　一冊

330000－1743－0001276　R276.1/1233　子部/醫家類/喉科口齒之屬/通論

喉科指掌六卷　（清）張宗良著　清乾隆三十三年(1768)合義堂刻本　二冊

330000－1743－0001277　R276.1/2735　子部/醫家類/喉科口齒之屬/通論

喉科杓指四卷　（清）包永泰著　清道光三年(1823)文英堂刻本　四冊

330000－1743－0001278　R272/1283　子部/醫家類/類編之屬

體生集四種　清嘉慶二十一年(1816)刻本

一冊

330000－1743－0001279　R276.1/2583　子部/醫家類/喉科口齒之屬

喉症全科紫珍集二卷　（清）朱翔宇輯　清刻本　二冊

330000－1743－0001280　R276.1/1233　子部/醫家類/喉科口齒之屬/通論

喉科指掌六卷　（清）張宗良著　清光緒三十四年(1908)抄本　一冊

330000－1743－0001283　R276.7/1963　子部/醫家類/眼科之屬

銀海精微四卷　（唐）孫思邈輯　清同治九年(1870)聚英堂刻本　四冊

330000－1743－0001284　R276.7/2323　子部/醫家類/眼科之屬

傅氏眼科審視瑤函六卷首一卷附前賢醫案一卷　（明）傅仁宇撰　（明）林長生校補　清善成堂刻本　六冊

330000－1743－0001285　R276.7/2323　子部/醫家類/眼科之屬

傅氏眼科審視瑤函六卷首一卷附前賢醫案一卷　（明）傅仁宇撰　（明）林長生校補　清大文堂刻本　五冊　缺一卷(三)

330000－1743－0001286　R276.7/2323　子部/醫家類/眼科之屬

傅氏眼科審視瑤函六卷首一卷附前賢醫案一卷　（明）傅仁宇撰　（明）林長生校補　清宣統元年(1909)上海會文書局石印本　六冊

330000－1743－0001288　R276.11/1420　子部/醫家類/喉科口齒之屬/白喉

仙傳白喉治法忌表抉微一卷　（清）耐修子錄　清光緒二十三年(1897)石印本　一冊

330000－1743－0001293　R276.11/4424　子部/醫家類/喉科口齒之屬/白喉

白喉辨症一卷　（清）黃維翰著　**吊腳痧方論一卷**　（清）徐子默撰　清末刻本　一冊

330000－1743－0001294　R276.11/4424　子

部/醫家類/喉科口齒之屬/白喉

白喉辨症一卷 （清）黃維翰著 清末刻本
一冊

330000－1743－0001295 R276.11/7448 子
部/醫家類/類編之屬

利濟文課□□種 清宣統元年(1909)刻本
一冊 存一種

330000－1743－0001298 R276.12/2582 子
部/醫家類/喉科口齒之屬/喉痧

痧喉論一卷 （清）朱鐵山撰 清道光二十八
年(1848)刻本 一冊

330000－1743－0001299 R276.12/5539 子
部/醫家類/喉科口齒之屬/喉痧

喉痧正的一卷 （清）曹心怡著 清光緒十六
年(1890)朗齋刻本 一冊

330000－1743－0001301 R276.1/8743 子
部/醫家類/喉科口齒之屬

重樓玉鑰一卷 （清）鄭宏綱撰 **洞主仙師白
喉治法忌表抉微一卷** （清）耐修子錄並注
清光緒二十六年(1900)刻本 一冊

330000－1743－0001302 R276.1/1222 子
部/醫家類/喉科口齒之屬/白喉

時疫白喉捷要一卷 （清）張紹修撰 清同治
三年(1864)刻本 一冊

330000－1743－0001303 R932.3/6023 子
部/醫家類/類編之屬

吳氏醫學述□□種 （清）吳儀洛輯 清閩省
靈蘭堂刻本 六冊 存一種

330000－1743－0001304 R276.7/1016 子
部/醫家類/眼科之屬

眼科百問二卷 （清）王子固纂輯 清光緒十
年(1884)善成堂刻本 二冊

330000－1743－0001308 R276.7/5002 子
部/醫家類/眼科之屬

眼科錦囊四卷續眼科錦囊二卷 （日本）本庄
俊篤著 清光緒十一年(1885)上海福瀛書局
刻本 三冊

330000－1743－0001309 R276.7/6444 類
叢部/叢書類/彙編之屬

荔牆叢刻十三種 （清）汪曰楨輯 清同治至
光緒烏程汪氏刻本 一冊 存五種

330000－1743－0001313 R276.11/1421 子
部/醫家類/喉科口齒之屬/白喉

洞主仙師白喉治法忌表抉微一卷 （清）耐修
子輯並注 清光緒三十三年(1907)上海彪蒙
書室石印本 一冊

330000－1743－0001315 R932.81/3106 子
部/醫家類/方書之屬/歷代方書

醫方集解二十一卷 （清）汪昂撰 清刻本
五冊 存十六卷(一至十六)

330000－1743－0001316 R932.81/3106 子
部/醫家類/方書之屬/歷代方書

醫方集解二十一卷 （清）汪昂撰 清光緒十
三年(1887)姑蘇掃葉山房刻本 六冊

330000－1743－0001317 R932.81/3106 子
部/醫家類/方書之屬/歷代方書

醫方集解二十一卷 （清）汪昂撰 清宣統元
年(1909)上海鴻文書局石印本 四冊

330000－1743－0001320 R932.81/3106 子
部/醫家類/方書之屬/歷代方書

醫方集解二十一卷 （清）汪昂撰 清光緒十
三年(1887)姑蘇掃葉山房刻本 六冊

330000－1743－0001324 R249.49/6444 子
部/醫家類/醫案之屬

臨證指南醫案十卷 （清）葉桂撰 清光緒十
年(1884)文富堂刻本 十冊

330000－1743－0001325 R272.2/8728 子
部/醫家類/兒科之屬/痘疹

鄭氏瘄畧一卷附壽世良方摘要一卷 （清）鄭
啟壽撰 清光緒三十年(1904)養心廬主人石
印本 一冊

330000－1743－0001329 R932.849/8045
子部/醫家類/方書之屬/歷代方書

本草類方十卷 （清）年希堯輯 清刻本 九
冊 存九卷(二至十)

330000－1743－0001330　R932.849/9027
子部/醫家類/方書之屬/單方驗方

葆元錄一卷　(清)蕭然居士輯　清同治十一年(1872)刻本　一冊

330000－1743－0001331　R932.849/9027
子部/醫家類/方書之屬/單方驗方

葆元錄一卷　(清)蕭然居士輯　清同治十一年(1872)刻本　一冊

330000－1743－0001332　R932.849/1942
子部/醫家類/方書之屬/單方驗方

應驗簡便良方二卷　(清)孫克任輯　清退補齋刻本　二冊

330000－1743－0001335　R932.85/3026　子部/醫家類/方書之屬/單方驗方

萬方類纂八卷　(清)宋穆撰　清光緒二十五年(1899)桂林毓蘭書屋刻本　六冊

330000－1743－0001337　R932.8/1744　子部/醫家類/方書之屬/歷代方書

三朝名醫方論三種　清宣統三年(1911)寧波汲綆齋石印本　四冊

330000－1743－0001339　R932.849/3305
子部/醫家類/方書之屬

不知醫必要四卷　(清)梁廉夫撰　清光緒二十六年(1900)武陵章氏刻本　四冊

330000－1743－0001341　R932.85/4061　子部/醫家類/方書之屬/單方驗方

本草萬方鍼線八卷　(清)蔡烈先輯　清學庫山房刻本　四冊

330000－1743－0001343　R932.85/4403　子部/醫家類/方書之屬/成方藥目

趙翰香居丸散膏丹全錄不分卷　(清)趙文通輯　清光緒十五年(1889)趙翰香居石印本　一冊

330000－1743－0001345　R932.849/6860
子部/醫家類/方書之屬

喻選古方試驗四卷　(清)喻嘉言編　清道光十八年(1838)刻本　三冊

330000－1743－0001350　R932.849/4443
子部/醫家類/方書之屬/單方驗方

隨山宇方鈔一卷　(清)汪曰楨撰　清光緒刻本　一冊

330000－1743－0001351　R932.849/3630
子部/醫家類/方書之屬

衛生鴻寶六卷　(清)祝補齋輯　(清)高味卿增補　**急救腹痛暴卒病解一卷**　(清)華嶽芳纂　清咸豐七年(1857)上海寶豐堂刻本　四冊

330000－1743－0001352　R932.849/3410
子部/醫家類/方書之屬/單方驗方

良方集腋合璧全卷一卷　(清)謝元慶輯　清咸豐五年(1855)刻本　一冊

330000－1743－0001353　R932.849/1298
子部/醫家類/方書之屬

幾希錄一卷附集古方一卷　(清)瑞五堂主人輯　清光緒七年(1881)刻本　一冊

330000－1743－0001354　R932.849/1044
子部/醫家類/方書之屬/單方驗方

四科簡效方四卷　(清)王士雄選　清光緒十一年(1885)越州徐樹蘭刻本　二冊

330000－1743－0001355　R932.849/1023
子部/醫家類/方書之屬/單方驗方

絳囊撮要五卷　(清)雲川道人編　清集善堂刻本　一冊

330000－1743－0001356　R925/4794　子部/醫家類/方書之屬/成方藥目

胡慶餘堂丸散膏丹全集不分卷續增一卷　(清)胡慶餘堂編　清光緒三年(1877)胡慶餘堂雪記刻本　一冊

330000－1743－0001360　R932.849/2741
子部/醫家類/方書之屬/單方驗方

驗方新編十八卷　(清)鮑相璈輯　清光緒十七年(1891)日本橫濱中華會館鉛印本　二冊

330000－1743－0001362　R932.849/1049
子部/醫家類/方書之屬/單方驗方

經驗各種秘方輯要一卷　(清)王松堂輯　清

光緒二十四年（1898）上海著易堂鉛印本
一冊

330000－1743－0001366　R932.92/3160　子
部/醫家類/綜合之屬/合刻、合抄
醫方湯頭歌訣一卷附經絡歌訣一卷　（清）汪
昂輯　清同治八年(1869)醉六堂刻本　一冊

330000－1743－0001367　R932.92/3160　子
部/醫家類/綜合之屬/合刻、合抄
醫方湯頭歌訣一卷附經絡歌訣一卷　（清）汪
昂輯　清刻本　一冊

330000－1743－0001368　R932.92/3160　子
部/醫家類/方書之屬/成方藥目
重校舊本湯頭歌訣一卷附經絡歌訣一卷
(清)汪昂編輯　清光緒三十四年(1908)日新
書局石印本　一冊

330000－1743－0001369　R932.91/6080　子
部/醫家類/方書之屬/單方驗方
名醫方論四卷　（清）羅美評定　清金閶步月
樓刻本　八冊

330000－1743－0001370　R932.91/6080　子
部/醫家類/方書之屬/單方驗方
名醫方論四卷　（清）羅美評定　清刻本
二冊

330000－1743－0001371　R932.8/6038　子
部/醫家類/綜合之屬/通論
御纂醫宗金鑑九十卷首一卷　（清）吳謙等撰
　清刻本　二冊　存四卷(刪補名醫方一、五
至七)

330000－1743－0001372　R932.91/5524　子
部/醫家類/方書之屬/歷代方書
醫方論四卷　（清）費伯雄撰　清光緒三年
(1877)刻本　二冊

330000－1743－0001373　R932.91/5524　子
部/醫家類/方書之屬/歷代方書
醫方論四卷　（清）費伯雄撰　清同治五年
(1866)耕心堂刻本　四冊

330000－1743－0001374　R932.91/5524　子

部/醫家類/方書之屬/歷代方書
醫方論四卷　（清）費伯雄撰　清光緒三年
(1877)刻本　一冊

330000－1743－0001375　R932.93/2741　子
部/醫家類/方書之屬/單方驗方
驗方新編二十四卷　（清）鮑相璈輯　清光緒
四年(1878)杭州鼓樓東壁齋刻本　十六冊

330000－1743－0001376　R932.93/2741　子
部/醫家類/方書之屬/單方驗方
驗方新編二十四卷　（清）鮑相璈輯　清光緒
四年(1878)杭州鼓樓東壁齋刻本　十六冊

330000－1743－0001377　R932.93/2741　子
部/醫家類/方書之屬/單方驗方
驗方新編二十四卷　（清）鮑相璈輯　清光緒
四年(1878)杭州鼓樓東壁齋刻本　十六冊

330000－1743－0001378　R932.93/2741　子
部/醫家類/方書之屬/單方驗方
驗方新編二十四卷　（清）鮑相璈輯　清光緒
四年(1878)杭州鼓樓東壁齋刻本　十六冊

330000－1743－0001379　R932.93/2741　子
部/醫家類/方書之屬/單方驗方
驗方新編二十四卷　（清）鮑相璈輯　清光緒
四年(1878)杭州鼓樓東壁齋刻本　十五冊
存二十三卷(二至二十四)

330000－1743－0001380　R932.93/2741　子
部/醫家類/方書之屬/單方驗方
驗方新編二十四卷　（清）鮑相璈輯　清光緒
四年(1878)杭州鼓樓東壁齋刻本　十冊　存
十八卷(一至十八)

330000－1743－0001381　R932.93/2741　子
部/醫家類/方書之屬/單方驗方
驗方新編二十四卷　（清）鮑相璈輯　清刻本
　七冊　存十五卷(二至十六)

330000－1743－0001382　R932.93/2741　子
部/醫家類/方書之屬/單方驗方
校正增廣驗方新編十八卷　（清）鮑相璈輯
清光緒二十六年(1900)上海觀瀾閣石印本
六冊

330000－1743－0001388　R932.93/7713　子部/醫家類/方書之屬/單方驗方

經驗奇方二卷　（清）周鋸撰　清紹興育新書局石印本　二冊

330000－1743－0001389　R932.93/6079　子部/醫家類/方書之屬/單方驗方

景岳新方歌一卷　（清）吳辰燦　（清）高秉鈞　（清）姚志仁纂　清嘉慶十四年(1809)盡心齋刻本　一冊

330000－1743－0001390　R932.93/5023　子部/醫家類/方書之屬/單方驗方

救世良方二卷　（清）韋佩寬輯　清光緒二十八年(1902)刻本　二冊

330000－1743－0001391　R932.94/2743　子部/醫家類/方書之屬/單方驗方

外治壽世方初編四卷　（清）鄒存淦輯　清光緒三年(1877)杭州勤執堂刻本　四冊

330000－1743－0001395　R932.93/4263　子部/醫家類/方書之屬/單方驗方

重刊菉竹堂集驗方六卷　（明）姚羅浮編　清末上海點石齋石印本　二冊

330000－1743－0001396　R932.842/1963　子部/醫家類/方書之屬/歷代方書

孫真人千金方衍義三十卷　（清）張璐撰　清嘉慶五年(1800)掃葉山房刻本　三十二冊

330000－1743－0001399　R943.1/4060　子部/醫家類/本草之屬/歷代綜合本草

珍珠囊指掌補遺藥性賦四卷　（金）李杲輯　雷公炮製藥性解六卷　（明）李中梓輯　清光緒十三年(1887)掃葉山房刻本　四冊

330000－1743－0001402　R932.98/5524　子部/醫家類/方書之屬/單方驗方

怪疾奇方一卷　（清）費伯雄編　清光緒十年(1884)刻本　一冊

330000－1743－0001403　R932.3/6039　子部/醫家類/本草之屬/本草藥性

太醫院增補青囊藥性賦直解八卷末一卷　（明）羅必煒訂　清三味堂刻本　三冊

330000－1743－0001407　R961.1/4060　子部/醫家類/本草之屬/歷代綜合本草

珍珠囊指掌補遺藥性賦四卷　（金）李杲輯　雷公炮製藥性解六卷　（明）李中梓輯　清光緒三十二年(1906)蘇州掃葉山房刻本　四冊

330000－1743－0001408　R961.1/4060　子部/醫家類/本草之屬/歷代綜合本草

珍珠囊指掌補遺藥性賦四卷　（金）李杲輯　雷公炮製藥性解六卷　（明）李中梓輯　清善成堂刻本　四冊

330000－1743－0001409　R961.1/4060　子部/醫家類/本草之屬/歷代綜合本草

珍珠囊指掌補遺藥性賦四卷　（金）李杲輯　雷公炮製藥性解六卷　（明）李中梓輯　清善成堂刻本　四冊

330000－1743－0001410　R932.842/1050　子部/醫家類/方書之屬/歷代方書

唐王燾先生外臺秘要方四十卷　（唐）王燾撰　清光緒二十四年(1898)上海圖書集成印書局鉛印本　十六冊　缺五卷(五至七、十四至十五)

330000－1743－0001411　R932.842/1050　子部/醫家類/方書之屬/歷代方書

唐王燾先生外臺秘要方四十卷　（唐）王燾撰　清光緒二十四年(1898)上海圖書集成印書局鉛印本　十四冊　缺五卷(五至七、十四至十五)

330000－1743－0001412　R932.842/1050　子部/醫家類/方書之屬/歷代方書

唐王燾先生外臺秘要方四十卷　（唐）王燾撰　清同治十三年(1874)廣東翰墨園刻本　四十冊

330000－1743－0001413　R932.842/1050　子部/醫家類/方書之屬/歷代方書

唐王燾先生外臺秘要方四十卷　（唐）王燾撰　清同治十三年(1874)廣東翰墨園刻本　二十冊　存二十卷(一至二十)

330000－1743－0001419　R932.842/1964

子部/醫家類/方書之屬/歷代方書
千金翼方三十卷 （唐）孫思邈撰 （宋）林憶等校正 清同治七年（1868）掃葉山房刻本 十八冊

330000－1743－0001422 R932.848/4313 子部/醫家類/方書之屬/歷代方書
丹溪附餘六種 （元）朱震亨撰 清二酉堂刻本 二冊 存二種

330000－1743－0001423 R932.848/6022 子部/醫家類/方書之屬/單方驗方
醫方考六卷脉語二卷 （明）吳崐撰 明萬曆友益齋刻本 六冊

330000－1743－0001425 R932.844/3822 子部/醫家類/方書之屬/歷代方書
類證普濟本事方十卷 （宋）許叔微撰 （清）葉桂釋義 清嘉慶十九年（1814）葉鍾刻本 十冊

330000－1743－0001429 R932.844/3438 子部/醫家類/方書之屬/單方驗方
洪氏集驗方五卷 （宋）洪遵輯 清末上海千頃堂書局影印本 二冊

330000－1743－0001430 R932.5/1044 子部/醫家類/養生之屬
隨息居飲食譜不分卷 （清）王士雄撰 清同治二年（1863）上海刻本 一冊

330000－1743－0001433 R932.5/3444 子部/醫家類/本草之屬/食療本草
食物本草會纂十二卷圖一卷 （清）沈李龍撰 清道光元年（1821）蕭山裕文堂刻本 五冊 缺二卷（十一至十二）

330000－1743－0001435 R932.3/4412 子部/醫家類/本草之屬/本草藥性
玉楸藥解八卷 （清）黃元御著 清燮龢精舍刻本 一冊

330000－1743－0001436 R932.3/4412 子部/醫家類/本草之屬/本草藥性
玉楸藥解八卷 （清）黃元御著 清燮龢精舍刻本 一冊

330000－1743－0001446 R932.837/4434 子部/醫家類/方書之屬
葛仙翁肘後奇方八卷 （晉）葛洪輯 **褚氏遺書一卷** （南朝齊）褚澄編 清光緒二十二年（1896）上海圖書集成印書局鉛印本 四冊

330000－1743－0001451 R932.8/2433 子部/醫家類/方書之屬
醫方鈔不分卷 清光緒十六年（1890）儲永裕抄本 一冊

330000－1743－0001453 B31/0001 子部/雜著類/雜說之屬
淮南子二十一卷 （漢）劉安撰 （漢）高誘注 清光緒二年（1876）浙江書局刻二十二子本 六冊

330000－1743－0001454 B31/1134 類叢部/叢書類/彙編之屬
湖海樓叢書十二種 （清）陳春編 清嘉慶蕭山陳氏湖海樓刻二十四年（1819）彙印本 四冊 存一種

330000－1743－0001456 H114.9/1215 類叢部/類書類/專類之屬
佩文韻府一百六卷 （清）張玉書 （清）蔡升元等輯 **韻府拾遺一百六卷** （清）汪灝 （清）何焯等輯 清光緒十三年（1887）上海點石齋石印本 六十冊

330000－1743－0001457 I242.1/6265 子部/小說家類/諧謔之屬
增補一夕話六卷 （清）咄咄夫撰 清道光十二年（1832）經國堂刻本 四冊

330000－1743－0001458 J22/2610 子部/宗教類/佛教之屬
一切經音義二十五卷 （唐）釋元應撰 （清）莊炘 （清）錢坫 （清）孫星衍校正 **補訂新譯大方廣佛華嚴經音義二卷** （唐）釋慧苑述 **華嚴經音義敘錄一卷** （清）臧庸撰 **刻華嚴經音義校勘記一卷** （清）曹籀撰 清同治八年（1869）武林張氏寶晉齋刻本 四冊

330000－1743－0001459 J22/8050 經部/

小學類/音韻之屬/韻書

詩韻集成十卷附詞林典腋一卷 （清）余照輯
清刻本　二冊

330000－1743－0001460　J23/0712　經部/
小學類/訓詁之屬/爾雅

爾雅三卷 （晉）郭璞注 （唐）陸德明音義
清嘉慶二十二年(1817)順德張青選清芬閣刻
本　三冊

330000－1743－0001462　N61/1021　子部/
農家農學類/園藝之屬/總志

二如亭群芳譜三十卷首一卷 （明）王象晉纂
輯 （明）王與胤等詮次　明末刻清康熙重修
本　十六冊

330000－1743－0001463　J23/4577　經部/
詩類/三家詩之屬

韓詩外傳十卷 （漢）韓嬰著　**序說一卷校補
一卷補逸一卷**　清乾隆亦有生齋刻本　清張
步瀛題記　四冊

330000－1743－0001464　J253/2724　經部/
小學類/文字之屬/字書/字典

龍龕手鑑四卷 （遼）釋行均撰　清虛竹齋刻
正誼齋叢書本　六冊

330000－1743－0001465　J253/7161　經部/
小學類/文字之屬/字書/字典

大廣益會玉篇三十卷 （南朝梁）顧野王撰
（唐）孫強增字 （宋）陳彭年等重修　清康熙
四十三年(1704)張士俊刻澤存堂五種本
二冊

330000－1743－0001466　J23/4417　子部/
雜著類/雜考之屬

陔餘叢考四十三卷 （清）趙翼撰　清乾隆五
十五年(1790)湛貽堂刻甌北全集本　十二冊

330000－1743－0001467　Q/1731　史部/地
理類/山川之屬/水志

水經注四十卷首一卷 （北魏）酈道元撰　清
刻武英殿聚珍版書本　八冊

330000－1743－0001468　K201/8043　類叢
部/叢書類/自著之屬

德清俞蔭甫所著書三十六種 （清）俞樾撰
清同治至光緒刻光緒末彙印本　十二冊

330000－1743－0001469　K201/0246　集部/
詩文評類/文評之屬

文心雕龍十卷 （南朝梁）劉勰撰 （清）黃叔
琳注　清道光十三年(1833)兩廣節署刻朱墨
套印本　六冊

330000－1743－0001470　K201/2152　類叢
部/叢書類/彙編之屬

抱經堂叢書七種 （清）盧文弨編　清刻民國
杭州朱氏抱經堂補刻印本　十六冊

330000－1743－0001471　K22/4462　集部/
別集類/唐五代別集

昌黎先生集四十卷外集十卷遺文一卷 （唐）
韓愈撰 （唐）李漢編 （宋）廖瑩中輯注　**朱
子校昌黎先生集傳一卷** （宋）朱熹撰　**韓集
點勘四卷** （清）陳景雲撰　清同治八年至九
年(1869－1870)江蘇書局刻本　十一冊

330000－1743－0001473　S85/6821　子部/
農家農學類/畜牧之屬

元亨牛經大全二卷 （明）喻本元 （明）喻本
亨集　清光緒三十二年(1906)經元書屋刻本
一冊

330000－1743－0001475　K295.3　史部/地
理類/方志之屬/郡縣志

光緒武進陽湖縣志三十卷首一卷 （清）王其
淦 （清）吳康壽修 （清）湯成烈纂　清光緒
五年(1879)刻本　二十冊

330000－1743－0001476　Z8/7191　子部/雜
著類/雜考之屬

日知錄集釋三十二卷刊誤二卷續刊誤二卷
（清）黃汝成撰　清光緒元年(1875)湖北崇文
書局刻本　十六冊

330000－1743－0001478　Z7/8019　子部/雜
著類/雜考之屬

癸巳存稿十五卷 （清）俞正燮撰　清光緒十
年(1884)刻本　六冊

330000－1743－0001479　Z7/8019　子部/雜

著類/雜考之屬

癸巳類稿十五卷 （清）俞正燮撰　清道光十三年(1833)求日益齋刻本　十冊

330000－1743－0001480　Z7/1081　子部/雜著類/雜考之屬

讀書雜志八十二卷餘編二卷 （清）王念孫撰　清光緒二十年(1894)上海醉六堂石印本　八冊

330000－1743－0001481　Z429/8064　集部/總集類/選集之屬/通代

經史百家雜鈔二十六卷首一卷 （清）曾國藩輯　清光緒三十二年(1906)上海商務印書館鉛印本　十二冊

330000－1743－0001482　Z833/3013　史部/目錄類/總錄之屬/官修

欽定四庫全書總目二百卷首四卷 （清）紀昀等撰　清同治七年(1868)廣東書局刻本　一百冊

330000－1743－0001484　B229.2　子部/叢編

二十二子 （清）浙江書局編　清光緒元年至三年(1875－1877)浙江書局刻本　六冊　存一種

330000－1743－0001485　K22/4462　集部/別集類/唐五代別集

昌黎先生集四十卷外集十卷遺文一卷 （唐）韓愈撰　（唐）李漢編　（宋）廖瑩中輯注　**朱子校昌黎先生集傳一卷** （宋）朱熹撰　**韓集點勘四卷** （清）陳景雲撰　清宣統三年(1911)上海掃葉山房石印本　十二冊

330000－1743－0001487　I214.212　集部/別集類/唐五代別集

駱賓王文集十卷 （唐）駱賓王撰　**駱賓王文集考異一卷** （清）顧廣圻撰　清宣統三年(1911)上海文瑞樓石印本　二冊

330000－1743－0001491　I211/4420　集部/總集類/選集之屬/通代

文選六十卷 （南朝梁）蕭統輯　（唐）李善注

文選考異十卷 （清）胡克家撰　清同治八年(1869)湖北崇文書局刻本　二十四冊

330000－1743－0001492　H163/3421　經部/小學類/文字之屬/字書/字典

康熙字典十二集三十六卷總目一卷檢字一卷辨似一卷等韻一卷補遺一卷備考一卷 （清）張玉書等纂修　清光緒三十二年(1906)上海商務印書館石印本　六冊

330000－1743－0001493　H163/3421　經部/小學類/文字之屬/字書/字典

康熙字典十二集三十六卷總目一卷檢字一卷辨似一卷等韻一卷補遺一卷備考一卷 （清）張玉書等纂修　清光緒十三年(1887)上海點石齋石印本　六冊

330000－1743－0001494　H131.7　經部/群經總義類/文字音義之屬

經籍籑詁五卷首一卷 （清）阮元纂集　清光緒九年(1883)上海點石齋縮印石印本　十冊

330000－1743－0001499　B229.2　子部/叢編

二十二子 （清）浙江書局編　清光緒元年至三年(1875－1877)浙江書局刻本　六冊　存一種

330000－1743－0001500　H161　經部/小學類/文字之屬/說文/傳說

說文解字繫傳四十卷 （五代）徐鍇撰　（五代）朱翱反切　**說文解字繫傳校勘記三卷** （清）苗夔等撰　清光緒元年(1875)刻本　八冊

330000－1743－0001501　I20　經部/小學類/文字之屬/字書/訓蒙

文通十卷 （清）馬建忠撰　清光緒二十八年(1902)紹興府學堂刻本　十冊

330000－1743－0001502　Z32　經部/小學類/訓詁之屬/字詁

普通百科新大詞典十二卷總目錄一卷分類目錄一卷異名一卷補遺一卷表一卷 （清）黃人編輯　清宣統三年(1911)上海國學扶輪社鉛

印本　十五冊

330000－1743－0001503　K295.34　史部/地理類/方志之屬/郡縣志

[嘉慶]重刊江寧府志五十六卷附校勘記一卷　（清）呂燕昭修　（清）姚鼐纂　[光緒]續纂江寧府志十五卷首一卷　（清）蔣啟勛（清）趙佑宸修　（清）汪士鐸纂　清光緒六年（1880）刻本　二十四冊

330000－1743－0001505　K21/4080　集部/總集類/選集之屬/通代

昭明文選集成六十卷首二卷　（南朝梁）蕭統輯　（清）方廷珪評點　清乾隆三十六年（1771）古榕方氏倣范軒刻本　二十四冊

330000－1743－0001507　K204.3/6024　史部/編年類/通代之屬

尺木堂綱鑑易知錄九十二卷明鑑易知錄十五卷　（清）吳乘權　（清）周之炯　（清）周之燦輯　清末石印本　十六冊

330000－1743－0001508　B234.99　子部/儒家類/儒學之屬/經濟

說苑二十卷　（漢）劉向撰　清光緒元年（1875）湖北崇文書局刻子書百家本　四冊

330000－1743－0001509　H131.4/1081　經部/小學類/訓詁之屬/群雅

廣雅疏證十卷　（清）王念孫撰　博雅音十卷（隋）曹憲撰　清光緒五年（1879）淮南書局刻本　八冊

330000－1743－0001510　Z429.442　子部/雜著類/雜考之屬

困學紀聞二十卷　（宋）王應麟撰　（清）閻若璩箋　（清）馬曰璐校　清同治九年（1870）揚州書局刻本　八冊

330000－1743－0001511　I267　集部/別集類/宋別集

盧陵宋丞相信國公文忠烈先生全集十六卷文忠烈公從祀原案錄一卷　（宋）文天祥撰（清）文有煥等編輯　清道光十年（1830）榮秩堂刻二十三年（1843）補刻本　十二冊

330000－1743－0001512　Z126.1/7110　經部/叢編

遵阮本重校印十三經注疏并校勘記　（清）阮元撰校勘記　（清）盧宣旬摘錄校勘記　清光緒十三年（1887）點石齋石印本　二十八冊

330000－1743－0001513　Z126.1/7110　經部/叢編

遵阮本重校印十三經注疏并校勘記　（清）阮元撰校勘記　（清）盧宣旬摘錄校勘記　清光緒十三年（1887）點石齋石印本　二十五冊

330000－1743－0001514　R249.49/6444　子部/醫家類/醫案之屬

臨證指南醫案十卷種福堂公選良方兼刻古吳名醫精論四卷　（清）葉桂撰　清乾隆刻本十一冊　缺一卷（臨證指南醫案一）

330000－1743－0001518　R932.2/2740　子部/醫家類/類編之屬

周氏醫學叢書初集十三種二集十四種三集六種　（清）周學海編　清光緒至宣統刻宣統三年（1911）池陽周氏福慧雙脩館彙印本　十四冊　存一種

330000－1743－0001519　R932.849/4444　子部/醫家類/方書之屬/單方驗方

辨症良方四卷　（清）蔣錫榮輯　清光緒十七年（1891）曉風楊柳館刻本　四冊

330000－1743－0001521　R932.85/7542　子部/醫家類/方書之屬/成方藥目

同仁堂藥目不分卷　（清）同仁堂編　清宣統二年（1910）同仁堂刻本　一冊

330000－1743－0001523　R925/4794　子部/醫家類/方書之屬/成方藥目

胡慶餘堂丸散膏丹全集不分卷續增一卷（清）胡慶餘堂編　清光緒三年（1877）胡慶餘堂雪記刻本　一冊

330000－1743－0001524　R253.2/4343　子部/醫家類/傷寒金匱之屬/金匱要略

金匱心典三卷　（清）尤怡撰　清光緒七年（1881）崇德書院刻本　三冊

330000－1743－0001525　R252.2/1281　子部/醫家類/傷寒金匱之屬/傷寒論

傷寒論直解六卷傷寒附餘一卷　（清）張錫駒注　清康熙五十一年（1712）錢塘張氏三餘堂刻本　八冊　缺一卷（傷寒附餘）

330000－1743－0001527　R249.49/6444　子部/醫家類/醫案之屬

種福堂公選溫熱論醫案四卷　（清）葉桂論　清刻本　一冊　存二卷（一至二）

330000－1743－0001528　R271/8844　子部/醫家類/婦科之屬

竹林女科證治四卷　（清）竹林寺僧撰　清刻本　一冊　存一卷（二）

330000－1743－0001529　R26/3032　子部/醫家類/外科之屬/癰疽、疔瘡

瘡瘍經驗全書六卷　（宋）竇默撰　（明）竇夢龍增輯　清刻本　六冊

330000－1743－0001530　R249.48/3114　子部/醫家類/醫案之屬

名醫類案十二卷附錄一卷　（明）江瓘輯　清乾隆三十五年至三十六年（1770－1771）鮑廷博知不足齋刻本　十二冊

330000－1743－0001532　R241.11/1022　子部/醫家類/診法之屬/脈經脈訣

脈經十卷　題（晉）王叔和撰　清刻本　二冊

330000－1743－0001533　R221.1/0238　子部/醫家類/醫經之屬/內經

黃帝內經素問遺篇一卷　（宋）劉溫舒撰　清刻本　一冊

330000－1743－0001534　R2－51/3160　子部/醫家類/類編之屬

本草醫方合編　（清）汪昂編　清刻本　四冊　缺二卷（醫方集解一至二）

330000－1743－0001535　R222/3750　子部/醫家類/醫經之屬/難經

難經本義二卷　（元）滑壽撰　清刻本　二冊

330000－1743－0001537　R2－51/2844　子部/醫家類/類編之屬

徐氏醫書八種　（清）徐大椿撰　清光緒十九年（1893）上海圖書集成印書局鉛印本　五冊　存五種

330000－1743－0001540　R24/1042　子部/醫家類/醫理之屬/綜合

醫理信述補遺二卷　（清）夏子俊輯　清光緒十年（1884）刻本　二冊

330000－1743－0001541　R932.92/3160　子部/醫家類/綜合之屬/合刻、合抄

醫方湯頭歌訣一卷附經絡歌訣一卷　（清）汪昂輯　清刻本　一冊

330000－1743－0001542　R272/1000　子部/醫家類/兒科之屬/通論

幼科要覽四卷　（清）曹光熙鑒定　清刻本　一冊　存二卷（一至二）

330000－1743－0001543　R2－51/6038　子部/醫家類/綜合之屬/通論

御纂醫宗金鑑九十卷首一卷　（清）吳謙等撰　清刻本　二冊　存六卷（二十九至三十一、三十九至四十一）

330000－1743－0001545　R26/1022　子部/醫家類/外科之屬

外科症治全生集四卷　（清）王維德撰　清光緒四年（1878）潘敏德堂刻本　二冊

330000－1743－0001550　R267/7415　子部/醫家類/外科之屬/瘋症、黴瘡

黴瘡秘錄二卷　（明）陳司成撰　清刻本　一冊　存一卷（下）

330000－1743－0001553　R932.842/1050　子部/醫家類/方書之屬/歷代方書

唐王燾先生外臺秘要方四十卷　（唐）王燾撰　清同治十三年（1874）廣東翰墨園刻本　四十冊

330000－1743－0001554　R271/8844　子部/醫家類/婦科之屬/通論

竹林寺婦科秘方一卷　（清）竹林寺僧撰　清光緒十六年（1890）錢塘顧海洲刻本　一冊

330000－1743－0001555　R245.8/3780　子部/醫家類/針灸之屬/針法灸法

鍼灸擇日編集一卷　（明）全循義　（明）金義孫輯　**備急灸法一卷**　（宋）聞人耆年撰　清光緒十六年(1890)上杭羅氏十瓣同心蘭室刻本　二冊

330000－1743－0001558　R932.3/6023　子部/醫家類/本草之屬/歷代綜合本草

本草從新十八卷　（清）吳儀洛輯　清光緒七年(1881)恒德堂刻本　八冊

330000－1743－0001563　R222/1242　子部/醫家類/醫經之屬/難經

圖註八十一難經辨真四卷　（明）張世賢撰　清刻本　一冊

330000－1743－0001566　R932.3/4498　子部/醫家類/本草之屬/歷代綜合本草

本草綱目拾遺十卷　（清）趙學敏輯　清同治十年(1871)吉心堂刻本　十冊

330000－1743－0001567　R932.3/2137　子部/醫家類/本草之屬/歷代綜合本草

本草乘雅半偈十一卷　（明）盧之頤撰　清順治四年(1647)盧氏月樞閣刻本　二十四冊

330000－1743－0001568　R221.32/1744　子部/醫家類/醫經之屬/內經

黃帝內經素問註證發微九卷補遺一卷黃帝內經靈樞註證發微九卷　（明）馬蒔撰　清道光二十三年(1843)潤洲包氏守研堂刻本　十二冊

330000－1743－0001570　R252.2/4111　子部/醫家類/傷寒金匱之屬/傷寒論

傷寒來蘇集三種　（清）柯琴編　清文富堂刻本　六冊

330000－1743－0001572　R245/4723　子部/

醫家類/針灸之屬/通論

鍼灸大成十卷　（明）楊繼洲撰　（清）章廷珪重修　清光緒六年(1880)校經山房成記刻本　十冊

330000－1743－0001575　R252.3/7724　子部/醫家類/傷寒金匱之屬/傷寒論

新刻陶節菴家藏秘授傷寒六書六卷　（明）陶華撰　（明）吳勉學校　清刻本　四冊

330000－1743－0001576　R2－51/0042　子部/醫家類/綜合之屬/通論

醫家心法一卷　（清）高斗魁撰　清乾隆三十一年(1766)刻本　一冊

330000－1743－0001577　R254/1044　子部/醫家類/溫病之屬/其他溫疫病證

溫熱經緯五卷　（清）王士雄纂　清光緒三年(1877)湖北書局刻本　四冊

330000－1743－0001580　R221.1/0044　子部/醫家類/醫經之屬/內經

黃帝內經素問九卷　（清）高世栻註解　清光緒十三年(1887)浙江書局刻本　四冊

330000－1743－0001583　R272/8317　子部/醫家類/兒科之屬/通論

錢氏小兒藥證直訣三卷　（宋）錢乙撰　（宋）閻孝忠輯　**附方一卷**　（宋）閻孝忠撰　**錢仲陽傳一卷**　（宋）劉跂撰　**董氏小兒斑疹備急方論一卷**　（宋）董汲撰　清光緒十八年(1892)姚江黃氏五桂樓刻本　二冊

330000－1743－0001584　R252.3/2574　子部/醫家類/傷寒金匱之屬/傷寒論

增注類證活人書二十二卷釋音一卷藥性一卷　（宋）朱肱撰　清光緒十年(1884)江南機器製造總局刻本　四冊

浙江省中醫藥研究院古籍普查登記目錄

全國古籍普查登記目錄·浙江

國家圖書館出版社
National Library of China Publishing House

《浙江省中醫藥研究院古籍普查登記目録》

編委會

主　編：李　健　王水遠

編　委：江凌圳　王　英　李曉寅

《浙江省中醫藥研究院古籍普查登記目錄》

前　言

　　浙江省中醫藥研究院圖書館館藏古籍來源於浙江省衛生廳、浙江中醫藥大學等單位和職工的捐贈，曾於 1959 年、1979 年、2009 年編寫過館藏目錄。2014 年，我館根據《關於印發〈浙江省"中華古籍保護計劃"實施方案〉的通知》開展古籍普查工作。

　　經過普查，查明館藏從明代到清代古籍 1432 部 5544 冊。主要屬子部醫家類：醫經之屬、醫理之屬、傷寒金匱之屬、診法之屬、針灸之屬、推拿按摩外治之屬、本草之屬、方書之屬、溫病之屬、內科之屬、婦科之屬、兒科之屬、外科之屬、傷科之屬、眼科之屬、喉科口齒之屬、養生之屬、醫案之屬、醫話醫論之屬、類編之屬、綜合之屬等。版本有抄本、刻本、活字印本、石印本、鉛印本等多種類別。

　　特別值得一提的是，我館明嘉靖刻崇禎祁門樸墅增刻印本《石山醫案》、明嘉靖二十四年(1545)費案刻本《醫方選要》分別入選國家級和省級《珍貴古籍名錄》。

　　在古籍普查期間，我館古籍庫房按照"浙江省古籍保護達標單位"的要求進行了裝修整改，配置了滅火系統、防盜報警系統、溫度控制系統、防紫外綫系統等，還利用現代化技術對古籍逐步進行原生性和再生性保護，對破損古籍進行修復，并對古籍進行數字化建設，建立古籍數據庫，開展古籍整理研究，充分挖掘其內涵。

　　浙江省中醫藥研究院中醫文獻信息研究所的李健、王水遠、江凌圳、王英、李曉寅等同志參與了此次館藏古籍普查工作，在此表示感謝。

　　古籍普查和本《目錄》的編撰過程中雖然力求精準，但由於筆者的水平有限，書中不足之處在所難免，敬請各位同仁指正。

浙江省中醫藥研究院

古籍普查組

2017 年 10 月

330000－1761－0000001　05094　子部/醫家類/兒科之屬

嬰童百問十卷　（明）魯伯嗣著　（明）熊宗立校　（明）王肯堂訂　明嘉靖二十一年(1542)刻本　十冊

330000－1761－0000002　05784　子部/醫家類/方書之屬/歷代方書

醫方選要十卷　（明）周文采編　明嘉靖二十四年(1545)費案刻本　二十冊

330000－1761－0000009　02975　類叢部/叢書類

書帶草堂叢書　鄭文焯撰　清光緒平江梓文閣刻本　四冊　存一種

330000－1761－0000011　02960　史部/紀傳類/正史之屬

史記論文一百三十卷　（清）吳見思撰　清刻本　一冊　存一卷(一百五)

330000－1761－0000012　03018　子部/醫家類/類編之屬

醫學薪傳飼鶴亭集方合刊(吳興凌氏二種)二卷　（清）凌奐撰　清光緒二十六年(1900)鉛印本　一冊

330000－1761－0000018　08144、08145、08146　經部/小學類/文字之屬/字書/字典

康熙字典十二集三十六卷總目一卷檢字一卷等韻一卷考證四卷備考一卷　（清）張玉書等纂修　清光緒三年(1877)四明茹古齋鉛印本　十六冊

330000－1761－0000019　08147、08148、08149　經部/小學類/文字之屬/字書/字典

康熙字典十二集三十六卷總目一卷檢字一卷辨似一卷等韻二卷補遺一卷備考一卷　（清）張玉書等纂修　清三餘堂刻本　四十冊

330000－1761－0000020　03204－1　子部/醫家類/類編之屬

世補齋醫書六種　（清）陸懋修編　清光緒十年(1884)山左書局刻十二年(1886)重印本　八冊

330000－1761－0000021　03204－2　子部/醫家類/類編之屬

世補齋醫書後集四種　（清）陸懋修編　清宣統二年(1910)陸潤庠刻本　十冊

330000－1761－0000022　03205－1　子部/醫家類/類編之屬

世補齋醫書六種　（清）陸懋修編　清光緒十年(1884)山左書局刻十二年(1886)重印本　九冊

330000－1761－0000023　03205－2　子部/醫家類/類編之屬

世補齋醫書後集四種　（清）陸懋修編　清宣統二年(1910)陸潤庠刻本　六冊　存一種

330000－1761－0000026　03232、04533　子部/醫家類/類編之屬

東垣十書附二種二十二卷　清光緒七年(1881)廣州雲林閣刻本　十六冊

330000－1761－0000027　03234　子部/醫家類/類編之屬

東垣十書附二種二十二卷　清光緒七年(1881)嶺南雲林閣刻本　十六冊

330000－1761－0000028　03233　子部/醫家類/類編之屬

東垣十書附二種二十二卷　清光緒三十三年(1907)上海文盛書局石印本　四冊

330000－1761－0000029　03235　子部/醫家類/類編之屬

周氏醫學叢書初集十三種二集十四種三集六種　（清）周學海編　清光緒至宣統刻宣統三年(1911)池陽周氏福慧雙脩館彙印本　六十五冊　缺七卷(本草經一至三、本草經疏一上、脈因證治二至四)

330000－1761－0000030　03264－1、04783、23099、24447　子部/醫家類/類編之屬

陳修園醫書二十一種　（清）陳念祖等撰　清光緒十八年(1892)上海圖書集成印書局鉛印本　十六冊　存十八種

330000－1761－0000031　03264－2　子部/

醫家類/類編之屬

陳修園醫書二十一種　（清）陳念祖等撰　清
光緒十八年(1892)上海圖書集成印書局鉛印
本　四冊　存三種

330000－1761－0000034　03267　子部/醫家
類/類編之屬

陳修園醫書十六種　（清）陳念祖等撰　清同
治五年(1866)南雅堂刻本　三十二冊

330000－1761－0000035　03268、23118　子
部/醫家類/類編之屬

陳修園公餘鑒錄六種合刻　（清）陳念祖撰
清兩儀堂刻本　十一冊

330000－1761－0000037　03270　子部/醫家
類/類編之屬

當歸草堂醫學叢書初編十二種　（清）丁丙輯
　清光緒四年至十年(1878－1884)錢塘丁氏
當歸草堂刻本　十二冊

330000－1761－0000038　03271　子部/醫家
類/類編之屬

當歸草堂醫學叢書初編十二種　（清）丁丙輯
　清光緒四年至十年(1878－1884)錢塘丁氏
當歸草堂刻本　十二冊

330000－1761－0000043　03277　子部/醫家
類/類編之屬

韓園醫學六種　（清）潘霨輯　清光緒吳縣潘
氏敏德堂刻蘇州振新書社印本　十六冊

330000－1761－0000044　03280　子部/醫家
類/類編之屬

醫林指月十二種　（清）王琦輯　清光緒二十
二年(1896)上海圖書集成印書局鉛印本
九冊

330000－1761－0000045　03278　子部/醫家
類/類編之屬

醫林指月十二種　（清）王琦輯　清刻本　三
冊　存六種

330000－1761－0000048　03314、05795　子
部/醫家類/類編之屬

六醴齋醫書十種　（清）程永培編　清光緒十

七年(1891)廣州藏修堂刻本　二十四冊

330000－1761－0000049　03316、03317　子
部/醫家類/類編之屬

六醴齋醫書十種　（清）程永培編　清光緒十
七年(1891)廣州儒雅堂刻本　二十四冊

330000－1761－0000051　03315　子部/醫家
類/類編之屬

中西醫學羣書國粹部第一集十種　（清）陳俠
君編　清光緒三十三年(1907)商業圖書館石
印本　十二冊

330000－1761－0000053　03322　子部/醫家
類/類編之屬

增訂士材三書八卷　（明）李中梓撰　（清）尤
乘編　清宏道堂刻本　八冊

330000－1761－0000054　03329　子部/醫家
類/類編之屬

證治準繩六種　（明）王肯堂輯　清光緒十八
年(1892)廣州石經堂刻本　八十冊

330000－1761－0000056　03342　子部/醫家
類/類編之屬

沈氏尊生書五種　（清）沈金鰲撰輯　清同治
十三年(1874)湖北崇文書局刻本　二十六冊

330000－1761－0000057　03340　子部/醫家
類/類編之屬

沈氏尊生書五種　（清）沈金鰲撰輯　清同治
十三年(1874)湖北崇文書局刻本　二十六冊

330000－1761－0000058　03341　子部/醫家
類/類編之屬

沈氏尊生書五種　（清）沈金鰲撰輯　清光緒
二十一年(1895)上海圖書集成局鉛印本　二
十冊　存三種

330000－1761－0000059　03338　子部/醫家
類/類編之屬

沈氏尊生書五種　（清）沈金鰲撰輯　清光緒
二十一年(1895)上海圖書集成局石印本　十
一冊　存二種

330000－1761－0000060　03339　子部/醫家

類/類編之屬

沈氏尊生書五種　（清）沈金鰲撰輯　清乾隆
五十二年(1787)刻本　十三冊　存一種

330000－1761－0000068　03354　子部/醫家
類/類編之屬

醫書(徐氏醫書)八種十八卷　（清）徐大椿撰
清光緒二十三年(1897)江左書林昌記刻本
十二冊

330000－1761－0000069　03359、03905、
04162、04410　子部/醫家類/類編之屬

張氏醫書七種　（清）張璐　（清）張登撰　清
光緒二十年(1894)上海圖書集成印書局石印
本　二十冊

330000－1761－0000070　23505、23507、
23506　子部/醫家類/綜合之屬/通論

古今醫統大全一百卷　（明）徐春甫編　明刻
本　三冊　存五卷(五至六、四十八至五十)

330000－1761－0000072　03363　子部/醫家
類/綜合之屬/通論

景岳全書六十四卷　（明）張介賓撰　清大文
堂刻本　三十二冊

330000－1761－0000073　03364　子部/醫家
類/綜合之屬/通論

景岳全書六十四卷　（明）張介賓撰　清刻本
三十二冊

330000－1761－0000074　03365　子部/醫家
類/綜合之屬/通論

景岳全書六十四卷　（明）張介賓撰　清光緒
二十年(1894)上海圖書集成印書局鉛印本
十六冊

330000－1761－0000075　03368　子部/醫家
類/綜合之屬/通論

景岳全書發揮四卷　（清）葉桂著　清光緒五
年(1879)吳氏醉六堂刻本　四冊

330000－1761－0000076　03369　類叢部/叢
書類/彙編之屬

惜陰軒叢書三十四種續編一種　（清）李錫齡
編　清刻本　八冊　存一種

330000－1761－0000077　03378　子部/醫家
類/綜合之屬/通論

御纂醫宗金鑑六十卷首一卷續十四卷首一卷
外科金鑑十六卷首一卷　（清）吳謙等撰　清
光緒九年(1883)掃葉山房刻本　四十八冊

330000－1761－0000078　03371　子部/醫家
類/綜合之屬/通論

御纂醫宗金鑑九十卷首一卷　（清）吳謙等撰
清刻本　四十七冊　存八十九卷(二至九
十)

330000－1761－0000080　03388　子部/醫家
類/類編之屬

醫門棒喝二種　（清）章楠撰　清同治六年
(1867)聚文堂刻本　十二冊

330000－1761－0000081　03386　子部/醫家
類/類編之屬

醫門棒喝二種　（清）章楠撰　清抄本　十冊
存一種

330000－1761－0000082　03385　子部/醫家
類/類編之屬

新訂醫理元樞七種附一種　（清）朱音恬輯
清三益堂刻本　九冊　存六種

330000－1761－0000084　03391　子部/醫家
類/綜合之屬/通論

醫書匯參輯成二十四卷　（清）蔡宗玉輯　清
嘉慶十二年(1807)次知齋刻本　二十四冊

330000－1761－0000085　03392　子部/醫家
類/類編之屬

醫略六書　（清）徐大椿撰　清光緒二十九年
(1903)上海趙翰香居鉛印本　四十冊

330000－1761－0000089　03399　子部/醫家
類/綜合之屬/通論

先醒齋筆記十四卷炮炙大法一卷用藥凡例一
卷　（明）繆希雍撰　（明）丁元薦輯　清道光
十一年(1831)武林涵古堂刻本　四冊

330000－1761－0000090　03397　子部/醫家
類/綜合之屬/通論

東醫寶鑑二十三卷目錄二卷　（朝鮮）許浚撰

清刻本　二十五冊

330000－1761－0000091　03389、06205　子部/醫家類/類編之屬

醫述八種十六卷附醫案初集一卷續錄一卷輯錄一卷　（清）程文囿撰　清光緒十七年（1891）漢上朱欽成等刻本　十八冊

330000－1761－0000092　03400　子部/醫家類/類編之屬

薛氏醫按二十四種　（明）吳琯編　清刻本二十一冊　存七種

330000－1761－0000093　03401　子部/醫家類/綜合之屬/通論

醫書滙參輯成二十四卷　（清）蔡宗玉輯　清道光十九年（1839）崇讓堂刻本　十二冊

330000－1761－0000096　03407　子部/醫家類/類編之屬

徐靈胎醫學全書十六種　（清）徐大椿撰　清光緒三十三年（1907）上海章福記書局石印本十六冊

330000－1761－0000099　23159　子部/醫家類/綜合之屬/通論

醫林繩墨大全九卷　（明）方穀著　清康熙四十九年（1710）向山堂刻本　一冊　存一卷（九）

330000－1761－0000102　03429　子部/醫家類/方書之屬/單方驗方

三信編三卷　（清）毛世洪撰　清道光八年（1828）書帶草堂刻本　四冊

330000－1761－0000103　03430　子部/醫家類/醫話醫論之屬

三家醫話三卷　（清）王士雄輯　清咸豐元年至三年（1851－1853）重慶堂刻本　一冊

330000－1761－0000104　03432　子部/醫家類/醫話醫論之屬

王氏醫存十七卷新選驗方一卷　（清）王燕昌撰　清光緒元年（1875）皖城黃竹友齋刻本二冊

330000－1761－0000105　03433　子部/醫家類/醫話醫論之屬

友漁齋醫話六種八卷　（清）黃凱鈞撰　清嘉慶十七年（1812）嘉善黃氏刻本　八冊　缺一卷（上池涓滴）

330000－1761－0000106　03434　子部/醫家類/類編之屬

友漁齋醫話六種八卷　（清）黃凱鈞撰　清抄本　二冊　存三種

330000－1761－0000107　03435　子部/醫家類/醫話醫論之屬

引經證醫四卷　（清）程樑撰　清光緒八年（1882）刻本　四冊

330000－1761－0000109　03438　子部/醫家類/綜合之屬/通論

醫學心悟不分卷　（清）程國彭撰　清抄本一冊

330000－1761－0000115　03445　史部/政書類/律令之屬/法驗

重刊補註洗冤錄五卷附寶鑑編一卷石香秘錄一卷洗冤錄解一卷洗冤錄辯證一卷檢驗合參一卷　（清）王又槐輯　（清）李觀瀾補輯（清）阮其新補註　（清）張錫蕃重訂　清光緒十七年（1891）刻五色套印本　一冊　存二卷（寶鑑編、石香秘錄）

330000－1761－0000119　03456　子部/醫家類/醫話醫論之屬

冷廬醫話五卷　（清）陸以湉撰　清光緒二十三年（1897）烏程麗氏刻本　二冊

330000－1761－0000120　03455　子部/醫家類/醫話醫論之屬

冷廬醫話五卷　（清）陸以湉撰　清光緒二十三年（1897）烏程麗氏刻本　二冊

330000－1761－0000121　03459　子部/醫家類/類編之屬

岐黃遺訓不分卷　俞志驤輯　清抄本　一冊

330000－1761－0000122　03462　子部/醫家類/診法之屬

枕中秘不分卷　清抄本　二冊

330000－1761－0000123　03464　子部/醫家類/類編之屬

敦倫仁壽續□□卷　（清）劉以仁著　清咸豐九年(1859)三義公刻本　四冊　存四卷(活人心法一至四)

330000－1761－0000124　04483、05786　子部/醫家類/方書之屬/歷代方書

普門醫品四十八卷醫品補遺四卷　（明）王化貞編　郎廷模補遺　清康熙三十三年(1694)郎廷模娛暉堂刻本　十二冊　缺三卷(十至十二)

330000－1761－0000125　03467　子部/醫家類/類編之屬

潛齋叢書　清光緒三十一年(1905)浙紹奎照樓石印本　二冊　存一種

330000－1761－0000126　03468　子部/醫家類/類編之屬

潛齋叢書　清光緒三十一年(1905)浙紹奎照樓石印本　二冊　存一種

330000－1761－0000127　03469　子部/醫家類/類編之屬

潛齋叢書　清光緒三十一年(1905)浙紹奎照樓石印本　二冊　存一種

330000－1761－0000130　03477　子部/醫家類/內科之屬/其他內科病證

陶節庵先生六書辨疑不分卷　（明）陶華撰　清抄本　一冊

330000－1761－0000133　04388、03485、04622、03481　子部/醫家類/類編之屬

醫學粹精五種　（清）陳嘉楚撰　清乾隆十四年(1749)道南堂刻本　十冊

330000－1761－0000134　04567　子部/醫家類/方書之屬/歷代方書

三因極一病證方論十八卷　（宋）陳言撰　清道光二十三年(1843)青蓮華館刻本　十六冊

330000－1761－0000135　23509　子部/醫家類/綜合之屬/通論

古今醫統大全一百卷　（明）徐春甫編　明刻本　一冊　存三卷(六十二至六十四)

330000－1761－0000136　03496　子部/醫家類/類編之屬

醫方雜編不分卷　清傅北海抄本　四冊　存四冊(二、四至六)

330000－1761－0000137　03497　子部/醫家類/醫話醫論之屬

醫方叢話八卷附鈔一卷　（清）徐士鑾輯　清光緒十五年(1889)津門徐氏蝶園刻本　四冊

330000－1761－0000139　03505　子部/醫家類/醫論醫話之屬

存存齋醫話藁二卷　（清）趙彥暉撰　清光緒七年(1881)刻本　一冊

330000－1761－0000140　23508　子部/醫家類/綜合之屬/通論

古今醫統大全一百卷　（明）徐春甫編　明刻本　四冊　存十卷(四十五至四十八、五十七至六十一、八十一)

330000－1761－0000142　03511　子部/醫家類/傷寒金匱之屬/傷寒論

醫效秘傳三卷　（清）葉桂撰　清道光十一年(1831)吳氏貯春仙館刻本　三冊

330000－1761－0000144　02998　史部/紀傳類/正史之屬

史記一百三十卷　（漢）司馬遷撰　清抄本　一冊　存一卷(一百五)

330000－1761－0000146　03000　史部/紀傳類/正史之屬

明史稿三百十卷目錄三卷　（清）王鴻緒撰　清雍正敬慎堂刻本　一冊　存一卷(一百七十六)

330000－1761－0000148　03512　子部/醫家類/綜合之屬/通論

醫級十卷首一卷末一卷　（清）董西園述　清嘉慶道古堂刻本　二十四冊

330000－1761－0000149　03513　子部/醫家類/醫理之屬/綜合

醫理真傳四卷　（清）鄭壽全撰　清光緒十七年（1891）宏道堂刻本　四冊

330000－1761－0000150　03514　子部/醫家類/醫理之屬/綜合

醫理真傳四卷　（清）鄭壽全撰　清光緒二十九年（1903）七星會刻本　四冊

330000－1761－0000152　03707、04645　子部/醫家類/類編之屬

聿修堂醫學叢書　（日本）丹波元簡撰　清光緒十年（1884）楊守敬飛青閣刻本　五冊　存二種

330000－1761－0000153　03523　子部/醫家類/醫理之屬/綜合

醫學圭指三卷　（清）李春淵撰　清道光二十二年（1842）嘉興嚴馨德堂刻本　一冊

330000－1761－0000155　03526　子部/醫家類/綜合之屬/雜著

醫學折衷二卷　（清）曹鑒開輯　清抄本　二冊

330000－1761－0000156　03529　子部/醫家類/醫理之屬/綜合

醫學答問四卷　（清）梁玉瑜傳　（清）陶保廉錄　清光緒二十一年（1895）石印本　二冊

330000－1761－0000157　03535　子部/醫家類/醫話醫論之屬

醫學辨正四卷　（清）張學醇撰　清光緒二十二年（1896）紹興裘氏刻民國九年（1920）紹興醫藥學報社印本　三冊

330000－1761－0000158　03537　子部/醫家類/醫話醫論之屬

醫學讀書記三卷續記一卷靜香樓醫案三十一條一卷　（清）尤怡撰　清光緒十四年（1888）行素草堂刻本　二冊

330000－1761－0000159　03538　子部/醫家類/醫話醫論之屬

醫學讀書記三卷續記一卷靜香樓醫案三十一條一卷　（清）尤怡撰　清光緒十四年（1888）行素草堂刻本　二冊

330000－1761－0000160　03539　子部/醫家類/醫案之屬

醫醫偶錄二卷　（清）陳念祖撰　清抄本　一冊　存一卷（下）

330000－1761－0000161　03540　子部/醫家類/醫話醫論之屬

歸硯錄四卷　（清）王士雄著　曹炳章校勘　清浙東印書局稿本　二冊

330000－1761－0000162　03542、03510、03465、05946、06120　子部/醫家類/類編之屬

潛齋醫學叢書八種　（清）王士雄編　清咸豐四年（1854）潛齋刻本　七冊　存六種

330000－1761－0000167　03548、05482　子部/醫家類/類編之屬

當歸草堂醫學叢書初編十二種　（清）丁丙輯　清光緒四年至十年（1878－1884）錢塘丁氏當歸草堂刻本　五冊　存三種

330000－1761－0000168　03549　子部/醫家類/類編之屬

平津館叢書六集三十五種　（清）孫星衍編　清嘉慶蘭陵孫氏刻本　三冊　存一種

330000－1761－0000169　03550　子部/醫家類/醫理之屬/綜合

中藏經三卷首一卷附華佗內照法一卷　題（漢）華佗撰　清宣統三年（1911）上海蜇英書局石印本　一冊

330000－1761－0000171　03555　子部/醫家類/綜合之屬/通論

醫衡二卷　（清）葉桂編　清抄本　四冊

330000－1761－0000173　03558　子部/醫家類/類編之屬

醫四書　（明）許兆禎輯　清抄本　一冊　存二卷（方紀一至二）

330000－1761－0000175　03560　類叢部/類書類/通類之屬

潛確居類書一百二十卷 （明）陳仁錫纂 明崇禎三年至五年（1630－1632）潭城徐觀我刻本 六冊 存十九卷（六十一至六十三、八十二至八十四、九十六至一百六、一百十七至一百十八）

330000－1761－0000177 03576 新學/全體學

全體通考十八卷圖二卷 （英國）德貞子固撰 清光緒十二年（1886）鉛印本 十二冊

330000－1761－0000178 03579 子部/醫家類/養生之屬/導引、氣功

易筋經四卷附錄一卷 （西竺）達摩祖師撰 （西竺）般刺密諦譯義 （元）海岱遊人訂正 黑龍道人重校 清抄本 二冊

330000－1761－0000179 03580 子部/醫家類/醫話醫論之屬

醫論選粹不分卷 曹炳章編 清抄本 一冊

330000－1761－0000181 03589 子部/醫家類/綜合之屬/通論

增訂醫門初學萬金一統要訣分類二十卷 （明）羅必煒輯 清光緒十四年（1888）南京李光明莊刻本 四冊

330000－1761－0000182 03590 子部/醫家類/類編之屬

甌蠱燃犀錄一卷 （清）燃犀道人撰 清光緒二十八年（1902）鹿城高汲古齋刻本 一冊

330000 － 1761 － 0000183 04115、03592、03717 類叢部/叢書類/彙編之屬

十萬卷樓叢書五十一種 （清）陸心源輯 清光緒二年至十四年（1876－1888）歸安陸氏刻本 七冊 存三種

330000－1761－0000184 03593 子部/醫家類/養生之屬

壽親養老新書四卷 （宋）陳直撰 （元）鄒鉉編 清紹興府學堂抄本 一冊 存一卷（二）

330000－1761－0000185 03594 子部/醫家類/醫話醫論之屬

醫學讀書記三卷續記一卷靜香樓醫案三十一

條一卷 （清）尤怡撰 清光緒十四年（1888）行素草堂刻本 一冊

330000－1761－0000186 03596－1 子部/醫家類/類編之屬

舊學觀政記一卷 （清）王吉元撰 清光緒元年（1875）式梱軒刻本 一冊

330000－1761－0000187 03596－2 子部/醫家類/類編之屬

舊學觀政記一卷 （清）王吉元撰 清光緒元年（1875）式梱軒刻本 一冊

330000－1761－0000188 03595 子部/醫家類/類編之屬

一掃軒叢書 清娛園抄本 二冊 存一種

330000－1761－0000190 03601 子部/醫家類/綜合之屬/雜著

重慶堂隨筆不分卷 （清）王秉衡撰 清抄本 四冊

330000－1761－0000197 23100 子部/醫家類/綜合之屬/雜著

醫學切要不分卷 （清）傅山撰 清德福堂抄本 一冊

330000－1761－0000201 23163 子部/醫家類/養生之屬/導引、氣功

易筋經義附鍊臂秘訣一卷洗髓經一卷 （西竺）達摩大師撰 清抄本 一冊

330000 － 1761 － 0000202 23189、23190 子部/醫家類/綜合之屬/通論

慎齋遺書十卷 （明）周之幹撰 清道光二十九年（1849）目耕堂刻本 二冊 存七卷（四至十）

330000－1761－0000203 23199 子部/醫家類/綜合之屬/雜著

醫詩必讀十二卷 （清）冉敬簡編 清刻本 一冊 存三卷（十至十二）

330000－1761－0000204 23200 子部/醫家類/類編之屬

古吳童氏重校醫宗必讀十卷 （明）李中梓撰

清光緒二十一年（1895）石印本　四冊　缺二卷（五至六）

330000－1761－0000205　23204　子部/醫家類/類編之屬

醫學啟蒙匯編六卷　（清）翟良撰　清康熙五年（1666）刻本　一冊　存一卷（一）

330000－1761－0000206　23207　子部/醫家類/綜合之屬/通論

醫寄伏陰論二卷　（清）田宗漢撰　清光緒十七年（1891）漢川田宗漢刻本　一冊　存一卷（上）

330000－1761－0000207　23213、23214、23215　子部/醫家類/綜合之屬/通論

醫說續編十八卷　（明）周恭輯　明刻本　四冊　存八卷（五至六、八、十一、十五至十八）

330000－1761－0000208　03279、23217、03713　子部/醫家類/類編之屬

醫林指月十二種　（清）王琦輯　清乾隆三十二年（1767）寶笏樓刻本　十八冊　存七種

330000－1761－0000210　23331　子部/醫家類/内科之屬

沈朗仲先生病機匯論十八卷　（清）沈頲撰（清）馬俶校　清康熙刻本　一冊　存三卷（十三至十五）

330000－1761－0000211　24454　子部/醫家類/本草之屬/本草藥性

增廣多識録不分卷　清抄本　一冊

330000－1761－0000212　04777　子部/醫家類/婦科之屬

存誠堂婦人科經驗良方三卷　（清）傅錫信撰　清刻本　一冊

330000－1761－0000214　24489　子部/醫家類/綜合之屬/雜著

醫門雜記□□卷　曹炳章撰　清光緒三十一年（1905）耡經書堂抄本　一冊　存一卷（二）

330000－1761－0000215　23510　子部/醫家類/綜合之屬/通論

醫悟十二卷　（清）馬冠羣撰　清光緒木活字印本　一冊　存二卷（五至六）

330000－1761－0000218　03319　子部/醫家類/類編之屬

六醴齋醫書十種　（清）程永培編　清抄本　二冊　存一種

330000－1761－0000219　03536　子部/醫家類/類編之屬

洪梗輯刊醫藥攝生類八種　（明）洪梗撰　清抄本　曹炳章題記　一冊　存二種

330000－1761－0000220　03568　子部/醫家類/醫話醫論之屬

高鼓峰醫論一卷　（清）高斗魁撰　清抄本　一冊

330000－1761－0000221　03528　子部/醫家類/類編之屬

高士宗醫學真傳不分卷徐味老日劄摘録不分卷　（清）高世栻撰　清抄本　一冊

330000－1761－0000222　03500　子部/醫家類/綜合之屬/通論

醫法圜通四卷　（清）鄭壽全撰　（清）知非處士評　清光緒十七年（1891）宏道堂刻本　二冊　存二卷（一至二）

330000－1761－0000224　03591　子部/醫家類/綜合之屬/通論

醫學發微論不分卷　（清）程祖植著　清光緒二十三年（1897）刻本　一冊

330000－1761－0000227　03486　子部/醫家類/醫案之屬

葉選醫衡二卷　（清）葉桂撰　清宣統二年（1910）上海文瑞樓石印本　二冊

330000－1761－0000228　03480　子部/醫家類/類編之屬

勵志齋叢書　清嘉慶二年（1797）汀州張氏勵志齋刻本　一冊　存一種

330000－1761－0000231　04066、03984－2、03984－4　子部/醫家類/類編之屬

雷氏慎修堂醫書三種　清光緒十年至十三年
(1884－1887)雷慎修堂、養鶴山房刻本　三
冊　存六卷(時病論一至四、七至八)

330000－1761－0000232　04572　子部/醫家
類/綜合之屬/通論

醫便二集六卷附脈便二卷　(明)王三才輯
(明)張受孔　(明)姚學顏重訂　明刻本
二冊

330000－1761－0000233　03501　子部/醫家
類/綜合之屬/雜著

醫門大還丹一卷　(清)瑞農撰　清光緒三十
三年(1907)會稽紅杏書屋刻本　一冊

330000－1761－0000236　03610　子部/醫家
類/醫理之屬

醫學氣化錄要四卷　(清)陳延儒撰　清宣統
鉛印本　一冊

330000－1761－0000237　03662　子部/醫家
類/醫經之屬/内經

黃帝内經素問校義一卷　(清)胡澍撰　清光
緒九年(1883)蛟川二仁堂刻本　一冊

330000－1761－0000238　03695　子部/醫家
類/醫理之屬/陰陽五行、五運六氣

運氣略一卷　(明)張三錫纂　(清)王肯堂校
清月樞閣抄本　一冊

330000－1761－0000242　03633　子部/醫家
類/醫經之屬/内經

黃帝素問直解九卷　(清)高世栻注　清光緒
十三年(1887)浙江書局刻本　八冊

330000－1761－0000243　03634　子部/醫家
類/醫經之屬/内經

黃帝内經素問直解九卷　(清)高世栻注　清
光緒十三年(1887)浙江書局刻本　八冊

330000－1761－0000244　03635　子部/醫家
類/醫經之屬/内經

黃帝内經素問集註九卷　(清)張志聰注　清
光緒十六年(1890)浙江書局刻本　六冊

330000－1761－0000245　03636　子部/醫家

類/醫經之屬/内經

黃帝内經素問集註九卷　(清)張志聰注　清
光緒十六年(1890)浙江書局刻本　六冊

330000－1761－0000246　03637　子部/醫家
類/醫經之屬/内經

黃帝内經素問集註九卷　(清)張志聰注　清
光緒十六年(1890)浙江書局刻本　六冊

330000－1761－0000247　03640　子部/醫家
類/醫經之屬/内經

黃帝内經素問靈樞合編十八卷　(明)馬元臺
注　清光緒五年(1879)善成堂刻本　十二冊
存九卷(素問註證發微一至九)

330000－1761－0000248　03641、03706、
03832、03930、04405、05716、03520、05595　子
部/醫家類/類編之屬

聿修堂醫學叢書　(日本)丹波元簡撰　清光
緒十年(1884)楊守敬飛青閣刻本　二十九冊
存九種

330000－1761－0000249　03643　子部/醫家
類/醫經之屬/内經

素靈微蘊四卷　(清)黃元御撰　清咸豐二年
(1852)小婭嬛山館刻本　一冊

330000－1761－0000251　03650　子部/醫家
類/醫經之屬/内經

毋自欺齋素問靈樞類纂增補注釋三卷音義一
卷　(唐)王冰注　清毋自欺齋抄本　四冊

330000－1761－0000252　03654、3667　子
部/醫家類/醫經之屬/内經

重廣補註黃帝内經素問二十四卷黃帝内經靈
樞十二卷附素問遺編一卷　(唐)王冰注
(宋)林億等校正　(宋)孫兆改誤　清光緒十
年(1884)京口文成堂刻本　十冊

330000－1761－0000254　03655　子部/醫家
類/醫經之屬/内經

重廣補註黃帝内經素問二十四卷　(唐)王冰
注　(宋)林億等校正　(宋)孫兆改誤　明嘉
靖二十九年(1550)顧從德影宋刻本　薛富辰
跋　八冊

330000－1761－0000255　03656　子部/醫家類/醫經之屬/內經

重廣補註黃帝內經素問二十四卷　（唐）王冰注　（宋）林億等校正　（宋）孫兆改誤　明嘉靖二十九年（1550）顧從德影宋刻本　薛富辰跋　八冊

330000－1761－0000256　03657　子部/醫家類/醫經之屬/內經

重廣補註黃帝內經素問二十四卷黃帝內經靈樞二十四卷　（唐）王冰注　（宋）林億等校正　（宋）孫兆改誤　明萬曆十二年（1584）繡谷書林周衙大業堂刻本　十四冊

330000－1761－0000257　03700　子部/醫家類/醫經之屬/內經

類經纂要附難經摘抄壽芝醫案三卷末一卷　（清）虞庠輯　（清）王廷俊增註　清同治六年（1867）浙江翰墨齋刻本　二冊　存二卷（中、下）

330000－1761－0000258　03664　子部/醫家類/醫經之屬/內經

黃帝內經靈樞十二卷　（宋）史崧音釋　清光緒刻本　二冊

330000－1761－0000259　03669　子部/醫家類/醫經之屬/內經

靈樞經九卷　（清）張志聰集註　清光緒十六年（1890）浙江書局刻本　八冊

330000－1761－0000261　03671　子部/醫家類/醫話醫論之屬

研經言四卷　（清）莫文泉述　清光緒五年（1879）月河莫氏刻本　二冊

330000－1761－0000262　03426　子部/醫家類/醫理之屬/綜合

鍾奇氏附錄人鏡經二卷　（明）張俊英撰　明崇禎十三年（1640）徐州河防府敬事堂抄本　二冊

330000－1761－0000264　03678　子部/醫家類/醫經之屬/內經

類經纂要附難經摘抄壽芝醫案三卷末一卷

（清）虞庠輯　（清）王廷俊增註　清同治六年（1867）浙江翰墨齋刻本　二冊

330000－1761－0000265　03677　子部/醫家類/醫經之屬/內經

類經纂要附難經摘抄壽芝醫案三卷末一卷　（清）虞庠輯　（清）王廷俊增註　清同治六年（1867）浙江翰墨齋刻本　三冊　存三卷（上中下）

330000－1761－0000266　03679　子部/醫家類/醫經之屬/內經

醫經原旨六卷　（清）薛雪撰　清寧郡簡香齋刻本　三冊

330000－1761－0000267　03681、03732、04180　子部/醫家類/類編之屬

黃氏醫書八種　（清）黃元御撰　清道光九年（1829）刻本　六冊　存三種

330000－1761－0000268　03683　子部/醫家類/醫經之屬/內經

黃帝內經靈樞註證發微九卷補遺一卷　（明）馬蒔註證　清光緒五年（1879）善成堂刻本　十冊

330000－1761－0000270　03694　子部/醫家類/醫經之屬/內經

素問靈樞類纂約注三卷　（清）汪昂撰　清嘉慶九年（1804）掃葉山房刻本　一冊

330000－1761－0000271　03696　子部/醫家類/醫經之屬/內經

素問靈樞類纂約註三卷　（清）汪昂撰　清光緒十三年（1887）上海大文堂刻本　三冊

330000－1761－0000272　03697　子部/醫家類/醫經之屬/內經

素問靈樞類纂約註三卷　（清）汪昂撰　清光緒十三年（1887）埽葉山房刻本　三冊

330000－1761－0000273　03698　子部/雜著類/雜纂之屬

茱堂節錄二十卷　（清）徐時作輯　清乾隆三十年（1765）崇本堂刻本　六冊

330000 – 1761 – 0000274　03699　子部/醫家類/醫經之屬/内經

黄帝内經素問註證發微九卷靈樞註證發微九卷補遺一卷　（明）馬蒔撰　清光緒五年（1879）善成堂刻本　十七冊　缺四卷（一至二、六、九）

330000 – 1761 – 0000275　03578　子部/醫家類/類編之屬

古今醫詩五十三卷　（清）張望撰　清刻本　十冊　存四十八卷（六至五十三）

330000 – 1761 – 0000276　03795　子部/醫家類/傷寒金匱之屬/金匱要略

金匱玉函傷寒經十三卷　（清）程知編　清康熙三十八年（1699）澹遠堂刻本　六冊

330000 – 1761 – 0000277　23492、23081、23491、23082、23083、23084、23085、23086、23087、23088、23089、24450、23077、23078、23079、23080　子部/醫家類/醫經之屬/内經

類經三十二卷圖翼十一卷附翼四卷　（明）張介賓類註　清嘉慶四年（1799）金閶萃英堂刻本　十八冊　存二十四卷（類經十三至十九、二十三至二十七、三十二，圖翼二至十一，附翼一）

330000 – 1761 – 0000278　03984 – 1、04067、03984 – 3、03499　子部/醫家類/類編之屬

雷氏慎修堂醫書三種　清光緒十年至十三年（1884 – 1887）雷慎修堂、養鶴山房刻本　四冊　存七卷（時病論一至六、醫法心傳）

330000 – 1761 – 0000280　23515、24415　子部/醫家類/傷寒金匱之屬/傷寒論

劉河間傷寒三書二十卷　（金）劉完素撰　清宣統元年（1909）千頃堂書局石印本　二冊　存三種

330000 – 1761 – 0000283　03502　子部/醫家類/類編之屬

己任編四種　（清）楊乘六編　清光緒十年（1884）有鴻齋刻本　四冊

330000 – 1761 – 0000286　03781　子部/醫家類/傷寒金匱之屬/傷寒論

重編張仲景傷寒論證治發明溯源集十卷　（清）錢潢撰　清乾隆十四年（1749）虛白室刻本　二十冊

330000 – 1761 – 0000287　03714　子部/醫家類/類編之屬

醫林指月十二種　（清）王琦輯　清乾隆三十二年（1767）寶笏樓刻本　五冊　存一種

330000 – 1761 – 0000291　03703　子部/醫家類/醫經之屬/難經

古本難經闡注二卷　（清）丁錦撰　清同治三年（1864）高郵趙春普刻本　二冊

330000 – 1761 – 0000292　05007　子部/醫家類/婦科之屬/產科

竹林寺真傳產科不分卷　清鴻遠書屋抄本　一冊

330000 – 1761 – 0000293　04647　子部/醫家類/内科之屬

岳泗庵醫鏡刪補二卷　（明）王肯堂撰　（清）岳昌源補　清抄本　二冊

330000 – 1761 – 0000300　03749　子部/醫家類/傷寒金匱之屬/傷寒論

京江何氏秘業海底眼二卷　（明）何淵撰　清抄本　四冊

330000 – 1761 – 0000302　03847　類叢部/叢書類/彙編之屬

士禮居叢書二十種　（清）黄丕烈輯　清上海千頃堂書局影印本　二冊　存一種

330000 – 1761 – 0000305　03751　子部/醫家類/傷寒金匱之屬/傷寒論

劉河間傷寒三書二十卷　（金）劉完素撰　明懷德堂刻清印本　九冊

330000 – 1761 – 0000306　03754　子部/醫家類/傷寒金匱之屬/傷寒論

劉河間傷寒六書附二種　（金）劉完素等撰　清刻本　七冊　存七種

330000 – 1761 – 0000307　03757　子部/醫家

陶氏伤寒六書 （明）陶華撰　清抄本　沈澤霖批　二冊

330000 － 1761 － 0000308　03760、04123、05936　子部/醫家類/類編之屬

吳氏醫學述□□種 （清）吳儀洛輯　清乾隆二十二年至三十一年(1757 － 1766)硤川利濟堂刻本　三十冊　存三種

330000 － 1761 － 0000309　03761　子部/醫家類/類編之屬

吳氏醫學述□□種 （清）吳儀洛輯　清乾隆三十一年(1766)硤川利濟堂刻本　八冊　存一種

330000 － 1761 － 0000310　03763　子部/醫家類/傷寒金匱之屬/傷寒論

傷寒指掌四卷 （清）吳貞撰　清抄本　八冊

330000 － 1761 － 0000311　03765　子部/醫家類/傷寒金匱之屬/傷寒論

傷寒論尚論辨似不分卷 （清）高學山撰　清光緒七年(1881)抄本　四冊

330000 － 1761 － 0000312　03551　子部/醫家類/醫經之屬/內經

醫經讀四卷 （清）沈薲封輯　清乾隆三十年(1765)宁儉堂刻本　一冊

330000 － 1761 － 0000313　03506　子部/醫家類/綜合之屬/通論

醫林新論不分卷果堂集不分卷 （清）陸麗京（清）沈彤著　清初抄本　二冊

330000 － 1761 － 0000314　04582　子部/醫家類/類編之屬

醫論不分卷 　清抄本　三冊

330000 － 1761 － 0000317　03769　子部/醫家類/傷寒金匱之屬/傷寒論

傷寒來蘇集三種 （清）柯琴撰　清金閶綠慎堂刻本　二冊　存一種

330000 － 1761 － 0000321　03739　子部/醫家類/傷寒金匱之屬/傷寒論

余註傷寒論翼四卷 （清）柯琴撰　（清）能靜居士評　（清）余景和注　清上海文瑞樓石印本　四冊

330000 － 1761 － 0000322　03766　子部/醫家類/傷寒金匱之屬/傷寒論

傷寒論註來蘇集三種八卷 （清）柯琴撰　清乾隆三十一年(1766)博古堂刻本　六冊

330000 － 1761 － 0000323　03768　子部/醫家類/傷寒金匱之屬/傷寒論

傷寒附翼二卷 （清）柯琴編　清務本堂刻本　二冊

330000 － 1761 － 0000326　03775　子部/醫家類/傷寒金匱之屬/傷寒論

傷寒補天石二卷續二卷 （明）戈維城撰　清金閶經義堂刻本　四冊

330000 － 1761 － 0000327　03776　子部/醫家類/傷寒金匱之屬/傷寒論

傷寒補天石二卷續二卷 （明）戈維城撰　清寧波汲綆齋刻本　四冊

330000 － 1761 － 0000328　03777　子部/醫家類/傷寒金匱之屬/傷寒論

傷寒第一書四卷附餘二卷 （清）車宗輅（清）胡憲豐撰　清光緒十一年(1885)浙紹奎照樓刻本　六冊

330000 － 1761 － 0000330　03782　子部/醫家類/傷寒金匱之屬/傷寒論

重編張仲景傷寒論證治發明溯源集十卷 （清）錢潢撰　清月樞閣抄本　八冊

330000 － 1761 － 0000331　03784　子部/醫家類/傷寒金匱之屬/傷寒論

張仲景傷寒論貫珠集八卷 （清）尤怡注　清嘉慶十八年(1813)蘇州會文堂刻本　清陳燦註　八冊

330000 － 1761 － 0000332　03785　子部/醫家類/傷寒金匱之屬/傷寒論

張仲景傷寒論貫珠集八卷 （清）尤怡注　清蘇州綠潤堂刻本　四冊

330000 – 1761 – 0000333　03786　　子部/醫家類/傷寒金匱之屬/傷寒論

張仲景傷寒論貫珠集八卷　（清）尤怡注　清嘉慶十五年(1810)朱陶性木活字印本　四冊

330000 – 1761 – 0000334　03787　　子部/醫家類/傷寒金匱之屬/傷寒論

張仲景傷寒論貫珠集八卷　（清）尤怡注　清蘇州來青閣刻本　四冊

330000 – 1761 – 0000335　03788　　子部/醫家類/傷寒金匱之屬/傷寒論

傷寒貫珠讀本不分卷　清抄本　七冊

330000 – 1761 – 0000336　03789　　子部/醫家類/傷寒金匱之屬/傷寒論

傷寒選註□□卷　清抄本　一冊　存一卷（下）

330000 – 1761 – 0000337　03791　　子部/醫家類/傷寒金匱之屬/傷寒論

傷寒尋源三卷　（清）呂震名著　清咸豐四年(1854)吳門潘氏刻本　六冊

330000 – 1761 – 0000341　03800　　子部/醫家類/傷寒金匱之屬/傷寒論

仲景傷寒論疏鈔金錍十五卷　（明）盧之頤注　清順治刻本(卷六、十二至十四配抄本)　二十四冊

330000 – 1761 – 0000342　03803　　子部/醫家類/傷寒金匱之屬/傷寒論

張令韶傷寒直解六卷　（清）張令韶注　清抄本　隱菴、高子、王遜達批校並補注　六冊

330000 – 1761 – 0000343　03804　　子部/醫家類/傷寒金匱之屬/傷寒論

傷寒論後條辨十五卷首三卷　（清）程應旄撰　清乾隆九年(1744)致和堂刻本　八冊

330000 – 1761 – 0000345　03808、03740　子部/醫家類/傷寒金匱之屬/傷寒論

南雅堂傷寒論淺註補正六卷長沙方歌括六卷首一卷　（清）陳念祖撰　清光緒三十年(1904)毋自欺齋主人抄本　九冊

330000 – 1761 – 0000346　03934、03808、04607、04121　子部/醫家類/類編之屬

中西匯通醫書五種　（清）唐宗海撰　清光緒三十二年(1906)善成堂刻本　十冊　存四種

330000 – 1761 – 0000348　03813　　子部/醫家類/傷寒金匱之屬/傷寒論

傷寒論三註十六卷　（清）周揚俊輯　清乾隆四十五年(1780)松心堂刻本　六冊

330000 – 1761 – 0000350　05293　　子部/醫家類/外科之屬/外科方

外科良方不分卷　清抄本　一冊

330000 – 1761 – 0000351　03828　　子部/醫家類/傷寒金匱之屬/傷寒論

傷寒論說一卷　（清）張璐撰　清毋自期齋主人抄本　二冊

330000 – 1761 – 0000353　04992　　子部/醫家類/婦科之屬/產科

詳要胎產問答不分卷　（清）巫齋居士編　清光緒十八年(1892)上海管可壽齋鉛印本　一冊

330000 – 1761 – 0000354　03834　　子部/醫家類/傷寒金匱之屬/傷寒論

余注傷寒論翼四卷　（清）柯琴撰　（清）能靜居士評　（清）余景和注　清光緒十九年(1893)孫思恭刻本　四冊

330000 – 1761 – 0000355　03835　　子部/醫家類/傷寒金匱之屬/傷寒論

校雠傷寒論二卷　（清）柯琴編　（清）王孝檢校雠　清王孝檢校雠抄本　一冊

330000 – 1761 – 0000356　03837　　子部/醫家類/傷寒金匱之屬/傷寒論

傷寒論類方集註四卷　（清）柯琴編　（清）徐大椿　（清）陳念祖纂　（清）王子接註解　清抄本　八冊

330000 – 1761 – 0000358　03840　　子部/醫家類/傷寒金匱之屬/傷寒論

訂正仲景傷寒論釋義不分卷　（清）李贊文注　清宣統元年(1909)上海文瑞樓刻本　六冊

330000 – 1761 – 0000359　03846、05899　類叢部/叢書類/彙編之屬

士禮居叢書二十種　（清）黃丕烈輯　清嘉慶至道光吳縣黃氏士禮居刻本　九冊　存二種

330000 – 1761 – 0000361　03850　子部/醫家類/傷寒金匱之屬/傷寒論

澄園醫類十五卷首一卷　（清）關耀南編　清光緒十三年(1887)信江書院刻本　三冊

330000 – 1761 – 0000363　03857　子部/醫家類/傷寒金匱之屬/傷寒論

增輯傷寒類方五卷　（清）潘霨輯　清同治五年(1866)古吳潘氏刻本　二冊

330000 – 1761 – 0000364　06068　子部/醫家類/類編之屬

聿修堂醫學叢書　（日本）丹波元簡撰　清聿修堂刻本　一冊　存一種

330000 – 1761 – 0000367　03861　子部/醫家類/傷寒金匱之屬/傷寒論

傷寒指掌四卷　（清）吳貞著　（清）周利川點評　清抄本　二冊

330000 – 1761 – 0000368　04680、04681、03862　子部/叢編

江南製造局譯書　（清）江南制造局編　清光緒江南機器制造總廠鉛印本　十七冊　存二種

330000 – 1761 – 0000369　03863　子部/醫家類/傷寒金匱之屬/傷寒論

傷寒論十卷　（漢）張仲景撰　（晉）王叔和輯　清適園抄本　四冊

330000 – 1761 – 0000370　03865　子部/醫家類/傷寒金匱之屬/傷寒論

醫宗承啟六卷　（清）吳人駒疏　清道光二年(1822)蘭松堂刻本　六冊

330000 – 1761 – 0000371　03869　子部/醫家類/傷寒金匱之屬/傷寒論

傷寒辨證八卷　（清）陳堯道撰　清咸豐二年(1852)聚奎堂刻本　五冊

330000 – 1761 – 0000372　03879　子部/醫家類/傷寒金匱之屬/傷寒論

內科傷寒論講義三卷　（漢）張仲景撰　（清）徐定超輯　清光緒三十二年(1906)刻本　三冊

330000 – 1761 – 0000376　03884　子部/醫家類/傷寒金匱之屬/傷寒論

傷寒論本義十八卷首一卷末一卷　（清）魏荔彤撰　清刻本　十冊　缺一卷(首)

330000 – 1761 – 0000378　04488　子部/醫家類/綜合之屬/通論

慎齋醫書十卷　（明）周之幹撰　清目耕堂刻本　二冊　存六卷(一至六)

330000 – 1761 – 0000380　03890　子部/醫家類/傷寒金匱之屬/傷寒論

孝慈備覽四卷　（清）汪純粹撰　清雍正十二年(1734)杭城并育堂刻本　四冊

330000 – 1761 – 0000381　03891　子部/醫家類/傷寒金匱之屬/傷寒論

傷寒三說不分卷　（清）汪燕亭撰　清嘉慶二十一年(1816)汪燕亭刻本　二冊

330000 – 1761 – 0000383　03894　子部/醫家類/傷寒金匱之屬/傷寒論

孝慈備覽四卷　（清）汪純粹撰　清抄本　二冊　存二卷(二、四)

330000 – 1761 – 0000386　04014　子部/醫家類/溫病之屬/痧症

痧脹玉衡書三卷後卷一卷　（清）郭志邃撰　清康熙十四年(1675)刻本　一冊

330000 – 1761 – 0000390　03907　子部/醫家類/類編之屬

六科證治準繩七種　（明）王肯堂輯　清光緒十八年(1892)上海圖書集成印書局石印本　四冊　存一種

330000 – 1761 – 0000393　23145　子部/醫家類/傷寒金匱之屬/傷寒論

傷寒集註十五卷　（清）舒詔著　清竹秀山房刻本　一冊　存三卷(十一至十三)

330000－1761－0000394　23144　子部/醫家類/外科之屬/通論

外科秘錄圖二卷　（清）閆松軒撰　清嘉慶四年(1799)酉山堂刻本　二冊　有缺葉

330000－1761－0000395　23168　子部/醫家類/類編之屬

何氏醫學叢書　何廉臣撰　清宣統三年(1911)浙東印書局鉛印本　一冊　存一種

330000－1761－0000396　23229、23228　子部/醫家類/傷寒金匱之屬/傷寒論

新刻傷寒圖歌活人指掌五卷首一卷　（元）吳恕撰　明末致和堂刻本　二冊　存三卷(三至五)

330000－1761－0000397　23513、23518　子部/醫家類/傷寒金匱之屬/傷寒論

傷寒論六卷本義一卷　（清）張志聰註釋（清）高世栻纂集　清平遠樓刻本　二冊　存三卷(一、六,本義)

330000－1761－0000398　23516　子部/醫家類/傷寒金匱之屬/傷寒論

傷寒辨證集解八卷　（漢）張仲景撰　（清）黃鈺編　清光緒六年(1880)璧邑朱子榮刻本　一冊　存一卷(八)

330000－1761－0000399　23519　子部/醫家類/傷寒金匱之屬/傷寒論

新鐫陶節菴家藏秘授傷寒六書六卷　（明）陶華撰　清裕元堂刻本　一冊　存一種

330000－1761－0000400　23520　子部/醫家類/傷寒金匱之屬/傷寒論

尚論篇四卷首一卷後四卷　（清）喻昌撰　清宣統元年(1909)上海掃葉山房石印本　一冊　存五卷(尚論篇首、一至四)

330000－1761－0000401　23521　子部/醫家類/傷寒金匱之屬/傷寒論

尚論張仲景傷寒論篇重編三百九十七法二卷首一卷後四卷　（清）喻昌撰　清竹秀山房刻本　四冊

330000－1761－0000402　03644、24498　子部/醫家類/類編之屬

黃氏醫書八種　（清）黃元御撰　清光緒二十年(1894)上海圖書集成印書局鉛印本　二冊　存二種

330000－1761－0000403　03936　子部/醫家類/傷寒金匱之屬/金匱要略

金匱翼八卷　（清）尤怡撰　清嘉慶十八年(1813)徐錦心太平軒刻本　八冊

330000－1761－0000404　03937　子部/醫家類/傷寒金匱之屬/金匱要略

金匱翼八卷　（清）尤怡撰　清嘉慶十八年(1813)徐錦心太平軒刻本　八冊

330000－1761－0000405　03939　子部/醫家類/傷寒金匱之屬/金匱要略

張仲景金匱要畧二十四卷　（清）沈明宗注清抄本　四冊

330000－1761－0000406　04609　子部/醫家類/類編之屬

中西醫學叢書　（美國）嘉約翰譯　清石印本　六冊　存六種

330000－1761－0000411　03915　子部/醫家類/傷寒金匱之屬/金匱要略

金匱玉函經二注二十二卷附補方一卷十藥神書一卷　（宋）趙良仁衍義　（清）周揚俊補註　清同治二年(1863)養恬齋刻本　六冊

330000－1761－0000413　03917　子部/醫家類/傷寒金匱之屬/金匱要略

金匱玉函經二注二十二卷附補方一卷十藥神書一卷　（宋）趙良仁衍義　（清）周揚俊補註　清同治二年(1863)養恬齋刻本　六冊

330000－1761－0000414　03446、03733　子部/醫家類/類編之屬

萬病回生仁齋直指四十卷　（宋）楊士瀛撰　明書林熊咸初刻本　二十四冊

330000－1761－0000415　24499　子部/醫家類/類編之屬

黃氏醫書八種　（清）黃元御撰　清光緒二十年(1894)上海圖書集成印書局石印本　一冊

存一種

330000－1761－0000416　03920　子部/醫家
類/傷寒金匱之屬/金匱要略

金匱心典三卷　（清）尤怡撰　清光緒七年
（1881）崇德書院刻本　三冊

330000－1761－0000418　03931　子部/醫家
類/傷寒金匱之屬/金匱要略

張仲景金匱要畧論註二十四卷　（清）徐彬著
清光緒五年（1879）掃葉山房刻本　六冊

330000－1761－0000419　04924　子部/醫家
類/婦科之屬/產科

繡閣保產良方不分卷　（清）王甲榮著　清光
緒十九年（1893）碑硯齋刻本　一冊

330000－1761－0000420　03554　子部/醫家
類/綜合之屬/通論

裴子言醫四卷　（明）裴子言撰　清抄本
四冊

330000－1761－0000421　03458　子部/醫家
類/醫話醫論之屬

泗源先生陶氏六書岐黃餘義不分卷　（明）陶
本學撰　清抄本　一冊

330000－1761－0000422　03447　子部/醫家
類/類編之屬

遵生集要　（清）楊潤編　清刻本　二冊　存
一種

330000－1761－0000424　03968　子部/醫家
類/溫病之屬/痧症

吊腳痧方論一卷附風雷集一卷　（清）徐子默
撰　清道光二十年（1840）杭城武林門積墨齋
刻本　一冊

330000－1761－0000425　03969　子部/醫家
類/溫病之屬/痧症

吊腳痧方論一卷白喉忌表抉微一卷　（清）徐
子默撰　清光緒二十六年（1900）上海圖書集
成局鉛印本　一冊

330000－1761－0000426　03971　子部/醫家
類/溫病之屬/痧症

吊腳痧方論一卷　（清）徐子默撰　清悟雲草
堂刻光緒十三年（1887）紹城聚文堂印本
一冊

330000－1761－0000427　03972、03988、
04795　子部/醫家類/類編之屬

邵氏醫書三種　（清）邵登瀛編　清光緒六年
（1880）蘇州吳門邵炳揚刻本　六冊

330000－1761－0000428　03973　子部/醫家
類/類編之屬

邵氏醫書三種　（清）邵登瀛編　清宣統元年
（1909）江南醫學公會石印本　一冊

330000－1761－0000429　03975　子部/醫家
類/溫病之屬/瘟疫

治瘟提要速效合編二卷　（清）周玉堂編　清
光緒十六年（1890）榮昌城東廟刻本　一冊

330000－1761－0000430　03977　子部/醫家
類/溫病之屬/瘟疫

隨息居重訂霍亂論四卷　（清）王士雄撰　清
光緒十三年（1887）四明林延春室鉛印本
二冊

330000－1761－0000431　23526　子部/醫家
類/方書之屬/單方驗方

驗方新編十六卷　（清）鮑相璈等輯　清越城
近文齋刻本　一冊　存四卷（五至八）

330000－1761－0000432　03985　子部/醫家
類/溫病之屬/瘟疫

溫疫明辨四卷　（清）戴天章撰　清嘉慶二十
二年（1817）晉祁書業堂刻本　四冊

330000－1761－0000433　03992　子部/醫家
類/溫病之屬

問心堂溫病條辨六卷首一卷　（清）吳瑭撰
清同治九年（1870）六安求我齋刻本　四冊

330000－1761－0000434　03993　子部/醫家
類/溫病之屬/其他溫疫病證

溫病條辨六卷首一卷　（清）吳瑭撰　清道光
十五年（1835）慈溪葉金潮刻本　四冊

330000－1761－0000435　04001　子部/醫家

類/溫病之屬/其他溫疫病證

溫熱病指南集一卷 （清）陳平伯著 清光緒二年(1876)雲間複園刻本 一冊

330000－1761－0000436 04002 子部/醫家類/溫病之屬/瘟疫

溫熱暑疫全書四卷 （清）周揚俊輯 清光緒十五年(1889)掃葉山房刻本 二冊

330000－1761－0000437 04003 子部/醫家類/溫病之屬/瘟疫

溫熱暑疫全書四卷 （清）周揚俊輯 清嘉慶元年(1796)錢塘許嗣爛刻本 四冊

330000－1761－0000438 04004 子部/醫家類/類編之屬

潛齋醫書五種 （清）王士雄撰 清光緒十八年(1892)蘇州交通益記圖書館刻本 四冊 存一種

330000－1761－0000439 04009 子部/醫家類/溫病之屬/其他溫疫病證

溫熱辨正一卷 稿本 一冊

330000－1761－0000440 04022 子部/醫家類/溫病之屬/瘟疫

瘟疫彙編十六卷首一卷 （明）吳有性著 （清）汪期蓮編 清道光八年(1828)汪培芝堂刻本 六冊

330000－1761－0000441 04024 子部/醫家類/溫病之屬/瘟疫

廣瘟疫論四卷末一卷後附一卷 （清）戴天章著 清光緒十三年(1887)長沙曹氏刻本 二冊

330000－1761－0000442 04035 子部/醫家類/溫病之屬/瘟疫

霍亂論二卷 （清）王士雄撰 清道光十九年(1839)刻本 二冊

330000－1761－0000443 04013 子部/醫家類/溫病之屬/痧症

痧症摘要不分卷 清抄本 一冊

330000－1761－0000444 04036 子部/醫家

類/溫病之屬/瘟疫

隨息居重訂霍亂論四卷附霍亂括要一卷 （清）王士雄撰 清光緒二十八年(1902)湖北官書局刻本 二冊

330000－1761－0000448 04019 子部/醫家類/溫病之屬/其他溫疫病證

鼠疫彙編一卷 （清）吳宣崇輯 （清）羅汝蘭增輯 清光緒二十七年(1901)蓉園刻本 一冊

330000－1761－0000449 04029 子部/醫家類/溫病之屬/其他溫疫病證

增評溫熱經緯五卷 （清）王士雄撰 （清）楊照黎 （清）汪曰楨評 （清）葉霖增評 曹炳章眉評 清光緒稿本 四冊

330000－1761－0000451 04048、04047 子部/醫家類/溫病之屬/瘟疫

瘟疫論類編五卷 （明）吳有性撰 **松峰說疫七卷** （清）劉奎撰 清咸豐十年(1860)佛山鎮近文堂刻本 七冊

330000－1761－0000453 04057 子部/醫家類/溫病之屬/其他溫疫病證

濕熱證治二卷 清抄本 二冊

330000－1761－0000454 04058 子部/醫家類/溫病之屬/其他溫疫病證

溫病條辨六卷首一卷 （清）吳瑭撰 清光緒袁子良張少山刻本 三冊 存五卷(一、三至六)

330000－1761－0000455 23230 子部/醫家類/溫病之屬/其他溫疫病證

溫熱經緯五卷 （清）王孟英纂 清抄本 一冊

330000－1761－0000457 08837 子部/醫家類/溫病之屬/瘟疫

明吳又可先生溫疫論二卷 （明）吳有性撰 （清）孔毓禮評 清光緒三十四年(1908)崇實書局刻本 二冊

330000－1761－0000458 14144 子部/醫家類/溫病之屬/瘟疫

溫疫論二卷　(明)吳有性撰　清蘇州綠蔭堂刻本　一冊

330000－1761－0000459　14146　子部/醫家類/溫病之屬/瘟疫

溫疫論補註二卷　(明)吳有性撰　(清)鄭重光補注　清光緒六年(1880)埽葉山房刻本　二冊

330000－1761－0000460　14145　子部/醫家類/溫病之屬/瘟疫

溫疫論二卷　(明)吳有性撰　清蘇州綠蔭堂刻本　二冊

330000－1761－0000461　14147　子部/醫家類/溫病之屬/瘟疫

溫疫論二卷　(明)吳有性撰　清光緒六年(1880)善成堂刻本　一冊

330000－1761－0000462　14148　子部/醫家類/溫病之屬/瘟疫

溫疫論補註二卷　(明)吳有性撰　(清)鄭重光補注　清光緒二十一年(1895)揚州文富堂刻本　二冊

330000－1761－0000463　14149　子部/醫家類/溫病之屬/瘟疫

明吳又可先生溫疫論二卷　(明)吳有性撰　(清)孔毓禮評　清光緒三十四年(1908)森記書局刻本　二冊

330000－1761－0000465　14151　子部/醫家類/溫病之屬/瘟疫

明吳又可先生溫疫論二卷　(明)吳有性撰　(清)孔毓禮評　清光緒三十四年(1908)森記書局刻本　二冊

330000－1761－0000466　14152　子部/醫家類/溫病之屬/瘟疫

溫疫論補註二卷　(明)吳有性撰　(清)鄭重光補注　清同治三年(1864)樊川文成堂刻本　二冊

330000－1761－0000467　14153　子部/醫家類/類編之屬

醒世六書　(清)楊潤校刊　清集賢堂刻本

一冊　存一種

330000－1761－0000468　14154　子部/醫家類/溫病之屬/瘟疫

補注瘟疫論四卷　(明)吳有性撰　(清)洪天錫　(清)尚友山補注　清咸豐四年(1854)晚翠堂刻本　四冊

330000－1761－0000469　14160　子部/醫家類/溫病之屬/瘟疫

瘟疫論類編五卷　(明)吳有性撰　松峰說疫七卷　(清)劉奎撰　清道光二十年(1840)三泰堂刻本　六冊

330000－1761－0000470　14161　子部/醫家類/類編之屬

醒世六書　(清)楊潤校刊　清同治元年(1862)集古堂刻本　二冊　存一種

330000－1761－0000471　14162　子部/醫家類/溫病之屬/瘟疫

溫疫論補註二卷　(明)吳有性撰　(清)鄭重光補注　清光緒六年(1880)埽葉山房刻本　二冊

330000－1761－0000472　14163　子部/醫家類/溫病之屬/瘟疫

溫疫論補註二卷　(明)吳有性撰　(清)鄭重光補注　清光緒六年(1880)埽葉山房刻本　二冊

330000－1761－0000473　14164　子部/醫家類/溫病之屬/瘟疫

溫疫論補註二卷　(明)吳有性撰　(清)鄭重光補注　清光緒六年(1880)埽葉山房刻本　二冊

330000－1761－0000474　14169　子部/醫家類/溫病之屬/瘟疫

瘟疫論類編五卷　(明)吳有性撰　松峰說疫七卷　(清)劉奎撰　清咸豐十年(1860)佛山鎮近文堂刻本　二冊　存五卷(類編一至五)

330000－1761－0000475　14170　子部/醫家類/溫病之屬/瘟疫

瘟疫論類編五卷　(明)吳有性撰　松峰說疫

七卷 （清）劉奎撰 清嘉慶四年(1799)刻本
二册 存五卷(類編一至五)

330000－1761－0000476 14171 子部/醫家
類/溫病之屬/瘟疫

瘟疫論補註二卷 （明）吳有性撰 （清）鄭重
光補註 清光緒六年(1880)掃葉山房刻本
二册

330000－1761－0000478 14173 子部/醫家
類/溫病之屬/瘟疫

瘟疫明辨四卷末一卷 （清）戴天章撰 清道
光六年(1826)梧州府署刻本 二册

330000－1761－0000479 14174 子部/醫家
類/溫病之屬/瘟疫

瘟疫明辨四卷末一卷 （清）戴天章撰 清光
緒三十三年(1907)瑟齋鉛印本 一册

330000－1761－0000480 14175 子部/醫家
類/類編之屬

醒世六書 （清）楊潤校刊 清咸豐二年
(1852)愛日堂刻本 二册 存一種

330000－1761－0000481 14176 子部/醫家
類/溫病之屬/瘟疫

溫疫論二卷 （明）吳有性撰 清康熙四十八
年(1709)刻本 二册

330000－1761－0000482 14179 子部/醫家
類/溫病之屬/瘟疫

廣瘟疫論四卷末一卷 （清）戴天章著 清乾
隆四十八年(1783)大啟堂刻本 二册

330000－1761－0000483 14182 子部/醫家
類/溫病之屬/瘟疫

疫證集說四卷補遺一卷 余德壎輯 清宣統
三年(1911)素盦鉛印本 四册

330000－1761－0000484 04481 子部/醫家
類/醫理之屬/病源病機

病機篡二卷 （明）李中梓輯 清抄本 一册

330000－1761－0000485 14181 子部/醫家
類/溫病之屬/瘟疫

瘟疫論二卷 （明）吳有性撰 清康熙三十三

年(1694)張以增寶仁堂刻本 二册

330000－1761－0000486 14183 子部/醫家
類/溫病之屬/其他溫疫病證

治溫提要一卷 （清）曹華峯著 （清）吟蕉增
訂 清光緒十五年(1889)英化齋刻本 一册

330000－1761－0000487 16169 子部/醫家
類/類編之屬

醒世六書 （清）楊潤校刊 清雍正三年
(1725)刻本 二册 存一種

330000－1761－0000489 23166 子部/醫家
類/溫病之屬/痧症

痧脹玉衡書三卷後卷一卷 （清）郭志邃撰
清康熙十七年(1678)毓賢堂刻本 一册 存
一卷(上)

330000－1761－0000491 23223 子部/醫家
類/溫病之屬/瘟疫

隨息居重訂霍亂論四卷附霍亂括要一卷
(清)王士雄撰 清光緒十四含經室校刻本
一册 存三卷(三至四、附霍亂括要)

330000－1761－0000492 23224 子部/醫家
類/溫病之屬/瘟疫

瘟疫論辨義四卷 （清）楊堯章著 清光緒九
年(1883)刻本 三册 存三卷(一至三)

330000－1761－0000493 23330 子部/醫家
類/溫病之屬/其他溫疫病證

溫熱表症不分卷 稿本 一册

330000－1761－0000495 23236 子部/醫家
類/溫病之屬/瘟疫

防疫芻言一卷附霹靂散一卷 （清）何恩煌著
清鉛印本 一册

330000－1761－0000497 23240 子部/醫家
類/溫病之屬/其他溫疫病證

溫熱類編九卷 （清）凌德撰 清同治十一年
(1872)稿本 四册 存五卷(二至四、八至
九)

330000－1761－0000498 23517 子部/醫家
類/溫病之屬/瘟疫

疫痧二症合編　清刻本　一冊　存一卷（痧脹玉衡三）

330000－1761－0000501　04090　子部/醫家類/本草之屬/本草雜著

分類本草摘要不分卷　清抄本　一冊

330000－1761－0000502　04091　子部/農學類/園藝之屬/總志

二如亭群芳譜四十二卷　（明）王象晉撰　清刻本　十六冊　存二十二卷（天譜二至三，歲譜首、一至四,疏譜首、一至二,果譜二至三,茶譜,竹譜,桑麻葛譜,棉譜,木譜首、一至二,卉譜首、一至二）

330000－1761－0000504　04472、04094　子部/醫家類/類編之屬

昌邑黃先生醫書八種　（清）黃元御撰　清咸豐十年（1860）長沙徐樹銘變穌精舍刻本　三冊　存二種

330000－1761－0000505　04095　子部/醫家類/本草之屬/歷代綜合本草

本草三家和注六卷　（清）郭汝聰集註　**神農本草經百種錄一卷**　（清）徐靈胎撰　清聚經閣刻本　八冊

330000－1761－0000507　04097　子部/醫家類/本草之屬/歷代綜合本草

本草述三十二卷首一卷　（清）劉若金撰　清嘉慶十五年（1810）武進薛氏還讀山房刻光緒二年（1876）姑蘇來青閣印本（卷十八至二十一配抄本）　二十四冊

330000－1761－0000508　04098　子部/醫家類/本草之屬/歷代綜合本草

本草述三十二卷首一卷　（清）劉若金撰　清嘉慶十五年（1810）武進薛氏還讀山房光緒二年（1876）姑蘇來青閣印本　二十冊

330000－1761－0000511　04101　子部/醫家類/本草之屬/歷代綜合本草

本草述鉤元三十二卷　（清）劉若金撰　（清）楊時泰輯　清同治十一年（1872）木活字印本　十冊　存二十卷（一至四、七下至二十二）

330000－1761－0000512　04102　子部/醫家類/本草之屬/歷代綜合本草

本草思辨錄四卷首一卷　（清）周巖撰　清光緒三十年（1904）山陰周氏微尚室刻本　四冊

330000－1761－0000513　04103　子部/醫家類/本草之屬/歷代綜合本草

本草思辨錄四卷首一卷　（清）周巖撰　清光緒三十年（1904）山陰周氏微尚室刻本　四冊

330000－1761－0000514　04104　子部/醫家類/本草之屬/歷代綜合本草

本草思辨錄四卷首一卷　（清）周巖撰　清光緒三十年（1904）山陰周氏微尚室刻本　四冊

330000－1761－0000515　04105　子部/醫家類/本草之屬/歷代綜合本草

本草思辨錄四卷首一卷　（清）周巖撰　清光緒三十年（1904）山陰周氏微尚室刻本　四冊

330000－1761－0000517　04112　子部/醫家類/本草之屬/本草雜著

本草便讀二卷　（清）張秉成輯　清光緒二十四年（1898）毗陵張氏刻本　四冊

330000－1761－0000518　04114　子部/醫家類/本草之屬/本草雜著

本草衍義二十卷　（宋）寇宗奭撰　清宣統二年（1910）武昌醫館刻本　二冊

330000－1761－0000520　04499　子部/醫家類/類編之屬

古今醫統正脈全書四十四種　（明）王肯堂編　明萬曆二十九年（1601）新安吳勉學刻本　三冊　存二種

330000－1761－0000521　04119　子部/醫家類/本草之屬/本草雜著

本草宗源集說三卷附本草經讀附錄集說一卷　（清）仲昂庭集釋　清宣統二年（1910）刻本　四冊

330000－1761－0000523　03809　子部/醫家類/傷寒金匱之屬/傷寒論

傷寒論集注十卷外篇四卷　（清）徐赤注　清乾隆十七年（1752）玉照堂刻本　八冊

330000－1761－0000524　04122　經部/詩類/傳說之屬

草木疏校正二卷　（清）趙佑撰　清乾隆五十六年(1791)白鷺洲書院刻本　一冊

330000－1761－0000525　04124　子部/醫家類/類編之屬

吳氏醫學述□□種　（清）吳儀洛輯　清玉尺堂刻本　三冊　存一種

330000－1761－0000526　03829、05043　子部/醫家類/類編之屬

沈氏尊生書五種　（清）沈金鰲撰輯　清同治十三年(1874)湖北崇文書局刻本　二十二冊　存二種

330000－1761－0000527　04125　子部/醫家類/本草之屬/歷代綜合本草

本草從新十八卷附藥性總義一卷　（清）吳儀洛輯　清光緒七年(1881)恒德堂刻本　五冊　缺三卷(七至九)

330000－1761－0000528　04130　子部/醫家類/本草之屬/本草雜著

本草詩箋十卷　（清）朱鑰撰　清光緒元年(1875)上海千頃堂刻本　四冊

330000－1761－0000529　04138　子部/醫家類/本草之屬/歷代綜合本草

本草綱目五十二卷首一卷圖三卷瀕湖脈一卷脈訣考證一卷奇經八脈攷一卷　（明）李時珍撰　**本草萬方鍼線八卷藥品總目一卷**　（清）蔡烈先輯　**本草綱目拾遺十卷**　（清）趙學敏輯　清光緒十一年(1885)合肥張氏味古齋刻本　四十冊

330000－1761－0000530　04139　子部/醫家類/本草之屬/歷代綜合本草

本草綱目五十二卷圖三卷瀕湖脉學一卷脉訣考證一卷奇經八脉考一卷　（明）李時珍撰　**本草萬方鍼線八卷藥品總目一卷**　（清）蔡烈先輯　清光緒三十三年(1907)上海華商集成圖書公司鉛印本　十三冊　存四十六卷(五至五十)

330000－1761－0000531　04148　子部/醫家類/類編之屬

利濟十二種　（清）趙學敏編　清同治十年(1871)錢塘張應昌吉心堂刻本　十冊　存一種

330000－1761－0000533　4196－1　子部/醫家類/本草之屬/本草藥性

增訂童氏本草備要八卷　（清）汪昂著　清光緒三十年(1904)上海六藝書局石印本　四冊　存一卷(一)

330000－1761－0000534　23210　子部/醫家類/類編之屬

醫畧六書　（清）徐大椿撰　清光緒二十九年(1903)上海趙翰香居鉛印本　二冊　存二種

330000－1761－0000535　04154、04158、04151　子部/醫家類/本草之屬/本草藥性

本經疏證十二卷本經續疏六卷本經序疏要八卷　（清）鄒澍撰　清常郡晉升山房刻本　十二冊

330000－1761－0000536　04155、04159、04152　子部/醫家類/本草之屬/本草藥性

本經疏證十二卷本經續疏六卷本經序疏要八卷　（清）鄒澍撰　清咸豐八年(1858)周日新山房刻本　十二冊

330000－1761－0000538　04558－1　子部/醫家類/綜合之屬/通論

嵩厓尊生書十五卷　（清）景日昣撰　清刻本　四冊　存五卷(一至二、七至九)

330000－1761－0000539　04558－2　子部/醫家類/綜合之屬/通論

嵩厓尊生書十五卷　（清）景日昣撰　清刻本　七冊　存十三卷(三至十五)

330000－1761－0000540　23205　子部/醫家類/類編之屬

醫述八種十六卷　（清）程文囿撰　清光緒十七年(1891)漢上朱欽成等刻本　二冊　存二卷(七、十五)

330000－1761－0000542　23201　子部/醫家

類/綜合之屬

訂補明醫指掌十卷 （明）皇甫中編 （明）邵從皇訂補 明刻本 一冊 存二卷（七至八）

330000－1761－0000545 04167、04166 類叢部/叢書類/彙編之屬

說郛一百二十卷 （明）陶宗儀纂 清順治三年（1646）兩浙督學周南李際期宛委山堂刻本 二冊 存十二種

330000－1761－0000546 04168 子部/醫家類/本草之屬/歷代綜合本草

雷公炮製藥性賦解 清光緒二十六年（1900）文宜書局石印本 一冊 存一種

330000－1761－0000547 04170 子部/醫家類/方書之屬/成方藥目

樂善堂藥單一卷 （日本）岸吟香編 清光緒九年（1883）石印本 一冊

330000－1761－0000548 04169 子部/醫家類/本草之屬/歷代綜合本草

本草綱目五十二卷首一卷圖三卷瀕湖脈一卷脈訣考證一卷奇經八脈攷一卷 （明）李時珍撰 **本草萬方鍼線八卷藥品總目一卷** （清）蔡烈先輯 **本草綱目拾遺十卷** （清）趙學敏輯 清光緒三十二年（1906）萃珍書局石印本 六冊 存三十九卷（四至十二、十九至四十，本草萬方鍼線一至八）

330000－1761－0000552 04176 子部/醫家類/本草之屬/歷代綜合本草

本草乘雅半偈十一卷 （明）盧之頤撰 清抄本 二冊 存四卷（一、三至五）

330000－1761－0000554 03989 子部/醫家類/溫病之屬/瘟疫

溫症朗照不分卷 （清）喻昌撰 清龍江書院刻本 一冊

330000－1761－0000560 04191 新學/格致總

格致彙編不分卷 （英國）傅蘭雅輯 清光緒二年至十八年（1876－1892）上海格致書室鉛印本 一冊

330000－1761－0000561 04192 子部/醫家類/本草之屬/食療本草

調疾飲食辨六卷附諸方針線一卷 （清）章穆纂 清道光三年（1823）刻本 八冊

330000－1761－0000568 04204 子部/醫家類/本草之屬/歷代綜合本草

雷公炮製藥性賦解 清光緒群玉房刻本 二冊 存一種

330000－1761－0000569 04208 子部/醫家類/本草之屬/本草藥性

藥性八略八卷附病機一卷 清抄本 二冊

330000－1761－0000572 04211 子部/醫家類/類編之屬

利溥集□□種 （清）王鴻驥編 清宣統二年（1910）成都閑存齋刻本 三冊 存四卷（藥性選要一至四）

330000－1761－0000573 04200 經部/詩類/傳說之屬

毛詩名物圖說九卷 （清）徐鼎輯 清乾隆三十六年（1771）徐氏遺經書屋刻本 三冊 存七卷（三至九）

330000－1761－0000574 04214、04215、04361－2 子部/醫家類/類編之屬

汪氏醫學叢書六種 （清）汪宏撰 清光緒十四年（1888）汪村竹里刻本 十四冊 存五種

330000－1761－0000575 06140 子部/醫家類/醫案之屬

新安醫案摘録一卷廣陵醫案摘録一卷 （清）汪廷元撰 清乾隆四十七年（1782）刻本 二冊

330000－1761－0000576 06202 子部/醫家類/醫案之屬

傲曙齋醫案舉隅一卷 （清）柴潮生著 清乾隆十八年（1753）刻本 一冊

330000－1761－0000577 05227 子部/醫家類/綜合之屬/合刻、合抄

逯南軒謝蓬喬先生醫書二種 （清）謝應材編 清光緒八年（1882）狀元第莊刻本 一冊

存一種

330000 – 1761 – 0000581　04265　子部/醫家類/本草之屬/本草藥性

藥性效用詳辨一卷　（清）竹佩和撰　清咄咄齋稿本　一冊

330000 – 1761 – 0000582　04266　子部/醫家類/本草之屬/本草雜著

辨藥須知一卷附藥物別名一卷　明末清初抄本　一冊

330000 – 1761 – 0000585　04269　子部/醫家類/本草之屬/本草雜著

辨藥指南不分卷　清抄本　一冊

330000 – 1761 – 0000587　04282　新學/醫學

萬國藥方八卷　（美國）洪士提反譯　清光緒三十二年（1906）美華書館石印本　八冊

330000 – 1761 – 0000588　04345　子部/醫家類/本草之屬/本草雜著

藥匯一卷附藥物別名一卷　清抄本　一冊

330000 – 1761 – 0000589　08540　子部/醫家類/本草之屬/歷代綜合本草

本草綱目五十二卷圖三卷瀕湖脉學一卷脉訣考證一卷奇經八脉考一卷　（明）李時珍撰
本草萬方鍼線八卷藥品總目一卷　（清）蔡烈先輯　清宣統元年（1909）鴻寶齋石印本　二十一冊　缺四卷（圖上、本草萬方鍼線六至八）

330000 – 1761 – 0000592　24539　子部/醫家類/本草之屬/歷代綜合本草

雷公炮製藥性賦解　清光緒二十九年（1903）石印本　一冊　存一種

330000 – 1761 – 0000593　04848　子部/醫家類/婦科之屬/產科

婦科摘要二卷　清錫玆氏抄本　一冊

330000 – 1761 – 0000594　24576　子部/醫家類/本草之屬/歷代綜合本草

本草從新十八卷附藥性總義一卷　（清）吳儀洛輯　清光緒二十一年（1895）上海書局石印

本　三冊　存十四卷（一至十三、附）

330000 – 1761 – 0000596　24568、24569、24570、24571、24572、24573、24574、24575　子部/醫家類/本草之屬/歷代綜合本草

本草綱目五十二卷圖三卷瀕湖脉學一卷脉訣考證一卷奇經八脉考一卷　（明）李時珍撰
本草萬方鍼線八卷藥品總目一卷　（清）蔡烈先輯　本草綱目拾遺十卷　（清）趙學敏輯
清光緒鴻寶齋書局石印本　八冊　存三十六卷（一至三、十三至四十二、五十至五十二）

330000 – 1761 – 0000598　24417　子部/醫家類/綜合之屬/通論

御纂醫宗金鑑九十卷首一卷　（清）吳謙等撰　清光緒十八年（1892）上海五彩書局石印本　二冊　存十二卷（八至十五、六十三至六十六）

330000 – 1761 – 0000599　23551　子部/醫家類/類編之屬

吳氏醫學述□□種　（清）吳儀洛輯　清乾隆四十三年（1778）金蘆映雪齋刻本　二冊　存一種

330000 – 1761 – 0000600　24595　子部/醫家類/本草之屬/歷代綜合本草

本經逢原四卷　（清）張璐纂　清康熙金閶書業堂刻本　二冊　存二卷（三至四）

330000 – 1761 – 0000602　04270　子部/醫家類/本草之屬/歷代綜合本草

下工藥性便讀須知一卷　（清）潛曳撰　清乾隆十六年（1751）稿本　一冊

330000 – 1761 – 0000603　04201、24552　子部/醫家類/本草之屬/食療本草

調疾飲食辨六卷附諸方針線一卷　（清）章穆纂　清道光三年（1823）刻本　四冊　存四卷（一上、二至三、六上）

330000 – 1761 – 0000604　04219　子部/醫家類/養生之屬

食禁譜一卷　（清）邗溪生輯　清咸豐元年（1851）刻本　一冊

330000－1761－0000606 04093 子部/醫家類/本草之屬/食療本草

玉桂考一卷 （清）張光裕著 清光緒十七年（1891）湘霞仙館刻本 一冊

330000－1761－0000607 23311 新學/報章

四時格物匯編四卷 （清）馬徵慶 清光緒十四年（1888）思古書堂刻本 一冊 存二卷（三至四）

330000－1761－0000612 23306 子部/醫家類/本草之屬/本草藥性

藥性分經□□卷 清刻本 一冊 存一卷（上）

330000－1761－0000613 23124 子部/醫家類/本草之屬/食療本草

食物本草會纂十二卷圖一卷 （清）沈李龍撰 清康熙四十八年（1709）金閶書業堂刻本 一冊 存一卷（圖）

330000－1761－0000614 23310 子部/醫家類/類編之屬

潛齋醫學叢書八種 （清）王士雄著 清咸豐四年（1854）潛齋刻本 二冊 存一種

330000－1761－0000615 23291 子部/醫家類/方書之屬/單方驗方

方藥與辨舌不分卷 清抄本 一冊

330000－1761－0000616 23305 子部/醫家類/本草之屬/本草雜著

本草便讀二卷 （清）張秉成輯 清光緒二十二年（1896）毗陵張氏刻本 一冊

330000－1761－0000620 23308 子部/醫家類/本草之屬/歷代綜合本草

本草從新十八卷 （清）吳儀洛輯 清光緒二十一年（1895）上海書局石印本 一冊 存一卷（四）

330000－1761－0000622 23309－1 子部/醫家類/類編之屬

潛齋叢書 清光緒三十一年（1905）浙紹奎照樓石印本 一冊 存一種

330000－1761－0000623 23117 子部/醫家類/本草雜著

山海異物志不分卷 曹炳章撰 清宣統三年（1911）抄本 一冊

330000－1761－0000625 23267 子部/醫家類/本草之屬/本草雜著

藥材別名要略一卷附驗方一卷 （清）孝思堂著 清光緒二十三年（1897）抄本 一冊

330000－1761－0000626 23135、23133 子部/醫家類/本草之屬/歷代本草

增補藥性雷公炮製八卷 （清）張光斗補 清書林陳國旺刻本 二冊 存四卷（三至四、七至八）

330000－1761－0000627 23123 子部/醫家類/本草之屬/食療本草

增補食物本草備考二卷 （清）何克諫編 清雍正十年（1732）金陵抱青閣刻本 一冊 存一卷（上）

330000－1761－0000632 23324 子部/醫家類/方書之屬/歷代方書

備急千金要方不分卷 （唐）孫思邈撰 清末曹炳章抄本 一冊

330000－1761－0000634 23547 子部/醫家類/本草之屬/歷代綜合本草

本草原始十二卷 （明）李中立撰 清刻本 一冊 存四卷（九至十二）

330000－1761－0000635 03718 子部/醫家類/醫理之屬/綜合

簡明中西匯參醫學圖說二卷 （清）王有忠編 清光緒三十二年（1906）上海廣益書局石印本 一冊

330000－1761－0000636 03720 新學/醫學/衛生學

生理衛生學不分卷 （日本）齋田功太郎著 （清）田吳炤譯 清光緒漢川劉氏六吉軒刻本 一冊

330000－1761－0000637 06400 子部/醫家類/類編之屬

西學啟蒙十六種　（英國）赫德編　（英國）艾約瑟譯　清光緒二十四年（1898）上海圖書局石印本　一冊

330000－1761－0000639　23094、23095　新學/醫學

男女之研究二卷　（日本）大鳥居弃三　（日本）澤田順次郎著　（清）李正聲　（清）吳兆璜譯　清光緒三十三年（1907）上海震東學社石印本　二冊

330000－1761－0000640　23149　新學/全體學

全體須知不分卷　（英國）傅蘭雅撰　清光緒二十年（1894）刻本　一冊

330000－1761－0000641　23158、23157　新學/全體學

全體闡微六卷　（美國）柯為良撰　清刻本二冊　存二卷（二至三）

330000－1761－0000642　223202　新學/全體學

全體闡微三卷　（美國）柯為良撰　清光緒三十一年（1905）惜陰書屋石印本　二冊　存二卷（一至二）

330000－1761－0000643　04591　子部/醫家類/診法之屬

雜病要訣不分卷　清抄本　一冊

330000－1761－0000644　04748　子部/醫家類/婦科之屬/產科

胎產證治錄二卷　（清）單南山撰　清抄本一冊　存一卷（上）

330000－1761－0000646　04756　子部/醫家類/婦科之屬/產科

胎產集要三卷附幼科摘要一卷　（清）黃惕齋輯　清道光十二年（1832）王三多書坊刻本一冊

330000－1761－0000647　04757　子部/醫家類/婦科之屬/產科

胎產集要三卷附幼科摘要一卷　（清）黃惕齋輯　清道光二年（1822）聚奎齋刻本　一冊

330000－1761－0000648　04760　子部/醫家類/婦科之屬/產科

胎產備要一卷　（清）謝照撰　清嘉慶二十三年（1818）越城聚奎齋刻本　一冊

330000－1761－0000650　04765　子部/醫家類/婦科之屬/產科

單氏胎產全書秘旨二卷　清抄本　一冊

330000－1761－0000651　04785　子部/醫家類/婦科之屬/通論

女科秘方一卷　清抄本　一冊

330000－1761－0000653　04789　子部/醫家類/婦科之屬/通論

女科指南四卷　（清）戴烈撰　清光緒十九年（1893）上海古香閣石印本　一冊

330000－1761－0000654　23309－2　子部/醫家類/類編之屬

潛齋叢書　清光緒三十一年（1905）浙紹奎照樓石印本　一冊　存一種

330000－1761－0000655　04797、04742　子部/醫家類/婦科之屬/通論

女科輯要八卷附單養賢胎產全書一卷　（清）周紀常撰　清同治四年（1865）奎照樓刻本二冊

330000－1761－0000656　04802　子部/醫家類/婦科之屬/產科

女科驗方集要二卷　清刻本　二冊

330000－1761－0000657　04621　子部/醫家類/內科之屬

腳氣治法總要二卷　（宋）董汲撰　清抄本二冊

330000－1761－0000658　04812　子部/醫家類/婦科之屬/產科

胎前產後女科秘略一卷　清道光十九年（1839）賜書樓刻本　一冊

330000－1761－0000659　04862、04817　子部/醫家類/類編之屬

韓園醫學六種　（清）潘蔚輯　清光緒吳縣潘

氏敏德堂刻蘇州振新書社印本　二冊　存一種

330000－1761－0000661　04836　子部/醫家類/婦科之屬/產科

鄭氏女科秘傳經症胎前產後問答方書不分卷　清抄本　一冊

330000－1761－0000664　04872　子部/醫家類/婦科之屬/通論

女科繩尺一卷　戚竹甫輯　清抄本　一冊

330000－1761－0000666　04888　子部/醫家類/婦科之屬/產科

竹林產科秘傳一卷　（清）竹林寺僧撰　清光緒三年（1877）紹興富文齋刻字鋪刻本　一冊

330000－1761－0000667　04897　子部/醫家類/婦科之屬/通論

竹林寺秘傳女科一卷　（清）竹林寺僧撰　清抄本　一冊

330000－1761－0000668　04754　子部/醫家類/婦科之屬/產科

胎產秘書三卷附保嬰要訣一卷經驗各方一卷　（清）錢氏原本　（清）翁元鈞增刊　清同治四年（1865）福建森寶刻字鋪刻本　一冊

330000－1761－0000669　04713　子部/醫家類/内科之屬/虛勞

理虛元鑑二卷　（明）汪綺石撰　（清）柯懷祖訂　清光緒二年（1876）仁和葛氏嘯園刻本　一冊

330000－1761－0000670　04764　子部/醫家類/婦科之屬/產科

重刻節齋公胎產醫案一卷　（明）王綸著　清道光十七年（1837）刻本　一冊

330000－1761－0000671　04763　子部/醫家類/婦科之屬/產科

重刻節齋公胎產醫案一卷　（明）王綸著　清道光十三年（1833）抱珠山房刻本　一冊

330000－1761－0000672　04794　子部/醫家類/類編之屬

邵氏醫書三種　（清）邵登瀛編　清光緒六年（1880）蘇州吳門邵炳揚刻本　一冊　存一種

330000－1761－0000674　04854　子部/醫家類/醫案之屬

醫案集句六卷　清抄本　一冊

330000－1761－0000675　04894　子部/醫家類/婦科之屬/產科

九拾六症產科雜症一卷產後治症活法一卷　清抄本　一冊

330000－1761－0000676　04808　子部/醫家類/婦科之屬/產科

產孕集二卷　（清）張曜孫撰　清同治四年（1865）毘陵楊氏木活字印本　一冊　存一卷（一）

330000－1761－0000677　04807　子部/醫家類/婦科之屬/產科

產孕集二卷　（清）張曜孫撰　清同治七年（1868）三松堂刻本　一冊

330000－1761－0000678　04857　子部/醫家類/婦科之屬/通論

資生要旨七篇一卷　清同治十二年（1873）昭陵郡刻本　一冊

330000－1761－0000679　04841　子部/醫家類/婦科之屬/產科

產科秘書十二卷　（清）楊恢基編　清抄本　一冊

330000－1761－0000680　04855　子部/醫家類/婦科之屬/通論

婦嬰良方不分卷　（清）屠道和撰　清抄本　一冊

330000－1761－0000681　04832　子部/醫家類/婦科之屬

竹林寺女科旨要四卷　（清）雪巖禪師撰　清抄本　一冊

330000－1761－0000682　04821　子部/醫家類/婦科之屬/產科

白蒲嶺張氏婦科一卷　清抄本　一冊

330000－1761－0000683　04828　子部/醫家類/婦科之屬/通論

婦科一百十七症發明一卷　（清）包岩撰　清光緒二十九年(1903)刻本　一冊

330000－1761－0000685　04840　子部/醫家類/婦科之屬/產科

婦科秘效方一卷　清鴻遠書屋稿本　一冊

330000－1761－0000686　04869　子部/醫家類/婦科之屬/通論

寧坤寶航一百八帆不分卷　清刻本　一冊

330000－1761－0000687　04809　子部/醫家類/婦科之屬/產科

產孕集二卷　（清）張曜孫撰　清光緒二十四年(1898)刻本　一冊

330000－1761－0000688　04813　子部/醫家類/婦科之屬/產科

胎前產後女科秘略一卷　清道光十九年(1839)賜書樓刻本　一冊

330000－1761－0000689　04814　子部/醫家類/婦科之屬/產科

產科後十八論神驗奇方不分卷　清雍正七年(1729)抄本　一冊

330000－1761－0000690　04893　子部/醫家類/婦科之屬/產科

竹林寺秘傳胎前產后一百二十問不分卷（清）釋靜光考定　清抄本　一冊

330000－1761－0000691　24418－24442、23486－23489　子部/醫家類/綜合之屬/通論

御纂醫宗金鑑九十卷首一卷　（清）吳謙等撰　清乾隆刻本　三十一冊　缺三十一卷(五十三至五十五、五十八至七十一、七十五至八十八)

330000－1761－0000697　03646　子部/醫家類/醫經之屬/内經

素問靈樞類纂三卷　（清）汪昂撰　清道光四年(1824)吳郡書藝堂刻本　三冊

330000－1761－0000700　03648　子部/醫家類/醫經之屬/内經

素問靈樞類纂約註三卷　（清）汪昂撰　清光緒二十二年(1896)上海圖書集成印書局鉛印本　二冊

330000－1761－0000702　04361－1　子部/醫家類/診法之屬/其他診法

遵經二卷　（清）汪廣菴著　清光緒元年(1875)求志堂刻本　二冊

330000－1761－0000704　03668　子部/醫家類/醫經之屬/内經

靈樞經九卷　（清）張志聰集註　清光緒十六年(1890)浙江書局刻本　八冊

330000－1761－0000706　03793　子部/醫家類/傷寒金匱之屬/傷寒論

傷寒節錄不分卷　（清）王華文輯　清道光九年(1829)沈陽達三松崖氏刻本　一冊

330000－1761－0000708　03852　子部/醫家類/傷寒金匱之屬/傷寒論

南雅堂傷寒醫訣串解六卷　（清）陳念祖撰　清毋自欺齋主人抄本　二冊　存四卷(一至四)

330000－1761－0000710　03833　子部/醫家類/傷寒金匱之屬/傷寒論

傷寒來蘇集三種　（清）柯琴撰　清務本堂刻本　二冊　存一種

330000－1761－0000711　03841　子部/醫家類/傷寒金匱之屬/傷寒論

傷寒卒病論讀不分卷　（清）沈又彭撰　清乾隆三十四年(1769)寧儉堂刻本　二冊

330000－1761－0000713　03868　子部/醫家類/傷寒金匱之屬/傷寒論

南雅堂傷寒真方歌括六卷　（清）陳念祖撰　清毋自欺齋主人抄本　二冊　存二卷(一至二)

330000－1761－0000714　03893　子部/醫家類/傷寒金匱之屬/傷寒論

仲景存真集二卷　（清）吳蓬萊編　清刻本　二冊

330000－1761－0000715　03901　子部/醫家類/傷寒金匱之屬/傷寒論

注解傷寒論十卷圖解運氣圖一卷　（晉）王叔和輯　（金）成無己注　清光緒二十五年(1899)抄本　一冊　存二卷(一至二)

330000－1761－0000717　26004、26005　子部/醫家類/傷寒金匱之屬/金匱要略

金匱要略闡疑二卷　（清）葉子雨撰　清道光七年(1827)抄本　二冊

330000－1761－0000718　04354　子部/醫家類/類編之屬

醫學六要　（明）張三錫撰　（明）王肯堂校　明萬曆刻崇禎十七年(1644)張維藩等重修本　一冊　存一種

330000－1761－0000719　03471　子部/醫家類/醫理之屬/病源病機

病機部二卷　（明）張三錫纂　清初月樞閣稿本　四冊

330000－1761－0000720　04374、04357　子部/醫家類/診法之屬/其他診法

偷閒抄三卷　清光緒七年(1881)馬光道抄本　二冊

330000－1761－0000721　04355、03483　子部/醫家類/類編之屬

醫學六要　（明）張三錫撰　（明）王肯堂校　明萬曆刻崇禎十七年(1644)張維藩等重修本　二冊　存二種

330000－1761－0000722　08506－2　子部/農家農學類/鳥獸蟲之屬

百鳥圖說一卷　（清）益知書會校訂　清光緒八年(1882)益智書會刻本　一冊

330000－1761－0000724　04364　子部/醫家類/診法之屬/其他診法

醫門日誦二卷　（清）沈肯穀集録　清嘉慶十八年(1813)抄本　清沈世昌跋　一冊

330000－1761－0000725　04371　子部/醫家類/診法之屬/其他診法

診病奇侅二卷附五雲子腹診法一卷　（日本）丹波茞庭撰　清光緒十四年(1888)四明王仁乾日本鉛印本　二冊

330000－1761－0000727　04379　子部/醫家類/診法之屬/脈經脈訣

三指禪三卷　（清）周學霆撰　清道光十二年(1832)湖南余聚賢堂刻本　四冊

330000－1761－0000729　04381　子部/醫家類/診法之屬/脈經脈訣

鍥太上天寶太素張神仙脈訣玄微綱領宗統七卷　（明）張太素撰　明萬曆二十七年(1599)安正堂刻本　二冊　存四卷(一至四)

330000－1761－0000731　04386　子部/醫家類/綜合之屬/合刻、合抄

圖注難經脈訣（王叔和謨圖注難經脈訣）　(明)張世賢撰　清嘉慶十二年(1807)老三餘堂刻本　二冊　存一種

330000－1761－0000733　04466、04392、03935、04646、04477、05734　子部/醫家類/方書之屬/歷代方書

丹溪心法五卷首一卷丹溪心法附餘六種二十二卷　（明）吳中珩校　清文奎堂刻本　十冊　缺一種(證治要訣)

330000－1761－0000734　05499、04467　子部/醫家類/類編之屬

古今醫統正脈全書四十四種　（明）王肯堂編　明萬曆二十九年(1601)新安吳勉學刻清初映齋重修本　十冊　存七種

330000－1761－0000742　04394　子部/醫家類/診法之屬/脈經脈訣

脈訣便讀不分卷　清抄本　一冊

330000－1761－0000743　04396　子部/醫家類/診法之屬/脈經脈訣

新增脈訣圖象四卷　（清）勤一鑒定　清光緒十六年(1890)豫章過念良刻本　二冊

330000－1761－0000745　04399　子部/醫家類/診法之屬/脈經脈訣

脈經十卷　題(晉)王叔和撰　清光緒三十一年(1905)長沙徐氏橘隱圃刻本　四冊

330000－1761－0000746　04600　子部/醫家類/內科之屬

醫郛辨真錄九卷　清抄本　一冊

330000－1761－0000747　04373　子部/醫家類/診法之屬/脈經脈訣

三指禪三卷　（清）周學霆撰　清刻本　一冊　存一卷（三）

330000－1761－0000748　04383　子部/醫家類/類編之屬

姜氏醫學叢書　（清）姜尹人著　清光緒十八年（1892）成都茹古書局刻本　一冊　存五種

330000－1761－0000749　04384　子部/醫家類/診法之屬/脈經脈訣

玉函經三卷　（唐）杜光庭撰　清光緒七年（1881）上虞蘭蘭山房徐氏刻本　一冊

330000－1761－0000751　04372　子部/醫家類/醫理之屬/綜合

醫理大概約說一卷　（清）劉沅著　清光緒三十二年（1906）成都守經堂刻本　一冊

330000－1761－0000752　23220　子部/醫家類/診法之屬/脈經脈訣

四診抉微八卷管窺附餘一卷　（清）林之翰撰　清近文堂刻本　三冊　存七卷（一至二、五至八,管窺附餘）

330000－1761－0000754　04408　子部/醫家類/診法之屬/脈經脈訣

脈學歸源五卷　（清）姚克諧輯　清光緒元年（1875）海學堂刻本　六冊

330000－1761－0000755　04409　子部/醫家類/診法之屬/脈經脈訣

脈鏡二卷　（明）許兆禎撰　清抄本　一冊

330000－1761－0000757　04065　子部/醫家類/溫病之屬/其他瘟疫病證

新增溫病條辨歌括一卷手採補溫熱諸方一卷　（清）方內散人編　清光緒袁子良張小山刻本　一冊

330000－1761－0000758　04415　子部/醫家類/綜合之屬/通論

醫宗備要三卷　（清）曾鼎撰　清同治八年（1869）湖北崇文書局刻本　一冊

330000－1761－0000760　04418　子部/醫家類/診法之屬/脈經脈訣

脈經真本十卷首一卷　題（晉）王叔和撰　清道光十三年（1833）蜀中怡山館刻本　六冊

330000－1761－0000764　23564　子部/醫家類/婦科之屬/通論

濟陰綱目十四卷附保生碎事一卷　（明）武之望撰　清末石印本　一冊　存三卷（十三至十四、保生碎事）

330000－1761－0000767　04429、04433　子部/醫家類/診法之屬/脈經脈訣

脈訣彙辨十卷　（清）李辰山著　清康熙三年（1664）刻本　二冊　存二卷（一至二）

330000－1761－0000768　04432　子部/醫家類/診法之屬/脈經脈訣

李士材四診要訣不分卷　（清）李期叔注　清抄本　一冊

330000－1761－0000770　04430　子部/醫家類/診法之屬/脈經脈訣

李平和四言脈訣不分卷　清抄本　一冊

330000－1761－0000772　04435　子部/醫家類/本草之屬/歷代綜合本草

本草綱目五十二卷圖三卷瀕湖脉學一卷脉訣攷證一卷奇經八脉攷一卷　（明）李時珍撰　清光緒刻本　一冊　存三卷（瀕湖脉學、脉訣攷證、奇經八脉攷）

330000－1761－0000773　24497　子部/醫家類/診法之屬/脈經脈訣

校正圖注難經脈訣　（明）張世賢註　清光緒二十二年（1896）上海著易堂石印本　一冊　存一種

330000－1761－0000776　04438　子部/醫家類/類編之屬

醫林指月十二種　（清）王琦輯　清乾隆刻本　一冊　存二種

330000 – 1761 – 0000781　04445　子部/醫家
類/診法之屬/其他診法

傷寒舌鑑一卷　（清）張登撰　清抄本　一冊

330000 – 1761 – 0000782　04446　子部/醫家
類/診法之屬/其他診法

傷寒辨舌秘錄附舌胎圖形歌訣一卷　（清）王
蘇門輯　清道光六年(1826)聚奎堂刻本
一冊

330000 – 1761 – 0000784　24495　子部/醫家
類/診法之屬/其他診法

舌鑑辨正二卷　（清）梁玉瑜傳　（清）陶保廉
錄　清光緒三十二年(1906)上海重校石印本
二冊

330000 – 1761 – 0000785　04451　子部/醫家
類/綜合之屬

一見知醫六卷　（清）陳實夫輯　清同治八年
(1869)尚德堂刻本　六冊

330000 – 1761 – 0000788　04455　子部/醫家
類/醫理之屬/病源病機

元彙醫鏡五卷首一卷　（清）劉盼瞻撰　清宣
統二年(1910)刻本　四冊

330000 – 1761 – 0000789　04456　子部/醫家
類/綜合之屬/通論

太醫院補遺真傳醫學源流肯綮大成十六卷
（明）龔信編　（明）余應奎補遺　明萬曆三十
四年(1606)建邑積善堂陳賢刻本　八冊　存
八卷(九至十六)

330000 – 1761 – 0000791　23142 – 2　子部/
醫家類/外科之屬

外科證治全生集二卷　（清）王維德撰　清光
緒三十三年(1907)石印本　一冊　存一卷
(二)

330000 – 1761 – 0000792　04473　子部/醫家
類/類編之屬

呂評醫貫六卷　（明）醫無聞子著　（明）呂山
人評　清道光二十年(1840)旹古丞祝氏刻本
六冊

330000 – 1761 – 0000793　04476　子部/醫家

類/綜合之屬/通論

何氏濟生論八卷　（清）何鎮著　清嘉慶二十
一年(1816)京江莊孝容靜觀堂刻本　八冊

330000 – 1761 – 0000795　04529　子部/醫家
類/内科之屬

醫學舉要六卷　（清）徐鏞輯　清光緒十七年
(1891)鉛印本　一冊

330000 – 1761 – 0000796　04197、04508、
03609　子部/醫家類/類編之屬

東垣十書附二種二十二卷　清光緒三十三年
(1907)上海文盛書局石印本　三冊　存三種

330000 – 1761 – 0000798　04593　子部/醫家
類/内科之屬/其他内科病證

醫學雜抄不分卷　清抄本　一冊

330000 – 1761 – 0000799　04595　子部/醫家
類/綜合之屬/雜著

醫學辨證一卷　（清）張學醇著　清抄本
一冊

330000 – 1761 – 0000801　04615、06150、
05736　類叢部/叢書類/彙編之屬

嘯園叢書五十八種　（清）葛元煦輯　清光緒
二年至七年(1876 – 1881)仁和葛氏刻本　三
冊　存三種

330000 – 1761 – 0000802　04626　子部/醫家
類/内科之屬/其他内科病證

瘧疾論三卷　（清）韓善微纂　清光緒二十三
年(1897)上海知止軒石印本　一冊

330000 – 1761 – 0000804　26001、26002、
26003　子部/醫家類/診法之屬/脈經脈訣

六淫㿄氣證治異同辯三卷　（清）吳士錡集釋
清光緒三十一年(1905)抄本　三冊

330000 – 1761 – 0000805　04082　子部/醫家
類/本草之屬/歷代綜合本草

**本草發明蒙筌十二卷歷代名醫考一卷總論一
卷**　（明）陳嘉謨撰　明崇禎元年(1628)刻本
八冊

330000 – 1761 – 0000806　03923　子部/醫家

類/傷寒金匱之屬/金匱要略

金匱要略直解三卷 （清）程林註　清康熙十二年(1673)刻本　十冊

330000－1761－0000811　04495　子部/醫家類/綜合之屬/通論

辨證錄十四卷 （清）陳士鐸撰　**胎產秘書三卷** （清）金庸校對　清光緒十年(1884)重慶善成堂刻本　十四冊　存十四卷(辨證錄一至十四)

330000－1761－0000812　04496　子部/醫家類/綜合之屬/通論

辨證錄十二卷洞垣全書脈訣闡微一卷 （清）陳士鐸撰　清道光刻本　二十二冊

330000－1761－0000813　04498　子部/醫家類/類編之屬

校正儒門事親十五卷 （金）張從正撰　清宣統二年(1910)上海千頃堂書局石印本　六冊

330000－1761－0000814　04501　子部/醫家類/内科之屬

證治彙補八卷 （清）李用粹撰　清光緒十八年(1892)簡玉山房刻本　八冊

330000－1761－0000815　04502　子部/醫家類/内科之屬

證治彙補八卷 （清）李用粹撰　清光緒十八年(1892)簡玉山房刻本　八冊

330000－1761－0000816　04503　子部/醫家類/内科之屬

證治彙補八卷 （清）李用粹撰　清光緒十八年(1892)簡玉山房刻本　四冊

330000－1761－0000819　04505　子部/醫家類/綜合之屬/通論

類證治裁八卷首一卷 （清）林佩琴撰　清光緒十年(1884)丹陽林晉卿研經堂刻本　十冊

330000－1761－0000820　04511　子部/醫家類/綜合之屬/通論

醫林纂要探源十卷 （清）汪紱撰　清光緒江蘇書局刻本　十冊

330000－1761－0000821　04512　子部/醫家類/綜合之屬/通論

醫林纂要探源十卷 （清）汪紱撰　清光緒二十三年(1897)江蘇書局刻本　十冊

330000－1761－0000825　04520　子部/醫家類/類編之屬

徐氏醫書六種 （清）徐靈胎撰　清乾隆半松齋刻本　二冊　存一種

330000－1761－0000826　04486　子部/醫家類/綜合之屬/雜著

筆花醫鏡四卷 （清）江涵暾撰　清同治十二年(1873)刻本　一冊

330000－1761－0000827　04487、04865　子部/醫家類/類編之屬

傅科全書六卷 （清）傅山撰　清光緒四年(1878)大荔李致遠堂刻本　四冊

330000－1761－0000829　04566　子部/醫家類/方書之屬/歷代方書

唐王燾先生外臺秘要方四十卷 （唐）王燾撰　清光緒二十四年(1898)上海圖書集成印書局鉛印本　八冊　存十九卷(一、八至十六、三十二至四十)

330000－1761－0000830　04521　子部/醫家類/綜合之屬/通論

醫鈔類編二十四卷 （清）翁藻輯　清光緒二十一年(1895)奉新許振褘刻本　二十六冊

330000－1761－0000834　04527　子部/醫家類/綜合之屬/通論

醫學程式四卷 （清）黃鎬著　清光緒二十七年(1901)石印本　一冊

330000－1761－0000836　04535　子部/醫家類/綜合之屬/通論

簡易醫訣四卷 （清）周雲章著　清宣統元年(1909)新都周氏刻本　八冊

330000－1761－0000838　04577　子部/醫家類/診法之屬/脈經脈訣

四診輯要不分卷 　清毋自欺齋主人抄本　三冊

330000－1761－0000839　04522　子部/醫家類/綜合之屬/通論

編註醫學入門內外集八卷首一卷　（明）李梴撰　清光緒十八年(1892)粵東佛鎮翰寶樓刻本　十二冊

330000－1761－0000841　04552　子部/醫家類/方書之屬/歷代方書

類症普濟本事方十卷　（宋）許叔微著　（清）王陳梁校　清乾隆四十二年(1777)雲間王陳梁刻本　二冊

330000－1761－0000842　04553　子部/醫家類/方書之屬/歷代方書

類證普濟本事方十卷坊刻王氏本備錄一卷　（宋）許叔微撰　（清）葉桂釋義　清嘉慶十九年(1814)葉鍾眉壽堂刻本　八冊

330000－1761－0000843　04554　子部/醫家類/方書之屬/歷代方書

類證普濟本事方十卷坊刻王氏本備錄一卷　（宋）許叔微撰　（清）葉桂釋義　清嘉慶十九年(1814)葉鍾刻本　六冊

330000－1761－0000844　04555　子部/醫家類/方書之屬/歷代方書

千金翼方三十卷目錄一卷　（唐）孫思邈撰　（宋）林億等校正　清光緒四年(1878)獨山莫氏據日本文政十二年(1829)刻本上海影印本　八冊

330000－1761－0000845　04557　子部/醫家類/方書之屬/歷代方書

備急千金要方三十卷　（唐）孫思邈撰　清光緒四年(1878)蘇州崇德書業公館刻本　十二冊

330000－1761－0000846　04559　子部/醫家類/方書之屬/歷代方書

唐王燾先生外臺秘要方四十卷　（唐）王燾撰　清同治十三年(1874)廣東翰墨園刻本　四十冊

330000－1761－0000847　04569　子部/醫家類/方書之屬

醫學心悟五卷外科十法一卷　（清）程國彭著　清光緒二十一年(1895)學庫山房刻本　五冊　缺一卷(五)

330000－1761－0000850　04575　子部/醫家類/類編之屬

增註醫宗己任編八卷　（清）高鼓峰著　（清）王汝謙補注　（清）楊乘六評　清光緒十七年(1891)南京李光明莊刻本　四冊

330000－1761－0000851　04576　子部/醫家類/類編之屬

醫學五則五種五卷　（清）廖雲溪編　清光緒十三年(1887)興發堂刻本　五冊

330000－1761－0000852　04578　子部/醫家類/醫話醫論之屬

引經證醫四卷　（清）程樑撰　清光緒八年(1882)刻本　四冊

330000－1761－0000853　04580　子部/醫家類/方書之屬/歷代方書

唐王燾先生外臺秘要方四十卷　（唐）王燾撰　清光緒二十四年(1898)上海圖書集成印書局鉛印本　十二冊　缺九卷(三十至三十八)

330000－1761－0000855　04594　子部/醫家類/綜合之屬/通論

證治合參十八卷　（清）葉盛輯　清雍正七年(1729)一經樓刻本　一冊　存二卷(一至二)

330000－1761－0000856　23096　子部/醫家類/綜合之屬/雜著

筆花醫鏡四卷　（清）江涵暾撰　清光緒十一年(1885)紹郡墨潤堂刻本　一冊　存二卷(一至二)

330000－1761－0000857　23203　子部/醫家類/類編之屬

增訂士材三書八卷　（明）李中梓撰　（清）尤乘編　清光緒三十一年(1905)善成堂刻本　一冊　存一種

330000－1761－0000858　23208　子部/醫家類/傷寒金匱之屬/傷寒論

醫效秘傳三卷　（清）葉桂撰　清道光十一年

（1831）吳氏貯春仙館刻本　一冊　存二卷
（二至三）

330000－1761－0000859　23328　子部/醫家
類/診法之屬/脈經脈訣

病脈症治錄要□□卷　清抄本　四冊　存四
卷（十至十三）

330000－1761－0000860　23477－2　子部/
醫家類/綜合之屬/通論

醫徹四卷補遺一卷　（清）懷遠撰　清嘉慶十
五年（1810）雲間鄭文萃堂刻本　二冊　存二
卷（二至三）

330000－1761－0000861　23496　子部/醫家
類/内科之屬

證治彙補八卷　（清）李用粹撰　清康熙三十
年（1691）舊德堂刻本　一冊　存二卷（一至
二）

330000－1761－0000862　23477－1　子部/
醫家類/綜合之屬/通論

醫徹四卷補遺一卷　（清）懷遠撰　清嘉慶十
五年（1810）雲間鄭文萃堂刻本　三冊　存三
卷（二至四）

330000－1761－0000863　24448　子部/醫家
類/綜合之屬/通論

醫宗說約五卷首一卷　（清）蔣示吉撰　清光
緒三十四年（1908）萃英書莊石印本　一冊
存二卷（首、一）

330000－1761－0000865　23216　子部/醫家
類/類編之屬

己任編四種　（清）楊乘六編　清刻本　一冊
存二種

330000－1761－0000868　04601　子部/醫家
類/類編之屬

中西醫學羣書國粹部第一集十種　（清）陳俠
君編　清光緒三十三年（1907）南洋醫學社刻
本　一冊

330000－1761－0000869　04602　子部/醫家
類/内科之屬

藥症忌宜不分卷　陳澈編　清抄本　一冊

330000－1761－0000872　04605　子部/醫家
類/方書之屬/歷代方書

丹溪先生治法心要八卷　（元）朱震亨撰　清
宣統元年（1909）武林蕭氏鉛印本　一冊　存
四卷（一至四）

330000－1761－0000873　04471　子部/醫家
類/綜合之屬/雜著

石室秘錄六卷　（清）陳士鐸撰　清江陰寶文
堂書莊刻本　六冊

330000－1761－0000874　04609－1　子部/
醫家類/養生之屬

補身延壽論不分卷　清光緒二十三年（1897）
石印本　一冊

330000－1761－0000875　04610　子部/醫家
類/内科之屬/虛勞

理虛元鑑二卷　（明）汪綺石撰　（清）柯懷祖
訂　清光緒二十二年（1896）蕭山陳氏刻本
一冊

330000－1761－0000876　04611　子部/醫家
類/内科之屬

宜麟策一卷續編一卷　題（明）張介賓撰　清
嘉慶十四年（1809）刻本　一冊

330000－1761－0000877　04967　子部/醫家
類/婦科之屬/通論

宜麟策一卷續編一卷　題（明）張介賓撰　清
嘉慶十四年（1809）刻本　一冊

330000－1761－0000879　04624、05680、
03792　類叢部/叢書類/彙編之屬

十萬卷樓叢書五十一種　（清）陸心源輯　清
光緒二年至十四年（1876－1888）歸安陸氏刻
本　五冊　存四種

330000－1761－0000883　04637　子部/醫家
類/綜合之屬/通論

醫宗必讀五卷首一卷　（明）李中梓著　（明）
吳肇陵糸　（明）李廷芳訂　清刻本　五冊

330000－1761－0000884　04639　子部/醫家
類/内科之屬

醫略十三篇十三卷附關格考一卷人迎辨一卷

（清）蔣寶素著　清道光二十八年（1848）鎮江快志堂刻本　一冊

330000－1761－0000885　04640　子部/醫家類/綜合之屬/通論

醫碥七卷　（清）何夢瑤輯　清乾隆十六年（1751）刻本　二十冊

330000－1761－0000886　04641　子部/醫家類/綜合之屬/通論

醫碥七卷　（清）何夢瑤輯　清同文堂刻本八冊

330000－1761－0000887　04643　子部/醫家類/綜合之屬/通論

醫醇賸義四卷　（清）費伯雄撰　清光緒三年（1877）刻本　四冊

330000－1761－0000889　04644　子部/醫家類/綜合之屬/通論

醫醇賸義四卷　（清）費伯雄撰　清光緒三年（1877）刻本　三冊　存三卷（一至三）

330000－1761－0000891　04957　子部/醫家類/婦科之屬/產科

達生編二卷廣達生編一卷京都保嬰堂出痘經驗第一簡易良方一卷　（清）亟齋居士著（清）南方恆人述　清光緒四年（1878）淮安文林齋刻本　一冊

330000－1761－0000892　04991　子部/醫家類/類編之屬

婦嬰至寶三種六卷　（清）徐忬忉原編　清同治五年（1866）杭州有容齋刻本　一冊

330000－1761－0000893　04798　子部/醫家類/婦科之屬/通論

女科輯要八卷附單養賢胎產全書一卷　（清）周紀常撰　清同治四年（1865）奎照樓刻本四冊

330000－1761－0000894　04796　子部/醫家類/婦科之屬/通論

女科輯要二卷　（清）沈又彭撰　清光緒七年（1881）重慶堂刻本　一冊

330000－1761－0000895　04799　子部/醫家類/婦科之屬/通論

女科輯要八卷附單養賢胎產全書一卷　（清）周紀常撰　清同治四年（1865）奎照樓刻本四冊

330000－1761－0000896　04800　子部/醫家類/婦科之屬/通論

女科輯要二卷　（清）沈又彭撰　清光緒七年（1881）維揚宏文齋刻本　二冊

330000－1761－0000899　04664　子部/醫家類/傷寒金匱之屬/傷寒論

醫效秘傳三卷　（清）葉桂撰　清道光十一年（1831）吳氏貯春仙館刻本　二冊

330000－1761－0000900　04666　子部/醫家類/內科之屬

瘋門全書二卷　（清）蕭曉亭撰　清咸豐至同治廣州拾芥園刻本　二冊

330000－1761－0000903　04879－1　子部/醫家類/婦科之屬/通論

女科秘方一卷　（清）竹林寺僧撰　清抄本一冊

330000－1761－0000904　04879－2　子部/醫家類/婦科之屬/通論

竹林寺女科秘方一卷　（清）竹林寺僧撰　清抄本　一冊

330000－1761－0000905　04879－3　子部/醫家類/婦科之屬/通論

竹林寺女科秘方一卷　（清）竹林寺僧撰　清抄本　一冊

330000－1761－0000909　04714　子部/醫家類/內科之屬

藥味撮要輯錄不分卷　清杜寶田抄本　一冊

330000－1761－0000910　23167　子部/醫家類/內科之屬/虛勞

紅爐點雪四卷　（明）龔居中撰　清道光二十年（1840）平遠樓刻本　二冊　存二卷（一、四）

330000－1761－0000911　23504　子部/醫家類/內科之屬/其他內科病證

醫學指南十卷　（清）韋進德編　清刻本　一冊　存一卷(二)

330000－1761－0000912　23511　子部/醫家類/溫病之屬/痧症

急救痧症全集三卷　（清）費山壽輯　清光緒九年(1883)笠澤三省書屋刻本　二冊　存二卷(上、中)

330000－1761－0000915　24500、24501、24502、24503　子部/醫家類/綜合之屬/通論

富強叢書正集七十七種續集一百二十一種（清）袁俊德編　清光緒二十五年(1899)、二十七年(1901)小倉山房石印本　六冊　存八種

330000－1761－0000916　23146、23147、23148、24504、04120　子部/醫家類/類編之屬

中西匯通醫書五種　（清）唐宗海撰　清光緒二十年(1894)上海申江順成書局石印本　六冊　存三種

330000－1761－0000917　04705　子部/醫家類/內科之屬/中風

中風論一卷　（清）熊慶笏輯　清抄本　一冊

330000－1761－0000918　04712　子部/醫家類/內科之屬/虛勞

理虛元鑑二卷　（明）汪綺石撰　（清）柯懷祖訂　清光緒二十二年(1896)蕭山陳氏刻本一冊

330000－1761－0000919　04735－1　子部/醫家類/婦科之屬/產科

達生編二卷附幼科摘要一卷　（清）亟齋居士撰　清乾隆四年(1739)紹城友文齋刻本二冊

330000－1761－0000921　04737　子部/醫家類/婦科之屬/產科

達生編一卷　（清）亟齋居士撰　清光緒十八年(1892)壽萱草堂刻本　一冊

330000－1761－0000923　04739　子部/醫家類/婦科之屬/產科

胎產心法三卷　（清）閻純璽撰　清同治十年(1871)武林刻本　八冊

330000－1761－0000924　04741　子部/醫家類/婦科之屬/產科

胎產心法一卷論痘始終經訣一卷外科眼科雜方一卷　（清）朱國椿校正　清抄本　一冊

330000－1761－0000925　04743　子部/醫家類/婦科之屬/產科

胎產證治錄二卷　（清）單南山撰　清光緒五年(1879)蘭渚倚山廬木活字印本　二冊

330000－1761－0000926　04744　子部/醫家類/婦科之屬/產科

胎產金針三卷附胎產續要一卷　（清）何榮撰（清）浦齡編　清光緒七年(1881)上海劉萊刻本　二冊

330000－1761－0000927　04745　子部/醫家類/婦科之屬/產科

胎產金針三卷附胎產續要一卷　（清）何榮撰（清）浦齡編　清光緒七年(1881)上海劉萊刻本　二冊

330000－1761－0000928　04746　子部/醫家類/婦科之屬/產科

胎產證治錄二卷　（清）單南山撰　清光緒五年(1879)蘭渚倚山廬木活字印本　二冊

330000－1761－0000929　04747　子部/醫家類/婦科之屬/產科

胎產證治錄二卷　（清）單南山撰　清道光九年(1829)刻本　一冊

330000－1761－0000930　04750－1　子部/醫家類/婦科之屬/產科

胎產要訣二卷　（清）張岱宗撰　清抄本三冊

330000－1761－0000931　04751　子部/醫家類/婦科之屬/產科

胎產秘書三卷附保嬰要訣一卷經驗各方一卷（清）翁元鈞撰　清抄本　一冊

330000－1761－0000932　04752　子部/醫家類/婦科之屬/產科

增訂胎產秘書三卷　（清）何榮編　清道光九年(1829)敬勝堂刻本　二冊

330000－1761－0000933　04753　子部/醫家類/婦科之屬/產科

胎產秘書三卷　（清）何榮編　清同治元年(1862)刻本　二冊

330000－1761－0000934　04755　子部/醫家類/婦科之屬/產科

胎產集要三卷附幼科摘要一卷　（清）黃惕齋輯　清抄本　一冊

330000－1761－0000935　04758　子部/醫家類/婦科之屬/產科

胎產集要驗良方三卷附幼科摘要一卷　（清）黃惕齋輯　清道光二十七年(1847)杭城文壽齋刻本　一冊

330000－1761－0000936　04759　子部/醫家類/婦科之屬/產科

胎產集要方三卷　（清）黃惕齋輯　清光緒十六年(1890)陳文鳴刻本　一冊

330000－1761－0000937　04761　子部/醫家類/婦科之屬/產科

胎產揀要一卷附瘍醫大全急救良方一卷　(清)楊靜山撰　清道光二十二年(1842)深柳山房刻本　一冊

330000－1761－0000939　04767　子部/醫家類/婦科之屬

秘授女科一卷　（宋）釋慧明撰　清抄本　一冊

330000－1761－0000940　04768　子部/醫家類/婦科之屬/產科

胎產秘方一卷　清抄本　一冊

330000－1761－0000941　04769　子部/醫家類/婦科之屬/產科

大生要旨五卷　（清）唐千頃纂　清同治七年(1868)藝蘭室刻本　一冊

330000－1761－0000942　04770　子部/醫家類/婦科之屬/產科

大生要旨五卷　（清）唐千頃纂　清嘉慶二十四年(1819)江城慶餘堂刻本　一冊

330000－1761－0000943　04771　子部/醫家類/婦科之屬/產科

增訂大生要旨六卷　（清）唐千頃纂　清同治四年(1865)刻本　一冊

330000－1761－0000944　04772　子部/醫家類/婦科之屬/產科

增廣大生要旨五卷　（清）唐千頃纂　清同治十三年(1874)刻本　一冊　存二卷(一至二)

330000－1761－0000945　04774　子部/醫家類/婦科之屬/產科

小蓬萊山館方鈔二卷　（清）竹林寺僧　（清）陸氏　（清）錢氏傳　清光緒七年(1881)含經室刻本　一冊

330000－1761－0000946　04773　子部/醫家類/婦科之屬/產科

小蓬萊山館方鈔二卷　（清）竹林寺僧　（清）陸氏　（清）錢氏傳　清道光十七年(1837)萬縣捕署刻本　一冊

330000－1761－0000947　04775　子部/醫家類/婦科之屬/產科

小蓬萊山館方鈔二卷　（清）竹林寺僧　（清）陸氏　（清）錢氏傳　清光緒七年(1881)含經室刻本　一冊

330000－1761－0000948　04776　子部/醫家類/婦科之屬/產科

小蓬萊山館方鈔二卷　（清）竹林寺僧　（清）陸氏　（清）錢氏傳　清道光十七年(1837)萬縣捕署刻本　一冊

330000－1761－0000951　04780　子部/醫家類/婦科之屬/通論

女科仙方三卷　（清）傅山撰　清光緒十七年(1891)上海文淵山房刻本　三冊

330000－1761－0000952　04781　子部/醫家類/婦科之屬

女科百問二卷　（宋）齊仲甫撰　明隆慶五年
(1571)刻本　六冊

330000－1761－0000955　04791　子部/醫家
類/婦科之屬

女科備要三卷　（清）王叔平撰　清抄本
一冊

330000－1761－0000957　04793　子部/醫家
類/婦科之屬

婦科經論八卷　（清）蕭壎著　清光緒十六年
(1890)掃葉山房刻本　四冊

330000－1761－0000958　04803　子部/醫家
類/婦科之屬

便產須知二卷　（明）高懋齋輯　清抄本
一冊

330000－1761－0000959　04804　子部/醫家
類/婦科之屬/產科

保產彙編四卷　（清）柯集庵撰　清嘉慶六年
(1801)姑蘇刻本　一冊

330000－1761－0000960　04805　子部/醫家
類/婦科之屬

仁壽鏡四卷　（清）孟蔚編　清光緒十八年
(1892)鉛印本　二冊

330000－1761－0000961　04806　子部/醫家
類/婦科之屬

婦科諸症集驗良方合抄二卷　（清）竹林寺僧
撰　清光緒十三年(1887)紹城文奎堂刻本
一冊

330000－1761－0000962　04810　子部/醫家
類/婦科之屬/產科

產孕集二卷補遺一卷　（清）張曜孫撰　清同
治七年(1868)蘊璞齋刻本　一冊

330000－1761－0000965　04819　子部/醫家
類/婦科之屬/產科

產科心法二卷　（清）汪喆撰　清光緒十三年
(1887)聚英堂刻本　一冊

330000－1761－0000966　04820　子部/醫家
類/婦科之屬/產科

蕭山竹林寺秘傳產科論不分卷　清抄本
一冊

330000－1761－0000968　04823　子部/醫家
類/婦科之屬

婦人方一卷雜症一卷　清抄本　一冊

330000－1761－0000970　04826　子部/醫家
類/婦科之屬

婦人經驗方不分卷　清抄本　一冊

330000－1761－0000972　04833　子部/醫家
類/婦科之屬/通論

女科良方三卷　（清）傅山撰　清光緒十八年
(1892)掃葉山房刻本　二冊　缺一卷(中)

330000－1761－0000973　04834　子部/醫家
類/婦科之屬/通論

曾氏醫書四種　（清）曾鼎輯　清嘉慶十九年
(1814)忠恕堂刻本　四冊　存一種

330000－1761－0000975　04837　子部/醫家
類/類編之屬

婦嬰至寶三種六卷　（清）拜松居士增訂　清
同治五年(1866)杭城有容齋刻本　一冊

330000－1761－0000976　04838　子部/醫家
類/類編之屬

婦嬰至寶三種六卷　（清）拜松居士增訂　清
光緒三年(1877)紹城近文齋刻本　一冊

330000－1761－0000977　04839　子部/醫家
類/婦科之屬/通論

婦科秘方不分卷　（清）沈堯臣撰　清康熙三
十九年(1700)侶石抄本　一冊

330000－1761－0000978　04842　子部/醫家
類/婦科之屬

婦科秘書不分卷　清抄本　一冊

330000－1761－0000979　04843　子部/醫家
類/婦科之屬

婦科秘書不分卷　清抄本　一冊

330000－1761－0000980　04844　子部/醫家
類/婦科之屬

婦科秘書不分卷　清抄本　一冊

330000－1761－0000981　04845　子部/醫家類/婦科之屬/通論

婦科秘傳不分卷　（清）竹林寺僧撰　清咸豐四年（1854）刻本　一冊

330000－1761－0000982　04849　子部/醫家類/婦科之屬

婦科諸症集驗良方二卷　（清）竹林寺僧撰　清刻本　一冊

330000－1761－0000983　04850　子部/醫家類/婦科之屬/通論

婦科秘方不分卷　清抄本　一冊

330000－1761－0000984　04851　子部/醫家類/婦科之屬

婦科雜治方不分卷　清抄本　一冊

330000－1761－0000985　04852　子部/醫家類/婦科之屬

婦科雜治方不分卷　（清）羅越峰述　清抄本　一冊

330000－1761－0000986　04853　子部/醫家類/婦科之屬

竹林寺女科秘方一卷　（清）竹林寺僧撰　清抄本　一冊

330000－1761－0000987　04856　子部/醫家類/綜合之屬

婦嬰雜治方不分卷　清抄本　一冊

330000－1761－0000989　04860　子部/醫家類/婦科之屬/通論

女科二卷　（清）傅山撰　清抄本　一冊

330000－1761－0000990　04861　子部/醫家類/婦科之屬/通論

家傳女科經驗摘奇不分卷　清抄本　二冊

330000－1761－0000991　04863　子部/醫家類/婦科之屬/通論

新編女科指掌五卷　（清）葉其蓁編輯　清光緒元年（1875）上海海左書局石印本　二冊

330000－1761－0000992　04864　子部/醫家類/婦科之屬/產科

保產要旨四卷　許延哲著　清嘉慶十一年（1806）永州府蔣文友刻本　一冊

330000－1761－0000994　04866　子部/醫家類/婦科之屬

續增女科二卷　（清）傅山撰　清光緒元年（1875）刻本　二冊

330000－1761－0000995　04868　子部/醫家類/婦科之屬

寧坤秘笈三卷附經驗神方一卷濟世論一卷任氏世傳傷寒秘方一卷　（清）竹林寺僧撰　清同治七年（1868）滇江毛致和堂刻本　二冊

330000－1761－0000996　04982　子部/醫家類/婦科之屬

寧坤秘笈三卷附經驗神方一卷濟世論一卷任氏世傳傷寒秘方一卷　（清）竹林寺僧撰　清同治七年（1868）滇江毛致和堂刻本　一冊

330000－1761－0000997　05001　子部/醫家類/婦科之屬

寧坤秘笈一卷附經驗神方一卷　（清）竹林寺僧撰　清濟南芝庭氏抄本　一冊

330000－1761－0000998　05014　子部/醫家類/婦科之屬

寧坤秘笈一卷附經驗神方一卷　（清）竹林寺僧撰　清抄本　一冊

330000－1761－0000999　04870　子部/醫家類/婦科之屬

秘傳女科摘要奇方不分卷　清抄本　一冊

330000－1761－0001000　04873　子部/醫家類/婦科之屬

婦科證治良方八卷　清抄本　二冊

330000－1761－0001001　04875　子部/醫家類/婦科之屬

秘授女科一卷竺林寺女科調經問答一卷　（宋）釋慧明撰　清抄本　一冊

330000－1761－0001002　04876、23257、23258　子部/醫家類/婦科之屬/廣嗣

生育輯要十六卷　（清）張熙樵輯　清同治元

年(1862)曉園刻本　四冊

330000－1761－0001003　04877　子部/醫家類/婦科之屬

存驗錄女科不分卷　清抄本　一冊

330000－1761－0001004　04878　子部/醫家類/婦科之屬/通論

竹林寺女科一卷附藥性賦　（清）竹林寺僧撰　清抄本　一冊

330000－1761－0001005　03087　子部/醫家類/類編之屬

中外醫書八種合刻　（清）羅定昌輯　清光緒二十五年(1899)石印本　八冊

330000－1761－0001006　04880　子部/醫家類/婦科之屬

濟坤育麟竹林寺女科全書二十卷　靜光禪師撰　清光緒十七年(1891)天香書屋抄本四冊

330000－1761－0001007　04881　子部/醫家類/婦科之屬/通論

經驗女科良方一卷　（清）竹林寺僧撰　清抄本　一冊

330000－1761－0001008　04882　子部/醫家類/婦科之屬/通論

經驗奇方　（清）竹林寺僧撰　清嘉慶二十四年(1819)山陰孫嵘刻本　一冊　存附刻八種

330000－1761－0001009　04883　子部/醫家類/婦科之屬/通論

竹林寺女科秘方不分卷　（清）竹林寺僧撰　清光緒二十一年(1895)文林堂刻本　一冊

330000－1761－0001010　04884　子部/醫家類/婦科之屬

竹林寺女科證治四卷　（清）竹林寺僧撰　清光緒十七年(1891)皖江節署刻本　六冊

330000－1761－0001011　04885　子部/醫家類/婦科之屬

竹林寺女科證治四卷　（清）竹林寺僧撰　清光緒十七年(1891)皖江節署刻本　四冊

330000－1761－0001012　04886－1　子部/醫家類/婦科之屬

竹林女科證治四卷　（清）竹林寺僧撰　清末石印本　四冊　存三卷(一至三)

330000－1761－0001013　04889　子部/醫家類/婦科之屬/通論

竹林寺女科秘傳一卷　（清）竹林寺僧撰　清抄本　一冊

330000－1761－0001014　04890　子部/醫家類/婦科之屬

婦人良方集要□□卷　清抄本　一冊　存一卷(下)

330000－1761－0001015　04891　子部/醫家類/婦科之屬

竹林寺秘傳產科四卷　（清）竹林寺僧撰　清抄本　一冊

330000－1761－0001016　04892　子部/醫家類/婦科之屬/產科

竹林寺產科方不分卷　（清）竹林寺僧撰　清抄本　一冊

330000－1761－0001017　04895　子部/醫家類/婦科之屬/通論

竹林寺婦科秘方不分卷　（清）竹林寺僧撰（清）余贊輯　清光緒十六年(1890)顧海洲刻本　一冊

330000－1761－0001018　04895－1　子部/醫家類/婦科之屬/通論

評注竹林寺婦科秘方不分卷　（清）竹林寺僧撰　（清）余贊輯　清光緒十六年(1890)顧海洲刻本　一冊

330000－1761－0001020　04898　子部/醫家類/婦科之屬/通論

蕭山竹林寺女科不分卷　（清）竹林寺僧撰　清抄本　一冊

330000－1761－0001022　04902　子部/醫家類/婦科之屬/產科

葉氏女科證治四卷　（清）葉桂撰　清光緒三十四年(1908)上海文宜書局石印本　四冊

330000 – 1761 – 0001023　04904　子部/醫家類/婦科之屬/產科

經效產寶三卷續編一卷　（唐）咎殷撰　清光緒三年(1877)影宋刻本　三冊

330000 – 1761 – 0001024　04905　子部/醫家類/婦科之屬/產科

催生安胎神符及胎前產后各驗方不分卷（清）鍾世楨撰　清同治刻本　一冊

330000 – 1761 – 0001026　04908　子部/醫家類/婦科之屬/產科

臨產須知一卷　（清）周鎮撰　清光緒三十二年(1906)石印本　一冊

330000 – 1761 – 0001027　04909　子部/醫家類/婦科之屬

秘傳女科十四卷　（明）宋林皋著　清光緒八年(1882)謝永生抄本　三冊

330000 – 1761 – 0001028　04910　子部/醫家類/婦科之屬/產科

產寶百問五卷總論一卷　題(元)朱震亨輯（明）王肯堂訂正　明末刻本　二冊

330000 – 1761 – 0001029　04911　子部/醫家類/婦科之屬/廣嗣

廣嗣五種備要不分卷　（清）王實穎撰　清道光元年(1821)耕苗主人刻本　四冊

330000 – 1761 – 0001030　04912　子部/醫家類/婦科之屬/廣嗣

廣嗣五種備要不分卷　（清）王實穎撰　清道光元年(1821)耕苗主人刻本　二冊

330000 – 1761 – 0001032　04915　子部/醫家類/養生之屬

衛生廣嗣達生稀痘合編五卷　（清）高士鑰撰　清嘉慶十七年(1812)三雋堂刻本　一冊

330000 – 1761 – 0001033　04921　子部/醫家類/婦科之屬/廣嗣

妙一齋醫學正印種子編四卷　（明）岳甫嘉著　清抄本　三冊　存三卷(一至三)

330000 – 1761 – 0001034　04926　子部/醫家

類/婦科之屬

婦科密室不分卷　清抄本　一冊

330000 – 1761 – 0001035　04928　新學/醫學

婦科精蘊五卷　（美國）妥瑪氏撰　（清）孔慶高譯　（美國）嘉約翰校正　清光緒十五年(1889)羊城博濟醫局刻本　五冊

330000 – 1761 – 0001036　04930　子部/醫家類/婦科之屬/產科

產科秘本三卷　孫辰鳳校閱　清光緒二年(1876)刻本　一冊

330000 – 1761 – 0001037　04931　子部/醫家類/婦科之屬/產科

產科心法二卷　（清）汪喆撰　清抄本　一冊

330000 – 1761 – 0001039　04935　子部/醫家類/類編之屬

婦嬰至寶三種六卷　清同治五年(1866)杭城有容齋刻本　一冊

330000 – 1761 – 0001040　04936　子部/醫家類/類編之屬

婦嬰至寶三种六卷附催生符一卷　清光緒元年(1875)廣信立德刻本　一冊

330000 – 1761 – 0001041　04937　子部/醫家類/類編之屬

婦嬰至寶三種六卷　清同治十二年(1873)王兆龍刻本　一冊

330000 – 1761 – 0001043　04940　子部/醫家類/婦科之屬/產科

廣達生編五卷首一卷　（清）甀齋居士著（清）南方恆人述　清光緒二十四年(1898)刻本　六冊

330000 – 1761 – 0001045　04942　子部/醫家類/婦科之屬/產科

且園叢書　（清）金且園著　清嘉慶五年(1800)杭州桂竹居刻本　一冊　存一種

330000 – 1761 – 0001046　04943　子部/醫家類/婦科之屬/產科

增訂達生編二卷附錄一卷　（清）王敬山編

清光緒三年(1877)古睦刻本　一冊

330000－1761－0001047　04945　子部/醫家
類/婦科之屬/產科

達生編三卷　(清)黃惕齋　(清)劉峰泰輯
清光緒十九年(1893)紹城許顯記刻本　一冊

330000－1761－0001048　04946　子部/醫家
類/婦科之屬/產科

達生編三卷　(清)亟齋居士撰　清光緒二十
六年(1900)杭城聚文齋刻本　一冊

330000－1761－0001050　04949　子部/醫家
類/婦科之屬/產科

改良達生編二卷　(清)羅幸夫編　清光緒三
十四年(1908)紹城許廣記刻本　一冊

330000－1761－0001051　04950　子部/醫家
類/婦科之屬/產科

改良達生編二卷　(清)羅幸夫編　清光緒三
十四年(1908)紹城許廣記刻本　一冊

330000－1761－0001052　04951　子部/醫家
類/婦科之屬/產科

達生編三卷　(清)黃惕齋　(清)劉峰泰輯
清光緒十九年(1893)紹城許顯記刻本　一冊

330000－1761－0001053　04953　子部/醫家
類/類編之屬

壽世編七種　清道光二十七年(1847)南洲草
堂刻本　一冊　存三種

330000－1761－0001055　04955　子部/醫家
類/婦科之屬

四生編五卷　(清)亟齋居士撰　清光緒七年
(1881)刻本　一冊

330000－1761－0001056　04956　子部/醫家
類/婦科之屬/產科

達生保嬰彙編一卷　(清)亟齋居士撰　清光
緒十六年(1890)蘭城同大冒靛行刻本　一冊

330000－1761－0001057　04958　子部/醫家
類/婦科之屬/產科

達生編二卷　(清)亟齋居士撰　清光緒十年
(1884)北京龍文齋刻本　一冊

330000－1761－0001058　04960　子部/醫家
類/類編之屬

壽世編七種　清瀛斗主人刻本　一冊　存
三種

330000－1761－0001059　04963　子部/醫家
類/類編之屬

壽世編七種　清嘉慶十六年(1811)刻本　一
冊　存三種

330000－1761－0001060　04966　子部/醫家
類/婦科之屬/產科

達生編三卷　(清)亟齋居士撰　清光緒二十
七年(1901)刻本　一冊

330000－1761－0001061　04966－1　子部/
醫家類/婦科之屬/產科

達生編二卷　(清)亟齋居士撰　清光緒七年
(1881)勤藝堂刻本　一冊

330000－1761－0001062　04966－2　子部/
醫家類/類編之屬

壽世編七種　清道光二十二年(1842)刻同治
印本　一冊　存三種

330000－1761－0001063　04968　子部/醫家
類/婦科之屬/產科

達生編二卷　(清)亟齋居士撰　清嘉慶十四
年(1809)刻本　一冊

330000－1761－0001064　04969　子部/醫家
類/婦科之屬/產科

達生編二卷　(清)亟齋居士撰　清嘉慶十四
年(1809)刻本　一冊

330000－1761－0001065　04970　子部/醫家
類/婦科之屬/產科

胎產秘書三卷附保嬰要訣一卷　(清)陳敬之
撰　清刻本　二冊

330000－1761－0001067　04974　子部/醫家
類/婦科之屬/產科

胎產秘書三卷附保嬰要訣一卷經驗各方一卷
　(清)翁元鈞撰　清同治十三年(1874)天章
堂刻本　二冊

330000－1761－0001068　04975　子部/醫家類/婦科之屬/通論

女科仙方四卷　（清）傅山著　清咸豐元年(1851)潮郡文玉樓刻本　二冊　缺一卷(二)

330000－1761－0001069　04977　子部/醫家類/婦科之屬

仁壽鏡四卷　（清）孟蔚編　清光緒二十一年(1895)渝城術古堂刻本　二冊

330000－1761－0001070　04731　子部/醫家類/婦科之屬/產科

順天易生編二卷　（清）趙璧撰　清乾隆四十八年(1783)有慶堂刻本　一冊

330000－1761－0001071　04732　子部/醫家類/婦科之屬

濟世專門編六卷　清刻本　一冊

330000－1761－0001072　04733　子部/醫家類/婦科之屬/產科

增訂達生編二卷附保嬰方一卷　（清）亟齋居士撰　清同治五年(1866)揚州穆近文堂刻本　一冊

330000－1761－0001073　04734　子部/醫家類/婦科之屬/產科

達生編三卷附錄一卷保赤編一卷　（清）亟齋居士撰　清同治九年(1870)刻本　一冊

330000－1761－0001074　04983　子部/醫家類/婦科之屬/通論

女科秘旨不分卷　清抄本　一冊

330000－1761－0001075　04920　子部/醫家類/婦科之屬/通論

醫筬俚言一卷婦病要訣一卷　（清）積善堂童人撰　清道光六年(1826)抄本　一冊

330000－1761－0001076　04961　子部/醫家類/方書之屬/單方驗方

集驗新方　（清）陳元禮著　清嘉慶二年(1797)刻本　一冊　存二種

330000－1761－0001078　04973　子部/醫家類/婦科之屬/通論

竹林寺秘傳婦科百十症附經驗良方十一種符二道不分卷　（清）竹林寺僧撰　清抄本　一冊

330000－1761－0001079　05012　子部/醫家類/婦科之屬/產科

達生編一卷　（清）亟齋居士撰　（清）汪家駒增訂　清光緒三十一年(1905)上海時中書局鉛印本　一冊

330000－1761－0001081　04985　子部/醫家類/婦科之屬/通論

女科秘方一卷　（清）黃體端編　清抄本　一冊

330000－1761－0001083　04919　子部/醫家類/方書之屬/成方藥目

醫林纂要胎產方劑一卷　（清）汪紱輯　清抄本　一冊

330000－1761－0001084　04989　子部/醫家類/婦科之屬/廣嗣

毓麟驗方附內功法一卷　清怡雲堂抄本　一冊

330000－1761－0001085　04993　子部/醫家類/婦科之屬/通論

女科簡要方一卷　清抄本　一冊

330000－1761－0001086　04962　子部/醫家類/婦科之屬/產科

新訂保生經驗良方五卷　清光緒八年(1882)潮澄鄭林森茂齋氏刻本　一冊

330000－1761－0001087　04964　子部/醫家類/婦科之屬/產科

增注達生編二卷　（清）亟齋居士著　（清）毛祥麟增注　清宣統元年(1909)青浦居刻本　一冊

330000－1761－0001088　04918　子部/醫家類/婦科之屬

驗所驗附回生丹方法不分卷　清道光十八年(1838)淞南長柄壺廬園刻本　一冊

330000－1761－0001089　04929　子部/醫家

類/婦科之屬/通論

女科撮要不分卷 （明）薛己撰　清抄本
一冊

330000－1761－0001090　04925　子部/醫家
類/婦科之屬/通論

**濟陰纂要方一卷保產良方一卷保嬰經驗方一
卷諸症歌訣一卷神効萬應膏藥方一卷質藥辨
真假一卷** （清）錢峻編輯　清裕麟堂刻本
一冊

330000－1761－0001091　04959　子部/醫家
類/婦科之屬/產科

達生編增訂二卷 （清）亟齋居士撰　清乾隆
四年(1739)紹城友文齋刻本　一冊

330000－1761－0001092　04944　子部/醫家
類/類編之屬

六種新編 （清）文晟編　清同治四年(1865)
萍鄉文延慶堂刻本　一冊　存二種

330000－1761－0001093　04952　子部/醫家
類/類編之屬

壽世編七種　清嘉慶二十五年(1820)樂志堂
刻本　一冊　存四種

330000－1761－0001094　04965　子部/醫家
類/婦科之屬/產科

順天易生編二卷 （清）趙璧撰　清光緒二年
(1876)蘇城得齊刻本　一冊

330000－1761－0001095　04947　子部/醫家
類/婦科之屬/產科

達生編三卷 （清）亟齋居士撰　清光緒四年
(1878)杭城聚文齋刻本　一冊

330000－1761－0001096　05010　子部/醫家
類/婦科之屬/產科

達生編一卷 （清）亟齋居士撰　清同治十三
年(1874)濟甯州文元堂刻本　一冊

330000－1761－0001098　04987　子部/醫家
類/婦科之屬/廣嗣

广嗣秘要方不分卷　清抄本　一冊

330000－1761－0001099　04988　子部/醫家

類/婦科之屬/通論

婦科秘方不分卷 （清）竹林寺撰　清抄本
一冊

330000－1761－0001100　04990、23575　子
部/醫家類/婦科之屬/產科

濟生集六卷 （清）王上達撰　清光緒二十二
年(1896)寧波詠古齋刻本　三冊

330000－1761－0001101　04994　子部/醫家
類/婦科之屬

婦人方論不分卷　清抄本　一冊

330000－1761－0001102　04995　新學/醫學

西醫胎產舉要二卷 （美國）阿庶頓輯　（清）
尹端模筆譯　清光緒十九年(1893)廣州博濟
醫局刻本　二冊

330000－1761－0001103　04996　子部/醫家
類/診法之屬/脈經脈訣

脉訣方歌婦科方不分卷　清抄本　一冊

330000－1761－0001104　04997　子部/醫家
類/婦科之屬/通論

女科要旨不分卷 （清）陳念祖撰　清抄本
一冊

330000－1761－0001105　04998　子部/醫家
類/婦科之屬/廣嗣

婦科一卷　清抄本　一冊

330000－1761－0001108　05003　子部/醫家
類/婦科之屬/通論

婦人良方二卷附傷寒賦一卷　清抄本　二冊

330000－1761－0001109　05004　子部/醫家
類/婦科之屬/產科

產科心法二卷 （清）汪喆撰　清道光十四年
(1834)上洋王氏曙海樓刻本　二冊

330000－1761－0001110　23559、05005、5013
　子部/醫家類/婦科之屬/產科

胎產心法三卷 （清）閻純璽撰　清同治十年
(1871)武林刻本　五冊

330000－1761－0001111　05006　子部/醫家
類/婦科之屬/產科

產孕集二卷　（清）張曜孫撰　清道光二十五年（1845）刻本　一冊

330000－1761－0001112　05008　子部/醫家類/婦科之屬/產科

達生編三卷　（清）黃惕齋　（清）劉峰泰輯　清光緒十三年（1887）紹城許顯記刻本　一冊

330000－1761－0001113　05009　子部/醫家類/婦科之屬/產科

達生編三卷　（清）黃惕齋　（清）劉峰泰輯　清光緒十三年（1887）紹城許顯記刻本　一冊

330000－1761－0001117　05015　子部/醫家類/婦科之屬/產科

保產集不分卷　清抄本　一冊

330000－1761－0001118　05017　子部/醫家類/婦科之屬/通論

山陰丁淦可亭氏手輯二卷　清光緒二十五年（1899）陳立謙根興齋抄本　一冊

330000－1761－0001119　05018　子部/醫家類/婦科之屬

三科輯要三卷附方三卷　（清）何夢瑤輯　清光緒二十一年（1895）廣州拾芥園刻本　四冊

330000－1761－0001120　05019　子部/醫家類/婦科之屬/產科

達生編二卷附錄一卷　（清）亟齋居士撰　清道光十六年（1836）采鹿堂刻本　一冊

330000－1761－0001121　05020　子部/醫家類/婦科之屬/產科

達生編二卷　（清）亟齋居士撰　清同治七年（1868）紹興裘氏刻本　一冊

330000－1761－0001122　05021　子部/醫家類/婦科之屬/產科

達生編二卷廣達生編一卷產後十八論神驗方一卷保嬰碎事一卷　（清）亟齋居士撰　清同治八年（1869）姑蘇得見齋刻本　一冊

330000－1761－0001123　05022　子部/醫家類/婦科之屬/產科

達生編二卷　（清）亟齋居士撰　清光緒三十

三年（1907）思補居刻本　一冊

330000－1761－0001124　23562　子部/醫家類/婦科之屬/廣嗣

廣嗣全訣十二卷　（明）陳文治輯　明萬曆刻本　一冊　存一卷（九）

330000－1761－0001125　04790、23313　子部/醫家類/類編之屬

萬密齋醫學全書十種　（明）萬全撰　清康熙五十一年（1712）視履堂刻本　二冊　存二種

330000－1761－0001126　23253　子部/醫家類/婦科之屬/通論

女科指掌五卷　（清）葉其蓁編輯　清雍正刻本　一冊　存二卷（四至五）

330000－1761－0001127　23560　子部/醫家類/婦科之屬/通論

女科經綸八卷　（清）蕭壎撰　清康熙二十三年（1684）燕貽堂刻本　一冊　存二卷（三至四）

330000－1761－0001128　23107　子部/醫家類/婦科之屬/通論

竹林寺婦科秘方一卷　（清）竹林寺僧撰　清光緒十六年（1890）錢塘顧海洲刻本　一冊

330000－1761－0001129　23112　新學/醫學

西醫產科心法二卷圖說一卷　（英國）梅滕更撰　（清）劉庭楨譯　清光緒二十三年（1897）上海美華書館鉛印本　一冊

330000－1761－0001130　23110　新學/醫學

西醫產科心法二卷　（英國）梅滕更撰　（清）劉庭楨譯　清光緒二十三年（1897）廣濟醫局鉛印本　一冊

330000－1761－0001131　23111　新學/醫學

西醫產科圖說不分卷　（清）劉廷楨譯　清光緒二十三年（1897）鉛印本　一冊

330000－1761－0001132　23071、23073、23072、23074、23075、04736　新學/醫學

婦科不分卷　（美國）湯麥斯撰　舒高第（清）鄭昌棪譯　清光緒二十六年（1900）江南

機器製造局鉛印本　六冊

330000－1761－0001133　00915－3、00916
類叢部/叢書類/彙編之屬

津逮祕書十五集一百四十種　（明）毛晉編
明崇禎虞山毛氏汲古閣刻本　三冊　存二種

330000－1761－0001134　23317　子部/醫家
類/婦科之屬/產科

胎產輯萃四卷　（清）汪嘉謨輯　清乾隆十七
年(1752)安懷堂刻本　三冊　存三卷(一至
三)

330000－1761－0001136　23254　子部/醫家
類/婦科之屬/產科

胎產秘書三卷　（清）陳敬之撰　清刻本　一
冊　存一卷(下)

330000－1761－0001137　23103、23104、
21305、23106　新學/醫學

產科一卷圖一卷　（英國）密爾纂　舒高第口
譯　（清）鄭昌棪筆述　清江南機器製造總局
鉛印本　四冊　存一卷(產科)

330000－1761－0001138　23108、23314　子
部/醫家類/婦科之屬/產科

大生要旨五卷　（清）唐千頃纂　清同治十年
(1871)杏園刻本　三冊

330000－1761－0001139　23561　子部/醫家
類/婦科之屬/產科

**大生要旨五卷續刊驗方三卷大力士救產真言
一卷**　（清）唐千頃纂　清光緒二十二年
(1896)著易堂鉛印本　一冊

330000－1761－0001140　23076　子部/醫家
類/婦科之屬/產科

胎產秘書三卷附保嬰要訣一卷經驗各方一卷
　（清）錢氏原本　（清）翁元鈞增刊　清同治
四年(1865)六桂堂刻本　一冊　存二卷(上、
中)

330000－1761－0001141　23191　子部/雜著
類/雜纂之屬

傳家寶四集三十二卷　（清）石成金撰　清刻
本　一冊　存二卷(二集四至五)

330000－1761－0001142　23250　子部/醫家
類/婦科之屬/產科

達生編□□卷　（清）亟齋居士撰　清刻本
一冊　存一卷(上)

330000－1761－0001143　23260　子部/醫家
類/婦科之屬/產科

胎產指南不分卷　清抄本　一冊

330000－1761－0001144　23567、23568、
23569、23570、23571、23572　子部/醫家類/婦
科之屬/通論

濟陰綱目十四卷　（明）武之望　（明）金德生
撰　（清）汪淇箋釋　清刻本　六冊　存十卷
(二至十一)

330000－1761－0001145　23558　子部/醫家
類/婦科之屬/通論

竹林寺三禪師婦科三種　（清）竹林寺僧撰
清抄本　五冊　續四卷(續集五至八)

330000－1761－0001147　05024　子部/醫家
類/兒科之屬/驚風

新訂小兒科臍風驚風不分卷　（清）鮑相璈編
　清同治十一年(1872)刻本　一冊

330000－1761－0001149　05026　子部/醫家
類/方書之屬/單方驗方

增訂敬信錄四卷　（清）徐榮編　清刻本　一
冊　存一卷(二)

330000－1761－0001150　05027　子部/醫家
類/兒科之屬/痘疹

天花精言六卷　（清）袁句撰　清嘉慶十八年
(1813)萱茂堂刻本　六冊

330000－1761－0001151　05028　子部/醫家
類/兒科之屬/痘疹

中西痘科合璧十二卷　（清）張琰編輯　清光
緒三十二年(1906)上海書局石印本　六冊

330000－1761－0001152　05029　子部/醫家
類/兒科之屬/通論

萬氏醫貫六卷　（清）萬咸撰　清光緒四年
(1878)鄭圭海刻本　一冊　存二卷(天部上
下)

330000－1761－0001153　05031　子部/醫家類/兒科之屬/通論

鼎鐫幼幼集成六卷　（清）陳復正輯　清光緒二十九年（1903）上海醉六堂石印本　六冊

330000－1761－0001154　05030　子部/醫家類/兒科之屬/通論

幼幼集四卷　（明）胡文炳輯　清光緒十三年（1887）申報館鉛印本　四冊

330000－1761－0001158　05037　子部/醫家類/兒科之屬/通論

幼科金鏡錄摘要不分卷附古今秘苑外科雜症　（清）葛仲仁輯　清抄本　一冊

330000－1761－0001159　05039　子部/醫家類/兒科之屬/通論

靜觀堂較正家傳幼科發揮秘方二卷　（明）萬全著　清末曹炳章抄本　二冊

330000－1761－0001161　05041　類叢部/叢書類/郡邑之屬

貴池先哲遺書二十種附刻一種續刊一種附一種　劉世珩編　清光緒二十四年至民國九年（1898－1920）貴池劉氏唐石簃刻民國十五年（1926）續刻彙印本　二冊　存一種

330000－1761－0001162　05045　子部/醫家類/兒科之屬

治小兒金針一卷　清抄本　一冊

330000－1761－0001164　05047　子部/醫家類/兒科之屬/痘疹

治疹全書三卷首一卷尾一卷　（清）夏禹鑄撰　（清）錢沛增補　清光緒二十六年（1900）東陽長衢里方氏刻本　二冊

330000－1761－0001165　05049　子部/醫家類/兒科之屬/痘疹

治疹全書三卷首一卷尾一卷　（清）夏禹鑄撰　（清）錢沛增補　清鉛印本　二冊

330000－1761－0001166　05050　子部/醫家類/兒科之屬/痘疹

治疹全書三卷首一卷尾一卷　（清）夏禹鑄撰　（清）錢沛增補　清鉛印本　二冊

330000－1761－0001167　05052　子部/醫家類/兒科之屬/通論

兒科奇方一卷　清抄本　一冊

330000－1761－0001168　05053　子部/醫家類/兒科之屬/通論

兒科金針不分卷　（清）葉氏著　清抄本　一冊

330000－1761－0001169　05055　子部/醫家類/兒科之屬/通論

幼科發揮不分卷　（明）萬全著　清抄本　六冊

330000－1761－0001170　05057　子部/醫家類/兒科之屬/通論

兒科集要不分卷　清抄本　五冊

330000－1761－0001172　05059　子部/醫家類/兒科之屬/通論

兒科輯要不分卷　清抄本　二冊

330000－1761－0001173　05061　子部/醫家類/兒科之屬/通論

新刊演山省翁活幼口議二十卷　（元）曾世榮撰　清抄本　一冊　存十卷（一至十）

330000－1761－0001174　05060　子部/醫家類/兒科之屬/通論

救嬰錄不分卷　爾養氏著　清抄本　一冊

330000－1761－0001175　05062　子部/醫家類/兒科之屬/痘疹

活幼心法九卷　（明）聶尚恒撰　清同治五年（1866）杭城聚文堂刻本　一冊

330000－1761－0001176　05063　子部/醫家類/兒科之屬/痘疹

郁謝麻科璧一卷　（清）楊開泰輯　清光緒二十六年（1900）吳寧方氏刻本　一冊

330000－1761－0001177　05064　子部/醫家類/兒科之屬/通論

李氏家傳保嬰秘書不分卷　（清）李氏撰　清乾隆十七年（1752）誠守堂抄本　二冊

330000－1761－0001179　05068、05070、

05098　　子部/醫家類/兒科之屬

保赤彙編七種　（清）朱之榛編　清光緒五年
（1879）蘇州刻本　四冊

330000 - 1761 - 0001182　　05073　　子部/醫家
類/兒科之屬/痘疹

麻疹全書四卷　（元）滑壽撰　清光緒三十一
年（1905）湯鼎烜刻本　四冊

330000 - 1761 - 0001184　　05075　　子部/醫家
類/兒科之屬/痘疹

麻疹闡注三卷　張廉撰　清抄本　一冊

330000 - 1761 - 0001185　　05078　　子部/醫家
類/兒科之屬/痘疹

痳瘄集成不分卷　（清）趙鴻洲撰　清抄本
二冊

330000 - 1761 - 0001187　　05083　　子部/醫家
類/兒科之屬

痘診方圖藥性全不分卷　清抄本　一冊

330000 - 1761 - 0001188　　05085　　子部/醫家
類/兒科之屬/痘疹

痘疹定論四卷　（清）朱純嘏輯　清抄本
二冊

330000 - 1761 - 0001189　　05087　　子部/醫家
類/兒科之屬/痘疹

痘疹會通五卷　（清）曾鼎撰　清同善堂刻本
四冊

330000 - 1761 - 0001190　　05088　　子部/醫家
類/兒科之屬/痘疹

痘疹專門二卷痘形圖象一卷　（清）何廣源撰
　清光緒七年（1881）刻本　四冊

330000 - 1761 - 0001191　　05089　　子部/醫家
類/兒科之屬

痘科鍵二卷麻疹一卷　（明）朱巽著　（清）徐
縉重補　清道光十一年（1831）徐森蔭堂刻本
四冊

330000 - 1761 - 0001192　　05090　　子部/醫家
類/兒科之屬/痘疹

痘訣餘義一卷　（清）許豫和著　清嘉慶二年

（1797）刻本　一冊

330000 - 1761 - 0001194　　05093　　子部/醫家
類/兒科之屬

**葉天士溫熱論一卷幼科要略一卷雜治惡急邪
崇廣方一卷**　（清）始知樂齋主人撰　清宣統
三年（1911）抄本　一冊

330000 - 1761 - 0001195　　05095　　子部/醫家
類/兒科之屬/通論

嬰壽錄不分卷　（清）白石翁大仙師著　清光
緒十年（1884）刻本　一冊

330000 - 1761 - 0001196　　05096　　子部/醫家
類/兒科之屬/驚風

新訂小兒科臍風驚風不分卷　（清）鮑相璈編
　清同治十三年（1874）會稽婁氏刻本　一冊

330000 - 1761 - 0001197　　05097　　子部/醫家
類/兒科之屬/痘疹

麻科活人全書四卷　（清）謝玉瓊撰　清咸豐
元年（1851）龍溪彭氏木活字印本　四冊

330000 - 1761 - 0001198　　05443 - 1　　子部/
醫家類/傷科之屬

精理秘授跌打損傷集驗良方一卷　（清）王瑞
伯著　清光緒九年（1883）抄本　一冊

330000 - 1761 - 0001199　　05443 - 2　　子部/
醫家類/傷科之屬

跌打損傷秘訣一卷各大穴道秘訣一卷　清光
緒十二年（1886）抄本　一冊

330000 - 1761 - 0001200　　05102　　子部/醫家
類/兒科之屬/痘疹

鄭氏瘄科保赤金丹四卷　（清）謝玉瓊撰
（清）鄭啟壽　（清）鄭行彰傳　清光緒三十三
年（1907）寧波文光齋刻本　四冊

330000 - 1761 - 0001201　　05103　　子部/醫家
類/兒科之屬

痘科諸症合參二卷痘科圖像之症一卷　清抄
本　一冊

330000 - 1761 - 0001202　　05106　　子部/醫家
類/兒科之屬/痘疹

遜敏堂叢書九十二種 （清）黃秩模編 清道光至咸豐宜黃氏刻本暨木活字印本 一冊 存三種

330000－1761－0001204 05109 子部/醫家類/類編之屬

周氏醫學叢書初集十三種二集十四種三集六種 （清）周學海輯 清光緒至宣統刻宣統三年（1911）池陽周氏福慧雙脩館彙印本 二冊 存四種

330000－1761－0001205 05113 子部/醫家類/兒科之屬/通論

兒科撮要二卷 尹端模筆釋 清光緒十八年（1892）羊城博濟醫局刻本 二冊

330000－1761－0001206 05114 子部/醫家類/兒科之屬/通論

小兒衛生總微論方二十卷 明刻本 一冊 存四卷（十二至十五）

330000－1761－0001207 05115 子部/醫家類/兒科之屬/通論

幼科折衷二卷 （明）秦昌遇編 清抄本 一冊

330000－1761－0001210 05118 新學/醫學

孩童衛生編十二卷 （英國）傅蘭雅譯 清光緒十九年（1893）鉛印本 一冊

330000－1761－0001211 05128 子部/醫家類/兒科之屬/痘疹

鄭氏瘄科保赤金丹四卷 （清）謝玉瓊撰 （清）鄭啟壽 （清）鄭行彰傳 清光緒三十三年（1907）寧波文光齋刻本 一冊 存一卷（二）

330000－1761－0001212 05130 子部/醫家類/兒科之屬

選錄痘科不分卷 清道光十八年（1838）陳曉堂抄本 一冊

330000－1761－0001213 05131 子部/醫家類/兒科之屬/痘疹

麻科活人全書四卷 （清）謝玉瓊撰 清道光二十一年（1841）阜山劉奇珍刻本 一冊 存二卷（一至二）

330000－1761－0001214 05133 子部/醫家類/兒科之屬/痘疹

麻疹全書四卷 清光緒三十一年（1905）蕭濟生堂刻本 一冊 存一卷（三）

330000－1761－0001215 23290 子部/醫家類/兒科之屬/通論

小兒雜病痘疹方不分卷 清刻本 一冊

330000－1761－0001217 05129 子部/醫家類/兒科之屬/通論

幼科折衷二卷 （明）秦昌遇編 清抄本 一冊 存一卷（下）

330000－1761－0001218 05056 子部/醫家類/兒科之屬/通論

兒科摘要不分卷 清抄本 一冊

330000－1761－0001219 05051 子部/醫家類/兒科之屬/通論

兒科十三訣一卷活幼指南一卷痘疹心鏡一卷 清抄本 一冊

330000－1761－0001224 05023 子部/醫家類/兒科之屬/通論

小兒原病賦不分卷 清抄本 一冊

330000－1761－0001227 23292 子部/醫家類/類編之屬

周氏醫學叢書初集十三種二集十四種三集六種 （清）周學海編 清光緒至宣統刻宣統三年（1911）池陽周氏福慧雙脩館彙印本 一冊 存一種

330000－1761－0001229 23138 子部/醫家類/兒科之屬/通論

福幼遂生合編二卷 （清）莊一夔撰 清道光十七年（1837）俞梅莊刻本 一冊

330000－1761－0001231 05104 子部/醫家類/兒科之屬/通論

幼科雜症心法 清抄本 一冊

330000－1761－0001234 24510 子部/雜著類/雜纂之屬

博物小志不分卷　曹炳章撰　清抄本　一冊

330000－1761－0001235　23576、23140　子部/醫家類/兒科之屬/通論

幼科三種　清光緒三十三年(1907)上海書局石印本　四冊　缺三卷(痘診金鏡錄三至四、幼科鐵鏡下)

330000－1761－0001238　23577　子部/醫家類/兒科之屬/通論

幼科證治準繩集九卷　（明）王肯堂輯　明刻本　一冊　存一卷(二)

330000－1761－0001240　23580　子部/醫家類/傷寒金匱之屬/傷寒論

舒氏傷寒集注十五卷　（清）舒詔編　清刻本　一冊　存二卷(十四至十五)

330000－1761－0001245　04049　子部/醫家類/溫病之屬/瘟疫

吳菊通先生溫病條辨不分卷　（清）吳瑭著　清抄本　一冊

330000－1761－0001246　03995　子部/醫家類/溫病之屬/其他溫疫病證

溫病診治辯論不分卷　（清）墅山居士摘著　清光緒二十一年(1895)韞文齋刻本　一冊

330000－1761－0001247　03991　子部/醫家類/溫病之屬/其他溫疫病證

溫病指南不分卷　（清）王西林著　清同治七年(1868)木活字印本　一冊

330000－1761－0001248　14155　子部/醫家類/溫病之屬/瘟疫

瘟疫論補註二卷　（明）吳有性撰　（清）鄭重光補註　清康熙喬國楨刻本　二冊

330000－1761－0001249　14157　子部/醫家類/溫病之屬/瘟疫

溫疫論補註二卷　（明）吳有性撰　（清）鄭重光補注　清同治三年(1864)樊川文成堂刻本　二冊

330000－1761－0001251　03974　子部/醫家類/溫病之屬/其他溫疫病證

治溫提要一卷附溫症癍疹辨證良方　（清）曹華峯著　清光緒十五年(1889)文集堂刻本　一冊

330000－1761－0001252　04007　子部/醫家類/溫病之屬/其他溫疫病證

溫熱贅言一卷　（清）寄瓢子撰　清道光十一年(1831)吳金壽刻本　一冊

330000－1761－0001253　04020　子部/醫家類/類編之屬

陳修園醫書二十一種　（清）陳念祖撰　清光緒十八年(1892)敦厚堂刻本　一冊　存三種

330000－1761－0001254　04034　子部/醫家類/溫病之屬/瘟疫

霍亂新論一卷　（清）姚訓恭撰　清光緒二十八年(1902)姚訓恭刻本　曹炳章題記　一冊

330000－1761－0001255　04033　子部/醫家類/溫病之屬/其他溫疫病證

濕溫證治不分卷　（清）劉澄鑒撰　清光緒二十九年(1903)刻本　一冊

330000－1761－0001256　04038　子部/醫家類/溫病之屬/瘟疫

霍亂轉筋醫商不分卷　（清）胡杰人撰　清同治三年(1864)行恕堂刻本　一冊

330000－1761－0001257　04039　子部/醫家類/溫病之屬/瘟疫

霍亂然犀說二卷　（清）許起撰　清光緒十四年(1888)刻本　一冊

330000－1761－0001259　04008　子部/醫家類/溫病之屬/其他溫疫病證

溫熱贅言一卷　（清）寄瓢子撰　清道光十一年(1831)吳金壽刻本　一冊

330000－1761－0001262　14180　子部/醫家類/溫病之屬/瘟疫

溫疫論二卷　（明）吳有性撰　清積秀堂刻本　二冊

330000－1761－0001264　14165　子部/醫家類/溫病之屬/瘟疫

溫疫論補註二卷　（明）吳有性撰　（清）鄭重
光補注　清同治三年(1864)樊川文成堂刻本
　一冊

330000－1761－0001265　03970　子部/醫家
類/溫病之屬/痧症

吊腳痧方論一卷　（清）徐子默撰　清信述堂
刻本　一冊

330000－1761－0001266　03986　子部/醫家
類/溫病之屬/瘟疫

瘟疫條辨摘要不分卷　（清）呂田輯　清光緒
十五年(1889)浙江書局刻本　一冊

330000－1761－0001267　04010　子部/醫家
類/溫病之屬/瘟疫

溫疫論二卷　（明）吳有性撰　清蘇州綠蔭堂
刻本　二冊

330000－1761－0001269　14168　子部/醫家
類/溫病之屬/瘟疫

溫疫論二卷　（明）吳有性撰　清光緒三十四
年(1908)森記書局刻本　二冊

330000－1761－0001270　04021　子部/醫家
類/溫病之屬/痧症

新輯經驗百種時疫急痧方法三卷　（清）管斯
駿編　清光緒二十一年(1895)上海管可壽齋
石印本　一冊

330000－1761－0001271　04062　子部/醫家
類/溫病之屬/其他溫疫病證

溫病條辨不分卷　（清）吳瑭撰　清抄本
　一冊

330000－1761－0001272　04063　子部/醫家
類/溫病之屬/瘟疫

風溫證治不分卷　清抄本　一冊

330000－1761－0001273　04064　子部/醫家
類/溫病之屬/瘟疫

寒濕證治不分卷　清抄本　一冊

330000－1761－0001276　04040　子部/醫家
類/溫病之屬/瘟疫

雜疫證治不分卷　（清）劉一明編　清抄本

一冊

330000－1761－0001277　04056　子部/醫家
類/溫病之屬/痧症

吊腳痧方論一卷　（清）徐子默撰　清光緒十
七年(1891)楊近賢齋刻本　一冊

330000－1761－0001278　04061　子部/醫家
類/類編之屬

中西醫學勸讀十二種　（清）馮步蟾編　清抄
本　一冊　存二種

330000－1761－0001280　14159　子部/醫家
類/溫病之屬/瘟疫

溫疫論二卷　（明）吳有性撰　清蘇州綠蔭堂
刻本　一冊

330000－1761－0001281　14156　子部/醫家
類/溫病之屬/瘟疫

溫疫論補註二卷　（明）吳有性撰　（清）鄭重
光補注　清同治三年(1864)樊川文成堂刻本
　二冊

330000－1761－0001282　05144　子部/醫家
類/外科之屬/其他外科病證

毒證要略一卷　（清）林烈賢著　清光緒二十
七年(1901)上海永濟堂刻本　一冊

330000－1761－0001283　05150　子部/醫家
類/外科之屬/通論

外科大成四卷　（清）祁坤撰　清上海掃葉山
房石印本　四冊

330000－1761－0001284　05161－1　子部/
醫家類/外科之屬/外科方

外科驗方□□卷　（清）朱謙六編　清光緒九
年(1883)朱謙六抄本　二冊　存二卷(三至
四)

330000－1761－0001285　05153　子部/醫家
類/外科之屬

外科心法不分卷　清抄本　二冊

330000－1761－0001287　05155　子部/醫家
類/外科之屬/通論

安生集集鈐四卷附外科精義瘡腫診候入式法

一卷 （清）周揚俊著 清抄本 四冊

330000－1761－0001288 05157 子部/醫家
類/外科之屬/通論

外科正宗十二卷附錄一卷 （明）陳實功著
（清）徐大椿評 清光緒十九年(1893)上海圖
書集成印書局鉛印本 四冊

330000－1761－0001289 05158 子部/醫家
類/外科之屬/通論

外科正宗十二卷附錄一卷 （明）陳實功著
（清）徐大椿評 清光緒十九年(1893)上海圖
書集成印書局鉛印本 三冊

330000－1761－0001290 05159 子部/醫家
類/外科之屬

增補正宗四卷 （□）悟真子纂 清刻本 一
冊 存一卷(一)

330000－1761－0001291 05161－2 子部/
醫家類/外科之屬/外科方

外科不分卷 清抄本 二冊

330000－1761－0001292 05162 子部/醫家
類/外科之屬

外科治要經驗不分卷 清抄本 一冊

330000－1761－0001293 05163 子部/醫家
類/外科之屬

應氏外科或問二卷 （清）應氏撰 清抄本
二冊

330000－1761－0001294 05164 子部/醫家
類/外科之屬

外科或問不分卷 （清）應氏撰 清抄本
二冊

330000－1761－0001295 05165 子部/醫家
類/外科之屬/外科方

外內婦嬰合集五卷 （清）武陵山人傳 清乾
隆二十八年(1763)抄本 一冊

330000－1761－0001296 05166 子部/醫家
類/外科之屬

外科奇方不分卷 清抄本 一冊

330000－1761－0001297 05167 子部/醫家

類/外科之屬

雷公太子藥性賦不分卷 清抄本 一冊

330000－1761－0001298 05168 子部/醫家
類/外科之屬/外科方

秘授外科奇效真方不分卷 清抄本 一冊

330000－1761－0001299 05169 子部/醫家
類/外科之屬

御纂醫宗金鑑編輯外科心法□□卷附雜治方
一卷 清抄本 二冊 存四卷(二、四至五，
附雜治方)

330000－1761－0001300 05171 子部/醫家
類/外科之屬/通論

外科真詮二卷 （清）鄒岳著 清同治十一年
(1872)刻本 二冊

330000－1761－0001302 05173 子部/醫家
類/外科之屬

外科秘方不分卷 清抄本 一冊

330000－1761－0001303 05174 子部/醫家
類/外科之屬

外科秘傳不分卷 清抄本 一冊

330000－1761－0001304 05175 子部/醫家
類/外科之屬

外科秘訣二卷 清抄本 二冊

330000－1761－0001306 05184 子部/醫家
類/外科之屬/通論

外科圖説四卷 （清）高梅溪輯 清上海掃葉
山房石印本 四冊

330000－1761－0001307 05185 子部/醫家
類/外科之屬

佳日山房增訂外科樞要不分卷 彭鍾齡著
清刻本 一冊

330000－1761－0001309 05187 子部/醫家
類/外科之屬

外科總集不分卷 清抄本 一冊

330000－1761－0001312 05190 子部/醫家
類/外科之屬

外科雜治驗方不分卷 清抄本 一冊

330000－1761－0001314　05193　子部/醫家類/外科之屬

外科證治全書五卷末一卷　（清）許克昌（清）畢法輯　清同治六年(1867)刻本　八冊　存四卷(一至四)

330000－1761－0001315　05194　子部/醫家類/外科之屬

外科證治全書五卷末一卷　（清）許克昌（清）畢法輯　清光緒上海著易堂書局石印本　四冊

330000－1761－0001316　05196　子部/醫家類/外科之屬

外科症治全書前集三卷後集三卷新增馬氏試驗秘方一卷　（清）王維德撰　（清）馬文植評　清光緒十年(1884)吳門刻本　二冊

330000－1761－0001317　05197　子部/醫家類/外科之屬

外科症治全生集四卷　（清）王維德撰　清光緒十九年(1893)三讓堂刻本　二冊

330000－1761－0001318　05199　子部/醫家類/外科之屬

馬評外科症治全生前集三卷後集三卷新增一卷　（清）王維德撰　（清）馬文植評　清光緒九年(1883)石印本　二冊

330000－1761－0001320　00915－1　類叢部/叢書類/彙編之屬

津逮祕書十五集一百四十種　（明）毛晉編　明崇禎虞山毛氏汲古閣刻本　一冊　存一種

330000－1761－0001321　00915－2　類叢部/叢書類/彙編之屬

津逮祕書十五集一百四十種　（明）毛晉編　明崇禎虞山毛氏汲古閣刻本　一冊　存一種

330000－1761－0001324　05209　子部/醫家類/外科之屬

增訂治疗彙要三卷　（清）過鑄輯　清光緒二十四年(1898)武林刻本　四冊

330000－1761－0001325　05210　子部/醫家類/外科之屬

增訂治疗彙要三卷　（清）過鑄輯　清光緒二十四年(1898)武林刻本　二冊

330000－1761－0001326　05212　子部/醫家類/外科之屬

枕藏外科必用諸方不分卷　清抄本　一冊

330000－1761－0001327　05216　子部/醫家類/外科之屬

秘傳外科合編二卷　（清）陳竹安撰　清抄本　一冊

330000－1761－0001328　05217　子部/醫家類/外科之屬

秘傳外科驗方不分卷　清抄本　二冊

330000－1761－0001330　05223　子部/醫家類/方書之屬/單方驗方

理瀹駢文一卷　（清）吳師機撰　清同治四年(1865)刻本　一冊　存葉一至八十

330000－1761－0001332　05225　子部/醫家類/方書之屬/單方驗方

理瀹駢文一卷略言一卷　（清）吳師機撰　清同治四年(1865)刻本　二冊

330000－1761－0001336　05235　子部/醫家類/外科之屬

山壽堂拔粹三卷　（清）陶大鳴撰　清抄本　三冊

330000－1761－0001337　05236　子部/醫家類/外科之屬

瘍科心得集方彙四卷家用膏丹丸散方一卷景岳新方歌一卷　（清）高秉鈞纂輯　**景岳新方歌不分卷**　（清）吳辰燦（清）高秉鈞（清）姚志仁纂　清光緒三十二年(1906)上海文瑞樓石印本　一冊

330000－1761－0001338　05237　子部/醫家類/外科之屬

瘡瘍隨筆五卷　清德鑠昌抄本　五冊

330000－1761－0001342　05248　子部/醫家類/外科之屬/癰疽、疔瘡

疔瘡五經辨一卷　清光緒八年(1882)東壁齋

刻本　二冊

330000－1761－0001344　05242　子部/醫家類/外科之屬/通論

瘍醫大全四十卷　（清）顧世澄撰　清乾隆三十八年(1773)藝古堂刻本　三十四冊　存三十四卷(七至四十)

330000－1761－0001345　05179　子部/醫家類/外科之屬

外科精要附錄不分卷　（明）薛己撰　清抄本　二冊

330000－1761－0001346　05195　子部/醫家類/外科之屬

王洪緒先生外科證治全生四卷附金瘡鐵扇方一卷　（清）王維德撰　清光緒八年(1882)臨川桂氏刻本　二冊

330000－1761－0001353　05269　子部/醫家類/外科之屬

外科神效方不分卷　清抄本　二冊

330000－1761－0001354　05270　子部/醫家類/外科之屬/外科方

外科要方不分卷　清抄本　一冊

330000－1761－0001355　05286　子部/醫家類/外科之屬

瘍科集驗不分卷　清抄本　一冊

330000－1761－0001357　05291　子部/醫家類/外科之屬

積善堂濟世良方不分卷　（清）王鳴鳳　（清）王天樞　（清）王兆周撰　清康熙五十四年(1715)抄本　一冊

330000－1761－0001358　05294　子部/醫家類/外科之屬

外科經驗單方不分卷　清抄本　一冊

330000－1761－0001360　05296　子部/醫家類/外科之屬

外科諸症不分卷　清抄本　一冊

330000－1761－0001361　05299　子部/醫家類/外科之屬/外科方

外科驗方不分卷　清抄本　一冊

330000－1761－0001362　05300　子部/醫家類/外科之屬

外科秘方不分卷　清抄本　一冊

330000－1761－0001363　05301　子部/醫家類/外科之屬/通論

片石居瘍科治法輯要二卷　（清）沈志裕纂　清光緒十九年(1893)平湖學西錢振翰墩齋刻本　一冊

330000－1761－0001365　05170　子部/醫家類/外科之屬/外科方

外科便用方不分卷　清抄本　一冊

330000－1761－0001366　05160　子部/醫家類/外科之屬

外科症治全生摘要六卷　（清）王維德撰　清抄本　一冊　存三卷(前集一至三)

330000－1761－0001368　05218　子部/醫家類/外科之屬/癰疽、疔瘡

秘傳外科臨症口訣不分卷　清抄本　一冊

330000－1761－0001369　05182　子部/醫家類/類編之屬

古今醫統正脈全書四十四種　（明）王肯堂編　明萬曆二十九年(1601)吳勉學刻本　二冊　存一種

330000－1761－0001371　05284　子部/醫家類/外科之屬/外科方

外科方論不分卷　清雍正元年(1723)趙靜居抄本　一冊

330000－1761－0001372　05298　子部/醫家類/外科之屬/癰疽、疔瘡

癰疽部位經絡注略不分卷　清光緒九年(1883)陳一鶚抄本　一冊

330000－1761－0001373　05213　子部/醫家類/外科之屬/癰疽、疔瘡

刺疔捷法一卷　（清）張鏡撰　清光緒五年(1879)王鋆刻本　一冊

330000－1761－0001374　05214　子部/醫家

類/外科之屬/癰疽、疔瘡

刺疔捷法一卷　（清）張鏡撰　清光緒十四年
（1888）江占星堂唐氏刻本　一冊

330000－1761－0001376　05228　子部/醫家
類/外科之屬/通論

華陀外科十法一卷　（清）程國彭著　清刻本
一冊

330000－1761－0001377　05297　子部/醫家
類/外科之屬/其他外科病證

痔瘡證治不分卷　清抄本　一冊

330000－1761－0001378　05288　子部/醫家
類/外科之屬/外科方

外科驗方摘要不分卷　清抄本　一冊

330000－1761－0001379　05290　子部/醫家
類/外科之屬/外科方

外科要方不分卷　清抄本　一冊

330000－1761－0001380　05244　子部/醫家
類/外科之屬/癰疽、疔瘡

瘡瘍經驗三卷　（清）鮑集成輯　清刻本
一冊

330000－1761－0001381　05287　子部/醫家
類/外科之屬/癰疽、疔瘡

增訂治疔彙要三卷　（清）過鑄著　清光緒二
十四年（1898）上海广益書局石印本　二冊

330000－1761－0001383　05292　子部/醫家
類/外科之屬/外科方

外科膏丸方不分卷　清抄本　一冊

330000－1761－0001384　05285　子部/醫家
類/外科之屬/外科方

外科驗方不分卷　清雍正抄本　一冊

330000－1761－0001388　23070、23143　子
部/醫家類/外科之屬/通論

外科秘錄圖二卷　（清）閏松軒撰　清嘉慶四
年（1799）酉山堂刻本　四冊

330000－1761－0001389　23288　子部/醫家
類/方書之屬/單方驗方

醫方易簡集九卷附遂生福幼合編一卷外科大

症形圖一卷眼科秘方一卷　（清）王晉夫編
（清）王鵬壽續編　清咸豐二年（1852）杭州王
鵬壽刻本　一冊　存一卷（外科大症形圖）

330000－1761－0001391　23320　子部/醫家
類/外科之屬/癰疽、疔瘡

新刻外科活人定本四卷　（明）龔居中撰　清
刻本　一冊　存一卷（二）

330000－1761－0001392　23283　子部/醫家
類/方書之屬/單方驗方

外治壽世方初編四卷　（清）鄒存淦輯　清光
緒三年（1877）杭州勤藝堂刻本　一冊　存二
卷（三至四）

330000－1761－0001393　23285　子部/醫家
類/類編之屬

東垣十書附二種二十二卷　清刻本　一冊
存一種

330000－1761－0001394　06110、23142－3
子部/醫家類/類編之屬

桃隖謝氏匯刻方書九種　（清）謝家福編　清
光緒十一年至二十一年（1885－1895）謝望炊
樓刻本　二冊　存二種

330000－1761－0001395　23287　子部/醫家
類/外科之屬/癰疽、疔瘡

增訂治疔彙要三卷補遺一卷　（清）過鑄撰
清抄本　一冊　缺一卷（補遺）

330000－1761－0001399　05320　子部/醫家
類/喉科口齒之屬/喉痧

疫痧草三卷　（清）陳耕道撰　清光緒六年
（1880）江都劉卓齋刻本　一冊

330000－1761－0001403　05325　子部/醫家
類/喉科口齒之屬/通論

重樓玉鑰二卷　（清）鄭宏綱撰　清光緒七年
（1881）申報館鉛印本　一冊

330000－1761－0001404　05323　子部/醫家
類/類編之屬

小耕石齋醫書四種　（清）金德鑑編　清同治
七年（1868）金雲齋刻本　一冊

330000－1761－0001405　05330　子部/醫家類/喉科口齒之屬/通論

喉科指掌六卷　（清）張宗良著　清乾隆二十二年(1757)經經堂刻本　二冊

330000－1761－0001406　05331　子部/醫家類/喉科口齒之屬/通論

治驗喉科秘訣二卷　（清）釋仲如傳授　清光緒十二年(1886)江西省抄本　一冊

330000－1761－0001408　05333　子部/醫家類/喉科口齒之屬

喉科驗方一卷　清抄本　一冊

330000－1761－0001409　05334　子部/醫家類/喉科口齒之屬/通論

喉症全科紫珍集二卷　（清）朱翔宇輯　清嘉慶九年(1804)京江尊仁堂刻本　二冊

330000－1761－0001410　05335　子部/醫家類/喉科口齒之屬/通論

喉症全科紫珍集二卷　（清）朱翔宇輯　清道光十七年(1837)萬縣捕署刻本　一冊　存一卷(下)

330000－1761－0001411　05339　子部/醫家類/喉科口齒之屬/通論

喉科杓指四卷　（清）包永泰撰　清光緒八年(1882)資善堂刻本　四冊

330000－1761－0001412　05341　子部/醫家類/喉科口齒之屬/通論

喉科指掌六卷　（清）張宗良著　清嘉慶元年(1796)合志堂刻本　二冊

330000－1761－0001414　05345　子部/醫家類/喉科口齒之屬/通論

喉科秘鑰二卷首一卷喉證補編一卷附福幼編一卷　（清）鄭西園(鄭塵)原評　（清）許佐廷增訂　清光緒十六年(1890)廣百宋齋石印本　一冊

330000－1761－0001415　05346　子部/醫家類/喉科口齒之屬/通論

咽喉證治四卷　（清）戴培椿編　清嘉慶十九年(1814)書三味樓刻本　一冊

330000－1761－0001418　05353　子部/醫家類/喉科口齒之屬/白喉

洞主仙師白喉治法忌表抉微一卷附經驗救急諸方一卷　（清）耐修子錄並序跋加注　清光緒二十七年(1901)順成書局石印本　一冊

330000－1761－0001419　05357　子部/醫家類/喉科口齒之屬/通論

重樓玉鑰二卷　（清）鄭宏綱撰　清光緒七年(1881)申報館鉛印本　二冊

330000－1761－0001420　05356　子部/醫家類/方書之屬/單方驗方

驗方新編八卷　（清）鮑相璈輯　**痧症全書三卷**　（清）王凱輯　**咽喉秘集二卷**　（清）海山仙館輯　清同治十三年(1874)海山仙館刻本　一冊　存一卷(咽喉秘集上)

330000－1761－0001421　05340　子部/醫家類/喉科口齒之屬/喉痧

囊秘喉書一卷　（清）楊龍九撰　清光緒二十八年(1902)刻本　一冊

330000－1761－0001422　05328　子部/醫家類/喉科口齒之屬/白喉

時疫白喉捷要附各種經驗良方不分卷　（清）張紹修撰　清光緒十八年(1892)碧廬刻本　一冊

330000－1761－0001423　05349　子部/醫家類/喉科口齒之屬/通論

咽喉脈證通論一卷　（宋）釋□□撰　（清）許楗訂正　清光緒十一年(1885)刻本　一冊

330000－1761－0001429　05347　子部/醫家類/喉科口齒之屬/白喉

時疫白喉捷要不分卷　（清）張紹修撰　清光緒六年(1880)山西寶翰齋刻本　一冊

330000－1761－0001433　05321　子部/醫家類/喉科口齒之屬/喉痧

爛喉痧痧輯要一卷　（清）□□輯　清光緒十八年(1892)海上陸氏刻本　一冊

330000－1761－0001434　05322　子部/醫家類/喉科口齒之屬/喉痧

爛喉痧疹輯要一卷 （清）□□輯 清光緒十八年（1892）海上陸氏刻本 一冊

330000－1761－0001435 05312 子部/醫家類/喉科口齒之屬/通論

白喉辨證吊腳痧論合刊二卷 （清）黃維翰（清）徐子默撰 清光緒十三年（1887）杭城信述堂刻本 一冊

330000－1761－0001436 05316 子部/醫家類/喉科口齒之屬/白喉

時疫白喉捷要附各種經驗良方一卷 （清）張紹修撰 清光緒三十年（1904）浙江官書局刻本 一冊

330000－1761－0001437 05326 子部/醫家類/喉科口齒之屬/通論

重樓玉鑰一卷附洞主仙師白喉治法忌表抉微一卷 （清）鄭宏綱撰 清光緒二十六年（1900）杭州景文齋刻本 一冊

330000－1761－0001438 05327 子部/醫家類/喉科口齒之屬/通論

俞文虎秘傳喉科不分卷 （清）俞文虎撰 清抄本 一冊

330000－1761－0001440 23295 子部/醫家類/喉科口齒之屬/白喉

洞主仙師白喉治法忌表抉微一卷 （清）耐修子輯並注 清光緒十八年（1892）湖北官書處刻本 一冊

330000－1761－0001445 05344 子部/醫家類/喉科口齒之屬/通論

喉科秘鑰二卷 （清）鄭西園（鄭塵）原評（清）許佐廷增訂 清光緒十年（1884）粹文堂刻本 一冊

330000－1761－0001447 05350 子部/醫家類/類編之屬

小耕石齋醫書四種 （清）金德鑑編 清刻本 一冊 存二種

330000－1761－0001448 05308 子部/醫家類/喉科口齒之屬/白喉

白喉全生集一卷 （清）李紀方輯 清宣統元年（1909）鉛印本 一冊

330000－1761－0001449 05364 子部/醫家類/眼科之屬

外障二卷 清抄本 二冊

330000－1761－0001450 05367 子部/醫家類/類編之屬

啟矇真諦 清抄本 一冊 存一種

330000－1761－0001451 05368 子部/醫家類/眼科之屬

孫真人眼科秘訣二卷附眼科入門一卷眼科闡微四卷 （唐）孫思邈撰 （清）王萬化編（清）馬化云傳 清抄本 一冊 存五卷（眼科秘訣一至二、眼科入門、眼科闡微一至二）

330000－1761－0001454 05372 子部/醫家類/眼科之屬

眼科選錄不分卷 清抄本 一冊

330000－1761－0001455 05373 子部/醫家類/眼科之屬

眼科秘方不分卷 清抄本 一冊

330000－1761－0001456 05374 子部/醫家類/眼科之屬

眼科秘書一卷附竹影寺光明佛傳四十字眼科方一卷 清抄本 二冊

330000－1761－0001457 05375 子部/醫家類/眼科之屬

眼科秘書三卷 （清）釋月潭輯 清光緒十一年（1885）暨陽陳誥刻本 一冊

330000－1761－0001458 05377 子部/醫家類/眼科之屬

眼科備要不分卷 清抄本 一冊

330000－1761－0001459 05378 子部/醫家類/眼科之屬

感應眼科四卷 （清）文永周編 清道光十七年（1837）萬邑文永周刻本 四冊

330000－1761－0001460 05380、05382 子部/醫家類/眼科之屬

眼科錦囊四卷續二卷 （日本）本庄俊篤撰

清光緒十一年（1885）上海福瀛書局刻本
六冊

330000－1761－0001461　05381、05383　子
部/醫家類/眼科之屬

眼科錦囊四卷續二卷　（日本）本庄俊篤撰
清光緒十一年（1885）上海福瀛書局刻本
六冊

330000－1761－0001462　23137　史部/政書
類/律令之屬/法驗

洗冤錄集証二卷　（清）郎錦騏纂　清道光十
五年（1835）浙江刻本　一冊　存一卷（上）

330000－1761－0001463　23277　史部/政書
類/律令之屬/法驗

洗冤錄集證六卷　（清）王又槐增輯　清刻本
一冊　存一卷（四）

330000－1761－0001464　05384　子部/醫家
類/眼科之屬

眼科證治不分卷　清抄本　一冊

330000－1761－0001465　05385　子部/醫家
類/眼科之屬

林氏眼科簡便驗方□□卷　（清）林士綸撰
清光緒十九年（1893）林敬堂刻本　一冊　存
一卷（上）

330000－1761－0001466　05386　子部/醫家
類/眼科之屬

林氏眼科簡便驗方□□卷　（清）林士綸撰
清光緒十九年（1893）杭州青簡齋刻本　一冊
存一卷（上）

330000－1761－0001467　05387　子部/醫家
類/眼科之屬

林氏眼科簡便驗方□□卷　（清）林士綸撰
清光緒十九年（1893）林敬堂刻本　一冊　存
一卷（上）

330000－1761－0001470　05376　子部/醫家
類/眼科之屬

眼科秘集不分卷　（□）龍九濱撰　清抄本
一冊

330000－1761－0001471　05390　子部/醫家
類/眼科之屬

異授眼科一卷　（明）李涿鹿撰　清同治六年
（1867）豫章劉繼禮刻本　二冊

330000－1761－0001473　05414　子部/醫家
類/眼科之屬

林氏眼科簡便驗方□□卷　（清）林士綸撰
清光緒十九年（1893）杭州青簡齋刻本　一冊
存一卷（上）

330000－1761－0001474　05422　子部/醫家
類/眼科之屬

林氏眼科簡便驗方□□卷　（清）林士綸撰
清光緒十九年（1893）杭州青簡齋刻本　一冊
存一卷（上）

330000－1761－0001475　05411　子部/醫家
類/眼科之屬

眼科問答不分卷　清抄本　一冊

330000－1761－0001476　05412　子部/醫家
類/眼科之屬

眼科秘要附藥性不分卷　清抄本　一冊

330000－1761－0001479　23293　子部/醫家
類/眼科之屬

銀海精微四卷　（唐）孫思邈輯　清經國堂刻
本　二冊　存二卷（一、三）

330000－1761－0001480　05419　子部/醫家
類/眼科之屬

異授眼科一卷　（明）李涿鹿撰　清刻本
一冊

330000－1761－0001481　05418　子部/醫家
類/眼科之屬

王氏眼學發揮摘要簡義錄不分卷　（清）王仰
岐撰　清刻本　一冊

330000－1761－0001484　23300　新學/醫學

眼科指蒙不分卷　（英國）稻惟德譯　（清）劉
星垣述　清光緒刻本　一冊

330000－1761－0001486　05391　子部/醫家
類/眼科之屬

銀海指南四卷　（清）顧錫著　清嘉慶十五年（1810）三友草堂刻本　四冊

330000－1761－0001490　05397　子部/醫家類/眼科之屬

感應一草亭眼科全書四卷　（清）文永周編　清道光十七年（1837）上海千頃堂石印本　四冊

330000－1761－0001491　05398　子部/醫家類/眼科之屬

眼科秘旨不分卷　清光緒三十年（1904）紅杏山房刻本　二冊

330000－1761－0001492　05400　子部/醫家類/眼科之屬

眼科秘書四卷　（清）釋月潭輯　清抄本　四冊

330000－1761－0001493　05401、23301　子部/醫家類/眼科之屬

秘傳眼科龍木醫書總論十卷首一卷　（明）葆光道人撰　清大文堂刻本　三冊　存八卷（首,一至四、八至十）

330000－1761－0001494　05402　子部/醫家類/眼科之屬

傅氏眼科審視瑤函六卷首一卷附前賢醫案一卷　（明）傅仁宇撰　（明）林長生校補　清末同人堂刻本　六冊

330000－1761－0001495　05403　新學/醫學

西醫眼科撮要不分卷　清光緒六年（1880）羊城博濟醫局刻本　一冊

330000－1761－0001496　05404　新學/醫學

西醫眼科撮要不分卷　清光緒六年（1880）羊城博濟醫局刻本　一冊

330000－1761－0001497　05410　子部/醫家類/眼科之屬

眼科秘書二卷　（清）釋月潭輯　清光緒二十二年（1896）湘陰李幼梅刻本　一冊

330000－1761－0001499　05416　子部/醫家類/眼科之屬

眼科驗方摘要不分卷　（明）李涿鹿撰　清亳州王振吉抄本　一冊

330000－1761－0001500　05420　子部/醫家類/眼科之屬

眼科秘要不分卷　清抄本　一冊

330000－1761－0001501　05421　類叢部/叢書類/彙編之屬

藝海珠塵二百六種　（清）吳省蘭輯　（清）錢熙輔增編　清嘉慶吳氏聽彝堂刻本　一冊　存二種

330000－1761－0001502　09854　子部/醫家類/眼科之屬

眼科闡微四卷　（清）袁潤生抄　清袁潤生抄本　四冊

330000－1761－0001503　05423　子部/醫家類/傷科之屬

傷科要録二卷　（清）下方寺僧撰　清抄本　二冊

330000－1761－0001505　05429　子部/醫家類/傷科之屬

救傷秘旨跌損妙方二書合刻　（清）管頌聲輯　清光緒三年（1877）武林王氏易安堂馬氏敦厚堂合刻本　一冊

330000－1761－0001506　05430　子部/醫家類/傷科之屬

跌打秘傳經驗方二卷　作民居士撰　清抄本　一冊

330000－1761－0001507　05432　子部/醫家類/傷科之屬

傷外科秘方不分卷　清抄本　一冊

330000－1761－0001508　05433　子部/醫家類/傷科之屬

傷科秘書不分卷　清抄本　一冊

330000－1761－0001511　05442　子部/醫家類/傷科之屬

少林寺傷科治法集要不分卷　（清）釋不退撰　清抄本　一冊

330000－1761－0001512　05443－3　子部/
醫家類/綜合之屬/合刻、合抄

各大穴道秘訣一卷各傷科方秘訣一卷　清光
緒十五年(1889)四明胡春山抄本　一冊

330000－1761－0001513　05459　子部/醫家
類/傷科之屬

傷科驗方不分卷　清抄本　一冊

330000－1761－0001514　05461　子部/醫家
類/傷科之屬

傷科秘書不分卷　清抄本　一冊

330000－1761－0001515　05462　子部/醫家
類/傷科之屬

傷科秘方不分卷　清抄本　一冊

330000－1761－0001516　05466　子部/醫家
類/傷科之屬

傷科秘要不分卷　清抄本　一冊

330000－1761－0001517　05469　子部/醫家
類/傷科之屬

少林寺傷科秘書不分卷　(清)釋不退撰　清
抄本　一冊

330000－1761－0001518　05441　子部/醫家
類/傷科之屬

拳術家傷科不分卷　清抄本　一冊

330000－1761－0001519　05428　子部/醫家
類/傷科之屬

仙授理傷續斷秘方不分卷　(唐)藺道人撰
清抄本　一冊

330000－1761－0001520　05436　子部/醫家
類/傷科之屬

傷科秘方不分卷　清抄本　一冊

330000－1761－0001521　05435　子部/醫家
類/傷科之屬

秘本拳術傷科秘方不分卷　清抄本　一冊

330000－1761－0001522　05431　子部/醫家
類/傷科之屬

勞氏傷科全書不分卷　清抄本　一冊

330000－1761－0001523　05427　子部/醫家

類/傷科之屬

秘傳骨科不分卷　清抄本　一冊

330000－1761－0001524　05434　子部/醫家
類/傷科之屬

傷科秘方不分卷　清抄本　一冊

330000－1761－0001526　05468　子部/醫家
類/傷科之屬

傷科摘要輯錄一卷鳳林秘授胎產一卷　清光
緒二十四年(1898)抄本　一冊

330000－1761－0001527　05464　子部/醫家
類/傷科之屬

傷科要方不分卷　清光緒抄本　一冊

330000－1761－0001529　05453　子部/醫家
類/傷科之屬

傷科秘方不分卷　清抄本　一冊

330000－1761－0001530　05452　子部/醫家
類/傷科之屬

傷科補要四卷　(清)錢秀昌撰　清咸豐八年
(1858)刻本　一冊　存一卷(四)

330000－1761－0001531　05454　子部/醫家
類/傷科之屬

傷科方不分卷　清抄本　一冊

330000－1761－0001532　05455　子部/醫家
類/傷科之屬

傷科方選不分卷　清抄本　一冊

330000－1761－0001533　05456　子部/醫家
類/傷科之屬

**王洪緒先生外科證治全生不分卷附增補跌打
損傷一卷**　(清)王維德撰　清光緒十七年
(1891)文奎堂刻本　一冊　存一卷(增補跌
打損傷)

330000－1761－0001535　03527　子部/醫家
類/診法之屬

醫學金鍼八卷　(清)陳念祖原本　(清)潘霨
輯　清光緒四年(1878)潘氏敏德堂刻本
二冊

330000－1761－0001536　05477－1　子部/

醫家類/針灸之屬/經絡腧穴

任辛岩先生內外鍼灸圖經不分卷 （清）任辛
岩撰　清上虞張卓夫抄本　一冊

330000－1761－0001537　05477－2　子部/
醫家類/針灸之屬/經絡腧穴

任辛岩先生內外鍼灸祕傳不分卷 （清）任辛
岩撰　清上虞張卓夫抄本　一冊

330000－1761－0001538　05247、04811、
05481　子部/醫家類/類編之屬

當歸草堂醫學叢書初編十二種 （清）丁丙輯
　清光緒四年至十年(1878－1884)錢塘丁氏
當歸草堂刻本　四冊　存三種

330000－1761－0001539　05538　子部/醫家
類/針灸之屬/經絡腧穴

經穴輯要不分卷 清抄本　一冊

330000－1761－0001540　05485　子部/醫家
類/針灸之屬/通論

針灸秘傳不分卷 清抄本　一冊

330000－1761－0001541　05573　子部/醫家
類/針灸之屬/通論

繪圖針灸易學二卷附七十二翻全圖一卷
（清）李守先著　（清）王庭烜等繪圖　清光緒
三十三年(1907)上海佩記書莊石印本　一冊

330000－1761－0001543　05486　子部/醫家
類/針灸之屬/通論

挑痧指穴不分卷 清抄本　一冊

330000－1761－0001544　05487　子部/醫家
類/溫病之屬/痧症

注穴痧症驗方等四種 清光緒十九年(1893)
上海玉海樓鉛印本　二冊　存一種

330000－1761－0001545　05488　子部/醫家
類/針灸之屬/通論

新刊太醫院真傳重訂徐氏鍼灸捷法大全六卷
　（宋）竇漢卿撰　（明）徐鳳編　明安正堂刻
本　二冊　存二卷(二至三)

330000－1761－0001547　05501　子部/醫家
類/針灸之屬/經絡腧穴

經絡全書二卷 沈子祿著　清抄本　一冊
存一卷(前集)

330000－1761－0001548　05502　子部/醫家
類/針灸之屬

推濟錄不分卷 清同治十年(1871)俞曾抄本
　一冊

330000－1761－0001549　05521　子部/醫家
類/醫案之屬

醫案十四卷續編一卷 清抄本　三冊

330000－1761－0001550　05529　子部/醫家
類/針灸之屬/針法灸法

針灸集成五卷 （清）俞可及撰　清馬永清抄
本　一冊

330000－1761－0001557　05547　子部/醫家
類/外科之屬/癰疽、疔瘡

養生鏡不分卷 （清）陸樂山撰　清刻本
一冊

330000－1761－0001559　05572　子部/醫家
類/針灸之屬/針法灸法

灸法集驗一卷 （清）姚襄撰　清宣統元年
(1909)杭州中合印書公司鉛印本　一冊

330000－1761－0001560　08511　子部/醫家
類/針灸之屬/針法灸法

鍼灸擇日編集一卷備急灸方一卷 （明）全循
義　（明）金義孫輯　**備急灸法一卷** （宋）聞
人耆年撰　清光緒十六年(1890)上杭羅氏十
瓣同心蘭室刻本　二冊

330000－1761－0001561　05558　子部/醫家
類/針灸之屬/針法灸法

針灸擇日編集一卷 （明）全循義　（明）金義
孫輯　**備急灸法一卷** （宋）聞人耆年撰　清
上海觀文社石印本　一冊

330000－1761－0001562　05569　子部/醫家
類/針灸之屬/針法灸法

太乙神鍼一卷附穴道圖一卷觀音如意膏一卷
口涎膏一卷夾紙膏一卷瘰癧三方一卷牙痛方
一卷 清同治十二年(1873)潮郡翰墨堂刻本
　一冊

330000－1761－0001563　05545　子部/醫家類/針灸之屬/針法灸法

銅人針灸經七卷西方子明堂灸經八卷　清抄本　一冊　存七卷(銅人針灸經一至七)

330000－1761－0001564　05540　子部/醫家類/針灸之屬/經絡腧穴

藏府經絡輯要不分卷　清毋自欺齋主人抄本　一冊

330000－1761－0001565　05530　子部/醫家類/針灸之屬/針法灸法

秘傳經驗灸法不分卷　清抄本　一冊

330000－1761－0001566　05570　子部/醫家類/針灸之屬/針法灸法

太乙神鍼方不分卷　(清)邱時敏編　清同治十三年(1874)淮北釐局刻本　一冊

330000－1761－0001568　05495　子部/醫家類/針灸之屬/針法灸法

灸法心傳不分卷　徐寶謙編　清光緒十年(1884)潮州藍藥善堂刻本　一冊

330000－1761－0001569　05571　子部/醫家類/針灸之屬/針法灸法

太乙針書不分卷　陳默雲校刊　清同治九年(1870)刻本　一冊

330000－1761－0001570　05524、05557　子部/醫家類/針灸之屬/針法灸法

針灸擇日編集一卷　(明)全循義　(明)金義孫輯　**備急灸法一卷**　(宋)聞人耆年撰　清光緒十六年(1890)上杭羅氏十瓣同心蘭室刻本　二冊

330000－1761－0001573　05630　子部/醫家類/養生之屬/導引、氣功

祛病金丹一卷　(清)葛元熙撰　清光緒十六年(1890)刻本　一冊

330000－1761－0001574　05632　經部/易類/傳說之屬

周易彙解不分卷　稿本　一冊

330000－1761－0001575　05633　子部/醫家類/推拿按摩外治之屬

秘傳小兒雜症捷法一卷　(清)佘飛鱗著　清抄本　一冊

330000－1761－0001577　05637　子部/醫家類/推拿按摩外治之屬

幼科推拿秘書五卷　(清)駱如龍撰　清抄本　一冊

330000－1761－0001578　05638　子部/醫家類/推拿按摩外治之屬

推拿廣意三卷　(清)熊應雄輯　(清)陳世凱重訂　清江陰源德堂刻本　二冊

330000－1761－0001581　05653　類叢部/叢書類/彙編之屬

通學齋叢書五十三種　(清)鄒凌沅編　清光緒二十五年(1899)通學齋鉛印本　一冊　存一種

330000－1761－0001582　05654　子部/醫家類/養生之屬/導引、氣功

衛生要術不分卷　(清)徐鳴峰撰　(清)潘霨編　清光緒二年(1876)刻本　一冊

330000－1761－0001583　24443　子部/醫家類/養生之屬

壽世傳真八卷　(清)潘霨輯　清抄本　一冊

330000－1761－0001584　24494　子部/醫家類/推拿按摩外治之屬

推拿秘書五卷　(清)駱如龍撰　清刻本　一冊　存三卷(三至五)

330000－1761－0001587　05651　子部/醫家類/類編之屬

白嶽盦雜綴醫書　(清)余懋撰　清光緒趙翰香居石印本　一冊　存三種

330000－1761－0001589　05628　子部/醫家類/推拿按摩外治之屬

保赤推拿法不分卷　(清)夏祥宇編　清光緒十一年(1885)刻本　一冊

330000－1761－0001590　05624　子部/醫家類/推拿按摩外治之屬

新刻小兒推拿方脈活嬰秘旨全書二卷 （明）
龔廷賢撰 （明）姚國禎補輯 清三善堂刻本
一冊 存一卷（一）

330000－1761－0001591 05636 子部/醫家
類/推拿按摩外治之屬
推拿要訣不分卷 清抄本 一冊

330000－1761－0001592 05634 子部/醫家
類/推拿按摩外治之屬
推拿手法要訣不分卷 清抄本 一冊

330000－1761－0001593 05659 子部/醫家
類/方書之屬/歷代方書
三朝名醫方論三種 清光緒二十六年（1900）
上海千頃堂書局石印本 六冊

330000－1761－0001594 05661 子部/醫家
類/方書之屬/成方藥目
方藥秘錄不分卷 清抄本 一冊

330000－1761－0001595 05662 子部/醫家
類/方書之屬/單方驗方
王香巖臨症方案不分卷 清抄本 一冊

330000－1761－0001596 05663 子部/醫家
類/方書之屬/歷代方書
增廣太平惠民和濟局方十卷 （宋）陳師文等
撰 藥性總論三卷 （宋）許洪撰 清嘉慶十
年（1805）虞山張氏照曠閣刻學津討原本（卷
一至二配抄本） 三冊 存十卷（增廣太平惠
民和濟局方一至十）

330000－1761－0001598 05675 子部/醫家
類/方書之屬/歷代方書
本草類方十卷 （清）年希堯輯 清乾隆十七
年（1752）黃晟槐蔭草堂刻本 十冊

330000－1761－0001601 05679 子部/醫家
類/綜合之屬/合刻、合抄
司命秘笈三卷 （唐）孫思邈撰 （清）李守永
考訂 清同治四年（1865）揚州近文堂刻本
二冊

330000－1761－0001604 05683 子部/醫家
類/方書之屬/單方驗方

內外雜治方□□卷 清抄本 一冊 存一卷
（下）

330000－1761－0001607 05686 子部/醫家
類/方書之屬/單方驗方
驗方隨錄不分卷 清抄本 一冊

330000－1761－0001608 05687 子部/醫家
類/綜合之屬/合刻、合抄
余氏總集 （清）余梻撰 清光緒十三年
（1887）刻本 一冊 存二種

330000－1761－0001609 05688、05222 類
叢部/叢書類/彙編之屬
會稽徐氏鑄學齋叢書十三種 徐維則編 清
咸豐至光緒會稽徐氏刻光緒二十六年（1900）
彙印本 四冊 存二種

330000－1761－0001610 05689 類叢部/叢
書類/彙編之屬
會稽徐氏鑄學齋叢書十三種 徐維則編 清
咸豐至光緒會稽徐氏刻光緒二十六年（1900）
彙印本 一冊 存一種

330000－1761－0001611 05695 子部/醫家
類/方書之屬
敬信錄四卷附百試百驗神效奇方二卷 （清）
徐榮編 清咸豐六年（1856）恪素堂刻同治三
年（1864）補刻本 四冊 存二卷（附一至二）

330000－1761－0001612 05696 子部/醫家
類/方書之屬/歷代方書
良方集腋二卷續附一卷 （清）謝元慶輯 清
光緒五年（1879）浙西梧桐鄉刻本 二冊

330000－1761－0001613 05697 子部/醫家
類/方書之屬/單方驗方
良方集腋合璧全卷一卷 （清）謝元慶輯 清
咸豐五年（1855）刻本 一冊

330000－1761－0001614 05698 子部/醫家
類/方書之屬/歷代方書
良方集腋二卷 （清）謝元慶輯 清道光二十
五年（1845）留耕堂刻本 二冊

330000－1761－0001615 05699 子部/醫家

類/方書之屬/歷代方書

新刊良朋彙集六卷 （清）孫偉輯　清善成堂
刻本　六冊

330000－1761－0001617　05701　子部/醫家
類/方書之屬/單方驗方

印墅吳養正堂方鈔不分卷 （清）仲山氏輯
清奎揚氏抄本　一冊

330000－1761－0001618　05702　子部/醫家
類/方書之屬/單方驗方

串雅内編四卷 （清）趙學敏輯　（清）吳庚生
補註　清光緒十四年(1888)榆園刻本　二冊

330000－1761－0001621　05708　子部/醫家
類/内科之屬

活人方彙編七卷 （清）林開燧撰　清同治八
年(1869)貴州羅大春刻本　七冊

330000－1761－0001622　05709　子部/醫家
類/方書之屬/單方驗方

易簡方便醫書六卷 （清）周茂五輯　清光緒
二十九年(1903)文海書局石印本　六冊

330000－1761－0001624　05711　子部/醫家
類/方書之屬/成方藥目

壽芝堂丸散集不分卷 壽芝堂輯　清湖南壽
芝堂刻本　一冊

330000－1761－0001625　05712　子部/醫家
類/方書之屬/成方藥目

丸散局方不分卷 清葉肇周抄本　一冊

330000－1761－0001626　05713　子部/醫家
類/方書之屬/成方藥目

胡慶餘堂丸散膏丹全集十五卷 （清）胡慶餘
堂編　清光緒三年(1877)杭州胡慶餘堂雪記
刻本　一冊

330000－1761－0001627　05714　子部/醫家
類/方書之屬/成方藥目

胡慶餘堂丸散膏丹全集十四卷附續增一卷
（清）胡慶餘堂編　清抄本　一冊

330000－1761－0001628　05715　子部/醫家
類/方書之屬

急效良方不分卷 羅天鵬撰　清道光十六年
(1836)刻本　一冊

330000－1761－0001629　05717、05954　類
叢部/叢書類/彙編之屬

半畝園叢書三十種 （清）吳坤修編　清同治
新建吳氏皖城刻本　二冊　存三種

330000－1761－0001630　05719　子部/醫家
類/方書之屬/歷代方書

秘傳杏林方鈔不分卷 清抄本　三冊

330000－1761－0001631　05722　子部/醫家
類/方書之屬/歷代方書

良方集要一卷 （清）周鶴羣纂輯　清怡安堂
刻本　一冊

330000－1761－0001632　05723　子部/醫家
類/方書之屬/單方驗方

集驗良方二卷 （清）黃朝遴輯　清嘉慶七年
(1802)金陵濮明錦刻本　二冊

330000－1761－0001633　05725　子部/醫家
類/方書之屬/單方驗方

集驗良方六卷 （清）梁文科編　清道光二十
七年(1847)刻本　五冊　存五卷(一至五)

330000－1761－0001635　05730　子部/醫家
類/方書之屬/單方驗方

普濟應驗良方十一卷 （清）德軒氏輯　清咸
豐七年(1857)刻本　四冊

330000－1761－0001636　05731　子部/醫家
類/類編之屬

壽世彙編五種 （清）祝寶森編　清光緒二十
四年(1898)金陵一得齋刻本　一冊

330000－1761－0001637　05732　子部/醫家
類/類編之屬

壽世彙編五種 （清）祝寶森編　清光緒十一
年(1885)金陵楊宅刻本　二冊

330000－1761－0001638　05733　子部/醫家
類/溫病之屬/瘟疫

慈航集二卷首一卷 （清）王於聖輯　清光緒
十六年(1890)廣百宋齋石印本　二冊

330000－1761－0001639　03492　子部/醫家
類/綜合之屬/雜著

質疑錄二卷 （明）張介賓著　清抄本　二冊

330000－1761－0001641　03466　子部/醫家類/傷寒金匱之屬/傷寒論

淑景堂改訂注釋寒熱溫平藥性賦七卷　（清）李文錦撰　清乾隆三十年（1765）三多齋刻本　二冊

330000－1761－0001642　05737　子部/醫家類/方書之屬/單方驗方

回生集二卷增補回生集三卷　（清）陳杰編　清同治六年（1867）聚文齋刻本　四冊

330000－1761－0001643　05738　子部/醫家類/方書之屬/單方驗方

程氏驗方彙編四卷　稿本　七冊

330000－1761－0001645　05742　子部/醫家類/方書之屬

萬承志堂丸散全集不分卷　（清）萬承志堂編　清光緒十一年（1885）杭州萬承志堂石印本　一冊

330000－1761－0001646　05746　子部/醫家類/方書之屬/單方驗方

絳囊撮要五卷　（清）雲川道人編　清同治七年（1868）刻本　四冊

330000－1761－0001647　05747　子部/醫家類/方書之屬/單方驗方

經驗方二卷　（清）沈善兼輯　清光緒二十二年（1896）柞谿沈氏擇古齋刻本　二冊

330000－1761－0001648　05749　子部/醫家類/方書之屬/單方驗方

經驗良方二卷　（清）周桂山原編　（清）梁思淇增輯　清光緒十三年（1887）上洋埽葉山房刻本　三冊

330000－1761－0001649　05750　子部/醫家類/方書之屬/單方驗方

經驗選秘六卷　（清）胡增彬輯　清同治十年（1871）浙省張翰文齋刻本　一冊

330000－1761－0001650　05751　子部/醫家類/方書之屬/單方驗方

經驗選秘六卷　（清）胡增彬輯　清同治十年（1871）刻本　四冊

330000－1761－0001651　05752　子部/醫家類/方書之屬/單方驗方

經驗選秘六卷　（清）胡增彬輯　清同治十年（1871）浙省張翰文齋刻本　一冊

330000－1761－0001652　05754　子部/醫家類/方書之屬

幾希錄一卷附集古方一卷　（清）瑞五堂主人輯　清道光元年（1821）刻本　一冊

330000－1761－0001653　05755　子部/醫家類/方書之屬

幾希錄一卷附集古方一卷　（清）瑞五堂主人輯　清光緒十四年（1888）瑞五堂刻本　一冊

330000－1761－0001654　05756　子部/醫家類/方書之屬/成方藥目

趙翰香居丸散膏丹全錄不分卷　（清）趙文通輯　清光緒十五年（1889）趙翰香居石印本　一冊

330000－1761－0001655　05757　子部/醫家類/方書之屬

壽世新編三卷　（清）萬潛齋撰　清光緒十八年（1892）道合山房刻本　三冊

330000－1761－0001656　05758　子部/醫家類/類編之屬

壽世編七種　清光緒十七年（1891）羅溪聚芳齋刻本　一冊

330000－1761－0001657　05759　子部/醫家類/養生之屬

壽親養老新書四卷　（宋）陳直撰　（元）鄒鉉編　清同治九年（1870）河南聚文齋刻本　六冊

330000－1761－0001658　05760　子部/醫家類/養生之屬

壽親養老新書四卷　（宋）陳直撰　（元）鄒鉉編　清同治九年（1870）河南聚文齋刻本　二冊　存二卷（一至二）

330000－1761－0001661　05764　子部/醫家類/方書之屬/單方驗方

見心齋藥錄四卷　（清）見心齋主人撰　清光

緒七年(1881)刻本　二冊

330000－1761－0001662　05765　子部/醫家類/方書之屬/單方驗方

武林毛楓山先生濟世養生合集選要良方一卷　(清)毛楓山編　清光緒十四年(1888)刻本　一冊

330000－1761－0001663　05766　子部/醫家類/方書之屬

衛生鴻寶六卷　(清)祝補齋輯　(清)高味卿補　清咸豐七年(1857)上海寶贉堂刻本　四冊

330000－1761－0001664　05768　子部/醫家類/方書之屬/單方驗方

隨緣便錄應驗良方不分卷　清抄本　一冊

330000－1761－0001666　05775　子部/醫家類/方書之屬

經驗奇方四卷　(清)劉惟杰撰　清抄本　一冊

330000－1761－0001670　05782　子部/醫家類/方書之屬

醫方十種彙編　(清)文晟輯　清同治十一年(1872)上海千頃堂刻本　六冊　存六種

330000－1761－0001671　05788　子部/醫家類/方書之屬

各種驗方不分卷　清抄本　二冊

330000－1761－0001672　05789　子部/醫家類/方書之屬/單方驗方

簡驗醫方不分卷　(清)文梁編　清同治五年(1866)刻本　一冊

330000－1761－0001674　05791　子部/醫家類/方書之屬/單方驗方

回生集二卷續回生集二卷　(清)陳杰編　清同文齋刻本　一冊　存二卷(續一至二)

330000－1761－0001676　05792　子部/醫家類/方書之屬/單方驗方

毓芝堂醫書四種　(清)汪和鼎編　清嘉慶十七年(1812)桂林賀廣文堂刻本　二冊　存

一種

330000－1761－0001677　05886　子部/醫家類/方書之屬/歷代方書

醫方易簡新編六卷　(清)龔自璋輯　清咸豐八年(1858)湘潭謙和堂刻本　四冊

330000－1761－0001678　05889　子部/醫家類/方書之屬/歷代方書

平易方四卷目錄一卷　(清)葉香侶輯　清嘉慶九年(1804)武林大有堂刻本　八冊

330000－1761－0001686　05902　子部/醫家類/方書之屬/單方驗方

壺隱居良方集錄二卷　清末抄本　二冊

330000－1761－0001687　05903　子部/醫家類/方書之屬/成方藥目

丁氏秘方不分卷　清抄本　一冊

330000－1761－0001688　05904　子部/醫家類/方書之屬/單方驗方

怪疾奇方一卷　(清)費伯雄編　清光緒十年(1884)眾寶室刻本　一冊

330000－1761－0001690　05916　子部/醫家類/類編之屬

華氏醫方彙編二種七卷　(清)華嶽輯　清光緒十一年(1885)上海務本堂刻本　六冊

330000－1761－0001691　04917　子部/醫家類/婦科之屬/通論

濟陰纂要方二卷保嬰經驗方一卷　清抄本　一冊

330000－1761－0001692　05927　子部/醫家類/方書之屬/單方驗方

實驗良方五卷　清抄本　三冊

330000－1761－0001693　05928　子部/醫家類/方書之屬/單方驗方

玉歷金方合編四卷　(清)蘭玉居士編　清同治十年(1871)福州王友士刻本　六冊　存二卷(三至四)

330000－1761－0001695　05930　子部/醫家類/方書之屬/歷代方書

241

名醫驗方歌括四卷　清抄本　四冊

330000－1761－0001698　05935　子部/醫家類/綜合之屬/合刻、合抄

瓶花書屋醫書五種　（清）包松溪編　清道光二十五年至二十七年（1845－1847）瓶花書屋刻本　六冊　存一種

330000－1761－0001699　05938　子部/醫家類/方書之屬/歷代方書

校正增廣驗方新編二十四卷　（清）鮑相璈輯　清光緒四年（1878）上洋珍藝書局仿聚珍版鉛印本　十二冊

330000－1761－0001701　05941　子部/醫家類/方書之屬/單方驗方

幾希錄良方合璧三卷　（清）張維善編　清同治八年（1869）姑蘇得見齋刻本　二冊

330000－1761－0001705　05945　子部/醫家類/方書之屬/單方驗方

外治壽世方初編四卷　（清）鄒存淦輯　清光緒三年（1877）杭州勤藝堂刻本　二冊

330000－1761－0001706　05947　子部/醫家類/方書之屬/單方驗方

經驗良方不分卷　（清）毛楓山編　清嘉慶二十一年（1816）海寧學淵堂刻本　一冊

330000－1761－0001709　05952　子部/醫家類/方書之屬/單方驗方

驗方彙編不分卷　（清）梅居士輯　清抄本　一冊

330000－1761－0001712　05957　子部/醫家類/方書之屬/單方驗方

家居錄驗方不分卷　清抄本　一冊

330000－1761－0001714　05960　子部/醫家類/方書之屬/成方藥目

應驗丸散方不分卷　清抄本　一冊

330000－1761－0001716　05962　子部/醫家類/方書之屬/單方驗方

良方輯要一卷　（清）吳其泰輯　**外科醫鏡一卷**　（清）張正輯　清光緒九年（1883）葉芝香

刻本　一冊

330000－1761－0001717　05963　子部/醫家類/方書之屬/單方驗方

經方合濟三卷　清光緒二十一年（1895）紹興許廣記刻本　一冊

330000－1761－0001718　05964　子部/叢編

四時四種　明刻本　一冊

330000－1761－0001719　05965　子部/醫家類/方書之屬/單方驗方

養生經驗合集六種　（清）毛世洪輯　（清）汪瑜增訂　清光緒二年（1876）百善堂刻本　一冊

330000－1761－0001720　05966　子部/醫家類/方書之屬/單方驗方

集驗簡易良方四卷首一卷　（清）德豐輯（清）莫樹蕃校訂　清道光七年（1827）三益堂刻本　三冊　缺一卷（三）

330000－1761－0001721　05967　子部/醫家類/方書之屬/單方驗方

集驗簡易良方四卷首一卷　（清）德豐輯（清）莫樹蕃校訂　清道光七年（1827）三益堂刻本　二冊　存二卷（一至二）

330000－1761－0001722　05970　子部/醫家類/類編之屬

重鐫壽世編三種四卷　清光緒二十三年（1897）上海著易堂書局鉛印本　一冊

330000－1761－0001723　05971　子部/醫家類/方書之屬/單方驗方

驗方新編十八卷　（清）鮑相璈等輯　清光緒二十二年（1896）石印本　一冊

330000－1761－0001724　05972　子部/醫家類/方書之屬/單方驗方

集選奇效簡便良方四卷　（清）丁堯臣輯　清光緒七年（1881）紹城許廣記刻本　四冊

330000－1761－0001726　06027　子部/醫家類/方書之屬/單方驗方

草藥配互方集一卷附雜治方　清抄本　一冊

330000－1761－0001727　06032　子部/醫家類/方書之屬

濟衆錄二種　（清）勞守慎編　清光緒三十二年(1906)南海勞禮安堂刻本　一冊

330000－1761－0001728　06033　子部/醫家類/方書之屬/單方驗方

養生經驗合集六種　（清）毛世洪輯　（清）汪瑜增訂　清光緒二年(1876)百善堂刻本　一冊

330000－1761－0001729　06035　子部/醫家類/方書之屬/歷代方書

疑難急症簡方四卷　（清）羅越峰輯　清光緒二十二年(1896)刻本　二冊　存二卷(三至四)

330000－1761－0001730　06047　子部/醫家類/方書之屬

集驗良方拔萃二卷續補三卷　（清）恬素氏輯　清同治五年(1866)刻本　一冊

330000－1761－0001731　06056　子部/醫家類/方書之屬

重鐫玉曆彙錄良方　（清）汪氏編　（清）俞大文編　清同治七年(1868)刻本　一冊

330000－1761－0001733　06065　子部/醫家類/方書之屬/成方藥目

胡慶餘堂丸散膏丹全集不分卷　（清）胡慶餘堂編　清光緒三年(1877)胡慶餘堂雪記刻本　一冊

330000－1761－0001734　06066　子部/醫家類/方書之屬/單方驗方

經驗四種　（清）年希堯編　清乾隆十四年(1749)黃曉峯刻本　一冊　存一種

330000－1761－0001735　06069　子部/醫家類/方書之屬/單方驗方

救急備用經驗彙方十卷　（清）葉廷薦輯　清刻本　一冊　存一卷(三)

330000－1761－0001736　06070　子部/醫家類/方書之屬

良方彙訂一卷　（清）邱熺編　清刻本　一冊

330000－1761－0001737　23275　史部/政書類/律令之屬/法驗

重刊補註洗冤錄集證六卷　（清）王又槐輯　（清）李觀瀾補輯　（清）阮其新補註　（清）張錫蕃重訂　清光緒十八年(1892)上海圖書集成印書局鉛印本　二冊　存四卷(二至五)

330000－1761－0001739　06073　子部/醫家類/方書之屬/單方驗方

良方集腋合璧全卷一卷　（清）謝元慶輯　清咸豐五年(1855)刻本　一冊

330000－1761－0001741　06083　子部/醫家類/方書之屬

雜方隨錄不分卷　清抄本　一冊

330000－1761－0001742　06087－3　子部/醫家類/方書之屬

秘傳乳症歌訣全書附雜治方不分卷　清抄本　一冊

330000－1761－0001743　04716　子部/醫家類/方書之屬/成方藥目

衛生集四卷　（清）彭伯云輯　清道光十一年(1831)抄本　一冊

330000－1761－0001744　06089　子部/醫家類/方書之屬/單方驗方

經驗良方不分卷　清抄本　一冊

330000－1761－0001745　06091　子部/醫家類/方書之屬

奇效秘方二卷　清抄本　一冊

330000－1761－0001746　06092　子部/醫家類/方書之屬

經驗雜方不分卷附行功治病　清抄本　一冊

330000－1761－0001748　06095　子部/醫家類/方書之屬/單方驗方

青囊秘要方不分卷　清抄本　一冊

330000－1761－0001753　06103　子部/醫家類/綜合之屬/通論

醫方簡義六卷　（清）王清源撰　清光緒二十四年(1898)杭州同善堂刻本　二冊

330000－1761－0001754　06108　子部/醫家類/方書之屬

良方合璧二卷附錄一卷　（清）謝元慶編　清刻本　一冊　存一卷（下）

330000－1761－0001756　06113　子部/醫家類/醫案之屬

臨證指南醫案十卷附種福堂公選溫熱論一卷良方三卷　（清）葉桂撰　清道光三年（1823）五柳居刻本　一冊　存二卷（溫熱論、良方一）

330000－1761－0001757　06115　子部/醫家類/方書之屬

醫藝二卷　清抄本　二冊

330000－1761－0001759　05724　子部/醫家類/方書之屬/成方藥目

集驗良方補舊採新一卷　（清）季醉墨撰　清光緒十三年（1887）浦城集賢堂刻本　一冊

330000－1761－0001760　05767　子部/醫家類/方書之屬/成方藥目

衛生雜錄一卷　（清）守京氏著　（清）澹然居士審定　清光緒九年（1883）新安余氏刻本　一冊

330000－1761－0001762　05740　子部/醫家類/方書之屬/單方驗方

時症方論不分卷　（清）俞彰信著　清光緒十二年（1886）浙寧富祥印刷所鉛印本　一冊

330000－1761－0001764　05705　子部/醫家類/綜合之屬/合刻、合抄

何氏經驗十六方一卷胎產擇要良方一卷　清光緒二十七年（1901）刻本　一冊

330000－1761－0001765　05781　子部/醫家類/方書之屬/成方藥目

藥書不分卷　清抄本　一冊

330000－1761－0001766　05748　子部/醫家類/方書之屬/單方驗方

經驗方藥集不分卷　清抄本　一冊

330000－1761－0001767　05706　子部/醫家類/方書之屬/單方驗方

妙法良方一卷　（清）童光鑠輯　清同治十三年（1874）山陰童榮壽堂刻本　一冊

330000－1761－0001768　05969　子部/醫家類/方書之屬/歷代方書

良方集要一卷　（清）周鶴羣輯　清嘉慶十五年（1810）刻本　一冊

330000－1761－0001769　05968　子部/醫家類/方書之屬/單方驗方

武林毛楓山先生濟世養生合集選要良方一卷附經驗百萬一卷眼科神應方一卷　（清）毛楓山編　清道光二十八年（1848）杭州德潤齋刻本　一冊

330000－1761－0001770　06111　子部/醫家類/綜合之屬/合刻、合抄

隨緣便錄一卷　產後編三卷　（清）傅山撰　清光緒元年（1875）廣信立德刻本　一冊　缺一卷（產後編下）

330000－1761－0001771　05940　子部/醫家類/方書之屬/單方驗方

良方散記不分卷　清抄本　一冊

330000－1761－0001773　06109　子部/醫家類/方書之屬

時方妙用不分卷　清抄本　一冊

330000－1761－0001774　05956　子部/醫家類/方書之屬/單方驗方

良方別錄不分卷　清抄本　一冊

330000－1761－0001775　05953　子部/醫家類/方書之屬/單方驗方

隨山宇方鈔一卷目錄一卷　（清）汪曰楨撰　清光緒八年（1882）紹興安越堂刻本　一冊

330000－1761－0001778　05753　子部/醫家類/方書之屬/單方驗方

經驗簡便良方一卷備用藥物一卷　清光緒浙江書局刻本　一冊

330000－1761－0001779　05744　類叢部/叢書類/自著之屬

古愚老人消夏録十七種　（清）汪汲撰　清乾隆至嘉慶清河汪氏古愚山房刻本　一冊　存一種

330000－1761－0001780　05690　子部/醫家類/方書之屬/單方驗方

白嶽盦經驗良方不分卷　（清）余懋輯　清光緒元年(1875)新安余懋刻本　一冊

330000－1761－0001781　05780　子部/醫家類/方書之屬/單方驗方

驗過秘方不分卷　清抄本　一冊

330000－1761－0001782　05674　子部/醫家類/外科之屬/外科方

玉楳華館遺方一卷　（清）杭臣五輯　清光緒十五年(1889)遂園刻本　一冊

330000－1761－0001783　05743　類叢部/叢書類/自著之屬

古愚老人消夏録十七種　（清）汪汲撰　清乾隆至嘉慶清河汪氏古愚山房刻本　一冊　存一種

330000－1761－0001784　05721　子部/醫家類/方書之屬/單方驗方

救刔回生四卷　清宣統元年（1909）刻本　一冊　存一卷(四)

330000－1761－0001785　05718　子部/雜著類/雜纂之屬

格言聯璧一卷附經驗良方一卷　（清）金纓輯　清光緒十六年(1890)高梅庭刻本　一冊　存一卷(經驗良方)

330000－1761－0001787　05693　子部/醫家類/方書之屬/單方驗方

外科秘方專醫幼童不分卷　（清）錦氏摘録　清錦氏抄本　一冊

330000－1761－0001790　05773　子部/醫家類/方書之屬/單方驗方

雜記藥書不分卷　清抄本　一冊

330000－1761－0001792　06086　子部/醫家類/方書之屬/單方驗方

經驗方選不分卷　清抄本　一冊

330000－1761－0001793　06029　子部/醫家類/方書之屬/單方驗方

梁芭鄰浪跡叢談附載雜録方一卷　（清）梁章鉅撰　清光緒三年(1877)問樵山人抄本　一冊

330000－1761－0001797　06041　子部/醫家類/方書之屬/單方驗方

經驗良方二卷　（清）飛觴居士編　清光緒七年(1881)福省渡雞里王文銘刻坊刻本　一冊

330000－1761－0001799　06034　子部/醫家類/方書之屬/單方驗方

醉經樓經驗良方不分卷　（清）錢樹棠編　清嘉慶二十三年(1818)醉經樓刻本　一冊

330000－1761－0001800　06096　子部/醫家類/方書之屬/單方驗方

醉經樓經驗良方不分卷　（清）錢樹棠編　清嘉慶二十三年(1818)醉經樓刻本　一冊

330000－1761－0001801　06085　子部/醫家類/方書之屬

雜選良方不分卷　清抄本　一冊

330000－1761－0001802　06093　子部/醫家類/方書之屬/單方驗方

經驗良方不分卷　清抄本　一冊

330000－1761－0001803　06028　子部/醫家類/方書之屬

汪廣期醫方不分卷　（清）汪應期撰　清抄本　一冊

330000－1761－0001804　06102　子部/醫家類/方書之屬/單方驗方

時方録驗不分卷　清抄本　一冊

330000－1761－0001805　06090　子部/醫家類/方書之屬/單方驗方

隨山宇方鈔一卷　（清）汪曰楨撰　清光緒八年(1882)紹興安越堂刻本　一冊

330000－1761－0001806　06074　子部/醫家類/方書之屬/單方驗方

急救應驗良方一卷　（清）費山壽輯　清光緒

六年(1880)邵武許氏刻本 一冊

330000－1761－0001807 06052 子部/醫家類/方書之屬/單方驗方

急救良方□□卷 清紹興奎堂刻本 一冊 存葉二十四至六十七

330000－1761－0001808 05204 子部/醫家類/外科之屬/通論

外科醫宗大全不分卷 清抄本 一冊

330000－1761－0001809 05887 子部/醫家類/方書之屬/歷代方書

醫方易簡新編六卷 (清)龔自璋 (清)黃統輯 清光緒十五年(1889)浙慈還讀軒刻本 四冊

330000－1761－0001810 05937 子部/醫家類/方書之屬/單方驗方

驗方新編二十四卷 (清)鮑相璈輯 清光緒十九年(1893)上海鴻寶齋石印本 六冊

330000－1761－0001811 05777 子部/醫家類/方書之屬/單方驗方

驗方傳信三卷 (清)古越無名氏集釋 清山陰金瑞五堂刻本 六冊

330000－1761－0001812 23522、23523、23525 子部/醫家類/方書之屬/歷代方書

校正增廣驗方新編二十四卷 (清)鮑相璈輯 清末石印本 三冊 存七卷(十八至二十四)

330000－1761－0001813 23126 子部/醫家類/方書之屬/成方藥目

允和堂藥目不分卷 (清)允和堂主人編 清鉛印本 一冊

330000－1761－0001814 23134 子部/醫家類/方書之屬/歷代方書

增訂元宰必讀全書□□卷附應驗類編一卷 警惺居士編 清刻本 一冊 存一卷(應驗類編)

330000－1761－0001815 23151 子部/醫家類/方書之屬/單方驗方

葛祖回生集二卷 (清)陳杰輯 清咸豐元年(1851)慈蛺邑雲堂刻本 一冊 存一卷(上)

330000－1761－0001817 23270 子部/醫家類/方書之屬/單方驗方

驗方侯鯖一卷補遺一卷 (清)梁經任撰 (清)棲霞山人編 清光緒十六年(1890)敦州蝶栩山房刻本 二冊

330000－1761－0001818 23543 子部/醫家類/方書之屬/成方藥目

四明翰香居趙氏精製上料丸散膏丹總目不分卷 清光緒十五年(1889)趙氏翰香居刻本 一冊

330000－1761－0001819 23574 子部/醫家類/兒科之屬/通論

保赤新編二卷 (清)任贊撰 清光緒二十七年(1901)刻本 一冊 存一卷(下)

330000－1761－0001820 23494 子部/醫家類/方書之屬/歷代方書

繼志編方書六卷 (清)韓衍楷編 清乾隆三十九年(1774)知足堂刻本 一冊 存一卷(一)

330000－1761－0001821 23121、23115、23116 子部/醫家類/方書之屬/單方驗方

集選奇效簡便良方四卷 (清)丁堯臣輯 清光緒七年(1881)丁堯年刻本 三冊 存三卷(一至三)

330000－1761－0001823 23119 子部/醫家類/方書之屬/單方驗方

集驗良方一卷 (清)黃朝遴輯 清知足堂刻本 一冊

330000－1761－0001824 23304、23524 子部/醫家類/方書之屬/單方驗方

驗方新編二十四卷 (清)鮑相璈輯 清末石印本 二冊 存四卷(九至十一、十八)

330000－1761－0001826 23122、23266、23269、23172 子部/醫家類/方書之屬/單方驗方

驗方新編十六卷附痧症全書三卷咽喉秘集二

卷 （清）鮑相璈等輯 清同治九年(1870)福州刻光緒二年(1876)靈蘭堂補刻本 八冊 存十五卷(一至四、九至十六,痧症全書一至三)

330000－1761－0001827 23130 子部/醫家類/醫案之屬

臨證指南醫案十卷附種福堂公選溫熱論醫案一卷良方三卷 （清）葉桂撰 清光緒十四年(1888)萬珍書局鉛印本 一冊 存二卷(溫熱論、良方一)

330000－1761－0001828 23218 子部/醫家類/方書之屬/單方驗方

仙拈集四卷 （清）李文炳撰 清刻本 一冊 存一卷(二)

330000－1761－0001829 23302 子部/醫家類/方書之屬/單方驗方

沈氏家抄經驗良方醫家捷要□□卷 （明）沈璋朝編 明刻本 一冊 存一卷(上)

330000－1761－0001830 23528、23529 子部/醫家類/方書之屬/歷代方書

攝生衆妙方十一卷 （明）張時徹撰 明嘉靖二十九年(1550)四明張時徹刻本 二冊 存五卷(七至十一)

330000－1761－0001831 06071、23544 子部/醫家類/方書之屬/單方驗方

急救危症簡便驗方二卷續集二卷 （清）胡其重輯 清致遠堂刻本 二冊 存二卷(續集上、下)

330000－1761－0001832 23545 子部/醫家類/醫話醫論之屬

醫方叢話八卷附鈔一卷 （清）徐士鑾輯 清光緒十五年(1889)津門徐氏蜨園刻本 二冊 存五卷(三至六、附鈔)

330000－1761－0001834 24585、24586 子部/醫家類/方書之屬/歷代方書

增評童氏醫方集解二十三卷 （清）汪昂輯（清）費伯雄評 清光緒二十三年(1897)上海圖書集成印書局鉛印本 二冊 存十二卷

(三至至十四)

330000－1761－0001838 23549 子部/醫家類/方書之屬/歷代方書

疑難急症簡方四卷 （清）羅越峰輯 清光緒二十二年(1896)刻本 一冊 存一卷(三)

330000－1761－0001839 24582、24583 類叢部/叢書類/彙編之屬

知不足齋叢書一百九十五種 （清）鮑廷博編 清乾隆三十七年至道光三年(1772－1823)長塘鮑氏刻彙印本 二冊 存一種

330000－1761－0001840 24589 子部/醫家類/方書之屬/單方驗方

簡驗良方二卷 （清）張遂辰輯 清刻本 一冊

330000－1761－0001841 24596 子部/醫家類/方書之屬/單方驗方

集驗良方六卷 （清）梁文科編 （清）年希堯輯 清咸豐元年(1851)鐵筆齋刻本 一冊 存一卷(六)

330000－1761－0001842 04564 子部/醫家類/方書之屬/歷代方書

孫真人千金方衍義三十卷 （清）張璐撰 清嘉慶六年(1801)掃葉山房刻本 三十二冊

330000－1761－0001843 04565 子部/醫家類/方書之屬/歷代方書

孫真人千金方衍義三十卷 （清）張璐撰 清光緒四年(1878)刻本 三十二冊

330000－1761－0001844 06116 子部/醫家類/醫案之屬

三家醫案合刻 （清）吳金壽編 清掃葉山房刻本 二冊

330000－1761－0001845 06117 子部/醫家類/醫案之屬

三家醫案合刻 （清）吳金壽編 清道光蘇州綠潤堂刻本 三冊

330000－1761－0001846 06118 子部/醫家類/醫案之屬

三家醫案合刻　（清）吳金壽編　清道光蘇州綠潤堂刻本　二冊

330000－1761－0001848　06122　子部/醫家類/類編之屬

潛齋醫書三種　（清）王士雄撰　清咸豐元年(1851)吟香書屋刻本　三冊　存一種

330000－1761－0001849　06123、04037　子部/醫家類/類編之屬

潛齋醫書三種　（清）王士雄撰　清咸豐元年(1851)吟香書屋刻本　四冊

330000－1761－0001850　06124　子部/醫家類/醫案之屬

元明名醫驗案二卷　清抄本　二冊

330000－1761－0001853　06127　子部/醫家類/醫案之屬

外證醫案彙編四卷　（清）余景和輯　清光緒二十年(1894)會稽孫氏刻上海文瑞樓印本　四冊

330000－1761－0001854　06128　子部/醫家類/醫案之屬

外證醫案彙編四卷　（清）余景和輯　清光緒二十年(1894)會稽孫氏刻上海文瑞樓印本　四冊

330000－1761－0001857　06131　子部/醫家類/醫案之屬

仿寓意草二卷　（清）李文榮撰　清光緒十三年(1887)含飴堂刻本　二冊

330000－1761－0001858　06132　子部/醫家類/醫案之屬

仿寓意草二卷　（清）李文榮撰　清抄本　一冊

330000－1761－0001859　06142　子部/醫家類/醫案之屬

吳門治驗錄四卷　（清）顧金壽著　清道光五年(1825)澄怀堂刻本　四冊

330000－1761－0001861　06141　子部/醫家類/醫案之屬

吳氏醫案徵信錄不分卷　清抄本　一冊

330000－1761－0001862　06143　子部/醫家類/醫案之屬

吳門治驗錄四卷　（清）顧金壽著　清道光五年(1825)澄怀堂刻本　四冊

330000－1761－0001863　06144　子部/醫家類/醫案之屬

吳門治驗錄四卷　（清）顧金壽著　清道光五年(1825)澄怀堂刻本　一冊

330000－1761－0001866　06167、06151　子部/醫家類/醫案之屬

葉氏醫案存真三卷附馬氏醫案并附祁案王案一卷　（清）葉桂撰　清光緒十二年(1886)常熟抱芳閣刻本　八冊

330000－1761－0001869　06156　子部/醫家類/醫案之屬

問齋醫按五卷　（清）將寶素著　清道光三十年(1850)快志堂刻本　十冊

330000－1761－0001871　06159　子部/醫家類/綜合之屬/合刻、合抄

習醫鈐法　清道光十八年(1838)刻本　六冊　存一種

330000－1761－0001872　061689　子部/醫家類/類編之屬

周氏醫學叢書初集十三種二集十四種三集六種　（清）周學海輯　清光緒至宣統刻宣統三年(1911)池陽周氏福慧雙脩館彙印本　二冊　存一種

330000－1761－0001874　06170　子部/醫家類/醫案之屬

診餘舉隅錄二卷　（清）陳廷儒撰　清光緒二十四年(1898)鉛印本　一冊

330000－1761－0001876　06171　子部/醫家類/醫案之屬

得心集醫案六卷首一卷　（清）謝星煥著　清咸豐十一年(1861)舊學山房刻本　六冊

330000－1761－0001877　06175　子部/醫家

類/醫案之屬

鄭素圃先生醫案四卷 （清）鄭在辛撰　清鄂渚草堂抄本　二冊

330000－1761－0001880　06181　子部/醫家類/類編之屬

江陰柳氏醫學叢書 （清）柳寶詒輯　清光緒三十年(1904)江陰柳氏惜餘小舍刻本　三冊　存一種

330000－1761－0001881　06182　子部/醫家類/醫案之屬

錦芳太史醫案求真初編五卷附誡子八則一卷 （清）黃宮繡纂　清嘉慶四年(1799)刻本　八冊

330000－1761－0001882　06183、06189　子部/醫家類/醫案之屬

名醫類案十二卷 （明）江瓘輯　**續名醫類案三十六卷** （清）魏之琇輯　清光緒二十年(1894)上海著易堂刻本　四十八冊

330000－1761－0001883　06185、06190　子部/醫家類/醫案之屬

名醫類案十二卷 （明）江瓘輯　**續名醫類案三十六卷** （清）魏之琇輯　清光緒二十年(1894)上海著易堂刻本　四十六冊　缺二卷（類案五、續十三）

330000－1761－0001884　06186、06192　子部/醫家類/醫案之屬

名醫類案十二卷 （明）江瓘輯　**續名醫類案三十六卷** （清）魏之琇輯　清宣統元年(1909)上海書局石印本　二十四冊

330000－1761－0001887　06322－1　史部/政書類/律令之屬/法驗

洗冤錄詳義四卷首一卷摭遺二卷摭遺補附一卷經驗方一卷 （清）許槤輯　**洗冤錄摭遺二卷** （清）葛元煦輯　**洗冤錄摭遺補一卷經驗方一卷** （清）張開運輯　清光緒三年(1877)湖北藩署刻本　六冊

330000－1761－0001888　06322－2　史部/政書類/律令之屬/法驗

洗冤錄詳義四卷首一卷摭遺二卷摭遺補附一卷經驗方一卷 （清）許槤輯　**洗冤錄摭遺二卷** （清）葛元煦輯　**洗冤錄摭遺補一卷經驗方一卷** （清）張開運輯　清光緒三年(1877)湖北藩署刻本　一冊　存一卷(洗冤錄詳義一)

330000－1761－0001889　06191　子部/醫家類/醫案之屬

續名醫類案刪蕪六十卷首一卷 （清）魏之琇輯　清抄本　四十冊

330000－1761－0001890　05393　子部/醫家類/眼科之屬

銀海精微四卷 （唐）孫思邈輯　清聚錦堂刻本　二冊

330000－1761－0001892　06194　子部/醫家類/醫案之屬

臨證醫案筆記六卷 （清）吳篪著　清道光十六年(1836)樹滋堂刻本　十二冊

330000－1761－0001895　06206　子部/醫家類/醫案之屬

醫案不分卷　清抄本　一冊

330000－1761－0001896　06207　子部/醫家類/醫案之屬

醫案秘方不分卷 （清）宋郎懷輯　清抄本　十冊

330000－1761－0001897　06210　子部/醫家類/醫案之屬

臨證指南醫案十卷 （清）葉桂撰　清嘉慶八年(1803)金閶三槐堂刻本(卷五配清抄本)　十冊

330000－1761－0001898　06211　子部/醫家類/醫案之屬

臨證指南醫案十卷 （清）葉桂撰　清光緒二十二年(1896)寶善書局石印本　五冊

330000－1761－0001899　06212　子部/醫家類/醫案之屬

古今醫案按十卷 （清）俞震輯　清光緒九年(1883)吳江李氏刻本　十冊

330000－1761－0001900　06213　子部/醫家類/醫案之屬

古今醫案按十卷　（清）俞震輯　清光緒九年（1883）吳江李氏刻本　十冊

330000－1761－0001901　04818　子部/醫家類/婦科之屬/產科

產寶家傳二卷　（清）倪東溟撰　清乾隆三十二年（1767）仁和萬縣刻本　二冊

330000－1761－0001902　06214　子部/醫家類/醫案之屬

古今醫案按十卷　（清）俞震輯　清宣統元年（1909）上海會文堂新記書局石印本　十冊

330000－1761－0001903　06215　子部/醫家類/醫案之屬

古今醫案按十卷　（清）俞震輯　清宣統元年（1909）上海會文堂書局石印本　十冊

330000－1761－0001909　06229　子部/醫家類/醫案之屬

徐批葉天士先生方案真本不分卷　（清）葉桂撰　（明）徐大椿批　清光緒十五年（1889）介石堂刻本　二冊

330000－1761－0001915　06318　子部/醫家類/類編之屬

薛氏醫按二十四種　（明）吳琯編　清末上海朱氏煥文書局石印本　二十四冊

330000－1761－0001916　04182、06304　子部/醫家類/類編之屬

薛氏醫按二十四種　（明）吳琯編　清末上海朱氏煥文書局石印本　三冊　存六種

330000－1761－0001917　00917　類叢部/叢書類/自著之屬

戚鶴泉所著書十一種　（清）戚鶴泉撰　清乾隆至嘉慶刻本　三冊　存一種

330000－1761－0001918　06319　史部/政書類/律令之屬/法驗

律例館校正洗冤錄四卷　（清）律例館輯　清刻本　二冊

330000－1761－0001919　06320　史部/政書類/律令之屬/法驗

重刊補註洗冤錄集證六卷　（清）王又槐增輯　（清）李觀瀾補輯　（清）阮其新補註（清）張錫蕃重訂　清道光二十四年（1844）、二十七年（1847）廣州翰墨園刻四色套印本　五冊

330000－1761－0001920　06321　史部/政書類/律令之屬/法驗

補註洗冤錄集證四卷附刊檢骨圖格一卷　（清）王又槐輯　（清）李觀瀾補輯　（清）阮其新補注　（清）童濂刪　**作吏要言一卷**　（清）葉鎮撰　（清）朱椿增　清道光二十三年（1843）江都鍾淮刻三色套印本　四冊

330000－1761－0001928　06174　子部/醫家類/醫案之屬

瘦吟醫贅二卷附印巖隨筆一卷　（清）薛福撰　清曹炳章抄本　一冊

330000－1761－0001929　06199　子部/醫家類/醫案之屬

醫案不分卷　（清）吳東陽著　清光緒十一年（1885）申江萍寄廬刻本　一冊

330000－1761－0001930　06149　子部/醫家類/醫案之屬

洄溪醫案一卷　（清）徐大椿撰　清咸豐七年（1857）海昌蔣氏衍芬草堂刻本　一冊

330000－1761－0001932　06203　子部/醫家類/類編之屬

吳氏醫驗錄初集二卷二集二卷首一卷附蘭蕘十戒　（清）吳楚輯　清抄本　一冊　存一卷（初集下）

330000－1761－0001935　06221　子部/醫家類/醫案之屬

一瓢醫案不分卷　清抄本　一冊

330000－1761－0001942　06316　子部/醫家類/醫案之屬

醫案夢記二卷附案一卷　（清）徐守愚撰　清光緒二十二年（1896）紹興裘氏刻民國九年

（1920）紹興醫藥學報社印本　一冊　存二卷
（下、附案）

330000－1761－0001944　06326　子部/醫家
類/醫案之屬

洄溪醫案一卷　（清）徐大椿撰　清咸豐七年
（1857）海昌蔣氏衍芬草堂刻本　一冊

330000－1761－0001945　06308　子部/醫家
類/醫論醫話之屬

存存齋醫話藁二卷　（清）趙彥暉撰　清光緒
七年（1881）刻本　一冊

330000－1761－0001946　06305　子部/醫家
類/綜合之屬/合刻、合抄

**珍珠囊指掌附藥性賦一卷倪賢初先生醫案一
卷**　（金）李杲編　清抄本　一冊

330000－1761－0001947　23276　史部/政書
類/律令之屬/法驗

重刊補註洗冤錄集證六卷　（清）王又槐輯
（清）李觀瀾補輯　（清）阮其新補註　（清）
張錫蕃重訂　清光緒十八年（1892）上海圖書
集成印書局鉛印本　二冊　存三卷（一、四至
五）

330000－1761－0001948　23499　子部/醫家
類/醫案之屬

古今名醫彙粹八卷　（清）羅美輯　清道光三
年（1823）刻本　一冊　存二卷（三至四）

330000－1761－0001949　23534　子部/醫家
類/醫案之屬

臨證指南醫案十卷　（清）葉桂撰　清光緒十
四年（1888）萬珍書局鉛印本　七冊　存七卷
（一至六、十）

330000－1761－0001955　00919　史部/政書
類/通制之屬

文獻通考二十四卷首一卷　（元）馬端臨撰
清光緒十一年（1885）上海點石齋石印本　十
九冊　存二十一卷（首，一至四、九至二十四）

330000－1761－0001956　00910　子部/小說
家類/異聞之屬

山海經十八卷　（晉）郭璞傳　明吳中珩校刻

本　二冊

330000－1761－0001957　00901　子部/小說
家類/異聞之屬

**山海經箋疏十八卷圖讚一卷訂譌一卷敘錄一
卷**　（晉）郭璞傳　清光緒十七年（1891）上海
五彩公司石印本　六冊

330000－1761－0001959　08498　類叢部/叢
書類/彙編之屬

百川學海十集一百一十二種　（宋）左奎編
（明）□□重編　明末刻本　一冊　存三種

330000－1761－0001962　08503　子部/醫家
類/綜合之屬

**粟香隨筆八卷二筆八卷三筆八卷四筆八卷五
筆八卷**　金武祥撰　清光緒刻本　五冊　存
十卷（三至四、二筆七至八、三筆七至八、四筆
一至二、五筆三至四）

330000－1761－0001963　08504　子部/醫家
類/綜合之屬

煮藥漫抄二卷　（清）葉煒撰　清光緒十七年
（1891）金陵刻本　一冊

330000－1761－0001967　23090　子部/雜著
類/雜纂之屬

物理小識十二卷首一卷　（清）方以智撰　清
康熙三年（1664）于藻刻本　三冊　存九卷
（首、一至八）

330000－1761－0001985　23307　子部/醫家
類/養生之屬

頂批金丹真傳六卷　（明）孫汝忠撰　清道光
二十一年（1841）善成堂刻本　一冊　存一卷
（一）

330000－1761－0001986　23490、24580　子
部/農家農學類/獸醫之屬

**新輯纂圖類方元亨療馬集六卷附水黃牛經二
卷駝經一卷**　（明）喻仁　（明）喻傑撰　清光
緒二十四年（1898）上海埽葉山房刻本　二冊
存四卷（三至六）

330000－1761－0001987　23541　子部/醫家
類/方書之屬/單方驗方

鴉片癮戒除法二卷　曹炳章撰　清宣統三年(1911)紹興浙東印刷局鉛印本　一冊　存一卷(下)

330000－1761－0001990　23248　子部/醫家類/養生之屬/導引、氣功

先天演禽三才數不分卷　清嘉慶元年(1796)抄本　一冊

330000－1761－0001996　24594　子部/雜著類/雜纂之屬

小識錄三卷　清抄本　一冊　存一卷(中)

330000－1761－0001998　03343　子部/醫家類/醫案之屬

汪氏醫書八種　(明)汪機等撰　明嘉靖刻崇禎祁門樸墅增刻本　十冊

330000－1761－0001999　03282　子部/醫家類/類編之屬

醫學粹精五種　(清)陳嘉楚撰　清乾隆十四年(1749)道南堂刻本　四冊

330000－1761－0002000　03345、03498　子部/醫家類/綜合之屬/通論

赤水玄珠三十卷醫旨緒餘二卷三吳醫案二卷新都醫案二卷宜興醫案一卷　(明)孫一奎撰　明萬曆二十四年(1596)孫泰來、孫朋來刻本　二十八冊　存三十二卷(赤水玄珠一至三十、醫旨緒餘一至二)

330000－1761－0002001　03347　子部/醫家類/類編之屬

芷園醫種三種臆草五種　(明)盧復著　清抄本　四冊　存臆草五種

330000－1761－0002002　03370　子部/醫家類/類編之屬

證治大還六種　(清)陳治撰　清康熙雲間貞白堂刻本　二十冊

330000－1761－0002003　03412　子部/醫家類/類編之屬

萬密齋醫書十種　(明)萬全撰　清乾隆六年(1741)敷文堂刻本　三十二冊

330000－1761－0002004　03460　子部/醫家類/綜合之屬/通論

刪補頤生微論四卷　(明)李中梓撰　明崇禎吳門金閶傳萬堂刻本　八冊

330000－1761－0002005　03457　子部/醫家類/類編之屬

吳醫彙講十一卷　(唐)唐大烈輯　清乾隆五十七年(1792)刻本　六冊

330000－1761－0002006　03582　子部/醫家類/類編之屬

吳醫彙講十一卷　(唐)唐大烈輯　清乾隆五十七年(1792)刻本　二冊

330000－1761－0002007　03762　子部/醫家類/類編之屬

吳氏醫學述□□種　(清)吳儀洛輯　清乾隆三十一年(1766)硤川利濟堂刻本　六冊　存一種

330000－1761－0002008　03755　子部/醫家類/傷寒金匱之屬/傷寒論

傷寒六書　(明)陶華撰　明步月樓刻本　四冊

330000－1761－0002009　03756　子部/醫家類/傷寒金匱之屬/傷寒論

傷寒六書　(明)陶華撰　明步月樓刻本　三冊

330000－1761－0002010　03759　子部/醫家類/傷寒金匱之屬/傷寒論

傷寒五法五卷　(明)陳養晦著　(清)石楷重訂　清康熙六年(1667)樹滋堂刻本　八冊

330000－1761－0002011　03778　子部/醫家類/傷寒金匱之屬/傷寒論

再重訂傷寒集註十卷附五卷　(清)舒詔著　清乾隆三十五年(1770)刻本　四冊

330000－1761－0002012　03631　子部/醫家類/醫經之屬/內經

黃帝內經素問二十四卷　(明)吳崐註　清刻本　六冊

330000－1761－0002013　03642　子部/醫家類/醫經之屬/内經

重廣補註黃帝内經素問二十四卷 （唐）王冰注　（宋）林億等校正　（宋）孫兆改誤　明嘉靖二十九年(1550)顧從德影宋刻本　四冊

330000－1761－0002014　03663　子部/醫家類/類編之屬

古今醫統正脉全書四十四種 （明）王肯堂撰　明萬曆二十九年(1601)新安吳勉學刻本六冊　存一種

330000－1761－0002015　03801　子部/醫家類/傷寒金匱之屬/傷寒論

傷寒論後條辨十五卷首三卷附一卷 （清）程應旄條注　清乾隆九年(1744)致和堂刻本十六冊

330000－1761－0002016　03802　子部/醫家類/傷寒金匱之屬/傷寒論

傷寒論後條辨十五卷首三卷 （清）程應旄撰　清康熙十年(1671)式好堂刻本　十六冊

330000－1761－0002017　03806　子部/醫家類/傷寒金匱之屬/傷寒論

傷寒論直解六卷附傷寒附餘一卷 （清）張錫駒註　清康熙五十一年(1712)刻本　四冊

330000－1761－0002018　03811　子部/醫家類/傷寒金匱之屬/傷寒論

傷寒論條辨八卷本草鈔一卷或問一卷痙書一卷 （明）方有執撰　清康熙浩然樓刻本六冊

330000－1761－0002019　03812　子部/醫家類/傷寒金匱之屬/傷寒論

傷寒論條辨八卷本草鈔一卷或問一卷痙書一卷 （明）方有執撰　清康熙浩然樓刻本八冊

330000－1761－0002020　03815　子部/醫家類/傷寒金匱之屬/傷寒論

傷寒論三注十七卷附傷寒醫方歌訣一卷 （清）周揚俊輯　（清）劉宏璧刪補　清雍正元年(1723)大經堂刻本　六冊

330000－1761－0002021　03814　子部/醫家類/傷寒金匱之屬/傷寒論

傷寒論三注十六卷 （清）周揚俊輯　清康熙二十二年(1683)刻本　五冊　存十四卷(一至三、六至十六)

330000－1761－0002022　03848　子部/醫家類/綜合之屬/通論

辨證錄十四卷洞垣全書脉訣闡微一卷 （清）陳士鐸撰　清乾隆十三年(1748)喻義堂刻本七冊

330000－1761－0002023　03864　子部/醫家類/傷寒金匱之屬/傷寒論

醫宗承啟六卷 （清）吳人駒疏　清康熙四十一年(1702)蘭松堂刻本　二冊

330000－1761－0002024　03906　子部/醫家類/傷寒金匱之屬/傷寒論

傷寒大白四卷總論一卷 （清）秦之楨撰　清康熙五十三年(1714)其順堂刻本　八冊

330000－1761－0002025　04163　子部/醫家類/本草之屬/本草藥性

長沙藥解四卷 （清）黃元御撰　清咸豐十年(1860)長沙徐樹銘燮穌精舍刻本　一冊

330000－1761－0002026　04015　子部/醫家類/溫病之屬/痧症

痧脹玉衡書二卷 （清）郭志邃撰　清寧郡大酉山房刻本　二冊

330000－1761－0002027　14177　子部/醫家類/溫病之屬/瘟疫

溫疫論二卷 （明）吳有性撰　清康熙四十八年(1709)積秀堂刻本　二冊

330000－1761－0002028　14178　子部/醫家類/溫病之屬/瘟疫

溫疫論補註二卷 （明）吳有性撰　（清）鄭重光補注　清康熙四十八年(1709)喬國楨刻本二冊

330000－1761－0002029　04127　子部/醫家類/本草之屬/歷代綜合本草

本草滙十八卷附源流一卷圖一卷圖藏腑經絡

一卷補遺一卷　（清）郭佩蘭輯　清康熙五年(1666)吳門郭氏梅花嶼刻本　二十冊

330000－1761－0002030　04128　子部/醫家類/本草之屬/歷代綜合本草

增訂本草備要四卷附藥性總義一卷　（清）汪昂撰　清康熙三十三年(1694)刻本　四冊

330000－1761－0002031　04164　子部/農家農學類/園藝之屬/花卉

花史十卷　（明）吳彥匡撰　清抄本　十冊

330000－1761－0002032　04356　子部/醫家類/診法之屬/脈經脈訣

四診抉微八卷管窺附餘一卷　（清）林之翰撰　清雍正四年(1726)玉映堂刻本　八冊

330000－1761－0002033　04390　子部/醫家類/綜合之屬/通論

汪石山醫書七種　（明）汪機等撰　明嘉靖刻崇禎祁門樸墅增刻本　二冊　存一種

330000－1761－0002034　04428、04083　子部/醫家類/類編之屬

盤珠集五種　（清）施澹寧　（清）嚴西亭（清）洪緝菴輯　清乾隆二十六年(1761)小眉山館刻本　六冊　存三種

330000－1761－0002035　04417　子部/醫家類/診法之屬/脈經脈訣

醫燈續焰二十一卷　（宋）崔嘉彥撰　（明）李言聞刪補　（清）潘楫注　清順治九年(1652)陸地舟潘氏刻本　八冊

330000－1761－0002036　04474　子部/醫家類/類編之屬

呂評醫貫六卷　（明）醫無閭子著　（明）呂山人評　清道光二十年(1840)攷古弖祝氏刻本　四冊

330000－1761－0002037　04478　子部/醫家類/綜合之屬/通論

扁鵲心書三卷首一卷神方一卷　（戰國）扁鵲撰　（宋）竇材輯　（清）胡珏參論　清浙衢三餘堂刻本　一冊　缺一卷(神方)

330000－1761－0002038　04479　子部/醫家類/綜合之屬/雜著

症因脈治四卷　（明）秦景明撰　（清）秦之楨補輯　清乾隆十八年(1753)攸寧堂刻本　六冊

330000－1761－0002039　04482　子部/醫家類/傷寒金匱之屬/傷寒論

劉河間傷寒三書二十卷　（金）劉完素撰　明懷德堂刻清印本　四冊　存一種

330000－1761－0002040　04484　子部/醫家類/綜合之屬/通論

新刻雲林神彀四卷　（明）龔廷賢編　（明）龔懋陛　（明）吳濟民校　清寶翰樓刻本　四冊

330000－1761－0002041　04485　子部/醫家類/綜合之屬

雲林醫聖普渡慈航八卷　（明）龔延賢著　明崇禎五年(1632)金閶書林唐延楊刻本　十四冊　缺一卷(六)

330000－1761－0002042　04497　子部/醫家類/類編之屬

古今醫統正脈全書四十四種　（明）王肯堂撰　明萬曆二十九年(1601)吳勉學刻本　十二冊　存一種

330000－1761－0002043　04976　子部/醫家類/綜合之屬/通論

增補醫方一盤珠全集十卷首一卷　（清）洪金鼎撰　清乾隆十四年(1749)文苑齋刻本　四冊

330000－1761－0002044　04710　子部/醫家類/內科之屬/虛勞

療蠱集證一卷　（清）朱延瓚撰　清乾隆五十一年(1786)英秀堂刻本　一冊

330000－1761－0002045　04398　子部/醫家類/本草之屬/歷代綜合本草

本草求真九卷附脈理求真三卷　（清）黃宮繡纂　清乾隆三十九年(1774)綠圃齋刻本　一冊　存三卷(脈理求真一至三)

330000－1761－0002046　04648　子部/醫家

類/内科之屬/其他内科病證

醫林口譜六治秘書四卷 （清）周笙古編 清康熙三十七年(1698)抄本 八冊

330000－1761－0002048 04532 子部/醫家類/類編之屬

醫藥鏡二種八卷 （明）王肯堂著 明崇禎十四年(1641)古吳成裕堂刻清康熙三年(1664)重修本 二冊 存一種

330000－1761－0002049 04534 子部/醫家類/綜合之屬/通論

羅氏會約醫鏡二十卷 （清）羅國綱著 （清）羅鴻 （清）羅泰編 清乾隆五十四年(1789)大成堂刻本 八冊

330000－1761－0002050 04541 子部/醫家類/醫理之屬/病源病機

原病集六卷 （明）唐椿撰 明崇禎六年(1633)來方煒刻本 二十冊

330000－1761－0002051 04592 子部/醫家類/類編之屬

新刊簡明醫彀八卷 （明）孫志宏著 明傳經堂刻本 一冊 存一卷(一)

330000－1761－0002052 05033 子部/醫家類/兒科之屬/通論

誠書十六卷誠書痘疹三卷 （清）談金章撰 清雍正十一年(1733)傳經堂刻本 十六冊

330000－1761－0002053 04824、06307 子部/醫家類/類編之屬

薛氏醫按二十四種 （明）吳琯編 明萬曆刻本 七冊 存二種

330000－1761－0002054 04740 子部/醫家類/婦科之屬/產科

胎產心法三卷 （清）閻純璽撰 清乾隆二十二年(1757)刻本 一冊

330000－1761－0002055 04787 子部/醫家類/婦科之屬/通論

女科密錄不分卷 （清）竹林寺僧撰 清乾隆六十年(1795)西湖春崖氏刻本 一冊

330000－1761－0002056 05038 子部/醫家類/類編之屬

萬密齋醫書十種 （明）萬全撰 清康熙五十九年(1720)刻本 三冊 存三卷(幼科發揮一至二、末)

330000－1761－0002057 05079 子部/醫家類/兒科之屬/痘疹

救偏瑣言十卷備用良方一卷 （清）費啟泰著 清康熙二十七年(1688)惠迪堂刻後印本 五冊 缺二卷(三至四)

330000－1761－0002058 05081 子部/醫家類/兒科之屬/痘疹

痘科扼要不分卷 （清）陳奇生撰 清乾隆二十八年(1763)東湖率祖堂刻本 一冊

330000－1761－0002059 05084 子部/醫家類/兒科之屬/痘疹

痘疹四合全書 （清）吳學損編 清康熙十六年(1677)三多齋刻本 三冊 存三種

330000－1761－0002060 05086 子部/醫家類/兒科之屬/痘疹

痧痘集解六卷 （清）俞茂鯤撰 清乾隆五十二年(1787)懷德堂刻本 四冊

330000－1761－0002061 05082 子部/醫家類/兒科之屬/痘疹

痘科類編釋意三卷 （清）翟良撰 清康熙三年(1664)刻本 五冊

330000－1761－0002062 05100 子部/醫家類/兒科之屬

痘疹正宗二卷 （明）宋麟祥著 清乾隆十年(1745)休寧程氏刻本 二冊

330000－1761－0002063 05110 子部/醫家類/兒科之屬/痘疹

疹科一卷 （明）孔弘擢撰 明萬曆三十二年(1604)王繼濂刻本 二冊

330000－1761－0002064 05126 子部/醫家類/兒科之屬/痘疹

痘科大全三卷醫案一卷附一卷 （清）史錫節著 清康熙四十六年(1707)尺木堂刻本

四冊

330000 – 1761 – 0002065　05148　　子部/醫家
類/外科之屬/通論

外科大成四卷　（清）祁坤撰　清乾隆六十年
（1795）金閶函三堂刻本　八冊

330000 – 1761 – 0002066　05366　　子部/醫家
類/類編之屬

薛氏醫按十六種　（明）吳琯編　清刻本　三
冊　存一種

330000 – 1761 – 0002067　05211　　子部/醫家
類/外科之屬/其他外科病證

圖形枕藏外科一卷　（清）李雲驤注　清乾隆
四十七年（1782）刻本　一冊

330000 – 1761 – 0002068　05246　　子部/醫家
類/外科之屬/癰疽、疔瘡

瘡瘍經驗全書六卷　（宋）竇默撰　清大文堂
刻本　六冊

330000 – 1761 – 0002069　05240　　子部/醫家
類/外科之屬

瘍科准繩摘要五卷　清抄本　二冊

330000 – 1761 – 0002070　05245　　子部/醫家
類/外科之屬/癰疽、疔瘡

瘡瘍經驗全書六卷　（宋）竇默撰　清康熙五
十六年（1717）崇順堂刻本　六冊

330000 – 1761 – 0002071　05152　　子部/醫家
類/外科之屬/通論

外科心法七卷　（清）唐黌輯　清乾隆四十年
（1775）刻本　六冊　存六卷（一至六）

330000 – 1761 – 0002072　05156　　子部/醫家
類/外科之屬/通論

新刊外科正宗八卷　（明）陳實功撰　明崇禎
四年（1631）刻本　陳梅峰校刪　十二冊

330000 – 1761 – 0002073　05178　　子部/醫家
類/外科之屬/通論

申斗垣校正外科啟玄十二卷　（明）申拱宸撰
清聚錦堂刻本　四冊

330000 – 1761 – 0002074　05394　　子部/醫家

類/眼科之屬

銀海精微二卷　（唐）孫思邈輯　明余寅伯書
林刻本　四冊

330000 – 1761 – 0002076　05598　　子部/醫家
類/針灸之屬/經絡腧穴

鼎雕銅人腧穴鍼灸圖經三卷　（宋）王惟一編
明徐三友校崇文堂刻本　二冊

330000 – 1761 – 0002077　05660　　子部/醫家
類/養生之屬

山居四要五卷　（元）汪汝懋編　明萬曆二十
年（1592）虎林胡氏文會堂刻本　一冊

330000 – 1761 – 0002078　05735　　子部/醫家
類/方書之屬/單方驗方

惠直堂經驗方四卷　（清）陶承喜輯　清雍正
十三年（1735）東壁堂刻本　四冊

330000 – 1761 – 0002079　05783　　子部/醫家
類/類編之屬

本草醫方合編　（清）汪昂著輯　清乾隆五年
（1740）繡谷胡氏芸生堂刻本　六冊

330000 – 1761 – 0002080　05785　　子部/醫家
類/方書之屬/單方驗方

醫方簡能錄十一卷　（清）施誠編　清乾隆三
十八年（1773）春和堂刻本　四冊

330000 – 1761 – 0002082　05794　　子部/醫家
類/類編之屬

六醴齋醫書十種　（清）程永培輯　清乾隆五
十九年（1794）於然室刻本　六冊　存一種

330000 – 1761 – 0002083　05888　　子部/醫家
類/方書之屬/單方驗方

醫方考六卷　（明）吳崑撰　明萬曆琅環刻本
十二冊

330000 – 1761 – 0002084　05931　　子部/醫家
類/方書之屬

絳雪園古方選註三卷附得宜本草一卷　（清）
王子接撰　清雍正十年（1732）介景樓刻本
七冊

330000 – 1761 – 0002085　06026　　子部/醫家

類/方書之屬/單方驗方

經驗廣集四卷 (清)李文炳纂 (清)李友洙
訂 清乾隆四十三年(1778)刻本 四冊

330000－1761－0002086 06184 子部/醫家
類/醫案之屬

名醫類案十二卷 (明)江瓘輯 清乾隆三十
五年(1770)新安鮑氏知不足齋刻本 十二冊

330000－1761－0002087 06208 子部/醫家
類/醫案之屬

臨證指南醫案十卷 (清)葉桂撰 清乾隆三
十三年(1768)衛生堂刻本 二十冊

330000－1761－0002088 06209 子部/醫家
類/醫案之屬

**臨證指南醫案十卷附種福堂公選溫熱論醫案
一卷良方三卷** (清)葉桂撰 清光緒二十年
(1894)劉氏刻朱墨套印本 十冊 存十卷
(臨證指南醫案一至十)

330000－1761－0002089 03398 子部/醫家
類/綜合之屬

欽定古今圖書集成醫部全錄五百二十卷
(清)陳夢雷 (清)蔣廷錫等輯 清光緒二十
三年(1897)石印本 五十九冊 缺十卷(二
百六十八至二百七十七)

330000－1761－0002090 03236 子部/醫家
類/類編之屬

**周氏醫學叢書初集十三種二集十四種三集六
種** (清)周學海編 清光緒至宣統刻宣統三
年(1911)池陽周氏福慧雙脩館彙印本 五十
八冊 缺三卷(本草經一至三)

330000－1761－0002091 03076 經部/小學
類/文字之屬/字書/字典

**康熙字典十二集十二卷總目一卷檢字一卷辨
似一卷等韻一卷補遺一卷備考一卷** (清)張
玉書等纂修 清光緒十四年(1888)上海圖書
集成印書局鉛印本 十二冊

330000－1761－0002094 23164 史部/傳記
類/總傳之屬

於越先賢像傳贊二卷 (清)王齡撰 (清)任

熊繪像 清光緒五年(1879)上海點石齋石印
本 一冊

330000－1761－0002095 00911 經部/叢編

九經補注 (清)姜兆錫撰 清雍正至乾隆寅
清樓刻本 五冊 存一種

330000－1761－0002096 00894 史部/紀傳
類/別史之屬

春秋紀傳五十一卷 (清)李鳳雛輯 清光緒
二十一年(1895)東陽古大化里刻本 十二冊

330000－1761－0002098 00902 子部/小說
家類/異聞之屬

**山海經箋疏十八卷圖讚一卷訂譌一卷敘錄一
卷** (清)郝懿行撰 清光緒十九年(1893)上
海仿古齋石印本 一冊 存一卷(圖讚)

330000－1761－0002099 00913 經部/春秋
左傳類/傳說之屬

評點春秋左傳綱目句解彙雋六卷 (清)韓菼
重訂 清宣統元年(1909)上海廣益書局等石
印本 二冊

330000－1761－0002100 00908 類叢部/叢
書類/自著之屬

汪雙池先生叢書二十種 (清)汪紱撰 清道
光至光緒刻光緒二十三年(1897)長安趙舒翹
等彙印本 二冊 存一種

330000－1761－0002101 00909 集部/別集
類/清別集

雙池文集十卷 (清)汪紱撰 清道光十四年
(1834)一經堂刻本 四冊

330000－1761－0002102 04470 子部/醫家
類/綜合之屬/雜著

石室秘錄六卷 (清)陳士鐸撰 清雍正八年
(1730)馬弘儒萱永堂刻本 六冊

330000－1761－0002103 05149 子部/醫家
類/外科之屬/通論

外科大成四卷 (清)祁坤撰 清善成堂刻本
四冊

257

《中國美術學院圖書館古籍普查登記目錄》
書名筆畫字頭索引

《中國美术學院圖書館古籍普查登記目錄》
書名筆畫索引

七畫

十畫

十五畫

274

《浙江師範大學圖書館古籍普查登記目錄》
書名筆畫字頭索引

276

278

《浙江師範大學圖書館古籍普查登記目錄》
書名筆畫索引

六畫

七畫

285

287

九畫

十畫

十一畫

十二畫

十四畫

十五畫

十八畫

十九畫

二十畫

二十一畫

二十二畫

《浙江中醫藥大學圖書館古籍普查登記目録》
書名筆畫字頭索引

八畫

九畫

十畫

《浙江中醫藥大學圖書館古籍普查登記目錄》
書名筆畫索引

八畫

十一畫

十二畫

十三畫

十五畫

十六畫

十九畫

二十畫

二十一畫

二十二畫

二十三畫

二十四畫

《浙江省中醫藥研究院古籍普查登記目録》
書名筆畫字頭索引

《浙江省中醫藥研究院古籍普查登記目錄》
書名筆畫索引

四畫

五畫

六畫

七畫

八畫

九畫

十畫

十一畫

333

十二畫

337

十四畫

十五畫

十六畫

十七畫

十八畫

十九畫

二十畫

二十一畫